UTB
FÜR WISSEN
SCHAFT

UTB 882

Eine Arbeitsgemeinschaft der Verlage

Beltz Verlag Weinheim und Basel
Böhlau Verlag Köln · Weimar · Wien
Wilhelm Fink Verlag München
A. Francke Verlag Tübingen und Basel
Paul Haupt Verlag Bern · Stuttgart · Wien
Verlag Leske + Budrich GmbH Opladen
Lucius & Lucius Verlagsgesellschaft Stuttgart
Mohr Siebeck Tübingen
C.F. Müller Heidelberg
Quelle & Meyer Verlag Wiebelsheim
Ernst Reinhard Verlag München und Basel
Ferdinand Schöningh Verlag Paderborn · München · Wien · Zürich
Eugen Ulmer Verlag Stuttgart
Vandenhoeck & Ruprecht in Göttingen
WUV Wien

Hans Schlosser

Grundzüge der Neueren Privatrechtsgeschichte

Rechtsentwicklungen im europäischen Kontext

9., völlig neu bearbeitete und erweiterte Auflage

C.F. Müller Verlag
Heidelberg

Hans Schlosser, Dr. iur., Universitätsprofessor, Ordinarius für Bürgerliches Recht und Rechtsgeschichte an der Juristischen Fakultät der Universität Augsburg.

Übersetzung ins Spanische von Ángel Martínez Sarrión, Barcelona 1980,
ins Japanische von Masao Ohki, Tokyo 1993

Die Deutsche Bibliothek – CIP Einheitsaufnahme
Schlosser, Hans
Grundzüge der Neueren Privatrechtsgeschichte / Hans Schlosser
9., völlig neu bearb. u. erw. Aufl. – Heidelberg : C.F. Müller, 2001
(UTB für Wissenschaft; 882)

Einbandgestaltung: Atelier Reicher, Stuttgart
Satz: Thomas Schmitt, Mannheim
Druck und Verarbeitung: Druckerei Lokay, Reinheim
ISBN 3-8252-0882-6

Vorwort

Das Buch wurde für die Neuauflage grundlegend umgearbeitet. Erneut steht im Mittelpunkt der historisch-rechtsvergleichenden Darstellung die Entwicklung des Privatrechts in den europäischen Ländern im Kontext mit dem römisch-kanonischen Recht. Dieses an den mittelalterlichen Universitäten gelehrte, universelle Recht hat die nationalen Rechtsordnungen in Europa entscheidend beeinflusst. Als „Ius commune" oder „Gemeines Recht" war es die rechtshistorische Keimzelle eines rationalen Rechts und Rechtsdenkens, das in der modernen Zivilrechtswissenschaft seine nicht immer systemgerechte Fortsetzung gefunden hat.

Das Ziel der Europäischen Union, der politischen eine Rechtseinheit in der Form eines Gesamteuropäischen Privatrechts folgen zu lassen, hat die Verantwortung für das „Ius commune" und seine Wissenschaft wieder in das aktuelle Bewusstsein gehoben. Die Beschäftigung mit diesem großen historischen, rechtskulturellen Erbe ist unverzichtbar. Vor allem im Hinblick auf die Internationalität der Juristenausbildung gehört gerade die Rechtsgeschichtswissenschaft zu den juristischen „Kerndisziplinen", ist die wissenschaftliche, rechtsvergleichende Beschäftigung mit dem historischen Recht Grundlagenforschung und für die moderne Rechtsfortbildung unerlässlich. Dies missachtet bewusst, wer durch eine Verkürzung des Fächerkanons des Rechtsstudiums auf seine formal technischen, technokratischen Grundfunktionen vordergründig den Eindruck erweckt, auf vermeintlich unabweisbare Praxisbedürfnisse mit wegweisenden Reformen zu reagieren. Nicht auszuschließen ist dabei, dass damit nur allzu beflissen allein einem kurzlebigen Zeitgeist gehuldigt wird.

Das Buch richtet sich deshalb an alle, die nach Informationen über komplexere Grundlagen der europäischen Privatrechtsordnungen suchen. Es wurde vor allem für Studierende geschrieben, die über das geltende Recht, das sie erlernen, anwenden und dem sie vor allem kritisch begegnen, mehr wissen wollen. Es will über Recht aufklären, als Lernhilfe auch der Prüfungsvorbereitung dienen, darüber hinaus aber vor allem zum Nach- und Weiterdenken anregen. Ein Hauptanliegen ist, Alternativen zu einem neuen, flachen Rechts- und Gesetzespositivismus aufzuzeigen. Nicht zuletzt deshalb werden die dogmatischen wie institutionellen Grundlagen der europäischen Rechtsentwicklungen im Kontext mit der politischen und Ideengeschichte behandelt, voran Rechtsphilosophie, Rechtstheorie, Methodenlehre, Rechtssoziologie und historische Rechtsvergleichung.

Für wertvolle Hilfe bei den Korrekturen und dem Erstellen der Register danke ich sehr den studentischen MitarbeiterInnen Nazanin Mozaffari, Michael Pils und Franziska von Schau.

München, im Juli 2001 *Hans Schlosser*

Inhaltsverzeichnis

§ 2 Die Renaissance des Römischen Rechts in Europa

§ 3 Juristischer Humanismus und Usus modernus

§ 8 Neuere Privatrechtskodifikationen in Europa

§ 9 Das angloamerikanische Rechtssystem

Abkürzungsverzeichnis

AcP	Archiv für die civilistische Praxis
AöR	Archiv für öffentliches Recht
ARSP	Archiv für Rechts- und Sozialphilosophie
Brauneder, Juristen	Wilhelm *Brauneder* (Hg.), Juristen in Österreich 1200–1980 (1987)
DA	Deutsches Archiv zur Erforschung des Mittelalters
David-Grasmann,	René *David*/Günther *Grasmann*, Einführung in die großen Rechtssysteme der Gegenwart, bearbeitet v. G. Grasmann u. a. (^{2}1988)
DRG	Deutsche Rechtsgeschichte
Dulckeit-Schwarz-Waldstein, RRG	Gerhard *Dulckeit*/Fritz *Schwarz*/Wolfgang *Waldstein*, Römische Rechtsgeschichte (^{9}1995)
Einführung	Arthur *Kaufmann*/Winfried *Hassemer* (Hg.), Einführung in Rechtsphilosophie und Rechtstheorie der Gegenwart (^{6}1994)
Entstehung	Entstehung und Wandel rechtlicher Traditionen, hg. v. Wolfgang *Fikentscher*/Herbert *Franke*/Oskar *Köhler* (1980)
FamRZ	Zeitschrift für das gesamte Familienrecht
FS	Festschrift
GG	Grundgesetz für die Bundesrepublik Deutschland
Handbuch	Handbuch der Quellen und Literatur der neueren europäischen Privatrechtsgeschichte, hg. v. Helmut *Coing*, Bde. I (1973), II 1 (1977), II 2 (1976), III 1 (1982), III 2 (1982), III 3 (1986), III 4 (1987), III 5 (1988)
HRG	Handwörterbuch zur Deutschen Rechtsgeschichte, hg. v. Adalbert *Erler*/Ekkehard *Kaufmann* (1971 ff.)
HZ	Historische Zeitschrift
Index	Quaderni camerti di studi romanistici – International Survey of Roman Law, Napoli
IRMAE	Ius Romanum Medii Aevi, Mediolanum
Ius Commune	Ius Commune, Veröffentlichungen des Max-Planck-Instituts für Europäische Rechtsgeschichte, Frankfurt/Main
Jura	Juristische Ausbildung
JuS	Juristische Schulung
JZ	Juristenzeitung

Kleinheyer-Schröder, Juristen	Gerd *Kleinheyer*/Jan *Schröder*, Deutsche und Europäische Juristen aus neun Jahrhunderten ([4]1996)
Lange, Römisches Recht im Mittelalter I	Heinrich Lange, Römisches Recht im Mittelalter, Bd. I – Die Glossatoren (1997)
LexMA	Lexikon des Mittelalters (1980 ff.)
MGH	Monumenta Germaniae Historica
NJW	Neue Juristische Wochenschrift
Quaderni Fiorentini	Quaderni Fiorentini per la storia del pensiero giuridico moderno, Firenze
RabelsZ	Zeitschrift für ausländisches und internationales Privatrecht, begründet von Ernst *Rabel*
Rechtstheorie	Zeitschrift für Logik, Methodenlehre, Kybernetik und Soziologie des Rechts
Renaissance	Peter *Weimar* (Hg.), Die Renaissance der Wissenschaften im 12. Jahrhundert (1981)
SBAK	Sitzungsberichte der Akademie der Wissenschaften
Speculum	Speculum. A journal of medieval studies
Stolleis, Juristen	Michael *Stolleis*, Juristen. Ein biographisches Lexikon. Von der Antike bis zum 20. Jahrhundert (1995)
Stolleis, Staatsdenker	Michael *Stolleis* (Hg.), Staatsdenker im 17. und 18. Jahrhundert ([2]1987)
SZ (Germ., Rom., Kan.)	Zeitschrift der Savigny-Stiftung für Rechtsgeschichte (Germanistische, Romanistische, Kanonistische Abteilung)
TRG	Tijdschrift voor Rechtsgeschiedenis
Trusen, Anfänge	Winfried *Trusen*, Anfänge des gelehrten Rechts in Deutschland (1962)
Viator	Medieval and Renaissance Studies, University of California, Los Angeles
Vorträge und Forschungen	Vorträge und Forschungen, hg. v. Konstanzer Arbeitskreis für mittelalterliche Geschichte
VSWG	Vierteljahrschrift für Sozial- und Wirtschaftsgeschichte
Wesenberg-Wesener, NPG	Gerhard *Wesenberg*/Gunter *Wesener*, Neuere deutsche Privatrechtsgeschichte im Rahmen der europäischen Rechtsentwicklung ([4]1985).
Wieacker, PGN	Franz *Wieacker*, Privatrechtsgeschichte der Neuzeit ([2]1967)
Wissenschaft und Kodifikation I-VI	Helmut *Coing*/Walter *Wilhelm* (Hg.), Wissenschaft und Kodifikation des Privatrechts im 19. Jahrhundert, Bd. 1 (1974), Bd. 2 (1977), Bd. 3 (1976), Bd. 4 (1979), Bd. 5 (1980), Bd. 6 (1982)
ZEuP	Zeitschrift für Europäisches Privatrecht

ZHF	Zeitschrift für Historische Forschung
ZHR	Zeitschrift für das gesamte Handelsrecht und Wirtschaftsrecht
ZNR	Zeitschrift für Neuere Rechtsgeschichte
ZRP	Zeitschrift für Rechtspolitik
ZStW	Zeitschrift für die gesamte Strafrechtswissenschaft
Zweigert-Kötz, Rechtsvergleichung	Konrad *Zweigert*/Hein *Kötz*, Einführung in die Rechtsvergleichung auf dem Gebiete des Privatrechts (^{3}1996)
ZZP	Zeitschrift für Zivilprozess

§ 1 Anfänge und Grundlagen einer europäischen Rechtskultur

I. Römisches Recht und europäische Rechtswissenschaft

Die nationalen Privatrechtsordnungen Europas sind das Ergebnis eines einzigartigen rechtskulturellen Austauschs. Sie haben sich aus einer gemeinsamen historischen Quelle entwickelt. Diese einheitliche Grundlage bildete das römische Recht des untergegangenen west- (476) und oströmischen Reichs (1453) sowie das Recht der römischen Kirche. Beide Rechte wurden im Mittelalter als „*utrumque ius*" an den Rechtsschulen und späteren Universitäten nach wissenschaftlichen Methoden bearbeitet und gelehrt. Deshalb wird heute das römisch-kanonische Recht auch „gelehrtes Recht" genannt. Überlieferungsträger beider Rechte waren zwei große Rechtssammlungen. Hauptquelle des römischen Rechts war das sog. „Corpus iuris civilis" des oströmischen Kaisers *Justinian I.* (527–565). Das davon beeinflusste Recht der römischen Universalkirche (*ecclesia vivit iure romano* – die Kirche lebt nach römischem Recht) wurde in einer Sammlung erfasst, die seit 1580 allgemein die Bezeichnung „Corpus iuris canonici" trug.

Dieses römisch-kanonische Recht fand seit dem 13. Jahrhundert auf den verschiedensten Wegen Eingang in die territorialen, landschaftlichen und städtischen Rechte Kontinentaleuropas. Während des 15. und 16. Jahrhunderts war dieser Prozess gegenseitiger Beeinflussung und Durchdringung in vollem Gange. Dadurch erst wurden die eigentlichen Voraussetzungen für die Entstehung einer einheitlichen europäischen Wissenschaft vom Recht geschaffen. Die im Mittelalter auf diesen Grundlagen entstandene „Jurisprudenz" (*iuris prudentia* – Rechtsklugheit), wie sie sich selbst bezeichnete, widmete sich vornehmlich an den Universitäten der wissenschaftlichen Pflege und Vermittlung des römischen und kanonischen Rechts. Ihr Ziel war, aus den innerlich weitgehend unverbundenen Sammlungen des überlieferten geschriebenen Rechts einen Grundbestand von Rechtsgrundsätzen, Rechtsfiguren und Argumentationsmustern abzuleiten, diese ständig zu verfeinern und weiterzuentwickeln, um sie für die Rechtsanwendung nutzbar zu machen. Die Erträge dieser sowohl der Theorie (Doktrin) wie der forensischen Praxis verpflichteten Arbeiten fanden sichtbaren Ausdruck in einer umfangreichen einheitlichen, wissenschaftlich hochstehenden Rechtsliteratur. Den Lehren vom römischen (*ius civile*) und geistlichen Recht (*ius canonicum*) gelang unter anderem die Konzeption eines allgemeinen Vertrags-, Bereicherungs- und Schadensersatzrechts. Für den mittelalterlichen, auf feudale Verfassungsstrukturen gegründeten Lehensstaat und seine Gesellschaft (Vasallität, Treuepflichten, Investitur mit dem Lehengut) schuf die gelehrte Doktrin ein zeitgemäßes System von Verfügungs- und Nutzungsrechten an Grund und Boden (beschränkte dingliche Rechte, geteiltes Eigentum). Auf dem Gebiet des Ehe- und Erbrechts entwickelte die kirchliche Rechtslehre völlig neue Rechtsgrundsätze und Rechtsinstitutionen, die das auf alten Familienbindungen beruhende Herkommen und Recht verdrängten. Rechtsfiguren, wie z.B. Verlöbnis, Eheschluss, Konsens- und Sakramentalcharakter der Ehe oder Erbberufungen durch Testament, sind nur einige Zeugnisse eines grundlegenden und richtungweisenden Wandels.

Seit dem 16. Jahrhundert verstärkten zusätzlich weitere Faktoren den europäischen Charakter und Stil dieser Rechtswissenschaft. Juristischer Humanismus, säkularisiertes Naturrecht und das Aufkommen der Kodifikationsidee haben maßgeblich zur Formung einer universellen Rechtsordnung beigetragen.

1. Ius commune und Ius proprium

Nach ihrem Wirksamwerden im Recht und Rechtsdenken der europäischen Territorien blieben die beiden Hauptquellen, das römische und kanonische Recht, keineswegs isoliert und unverbunden neben den bestehenden königlichen, feudalen, territorialen, städtischen, ländlichen Gewohnheiten oder aufgezeichneten Rechten. Vielmehr begann ein Prozess wechselseitiger Beeinflussung und „Amalgamierung".

Das römisch-kanonische Recht mit seiner seit dem Mittelalter entwickelten gelehrten Doktrin verkörperte eine methodisch wie technisch hochstehende Rechtsordnung. Sie charakterisierte ein Vorrat wissenschaftlich begründeter Rechtsgrundsätze, theoretisch reflektierter Rechtslehren und Auslegungsregeln. Sie alle traten als „*ius commune*" oder „*Gemeines Recht*" der Wirklichkeit des Rechtsalltags neben die unsystematische, häufig kurzlebige Regelungsvielfalt des partikularen, einheimischen Rechts als „*ius proprium*“. Dieses differenzierte sachlich nach verschiedenen Rechtskreisen (Land-, Stadt-, Lehens-, Hof- oder Dienstrecht). Seine Quellengrundlage bildete (überwiegend) das Gewohnheitsrecht (*consuetudo*) oder (seltener) das z.B. in Stadtrechts- oder Landrechtsbüchern aufgezeichnete Recht (*ius scriptum*). Den Zeitgenossen vermittelte das Ius commune die Gewissheit, sein Ideen- und Normenvorrat würde auf jede nur denkbare Rechtsfrage konkrete Antworten geben und in jedem Rechtsstreit zu einer überzeugenden Begründung des eigenen Rechtsstandpunkts herangezogen werden können.

Das Ergebnis dieser von Wechselwirkungen und Verflechtungen begleiteten Begegnung war eine Erweiterung der materiellen wie theoretischen Grundlagen des Ius commune. Aufgenommen wurden insbesondere Rechtsinstitute des Ius proprium, die typischerweise auf die mittelalterliche Gesellschaft zugeschnitten waren, wie z.B. die Gütergemeinschaft zwischen Ehegatten, neue Vertragstypen des kaufmännischen Wirtschaftsverkehrs zu Lande und zur See sowie das der feudalen Gesellschaft entsprechende Lehensrecht.

Hohe praktische Bedeutung kam hierbei der Frage des Verhältnisses zwischen dem Ius commune und dem Ius proprium zu. Das Problem der Fortgeltung bzw. des Geltungsvorranges wurde im einzelnen unterschiedlich gelöst: Universalität (*ius commune – universale, generale*) oder Spezialität (*ius particulare – speciale*). Immerhin genoss das Ius commune den Beweisvorzug. Die zeitgenössische Rechtsanwendungslehre hatte dafür den Rechtsgrundsatz entwickelt: „*qui habet regulam juris communis pro se, habet intentionem fundatam*“. Wer sich auf einen römischen Rechtsgrundsatz berief, sollte bis zum Beweis des Gegenteils (Nichtrezeption oder Derogation) die Vermutung seiner Geltung (*fundata intentio*) für sich beanspruchen dürfen.

Schrifttum: *Lange*, Römisches Recht im Mittelalter I, 461 ff. – *M. Schwaibold*, LexMA (Gemeines Recht), 1214 – *H. Coing*, Probleme der neueren Privatrechtsgeschichte, SZRom 92 (1975), 1 ff. – *ders.*, Europäisches Privatrecht I (1985), 7 ff. – *W. Wiegand*, Studien zur Rechtsanwendungslehre der Rezeptionszeit (1977), 6 ff., 178 ff. – *M. Bellomo*, L'Europa del diritto comune, ([7]1994), 67 ss., 91 ss. (engl. The Common Legal Past of Europe, 1995, 55 ss., 78 ss.) – *P. Grossi*, L'ordine giuridico medievale (1995), 52 ss.

2. „Rezeption" des Römischen Rechts

Die rechtshistorische Forschung bezeichnet mit dem Begriff „Rezeption" einen besonderen kultur- und sozialhistorischen Prozess, der sich in der Auf- und Übernahme des römisch-kanonischen Rechts in Europa erschöpfte. Allgemein wird sein Beginn bereits im 13. Jahrhundert diagnostiziert (sog. Frührezeption). Einen ersten Höhepunkt soll die Rezeption dann im 15. Jahrhundert erreicht haben. Dies wird mit dem in den Quellen erstmals verlässlich nachweisbaren Wirksamwerden des Ius commune im Ius proprium begründet. Nach dieser Ansicht kennzeichnete den komplexen Vorgang das allmähliche Eindringen der Begriffe, Rechtsinstitute, Lehren und Argumentationsweisen des römisch-kanonischen Rechts in das Rechtswesen der mittelalterlichen Staaten, Territorien und autonomen Städte. Die Folge davon waren unmittelbare transformatorische Auswirkungen auf das Rechtsdenken, die Rechtsprechung der Obergerichte sowie auf das gewohnheitliche oder geschriebene Recht, das im Sinne des gelehrten Rechts „reformiert" wurde (sog. Vollrezeption).

Diese Interpretation des Begriffs „Rezeption" ist jedoch nicht unproblematisch, da möglicherweise unhistorisch (M. Bellomo). Sie hat sich jedoch in der modernen Rechtsgeschichtsschreibung durchgesetzt. Durch die Forschung überholt sind allerdings Sinndeutungen der Rezeption, wie sie vor allem von Historikern und Rechtshistorikern im 19. Jahrhundert vertreten wurden. Dazu zählt die Meinung, die Rezeption habe sich ausschließlich in der Übernahme der materiell-rechtlichen Regelungen des römisch-kanonischen Rechts als positive Rechtsordnung erschöpft. Ebenso sachlich abwegig ist die frühere Annahme, vor allem im Heiligen Römischen Reich hätte es eine durch einen besonderen kaiserlichen Rechtsakt legitimierte sog. „theoretische" Rezeption gegeben. Durch neuere Forschungen widerlegt ist schließlich auch die Charakterisierung der Rechtsrezeption als volksfremd und nationales Unglück („Juristenrecht"), wie sie abwertend von einer romantisch verklärenden, nationaltümelnden Geschichtsschreibung und Rechtswissenschaft ebenfalls im 19. Jahrhundert propagiert wurde.

Statt dessen wird gegenwärtig die Aufnahme des gelehrten Rechts als gesamteuropäisches Phänomen sowie als ein komplexer kulturgeschichtlicher und soziologischer Prozess verstanden. Ihn kennzeichnet die Verwissenschaftlichung des Rechtsdenkens und der Rechtspraxis vor allem am methodischen Vorbild und an der begrifflichen Denkweise der gelehrten Quellen. Die eigentlichen Wirkungen der Rezeption für die Privatrechtsentwicklung werden erkennbar, betrachtet man sie notwendigerweise im Kontext mit den besonderen ideengeschichtlichen Gegebenheiten, mit den jeweiligen wirtschaftlichen und politischen Voraussetzungen sowie mit den weltanschaulich-ethischen Werthaltungen der Zeit. Die derzeitigen Erkenntnisse zu ihren Auswirkungen und Folgen für die Ausgestaltung der nationalen Rechte in den Bereichen des Privat-, Straf- und Staatsrechts sind im Detail weiterhin korrektur- und ergänzungsbedürftig. Ebenso bedürfen weiterer Überprüfung die Wege der wechselbezüglichen Beeinflussung zwischen Ius commune und Ius proprium (M. Bellomo 14: „Konsonanz von Erfahrungen und von Rechtskulturen"). Probleme dieser Art und insbesondere die Beantwortung der Frage, welche sozialen Schichten das Ius commune tatsächlich erreicht hat, gehören immer noch zu den Hauptanliegen der modernen Rezeptionsforschung.

Schrifttum: *F. Ranieri*, LexMA (Römisches Recht, Rezeption), 1014ff. – *H. Kiefner*, HRG (Rezeption), 970ff. – *Trusen*, Anfänge, 1ff. – *W. Kunkel*, Das Wesen der Rezeption des römischen Rechts, Heidelberger Jahrbücher 1 (1957), 1ff. – *F. Wieacker*, Zum heutigen Stand der Rezeptionsforschung, in: FS Joseph Klein (1967), 181ff. – ders., PGN, 124ff. (131f.) – *H. Coing*, Europäisches Privatrecht I (1985), 7ff., (38f.) – *J. Fried*, Die Rezeption Bologneser Wissenschaft in Deutschland während des 12. Jahrhunderts, Viator 21 (1990), 103ff. – *M. Bellomo*, Probleme der juristischen Geschichtsschreibung. „Ius commune" und „Ius proprium" im Europa des Mittelalters, in: Summe-Glosse-Kommentar, hg. v. F. Theiß u. W.E. Voß (2000), 9ff. (13f.)

II. Spätantikes römisches Recht und germanische Stammesrechte

Die im 13. Jahrhundert europaweit einsetzende Rezeption war keineswegs die alleinige Ursache für die Entstehung einer europäischen Rechtswissenschaft vom Ius commune. Auch die sich nun allmählich formierende gelehrte Rechtskultur hatte historische Vorläufer. Für die spätere Rechtsentwicklung vorentscheidende, rezeptionsähnliche Weichenstellungen waren bereits in der Spätantike und im frühen Mittelalter erfolgt. Deshalb sind Rückgriffe auf die spätantiken Quellen des gelehrten Rechts und auf mögliche Kontinuitätsbrücken zum Mittelalter unumgänglich, um diesen kulturhistorischen Vorgang wirkungsgeschichtlich getreu zu erklären.

1. Römisches Vulgarrecht

Bevor im 13. Jahrhundert in Europa die Rezeption Wirkungen zeigte, war das römische Recht bereits mit dem Recht und Rechtsdenken der germanischen Wandervölker in Berührung gekommen. Umfang, Intensität und die Folgen dieser Kontakte wurden von der rechtshistorischen Forschung lange unzutreffend bewertet. Die einstige Ansicht von einer ungebrochenen, nahtlosen Fortsetzung der germanischen Rechte in den mittelalterlichen landschaftlichen und städtischen Rechten ist wissenschaftlich überholt. Sie wird heute abgelöst durch die Erkenntnis stärkerer Fortwirkungen einer besonderen Erscheinungsform des römischen Rechts, wie es in den schriftlichen Rechtsüberlieferungen des frühen Mittelalters enthalten ist. Im Gegensatz zu dem hochstehenden römischen Recht der klassischen Zeit (1. – 3. Jahrhundert) kennzeichnete dieses nachklassische Recht seine Pflege durch juristisch nicht oder nur unzureichend gebildete Literaten. Die Forschung nannte es zur Charakterisierung seiner minderen Qualität „Vulgarrecht" und verstand darunter das nach der diocletianischen und konstantinischen Reichsreform in den weströmischen Provinzen geltende Recht.

Diese Quellenschicht hatte sich während des 3. und 4. Jahrhunderts nach einem Niveauabfall und der Verflachung der klassischen römischen Rechtswissenschaft in der Zeit des Zerfalls des Imperium Romanum allgemein durchgesetzt. Mit seiner das klassische Recht rückbildenden, es vulgarisierenden, vereinfachten Begrifflichkeit und Regelungstechnik fand es Eingang in die Kaisergesetzgebung. Diese wurde damit zu einer hervorragenden Erkenntnis- und Forschungsquelle dieser besonderen Stilstufe des römischen Rechts.

Unmittelbar ursächlich für den zivilisatorisch-kulturellen Niedergang, den wirtschaftlich ein Rückfall auf die Stufe einer primitiven Naturalwirtschaft begleitete, war die endgültige Teilung des Imperium Romanum in eine westliche, von *Honorius* (395–423), und eine östliche, von *Arcadius* (395–408) regierte Hälfte. Den Auflösungsprozess hatte bereits *Diocletian* (284–305) mit seiner Praxis der Vierkaiserherrschaft (Tetrarchie) eingeleitet. Unter *Theodosius I. d. Gr.* (379–395) stand das Reich zum letzten Mal unter einheitlicher Regentschaft und Gesetzgebungshoheit. Nach seinem Tode war fortan auch die Gesetzgebungszuständigkeit zweigeteilt.

Zu dem letzten Versuch einer reichseinheitlichen Gesetzgebung kam es unter dem oströmischen Kaiser *Theodosius II.* (408–450). Auf seine Veranlassung (429) wurde durch eine Kommission kaiserlicher Beamten der „Codex Theodosianus“ geschaffen und (438) in Konstantinopel amtlich verkündet. Der aus 16 Büchern bestehende, überwiegend Materien des öffentlichen Rechts regelnde Codex brachte eine bereinigte Fassung des bereits im 4. Jahrhundert ungeordneten Rechts. Er ergänzte zwei aus dem Osten des Reichs stammende, gegen Ende des 3. Jahrhunderts (292/294) gefertigte Sammlungen. Sie wurden nach ihren Bearbeitern „Codex Gregorianus“ und „Codex Hermogenianus“ genannt. Beide bruchstückhaft überlieferten Codices enthielten Kaisergesetze (*constitutiones*) aus der Zeit *Hadrians* (117–138) bis zu Diocletian. Sie wurden durch eine Zusammenstellung der seit *Konstantins I.* (306–337) Erhebung zum Augustus (312) ergangenen Konstitutionen vervollständigt. Der für Ostrom geplante Codex Theodosianus gelangte in Abschriften auch nach Westrom. Im Jahre 439 setzte ihn *Valentinian III.* (425–455), der Mitkaiser des Theodosius, auch für die westlichen Reichshälfte in Kraft. Der Codex ist eine wichtige Quelle des Verfassungs- und Verwaltungsrechts des spätantiken Staates in seinem schrittweisen Übergang zum frühmittelalterlichen Feudalstaat. Die Texte sind jedoch nicht einfach zu benutzen und häufig unklar. Deshalb musste das Gesetz im Westen durch „Interpretationen“ ergänzt werden, mit deren Hilfe der Inhalt in schlichter Sprache erklärt wurde.

Schrifttum: *Lange,* Römisches Recht im Mittelalter I, 106ff. – *P. Weimar,* LexMA (Vulgarrecht), 1879f. – *F. Wieacker*, Vulgarismus und Klassizismus im Recht der Spätantike (1955) – *ders.*, Die Krise der antiken Welt (1974), 16ff. – *D. Nörr*, Zu den geistigen und sozialen Grundlagen der spätantiken Kodifikationsbewegung, SZRom 80 (1963), 109ff. – *D. Liebs*, Die Jurisprudenz im spätantiken Italien (1987), 134ff. – *E. Cortese*, Il diritto nella storia medievale I (1996), 51ss. – *T. Honoré*, Law in the Crisis of Empire 379–455 AD (1998), 1ff.

2. Germanische Stammes- oder Volksrechte (Leges Romanae, Leges barbarorum)

Ostrom betrieb gegenüber den Germanen eine kluge und weitsichtige Politik. Die in Wellen aus dem Osten einströmenden Völker wurden entweder schon an den Grenzen abgewehrt und entlang der Nordgrenze nach dem Westen abgedrängt oder durch geschickte diplomatische Verträge zur Anerkennung der oströmischen Oberherrschaft bewogen. Der Westen wurde so zum Auffangbecken der Wanderstämme. Bereits im 5. Jahrhundert stand die gesamte ehemals westliche Reichshälfte unter der Herrschaft germanischer Heerkönige, die eigene staatsähnliche „Reiche" begründeten. Dagegen beanspruchte der Osten für sich die alleinige legitime Fortsetzung des antiken Imperium Romanum als übergeordnetes Staatsziel. Bei wirtschaftlicher Prosperität konzentrierte sich insbesondere unter *Justinian I.* (527–565) in der neuen Hauptstadt Konstantinopel (*Byzanz*) das gesamte kulturelle und wissenschaftliche Leben. Hier lag fortan das eigentliche politische Machtzentrum.

Die Germanen gründeten auf römischem Reichsboden fünf große Staatswesen:
(1) das *tolosanische Westgotenreich* in Südfrankreich/Aquitanien mit der Hauptstadt Toulouse (419–507),
(2) das *toledanische Westgotenreich* in Spanien mit der Hauptstadt Toledo (507–711),
(3) das *Reich der Ostgoten* unter Theoderich d. Gr. (493–526) in Italien mit der Hauptstadt Ravenna (493–553),
(4) das *Burgunderreich* an Rhône und Saône (443–534) sowie
(5) das *Langobardenreich* in fast ganz Italien – ausgenommen Gebiete, die noch unter byzantinischer Herrschaft standen – mit der Hauptstadt Pavia (572–774).

Das Rechtswesen dieser Germanenreiche wurde maßgeblich von der kulturellen Nachbarschaft zur romanischen Bevölkerung beeinflusst. Das Ergebnis dieser ethnischen Koexistenz war eine gemischte Rechtskultur. In ihr verschmolzen germanische Rechtselemente mit solchen des vulgarisierten spätantiken römischen Rechts. Das Vordringen christlichen Ideenguts schuf zusätzlich eine gemeinsame ethische Basis. Um das Zusammenleben von Germanen und Romanen auf eine einheitliche rechtliche Grundlage zu stellen, entschieden sich einzelne Germanenherrscher zur Aufzeichnung dieses Mischrechts.

Die Sprache dieser Rechtssammlungen ist Latein. Die dort enthaltenen Hinweise auf römisches Recht beziehen sich keineswegs auf das klassische römische Recht, sondern auf das Vulgarrecht des 4. und 5. Jahrhunderts. Von der Forschung werden diese umfassenden Gesetzgebungsakte „Volks-" oder „Stammesrechte" bezeichnet. Sie galten teils getrennt für den einen oder den anderen Bevölkerungsteil (Westgoten, Burgunder), teils für beide gemeinsam (Ostgoten) oder nur für die Germanen (Franken). Die Germanenrechte nannten sich „Leges", die für die römischen Volksteile bestimmten Regelungen „Leges Romanae". Erst im 15. Jahrhundert bezeichnete sie humanistischer Sprachgebrauch wegen ihrer vulgarisierten Sprache auch „Leges barbarorum". Für die Humanisten waren die Germanen „barbari" und Zerstörer des antiken Imperium Romanum.

Im tolosanischen Westgotenreich entstanden einige für die weitere Rechtsentwicklung wichtigen Gesetze. Das bedeutendste war das „Edictum Theodorici". In dem für Römer und eingewanderte Germanen geltenden Gesetz sieht die neuere Forschung eine westgotische Gesetzessammlung und registriert sie als älteste innerhalb der Germanenrechte. Ihr zufolge habe die Kompilation lange Zeit fälschlicherweise als Werk des Ostgotenkönigs *Theoderich d. Gr.* (493–526) gegolten. Tatsächlich sei sie jedoch zwischen 459 und 461 als Edikt eines römischen Statthalters auf Weisung des Kaisers *Maiorianus* (457–461) für die im Süden Galliens als Föderaten Westroms siedelnden Westgoten unter ihrem König *Theoderich II.* (453–466) erlassen worden (G. Vismara).

Als weitere bedeutende Gesetzessammlung folgt der um 475, kurz vor dem Ende Westroms (476) erlassene „Codex Euricianus". Er ist in einem Pariser Palimpsest (d.h. eine nach Abschaben des ursprünglichen Textes erneut beschriebene Pergamenthandschrift) als Bruchstück erhalten (sog. Pariser Fragmente) und enthält Bestimmungen über Kauf, Schenkung, Leihe sowie zum Ehe- und Erbrecht. Der Codex gilt allgemein als Schöpfung des Westgotenherrschers *Eurich* (466–484), des Nachfolgers Theoderichs II. Diese Rechtssammlung wurde für zahlreiche spätere germanische Gesetzgebungsakte bestimmend. Insbesondere trifft dies für die „Lex Romana Visigothorum" zu. Diese im Jahre 506 durch den Westgoten *Alarich II.* (484–507), einen Sohn Eurichs, vorgenommene amtliche Sammlung des revidierten theodosianischen römischen Rechts war für die galloromanische Bevölkerung seines Reichs bestimmt. Im Spätmittelalter als „Breviarium Alaricianum" (*Breviarium Alarici*) bezeichnet, galt dieses noch vor der justinianischen Kodifikation geschaffene letzte offizielle Gesetz des römischen Rechts in der Praxis vor allem Südfrankreichs als wichtigste Rechtsquelle bis zu der ab dem 12./13. Jahrhundert einsetzenden Rezeption des oströmischen Rechts. Förmlich aufgehoben und abgelöst wurde das Breviar 654 durch die „Lex Visigothorum" des Königs *Reccesvinth* (653–672). Dieses Gesetzbuch beanspruchte im westgotischen Spanien reichseinheitliche Geltung und unterstellte unterschiedslos Goten und Hispanoromanen dem gleichen Recht. Das Breviar verkörperte vor allem auf dem Gebiet des Privatrechts beispielhaft den Übergang vom Vulgarrecht zum mittelalterlichen Recht.

Mit einer Neubewertung der Herrscherpersönlichkeit des Westgotenkönigs Alarich II. durch die Forschung wird auch seine Leistung als Gesetzgeber differenzierter gesehen. Unter anderem erscheint die Urheberschaft Eurichs an dem Codex Euricianus zweifelhaft. Vereinzelt wird das Gesetz als ein Werk Alarichs identifiziert. Dieser habe mit diesem Codex – zurückgreifend auf Vorarbeiten seines Vaters Eurich – das Parallelgesetz zur „Lex Romana Visigothorum" für die westgotische Bevölkerung geschaffen (H. Nehlsen).

Nachweislich am „Codex Theodosianus" und vermutlich auch am „Codex Euricianus" orientiert ist die um 500 entstandene „Lex Burgundionum" des Burgunderkönigs *Gundobad* (480–516) für die burgundische Bevölkerung. An die königliche Urheberschaft erinnern noch karolingische Quellen, die dieses Gesetz als „Lex Gundobada" bezeichnen. Das dazu parallele Rechtsbuch für die im Burgunderreich lebenden Romanen, die „Lex Romana Burgundionum", entstand gegen Ende der Regierungszeit Gundobads. Es verknüpfte in origineller Weise theodosianisches römisches Recht mit Rechtsgewohnheiten seiner Zeit.

Wichtigstes Werk: Lex Salica

Von der Gesetzgebung der Westgoten und Burgunder beeinflusst und zeitlich an sie anschließend folgt die „Lex Salica" für den Teilstamm der Salfranken in Nordfrankreich. Sie entstand zwischen 507 und 511 und gilt als Schöpfung des fränkischen Reichsgründers *Chlodwig I.* (481–511). Unter den Volksrechten hatte sie die wohl nachhaltigste und größte Wirkung. Inhaltlich überwiegt fränkisches Recht mit einem hohen Anteil volkssprachlicher Rechtswörter, die vermutlich die Verbindung zwischen fränkischer Gerichtssprache und dem lateinischen Text der Lex bei der Gerichtsverhandlung (*in mallobergo*) herzustellen hatten (deshalb sog. Malbergische Glossen). Dagegen sind Rückgriffe auf theodosianisches römisches Recht sehr selten.

Eine revidierte Fassung dieses salfränkischen Stammesrechts entstand im 7. Jahrhundert als „Lex Ribuaria" für die in Ribuarien (etwa im Gebiet der spätantiken civitas Köln) siedelnden Franken. Sie hatte großen Einfluss auf die späteren, zum Frankenreich gehörenden westgermanischen Stammesrechte, die *Karl d. Große* (747–814) auf dem Reichstag in Aachen im Jahre 802/03 aufzeichnen ließ (Lex Francorum Chamavorum, Lex Frisionum, Lex Saxonum, Lex Thuringorum).

Die fränkischen und karolingischen Volksrechte stehen in enger textlicher Verwandtschaft zu Stammesrechten der Alemannen und Bayern, die beide dem fränkischen Herrschaftsbereich angehörten. Das in zwei Fassungen überlieferte Alemannenrecht entstand als „Pactus Legis Alamannorum" im frühen 7. Jahrhundert unter *Chlotar II.* (584–629). Im Jahre 725 folgte die „Lex Alamannorum", die den umfangreichen Bußenkatalog des „Pactus" übernahm und die Rechtsmaterien nach Kirchen-, Herzogs- sowie Volkssachen gliederte, dabei die Kirche stark privilegierte. Vorbild der nach 740 entstandenen, von der Forschung kontrovers beurteilten „Lex Baiuvariorum" war neben dem „Codex Euricianus" und anderen westgermanischen Rechten die „Lex Alamannorum". Ihr folgte das bayerische Volksrecht sowohl in der Kirchenfreundlichkeit vieler Bestimmungen wie auch in der Stoffanordnung.

Eine bis dahin unerreichte Stilhöhe in der Gesetzgebungskunst gelang den aus Pannonien zunächst über Venetien, Friaul und die Lombardei einwandernden Langobarden. Ihre volksrechtliche Gesetzgebung fand ihre Vollendung im „Edictum Rothari" von 643, einer Aufzeichnung mündlich überlieferter alter langobardischer Stammesrechtsgewohnheiten. In ihnen spiegeln sich Rechtsvorstellungen, politische Tendenzen und Gesellschaftsstrukturen seit der Landnahme in Italien (568) wider. Als Urheber gilt König *Rothari* (636–656). Er hatte die Niederschrift nach Befragung Rechtskundiger als Ergebnis eines Zusammenwirkens zwischen Herrscher und Volk veranlasst. Spätere Könige haben dieses in seinen Grundlinien festgeschriebene Recht wiederholt ergänzt und fortgebildet (Grimoald, Liutprant, Ratchis und Aistulf). Der Gesamtbestand der langobardischen Königsgesetzgebung überdauerte als „Edictum regum Langobardorum" die fränkische Eroberung (773) und wurde noch im 10. Jahrhundert an einer eigenen Schule in Pavia wissenschaftlich bearbeitet (*Liber Papiensis*).

Die Leges-Forschung ermöglicht heute eine Neubestimmung der lange Zeit als rein germanisch ausgegebenen Rechtsaufzeichnungen der germanischen Völker. Nach dem gegenwärtigen Erkenntnisstand lassen sich die Volksrechte ihrem Regelungsinhalt nach nur ungenau voneinander absetzen. Vulgarrechtliche römische Elemente sind mit germanischen Rechtsschichten zu einer kaum entwirrbaren Einheit verschmolzen. Die Dichte der Verflechtung ist naturgemäß dort am größten, wo die germanischen Wandervölker in unmittelbare Berührung mit der Kultur und Zivilisation des zerfallenden Westreiches kamen, sei es als auf römischem Reichsboden siedelnde Föderaten (Westgoten, Ostgoten, Burgunder) oder als gewaltsame Okkupanten römischer Herrschaftsräume (Alemannen, Franken, Bayern, Langobarden, Angelsachsen).

Das Akkulturationsphänomen (Romanisierungsprozess) selbst ist derzeit nur in Ansätzen erforscht. Die wechselseitige Annäherung und Durchdringung wurde entscheidend durch die römische Kirche vorangetrieben. Dies geschah vor allem durch die Missionierung der ursprünglich romfreien Siedlungsgebiete, die Propagierung einer neuen Moral und Sozialethik sowie die zeitgemäße Fortsetzung von Resten profaner Administration, des Ämterwesens und der allgemeinen Bildung im geistlichen Amtsbereich. Auf diese Weise wirkte die Kirche an der Formung einer universalen europäischen Rechtskultur mit.

Schrifttum: *C. Schott*, LexMA (Leges), 1802f. – *G. Vismara*, Edictum Theoderici, IRMAE I 2b aa a (1967) – *H. Nehlsen*, Zur Aktualität und Effektivität germanischer Rechtsaufzeichnungen, Vorträge und Forschungen 23 (1977), 459ff. – *ders*. Alarich II. als Gesetzgeber, in: Gedächtnisschrift f. W. Ebel (1982), 143ff. – R. Lambertini, La codificazione di Alarico II (^{2}1991) – A. Iglesia Ferreirós, La creación del derecho, Manual I (^{2}1996), 183ss., 201ff. – E. Cortese, Il diritto nella storia medievale I (1996), 51ss., 125ss.

3. Recht und Karolingischer Kulturstil

Bei der Begründung und Verfestigung einer neuen Staatlichkeit entdeckten die merowingischen und karolingischen Dynasten im römischen Erbe den Gedanken der imperialen Herrschaft als einen besonderen, bislang ungenutzten Machtfaktor. Im Herzen Europas, auf ehemals provinzrömischem und fränkisch-rechtsrheinischem Boden verbanden sich Sprache, Bildung, Kultur- und Lebensformen von Galloromanen, Germanen und missionierenden Sendboten der römischen Kirche zur Erreichung eines gemeinsamen Ziels. Die Nachahmung der hegemonialen Formen des spätantiken Imperium Romanum unter Einbeziehung des Papstes wurde zum zentralen welt- und machtpolitischen Programm.

Eine moderne Übereinkunftsbezeichnung nennt diesen Prozess „Karolingische Renaissance“. Damit wird nicht ganz zutreffend etwas umschrieben, was richtigerweise und in Wahrheit eine karolingische Bildungserneuerung bzw. Bildungsreform war. Die Vorkämpfer einer umfassenden Modernisierung der Bildung im Reich waren nämlich *Karl d. Große* (747–814) und *Alkuin* (um 730–804), sein gelehrter Berater und Leiter der angesehenen Hofschule. Die bewusst und zielstrebig betriebenen Reformen nahmen ihren Ausgang von weltlichen (Hofschulen) und klerikalen bischöflichen oder klösterlichen Bildungszentren. Neben dem Aufschwung der Geschichtsschreibung, der Reinigung (*correctio*) der lateinischen Sprache, der Schaffung und Durchsetzung einer neuen Schrift (sog. Karolingische Minuskel) fanden die für die Rechtswissenschaft nicht unwesentlichen Begleitwirkungen ihren Ausdruck in der Wiederanknüpfung an die römische Reichsidee. Von ihr führt ein geradliniger Weg zum imperialen Kaisertum der Staufer, legitimiert durch das justinianische Staatsrecht als Leitbild des mittelalterlichen Kaiserrechts.

Zwar konnte Karl sein großes Rechtskompilationsprogramm nicht vollenden. Immerhin gelang ihm jedoch 802 und 803 auf dem Reichstag in Aachen die Revision und Aufzeichnung der wichtigsten Stammesrechte, wie der Friesen, Franken, Sachsen und Thüringer. Diese Rechtstexte mit ihren Ergänzungen durch königliche Erlasse und Anordnungen (sog. „*Kapitularien*“, weil zumeist in Kapitel gegliedert) waren frühe Akte gesetzgebungsähnlicher Tätigkeit. Sie verloren jedoch in der Folgezeit nicht zuletzt auch wegen ihrer ungefügen und archaischen Regelungstechnik in der Rechtspraxis allmählich an Bedeutung und mussten ungeschriebenen Rechtsgewohnheiten weichen. Allein die lateinische Sprachfassung dieser karolingischen Stammesrechtsquellen blieb künftig Modell für alle schriftlichen Rechtsaufzeichnungen.

Schrifttum: *H. Mordeck*, LexMA (Kapitularien), 943ff. – *J. Fleckenstein*, LexMA (Bildungsreform Karls d. Großen), 187ff. – *ders.*, Grundlagen und Beginn der deutschen Geschichte ([2]1980), 69ff. – *F.L. Ganshof*, Was waren die Kapitularien? (1961) – *R. Schneider*, Zur rechtlichen Bedeutung der Kapitularientexte, DA 23 (1967), 273ff. (294) – *ders.*, Schriftlichkeit und Mündlichkeit im Bereich der Kapitularien, Vorträge und Forschungen 23 (1977), 257ff. – *W. Ullmann*, The carolingian renaissance and the idea of kingship (1969) – *W. Ebel*, Geschichte der Gesetzgebung in Deutschland ([2]1958, um Nachträge erw. Neudr. v.F. Ebel, 1988), 36ff.

III. Schriftlichkeit und Geltungsweise des mittelalterlichen Rechts

1. Frühe Rechtsaufzeichnungen in Europa

Auf die Zeit der abklingenden, schließlich versickernden Rechtsverlautbarungen durch Kapitularien der Karolinger (9. Jahrhundert) und der Quellenarmut unter den Ottonen-Kaisern (10. Jahrhundert) folgte die Epoche der auf allgemeiner Übung, auf lokalem Gerichtsgebrauch und damit auf „Gewohnheit" und ungeschriebenem „Gewohnheitsrecht" beruhenden Rechtsbildung und -pflege. Diese immer noch nicht hinreichend ausgeleuchtete Schattenlage der Rechtsgeschichte wurde zu Ausgang des 12. und während des 13. Jahrhunderts von einer Gesamteuropa überziehenden Rechtsdokumentationswelle abgelöst. Die aufgezeichnete, in Schriftform gebrachte Gewohnheit (*consuetudo in scriptis redacta*), die Schriftlichkeit des Rechts, wurde zum Symbol des Rechts schlechthin.

In *Deutschland* wurde das Gewohnheitsrecht in sog. Rechtsbüchern niedergelegt. Diese nannten sich selbst „Spiegel" oder „Kaiserrecht" und brachten damit anschaulich ihre Funktion für die Adressaten (Abbild und Vorbild des Rechts) sowie ihre Legitimation durch die Autorität des Kaisers (Staufisches „Rechtskaisertum") zum Ausdruck. Das wohl bedeutendste Rechtsbuch war der „Sachsenspiegel". Er entstand zwischen 1220 und 1227 und fasste das gesamte geltende sächsische Land- und Lehensrecht zusammen. Autor dieses hohes Ansehen genießenden und weit verbreiteten Rechtsbuchs war der ostsächsische Ritter *Eike von Repgow* (um 1180–nach 1233). Die ursprünglich private Aufzeichnung galt wie ein Gesetzbuch in einem Gebiet zwischen Rhein und Dnjepr (Russland, Ukraine). Auf den Sachsenspiegel folgte fast zeitgleich zwischen 1224 und 1231 das „Mühlhäuser Reichsrechtsbuch". Entgegen der üblichen Bezeichnung enthält es keineswegs Reichsrecht, vielmehr das aus fränkischen Bereichen stammende Recht der Stadt Mühlhausen in Thüringen und zusätzliche landrechtliche Normen. Um 1275 verfassten – vermutlich in Augsburg – Kleriker (Franziskaner) den „Schwabenspiegel" (eigentlich „Kayserlich Rechtsbuch" oder „Kaiserrecht") sowie den mit diesem Rechtsbuch eng verwandten „Deutschenspiegel" (eigentlich „Spiegel aller deutschen Leute"). 1335/1346 erließ der römisch-deutsche Kaiser *Ludwig d. Bayer* aus dem Hause Wittelsbach (1314–1347) für sein Stammland Oberbayern das „Oberbayerische Landrecht“, das auch als Musterstadtrecht – neben München – in verschiedenen Gebieten Süddeutschlands teilweise bis Anfang des 19. Jahrhunderts galt. In der Markgrafschaft Meißen entstand zwischen 1357 und 1387 für den städtischen Bereich das „Meißener Rechtsbuch“, das zahlreiche nicht nur nord- und mitteldeutsche Städte zum Vorbild ihrer Stadtrechte nahmen. Seine Verbreitung reichte bis nach Preußen, Böhmen und Mähren.

Diese Rechtsaufzeichnungen bildeten allerdings nur einen bescheidenen Ausschnitt aus der Flut europäischer Dokumentationen. Bereits 1231 hatte der Stauferkaiser *Friedrich II.* (1215–1250) für sein *Königreich Sizilien* (Regnum Siciliae) die „Constitutiones Regni“ verkündet. Unter der Bezeichnung „Konstitutionen von Melfi“ erinnerten sie an die süditalienische Stadt Melfi und den dort abgehaltenen Hoftag, auf dem die Endfassung des Gesetzes beraten und vom Kaiser promulgiert worden war. Das vorwiegend aus dem justinianischen Corpus iuris, ferner aus normannischen Assisen (*assisae – constitutiones regiae*) sowie aus Friedrichs älteren Rechtsvorschriften schöpfende Gesetzeswerk hatte das Prozess-, Straf- und Verwaltungsrecht in den Mittelpunkt seiner Regelungen gestellt; erst dann folgten Privat- und Lehensrecht. Die (seit dem 19. Jahrhundert) auch „Liber Augustalis“ genannte Kodifikation war der erste Versuch einer umfassenden staatlichen Normierung des aufgeklärten Absolutismus Friedrichs sowie seines zentralistischen Beamtenstaates. In Teilen galt sie in Neapel und in Sizilien noch bis Anfang des 19. Jahrhunderts fort.

In *Frankreich* (Clermont) fasste zwischen 1280 und 1288 der Bailli (Richter) *Philippe de Beaumanoir* (1252/54–1296) in den berühmten „Coutumes“ das lokale Gewohnheitsrecht des Beauvaisis zusammen. In *Spanien* entstanden fast zeitgleich ähnliche, die Gewohnheitsrechte aufzeichnenden „fueros“ (*breves* und *extensos*; von lat. *forum* – Gericht), „consuetuts“ und „usatges“ von León, Kastilien, Navarra, Aragón und Valencia, in *Portugal* die „foros“ von Coimbra, Santarém und Lissabon. Eine erste umfassende Kodifikation veranlasste der gelehrte König von Kastilien-León *Alfonso X d. Weise* („el Sabio“, 1252–1284). Um 1265 entstand das Gesetzbuch der „Siete Partidas“ (*Libro de las Siete Partidas* – Sieben Teile). Als Quellen verwendete es das Ius commune, kirchliche und antik-philosophische Werke sowie der orientalischen Literatur entnommene Texte. Mit ihm wurde die kastilische Gesetzgebung vereinheitlicht.

Für *England* stellten *Ranulf de Glanville* (1190), königlicher Richter und Staatsmann, sowie *Henry de Bracton* (Bratton/Bretton, 1210–1268), gelehrter Jurist, Richter und Domkanzler, in den titelgleichen Traktaten „De legibus et consuetudinibus regni Angliae“ erstmals das gesamte Common Law in der Form dar, die königliche Gerichte ihm gegeben hatten. Nach neueren Forschungen ist die Urheberschaft beider zwar nicht zweifelsfrei. Gleichwohl waren die Traktate erste erfolgreiche Versuche, das englische Recht systematisch und nach scholastischer Distinktionsmethode für die Rechtspraxis verfügbar zu machen. In *Schottland* war der Glanville zugeschriebene Traktat Vorbild des Rechtsbuchs „Regiam Majestatem“. Es wurde im 14. Jahrhundert verfasst und genoss im 15. Jahrhundert ebenfalls in der Praxis großes Ansehen. Dabei wurde nicht zwischen den auf Glanville zurückgehenden Teilen und solchen unterschieden, die römisch-kanonischen Rechtstexten entlehnt waren.

Ebenfalls in diese Zeit fallen die durch „Rechtssprecher“ überlieferten *skandinavischen* Rechtsaufzeichnungen: in Dänemark das Landrecht von Schonen – „Skanske Lov“ (1203/12), in Schweden die Rechtsbücher der Landschaften Östergötland von (um) 1286 (*Östgötalag*) und Västergötland von 1220–1225 (*Västgötalag*).

Abhängigkeiten vom römisch-kanonischen Recht sind beim „Sachsenspiegel“ nur spurenhaft nachweisbar. Entsprechendes gilt für das „Oberbayerische Landrecht“. Deutlicher vom gelehrten Recht beeinflusst waren dagegen „Schwaben-“ und „Deutschenspiegel“. Vorsichtige Anlehnungen an römisches Kaiserrecht zur Begründung des königlichen Gesetzgebungsrechts und Anleihen bei der kirchlichen Rechtspraxis verrät das Werk Beaumanoirs. Wie im schottischen Rechtsbuch finden sich gelehrtrechtliche Vorlagen auch in den englischen Rechtstexten, die zu den frühesten mittelalterlichen Darstellungen des Common Law zählen. Intensiv vom justinianischen Recht geprägt war der „Liber Augustalis“. Entsprechendes gilt für die „Siete Partidas“.

Schrifttum: *D. Munzel*, HRG (Rechtsbücher), 277ff. – *D. Strauch*, HRG (Ostgötenrecht, Westgötenrecht), 1362ff., 1313ff. – *K. Kroeschell*, Der Sachsenspiegel in neuem Licht, in: Rechtsgeschichte in den beiden deutschen Staaten (1988 – 1990), hg. v. H. Mohnhaupt (1991), 232ff. – *A. Wolf*, Gesetzgebung in Europa 1100–1500 (1996), 101ff. – *A. Iglesia Ferreirós*, La creación del derecho, Manual II ([2]1997), 18ss. – *D. Tamm*, Roman law and european legal history (1997), 216ss. – *K.-P. Schroeder*, Eike von Repgow – Schöpfer des Sachsenspiegels, JuS 1998, 776ff. – *H. Lück*, Über den Sachsenspiegel. Entstehung, Inhalt und Wirkungen des Rechtsbuches (1999) – *I. Schwab/H. Schlosser*, Oberbayerisches Landrecht Kaiser Ludwigs d. Bayern von 1346 (2000), 172ff.

2. Mittelalterliches Recht als offenes Recht

Bezeichnend für das mittelalterliche Recht vor seiner Begegnung mit dem römisch-kanonischen Recht ist das völlige Fehlen fester Begriffe sowie einer systemähnlichen Geschlossenheit. Mittelalterliches Recht ist (zum geringen Teil) aufgezeichnetes oder Gewohnheitsrecht und in beiden Erscheinungsformen offenes Recht (H. Krause). Sein Formenreichtum war das Ergebnis einer ständigen gewohnheitlichen Rechtsschöpfung aus dem konkreten Lebensbedürfnis heraus und für die Gestaltung eines bestimmten Einzelfalles. Erst im Prozess zeigte sich, was für den jeweiligen Lebenssachverhalt verbindlich als Recht galt. Nur für diese gerichtliche Einzelfallentscheidung wurde aus den auf Gewohnheit gegründeten Rechtsvorstellungen und -überzeugungen von „Rechtshonoratioren" (Schöffen, Urteilsfindern) kraft ihres sozialen Ansehens und ihrer Autorität festgestellt, was rechtens sein sollte. Die Offenheit des Rechts ist das Gegenteil eines rationalen, aus abstrakten Regelungsmustern bestehenden, begriffsscharfen Systems.

Ein weiteres Instrument der Rechtsgestaltung war das sog. „Weistum", entstanden aus der am konkreten Fall notwendig gewordenen öffentlichen Feststellung des fortan verbindlichen Rechts. Durch Rechtsweisung wurden in den strengen äußeren Formen des Prozesses Rechtsstreitigkeiten, die für die Allgemeinheit von Belang waren (z.B. Rechte und Pflichten der Grundherren und Hintersassen untereinander), entschieden oder Unklarheiten über bestehende Rechtsverhältnisse beseitigt. Das Weistum war seinem Wesen nach feststellende Aufzeichnung des bis dahin mündlich überlieferten gewohnheitlichen Rechtszustandes, keineswegs jedoch geschriebenes Recht im heutigen Sinne.

Im Mittelpunkt des mittelalterlichen Rechtssatzes stand der Mensch, eingeboren und eingebunden in seinen durch ständische Gliederung fixierten, typischen Lebensbereich, dem stets ein besonderer, umfassender Herrschafts- und Rechtskreis entsprach (Land, Dorf, Stadt, Grundherrschaft). Jeder Herrschaftskreis war zugleich ein eigener Rechtsentstehungskreis (Land-, Dorf-, Stadt-, Lehensrecht). In dieser Vielfalt des mittelalterlichen Rechts lag aber auch seine vitale Kraft.

Mit ihr sah sich das inhaltlich wie technisch hochentwickelte gelehrte Recht konfrontiert.

Schrifttum: *D. Werkmüller*, HRG (Weistümer), 1239ff. – *H. Krause*, Königtum und Rechtsordnung in der Zeit der sächsischen und salischen Herrscher, SZGerm 82 (1965), 1ff. – *H.M. Klinkenberg,* Die Theorie der Veränderbarkeit des Rechtes im frühen und hohen Mittelalter, Miscellanea Mediaevalia 6 (1969), 157ff. – *R.C. van Caenegem*, Das Recht im Mittelalter, in: Entstehung, 609ff. – *P. Grossi*, L'ordine giuridico medievale (1995), 127ff.

3. Territoriales Recht

Das Recht der frühmittelalterlichen germanischen Leges war personales Stammesrecht. Seine Geltung bestimmte sich ausschließlich nach der mitgliedschaftlichen Zugehörigkeit einer Person zu einer Gemeinschaft. Der einzelne war in das Recht seines Stammes hineingeboren (Abstammung, Heimatrecht). Die Rechtsordnung dieses Personenverbandes kam für ihn zur Anwendung, und zwar ganz gleich, ob er sich innerhalb oder außerhalb der Stammesgrenzen aufhielt (*Personalitätsprinzip*). Einen Überrest dieser personalen Geltungsvoraussetzungen enthält noch die Goldene Bulle von 1356. Grob registrierend unterschied sie (cap. V 1) bei der Einteilung des Reichs entsprechend den beiden wichtigsten Stammesrechtsgebieten zwischen Ländern des fränkischen (*ius Franconicum*) sowie des sächsischen Rechts (*ius Saxonicum*).

Mit der zunehmenden allgemeinen Mobilität und gesellschaftlichen Differenzierung musste sich notwendigerweise auch dieser Rechtsgeltungsgrundsatz ändern. Nach der Auflösung der alten Stammesverbände setzte sich etwa zur Zeit der Rechtsbücher allmählich die Vorstellung von der Territorialität des Rechts durch. Fortan band das Recht alle Bewohner eines räumlich umgrenzten Herrschaftsgebietes (Land, Provinz, Stadt). Die Abstammung trat in den Hintergrund, personales Stammesrecht wurde zum Landrecht (*consuetudo terrae, ius provinciae*), dem auch Fremde ausnahmslos unterworfen waren (*Territorialitätsprinzip*).

Schrifttum: *F. Sturm*, HRG (Personalitätsprinzip), 1587ff. – *K. Kroeschell*, Deutsche Rechtsgeschichte I (1992), 279ff. (285f.) – *S.L. Guterman*, From personal to territorial law (1972), 63ff., 215 – *ders.*, The principle of the personality of law in the germanic kingdoms of western Europe from the fifth to the eleventh century (1990), 181ff.

4. Recht und menschliche Lebensdauer

Das mittelalterliche Recht war seinem Wesen nach altes Recht. Es musste aber zugleich möglichst neu, d.h. aktuell sein. Auf diesen nur scheinbaren inneren Widerspruch haben neuere Forschungen hingewiesen (H. Krause). Anlass dazu boten Beobachtungen der immer wieder neu eingeholten Bestätigungen (Konfirmationen) erteilter Privilegien – ausgestellt von Königen, Päpsten, weltlichen und geistlichen Fürsten – und ergangener Gerichtsurteile. Das Ziel dieser unaufhörlichen Rechtsbestätigungen war, sich des Bestandes des verliehenen Rechts über die Lebensdauer des Beliehenen und Verleihenden hinaus zu versichern. Diese Sichtweise hat die lange Zeit herrschende Vorstellung korrigiert, mittelalterliches Recht sei stets das gute alte, ungesetzte und ungeschriebene Recht gewesen (F. Kern).

Erst unter dem Eindruck der sich im 13. Jahrhundert allgemein verstärkenden Idee vom Ideal der Schriftlichkeit des Rechts ging man daran, das mündlich tradierte Gewohnheitsrecht aufzuzeichnen. Dies erfolgte in den zunächst privaten Sammlungen der Rechtsbücher, die bald schon gesetzesgleiches Ansehen erwarben. Auch die frühen Stadtrechte waren anfänglich überwiegend ungeordnete Aufzeichnungen der durch Herkommen und Gerichtsgebrauch bestimmten, im städtischen Gerichtsbezirk zur Anwendung kommenden Rechtsgewohnheiten.

Alle diese Erscheinungsformen des mittelalterlichen Rechts entzogen sich jedem Versuch einer einheitlichen, systematisierenden Erfassung. Sie standen im scharfen Gegensatz zu dem durchgeformten, materiell in sich kohärenten römisch-kanonischen Recht. Allerdings gingen nach neueren Forschungen erste und folgenreiche Anstöße zu einer Vereinheitlichung und Fortbildung des ungeschriebenen wie geschriebenen mittelalterlichen Reichs- und Partikularrechts bereits von der Rechtsprechung des „Königs-“ und „Hofgerichts“ (*curia regis*) aus, der obersten Rechtsprechungsinstanz des Reiches. Parallel zu ihr hatte sich im 14. Jahrhundert ein weiterer zentraler Spruchkörper entwickelt, der 1415 erstmals als „Königliches Kammergericht“ genannt wurde. Nach einer durch die Wormser Kammergerichtsordnung 1495 erfolgten grundlegenden Reform verdrängte dieses Gericht unter der Bezeichnung „Reichskammergericht“ schließlich die alte Hofgerichtsbarkeit. Mit seiner Jurisdiktion hatte das höchste deutsche Reichsgericht wesentlich zur Überwindung der Rechtsvielfalt beigetragen.

Schrifttum: *F. Kern*, Recht und Verfassung im Mittelalter, HZ 120 (1919), 1ff. (Buchausgabe 1952) – *H. Krause*, Dauer und Vergänglichkeit im mittelalterlichen Recht, SZGerm 75 (1958), 206ff. – *K. Kroeschell*, Rechtsaufzeichnung und Rechtswirklichkeit, Vorträge und Forschungen 23 (1977), 349ff. – *B. Diestelkamp* (Hg.), Die politische Funktion des Reichskammergerichts (1993) – *ders*., Rechtsfälle aus dem Alten Reich (1995), 11ff. (Einführung i.d. Geschichte d. Reichskammergerichts) – *D. Willoweit*, Vom alten guten Recht, Jahrbuch des Historischen Kollegs 1997, 23ff.

IV. Recht der Römischen Kirche

1. Universalität von Theologie, Recht und Scholastik

In Übereinstimmung mit der Einheitlichkeit des geltenden Weltbildes stand über der nationalen Verschiedenheit der europäischen Rechte als Leitbild die supraregionale, universelle Rechtsordnung der römischen Kirche. Ihre große Rechtstradition gründete sich auf die unterschiedlichsten Quellen. Die Theologie hatte den unübersichtlich gewordenen Stoff in zwei große Kategorien geteilt. Dem unveränderbaren heilbringenden und heilvermittelnden göttlichen Recht stand das innerkirchlich gesetzte, auf die Welt bezogene, veränderbare Recht gegenüber. Diese grundlegende Trennung warf folgerichtig die Frage nach dem Verhältnis des ewigen göttlichen Rechts zum natürlichen Recht auf, das im Einzelfall „gefunden“ werden musste. Ihre Beantwortung führte ebenso konsequent zur theoretischen Erfassung der Gesetzgebungsidee sowie zur Formulierung einer Gesetzgebungslehre. Die entscheidenden Impulse hierzu gingen von der in das Lateinische übertragenen und rezipierten „Politica“ des *Aristoteles* (384–322 v.Chr.) aus. Auf aristotelischer Grundlage verlieh *Thomas von Aquino* (1224/5–1274) schließlich der Lehre vom Gesetz und von der Gesetzgebung die für das ganze Mittelalter maßgebliche Gestalt. Papst *Bonifaz VIII.* (1294–1303) legitimierte mit ihr seinen Gesetzgebungsprimat und nutzte sie in der Bulle „Unam sanctam“ (1302) politisch zur Begründung des Weltherrschaftsanspruchs der Kurie.

Mit dem wachsenden Einfluss der Kirche stellte sich im hohen Mittelalter immer dringlicher die Forderung nach einer wissenschaftlichen Erfassung und Fundierung ihrer gesamten rechtlichen Ordnungswelt. Das technische Instrumentarium hierfür lieferte die

„Scholastik“. Als Inbegriff jeglicher Wissenschaft hatte sie sich im 12. Jahrhundert im Gefolge eines allgemeinen Rationalitätsstrebens entwickelt. Ihre Grundlage bildete die Wissenschaftslehre des Platon-Schülers *Aristoteles*. Der römische Staatsmann und Philosoph *Boethius* (zwischen 475/480–524) sowie arabische Gelehrte aus dem islamischen Kulturraum (*Avicenna* [973/980–1037], *Averroes* [1126–1192]) hatten sie dem Abendland durch Übersetzungen und Kommentierungen der aristotelischen Schriften sowie der Hauptwerke von *Platon* und *Hippokrates* vermittelt. Die beherrschenden Prinzipien waren Autorität, Logik und Rationalität.

Die Scholastik war die mittelalterliche Form von Wissenschaft schlechthin. Die neuen Universitäten wurden Zentren ihrer Pflege und Verbreitung. Zuerst innerhalb der autoritäts- und dogmengebundenen Theologie aufgekommen, beherrschte sie nunmehr auch die Rechtswissenschaft, das ursprüngliche Unterfach der Theologie. Mit den elementaren Gesetzlichkeiten der Grammatik, Rhetorik, Logik bzw. Dialektik hat sie die gesamte mittelalterliche gelehrte Welt in allen Wissensgebieten geprägt und fortgestaltet. In der von ihr entwickelten typischen, das Geistesleben beherrschenden Denkweise (*auctoritas*-Konkordanz-*ratio*) verschmolzen Theologie, Philosophie und Jurisprudenz.

Gegenstände scholastisch-analytischer Interpretation waren primär die Aussagen und Sätze des Glaubens, göttlich geoffenbarte Wahrheiten. Diese autoritativen Texte wurden mittels antikphilosophischer Denkregeln (Plato, Aristoteles) und durch Zuhilfenahme menschlicher Vernunft logisch abgeleitet, begründet und damit rational begreifbar. Das wissenschaftliche Programm der Scholastik hat *Anselm Erzbischof von Canterbury* (1033–1109) mit dem Satz formuliert: *„fides quaerens intellectum“* (Fragen des Glaubens an den Verstand). In ihrem Bemühen um das verstandesmäßig erschließbare Sachproblem löste sich die Scholastik von der rein metaphysischen, theologischen Schrifterklärung, von der ohne Rücksicht auf praktische Brauchbarkeit terminologisierenden Textexegese. In ihrer Anwendung auf den göttlichen oder göttlich geoffenbarten, stets autoritativen Text (Bibel, Kirchenväter, Konzilien, Aristoteles) musste sich die Übertragung ihrer Methoden auf die Rechtswissenschaft geradezu aufdrängen. Zum bevorzugten Objekt scholastischer Bearbeitung in der Form der Kommentierung wurde vor allem das von der Kirche gesetzte Recht. Es hatte die Vorstellungswelt, den Form- und Denkstil und damit auch den Autoritätscharakter des römischen Rechts in sich aufgenommen.

Mit der Bereithaltung von Auslegungsgrundsätzen, Rechtsanwendungsregeln und Harmonisierungshilfen zur Auflösung oder inhaltlichen Zusammenführung widersprechender Rechtstexte wuchs die Scholastik bald über ihren ursprünglichen Bereich des kirchlichen Rechts hinaus. Sie wurde auch in der profanen Jurisprudenz zur dominanten wissenschaftlichen Methode.

Noch die frühe Jurisprudenz verstand sich als Zweig der Scholastik. Dies änderte sich jedoch mit der wachsenden Eigenständigkeit der Rechtswissenschaft. Die fachwissenschaftliche Kompetenz der Juristen wandte sich gegen die Theologie und den Totalitätsanspruch der Kanonistik. Das Ergebnis war die allmähliche Lösung der vormals strengen Bindung der Jurisprudenz an Theologie und scholastische Philosophie.

Schrifttum: *H.-J. Becker*, HRG (Scholastik), 1478f. – *L.J. Elders*, LexMA (Scholastische Methode), 1526f. – Handbuch I, 129ff. (Weimar) – *G. Makdisi*, The modern method in medieval education – an inquiry into its origins in law and theology, Speculum 49 (1974), 640ff. – *O. Hageneder*, Über das fürstliche Gesetzgebungsrecht, in: FS N. Grass I (1974/75), 467ff. (472, 475) – *R. Weigand*, Das göttliche Recht, Voraussetzung der mittelalterlichen Ordnung, Miscellanea del centro di studi medioevali XI (1986), 113ff.

2. Dekret Gratians und die Rechtsschule der Dekretisten

Um 1140 publizierte der Mönch *Gratian* († vor 1179) in Bologna eine umfangreiche Sammlung kirchlicher Rechtstexte. Legende ist, dass der „Vater der Kanonistik“ dem Orden der Kamaldulenser angehörte und Magister der Theologie im Bologneser Kloster St. Felix und Nabor war. Dagegen wird er sehr wahrscheinlich eine juristische Lehrtätigkeit in Bologna ausgeübt haben.

Mit seinem später als „Decretum Gratiani“ bezeichneten Lebenswerk wurde die kirchliche Rechtswissenschaft („Kanonistik“, von *canon* – Regel, als Gegenstück zur weltlichen *lex*) in der wissenschaftlichen Welt präsent. Gratian schöpfte aus einer Vielzahl, in Auswahl und Thematik unzureichender, unvollständiger zeitgenössischer Sammlungen (*collectiones*) heterogener kirchlicher Rechtsquellen. Im Gegensatz zu diesen präsentierte er jedoch erstmals einen ausgewählten, nach Sachgebieten angeordneten Rechtsstoff, den er mit Erläuterungen versah. Die „*distinctiones*" des ersten Teils enthielten generelle Rechtsregeln. Demgegenüber boten die „*causae*" des zweiten Teils die Gelegenheit, am Beispiel verschiedener fiktiver Rechtsfälle zentrale Rechtsfragen zu beantworten. Das erklärte leitende Ziel des Decretum war, mit Hilfe scholastisch-didaktischer Methode Widersprüche der aus verschiedenen Zeiten stammenden Rechtssätze (*canones*) zu beseitigen und Rechtskontroversen zu einer Synthese zu führen. Dies erklärt auch den ursprünglichen Namen des Werks als „Concordia discordantium canonum".

Die umfangreiche Sammlung beinhaltet Auszüge aus den Beschlüssen (canones) der Provinzial- und ökumenischen Konzilien, aus Papstbriefen und patristischen Schriften. Es finden sich Exzerpte aus spanischen, italienischen canones und fränkischen Kapitularien, aber auch aus tendenziösen Rechtssammlungen einer hochkirchlichen Reformbewegung, die missliebige Eingriffe des Staates in kirchliche Verhältnisse und Zustände des Westreiches zu verhindern suchte. Dazu gehören die Texte eines *Benedictus Levita* und *Pseudoisidor*, die erst die Humanisten des 15. und 16. Jahrhunderts, u.a. *Nicolaus von Cues* (1401–1464) und *Erasmus von Rotterdam* (1466–1536), als Fälschungen entlarvt haben. Den Inhalt des Decretum bestimmt die enge Verbindung von Kanonistik und Theologie. Neben juristischen werden auch moraltheologische Fragen und Probleme behandelt.

Das Decretum war *kein* offizielles Gesetzbuch der Kirche, vielmehr eine Privatarbeit, Quellensammlung und Leitfaden für den kirchlichen Rechtsunterricht zugleich. Auf diese Weise vereinigte es die Funktionen eines Textbuches mit solchen einer Kodifikation. Die früheren kirchlichen Rechtssammlungen verdrängte es, da es ihnen gegenüber vollständiger war und den Stoff (z.B. Standesrecht für Kleriker, Strafrecht, Eherecht, Verfahrensrecht) in einer den Bedürfnissen der Zeit entgegenkommenden Systematik darbot. Das Decretum wurde zum Fundament des kirchlichen Rechts und zum Ausgangspunkt der Entwicklung der Kanonistik als selbständiger, von der Theologie getrennter Wissenschaftsdisziplin in ganz Europa. Erste Spuren von seiner Kenntnis in Deutschland finden sich bereits um 1160 in Hildesheim und 1170 in Köln, wo eine kanonistische Rechtsschule bestand.

Die bald einsetzende wissenschaftliche Fortbildung durch die Rechtsschule der sog. Dekretisten beschränkte sich zunächst auf die Schließung von Lücken durch vorgratianische Quellen in Form der sog. „Paleae" (Zusätze, wahrscheinlich nach Gratians Schüler *Paucapalea*). Später wurden allgemein gefasste, durch Induktion aus den Rechtsquellen abgeleitete juristische Argumente für die Lösung von Rechtsfällen gewonnen (*brocarda*), der Rechtstext laufend glossiert und durch besondere Erläuterungen (*summae*) ergänzt. Zu den Hauptwerken der Dekretisten zählen die Dekretsummen der in Bologna wirkenden Kanonisten *Rolandus* (um 1150), *Rufinus* († 1192) und *Huguccio* von Pisa († 1210), dem späteren Bischof von Ferrara.

3. Päpstliche Dekretalen und Corpus iuris canonici

Die nachgratianische kirchliche Rechtsetzung erfolgte überwiegend in Form von Rechtsäußerungen und Rechtsentscheidungen zu Einzelfällen durch die Päpste („*Dekretalen*" als Papstbriefe) und nicht durch den Erlass abstrakter Rechtsnormen. Während des 12. und 13. Jahrhunderts entlud sich die päpstliche Rechtsetzung vor allem unter dem Pontifikat bedeutender Juristenpäpste, wie *Alexander III.* (1159–1181) und *Innozenz III.* (1198–1216), geradezu in einer Flut von Entscheidungen. Zwischen 1188 und 1226 erschienen allein fünf derartige Dekretalensammlungen (*Quinque Compilationes Antiquae*). Neben den Konzilien bildeten sie die Hauptquelle kurialer Rechtsbildung und Rechtsetzung. Dies änderte sich unter dem Pontifikat *Gregors IX.* (1227–1241).

(1) Papst *Gregor IX.* veranlasste die erste umfassende, systematische Bestandsaufnahme des zersplitterten, unübersichtlich gewordenen Dekretalenrechts. Er beauftragte den spanischen Kanonisten *Raymundus de Penyafort* (um 1180–1275), Dominikaner und päpstlicher Pönitentiar (Bußpriester), mit den Redaktionsarbeiten. Im Jahre 1234 war das Werk vollendet. Die Sammlung wurde im gleichen Jahr durch Übersendung an die Universitäten (z.B. Bologna, Paris) förmlich in Kraft gesetzt (Promulgation). Die „Decretales Gregorii IX." trugen die Bezeichnung „Liber Extra" und sollten das Decretum Gratiani fortsetzen (wörtl. *Liber decretalium extra decretum Gratiani vagantium*). Sie regelten Gerichtsverfassung, Prozessrecht, kirchliches Ämterwesen, Eherecht und Strafrecht in fünf Büchern (Merkvers: *iudex*, *iudicium*, *clerus*, *connubium*, *crimen*). Es galt das sog. Exklusi-

vitätsprinzip: in das Gesetzbuch nicht aufgenommene Rechtstexte konnten und durften nicht mehr berücksichtigt werden. Die Veröffentlichung des Liber Extra leitete eine Blütezeit der Kanonistik ein. Ihre glänzendsten Vertreter waren der in Bologna lehrende *Johannes Teutonicus* († 1245), der bereits die maßgebliche „Glossa ordinaria" zum Dekret verfasst hatte, *Sinibaldus Fliscus* (Sinibaldo dei Fieschi), der spätere Papst *Innozenz IV.* (1243–1254) und *Henricus de Segusio* (Enrico da Susa), Kardinalerzbischof von Ostia, genannt *Hostiensis* (um 1200–1271).

(2) Die nachgregorianische Rechtsentwicklung, insbesondere die Gesetze des Papstes Innozenz IV. sowie weitere päpstliche oder private Sammlungen, wurde 1298 als Ergänzung zum Liber Extra durch Papst *Bonifaz VIII.* (1294–1303) in der „Liber Sextus" (d.h. zu den fünf Büchern des Liber Extra) genannten Gesetzessammlung bereinigt zusammengefasst. Die Promulgationsbulle „Sacrosanctae" (Einführungsgesetz) zum Liber Sextus enthielt eine moderne allgemeine Gesetzgebungslehre. Sie verkündete die Rechtsmacht des Gesetzgebers zur Schaffung neuen anstelle des alten, obsolet gewordenen Rechts. Damit überwand sie das traditionelle Verständnis vom schlicht dokumentierenden Gesetz. Die maßgebliche Kommentierung des Liber Sextus in der „Glossa ordinaria" stammt von dem Bologneser Professor *Johannes Andreae* (Giovanni d'Andrea, um 1270–1348), von den Zeitgenossen „fons et tuba iuris" genannt. Der Schüler des seinerzeit berühmtesten Bologneser Kanonisten *Guido de Baysio* (um 1250–1313) und Freund des Dichters *Petrarca* war der bedeutendste Kanonist des 14. Jahrhunderts.

(3) Die Konstitutionen des Papstes *Clemens V.* (1305–1314) bilden den dritten und letzten Teil der authentischen Rechtssammlung der Kurie. Als sog. „Clementinae" enthalten sie ausschließlich auf den Papst zurückgehende Dekretalen sowie Beschlüsse des Konzils von Vienne (1311/12). Da Clemens V. kurz vor der geplanten Promulgation starb, wurden die Klementinen erst 1317 nach einer Revision durch seinen Nachfolger *Johannes XXII.* (1316 – 1334) erlassen und in Kraft gesetzt. Unter den vielen Bearbeitungen hatte sich wiederum die Kommentierung durch Johannes Andreae als „Glossa ordinaria" durchgesetzt.

(4) Nichtamtliche, private Sammlungen wurden später (1500) durch den französischen Kanonisten *Jean Chappuis* als „Extravagantes Jo-

hannis Papae XXII et Extravagantes communes“ aus dem 14. bis 15. Jahrhundert den offiziellen Teilen der päpstlichen Gesetzbücher angegliedert. Unter der seit 1580 amtlichen Sammelbezeichnung „Corpus iuris canonici“ und nach der Festlegung des offiziellen Textes durch eine von *Pius V.* (1566) eingesetzte Revisionskommission (*Correctores Romani*) war es in der Form der 1582 von *Gregor XIII.* publizierten amtlichen Ausgabe (*Editio Romana*) bis zum Inkrafttreten des „Codex iuris canonici“ am 19. Mai 1918 das verbindliche Gesetzgebungswerk der römischen Kirche. Zahlreiche Rechtsgrundsätze fanden wieder Eingang in den neuen, seit 1983 geltenden „Codex iuris canonici“.

Schrifttum: *Lange*, Römisches Recht im Mittelalter I, 93ff. – *H. Zapp*, LexMA (Corpus iuris canonici, Decretum Gratiani), 263ff., 625 – *Stolleis*, Juristen (Gratian, Johannes Andreae), 249ff., 327ff. – *E.J.H. Schrage*, Utrumque Ius. Eine Einführung in das Studium der Quellen des mittelalterlichen gelehrten Rechts (1992), 84ff. – *E. Cortese*, Il diritto nella storia medievale II (1995), 197ss., 363ss. – *P. Landau*, Die Bedeutung des kanonischen Rechts für die Entwicklung einheitlicher Rechtsprinzipien, in: Die Bedeutung des kanonischen Rechts für die Entwicklung einheitlicher Rechtsprinzipien, hg. v. H. Scholler (1996), 23ff. – *R. Weigand*, Frühe Kanonisten und ihre Karriere in der Kirche, in: Glossatoren des Dekrets Gratians (1997), 403*ff.

V. Justinian und das Römische Recht

Bereits vor der Ausbildung der Kanonistik zu einer selbständigen Wissenschaftsdisziplin beschäftigten sich nachweislich um das Jahr 1070 ebenfalls in Bologna Juristen mit Teilen der „Corpus iuris“ genannten Rechtssammlung, die der oströmische Kaiser *Justinian I.* (527–565) veranlasst hatte. In seiner wissenschaftlichen Bearbeitung durch die mittelalterliche Jurisprudenz bildete das Corpus iuris das Fundament einer universellen Rechtskultur in ganz Europa. Seit dem 12. Jahrhundert stand dem Studium der kirchlichen „canones“ durch die „Kanonisten“ das „studium civile“, d.h. die Beschäftigung mit den weltlichen „leges“ durch die „Legisten“ (Kenner der *leges*), ebenbürtig zur Seite. Als Lehrfach bildete die Legistik den anderen Zweig des gelehrten Rechts (*utrumque ius*).

1. Corpus iuris civilis

Die auf Justinian zurückgehende Kodifikation des oströmischen Rechts war der mittelalterlichen Jurisprudenz seit dem 12. Jahrhundert in einem im Wesentlichen abgeschlossenen Text-Corpus bekannt. Mit seinen mittelalterlichen Abschliffen und Fortbildungen galt das sog. justinianische Recht in Deutschland als „Gemeines Recht“ bis zum Inkrafttreten des Bürgerlichen Gesetzbuchs (1900). Die im 6. Jahrhundert in der oströmischen Reichshälfte entstandene Gesetzgebung war allerdings nur Teilstück eines umfassenden Reformprogramms, mit dem Justinian auf der Grundlage der staatsrechtlichen Identität mit dem Imperium Romanum noch einmal ein hellenistisch-christliches Weltreich erstehen lassen wollte. Während in der westlichen Reichshälfte nach dem Untergang Westroms (476) das römische Recht zu Ausgang des 5. Jahrhunderts zunehmend verflacht war und nur partiell, z.B. in den Volks- und Stammesrechten (*Leges Romanae*) der Germanenreiche weiterlebte, kam es in Ostrom mit dem Zentrum Konstantinopel zu einem folgenreichen Neubeginn der römischen Rechtskultur. Im Gegensatz zum Westen war hier die römische Rechtstradition nie völlig abgerissen. Die Ausbildung von Juristen im geltenden (römischen) Recht lag in der Verantwortung angesehener oströmischer Rechtsschulen, wie der von Berytos (Beirut) in Syrien (gegründet wohl schon im 2. Jahrhundert) und Konstantinopel (gegründet zwischen 414 und 425). An ihnen wurde ein fachlich anspruchsvoller Rechtsunterricht auf den Grundlagen der alexandrinischen Philosophie, der Vorläuferin der späteren Scholastik, erteilt.

Das Signal zur Rechtsrenaissance gab Justinian selbst im Jahre 528. Im Zuge seiner weitgespannten Reichsreformpläne ordnete er auch eine umfassende Kodifikation des gesamten überlieferten geltenden und an den Rechtsschulen gelehrten römischen Rechts an. *Tribonianus* († um 541), als Jurist ebenso hochqualifiziert wie als Planer und Organisator, war bei diesen Gesetzgebungsarbeiten von Anfang an die treibende Kraft und der führende Kopf. Er hatte als Vorstand der kaiserlichen Zentralkanzleien (*magister officiorum*) begonnen und war später zum Leiter des Justizressorts (*quaestor sacri palatii*) avanciert. Die durch Justinian berufenen Kommissionen, die mit der Ausarbeitung der einzelnen Teile des Gesetzeswerks betraut waren, bestanden aus Experten. Zu ihnen rechneten hohe Beamte der Ministerialbürokratie, Richter, Anwälte und Professoren (*antecessores*) der beiden staatlichen Rechtsschulen von Berytos (*Dorotheos*, *Anatolios*) und Konstantinopel (*Theophilos*, *Kratinos*). Bereits nach wenigen Jahren war die gesamte Kodifikation fertiggestellt. Sie wurde in den Jahren 533 und 534 in Teilstücken publiziert und in Kraft gesetzt.

Die Arbeit der Gesetzgebungskommissionen gestaltete sich schwierig. Das Material, aus dem geschöpft wurde, stellte ein Arsenal in sich heterogener Rechtsquellen dar. Kaisergesetze (*constitutiones*) und überlieferte Rechtstexte der klassischen bzw. nachklassischen römischen Juristen mussten ausgewählt, kompiliert (lat. *compilare* – ausbeuten), exzerpiert und in eine gewisse innere Ordnung gebracht werden. Die Gesamtkodifikation (deshalb zutreffender: Kompilation) bestand aus drei Teilen:

(1) *Codex Justinians*: Die erste Kommission hatte zunächst den Auftrag, das gesamte von den Kaisern gesetzte Recht zu bereinigen und in einer neuen, für die Praxis brauchbaren Sammlung festzustellen. Die alten Sammelwerke der Codices Gregorianus, Hermogenianus und Theodosianus waren unübersichtlich und weitgehend veraltet. Das Ergebnis dieser Kompilation war der neue „Codex Iustinianus" (abgekürzt Cod. oder C.) als erster Teil des Gesetzeswerks. Er enthielt die Kaisergesetze (*constitutiones*) seit *Hadrian* (117–138) und bestand aus 12 Büchern: Kirchen-, Staats- und Verfahrensrecht (Buch 1), Privatrecht (Buch 2–8), Strafrecht (Buch 9) sowie Verwaltungsrecht (Buch 10–12).
Der Codex wurde erstmals 529 durch die „Constitutio Summa" mit Gesetzeskraft veröffentlicht, nach einer durch die laufenden Gesetzgebungsarbeiten notwendig gewordenen Revision jedoch Ende 534 durch eine zweite Bearbeitung (*Codex repetitae praelectionis*) ersetzt. Nur in dieser letzten Fassung ist er vollständig überliefert.

(2) *Digesten oder Pandekten*: Der als „Digesta" (wörtl. „Zusammengestelltes") oder „Pandectae (wörtl. „Allumfassendes") Iustiniani" (abgekürzt Dig. oder D.) bezeichnete umfangreichste und wichtigste zweite Teil besteht aus 50 Büchern. 533 wurde er durch die „Constitutio Tanta" in Kraft gesetzt. Die Digesten sind ein gigantisches Mosaik. Sie beinhalten systematisch geordnete Exzerpte (insbesondere Lehrfälle und Problemanalysen) aus den Originalschriften klassischer und nachklassischer Juristen der Zeit von etwa 100 v. Chr. bis 250 n. Chr. (z.B. *Domitius Ulpianus*, *Iulius Paulus*, *Papinianus*, *Gaius*). Den breitesten Raum nimmt das Privatrecht ein (Buch 2–46), gefolgt vom Verfahrens- und Verwaltungsrecht sowie vom Strafrecht der beiden *„libri terribiles"* (der „schrecklichen Bücher" 47 und 48). Wiederholt wurden die Rechtstexte von der Kommission unter Leitung Tribonians den veränderten Zeitbedürfnissen angeglichen oder vereinfacht („interpoliert"), ohne dies gesondert kenntlich zu ma-

chen. Alte Rechtskontroversen klassischer Juristen entschied Justinian in der Regel autoritär selbst.

Die Digesten enthalten keineswegs eine Sammlung von Rechtssätzen (Normbefehle) im modernen Sinne. Als Textfragmente der Fachliteratur geben sie vielmehr einen beeindruckenden Überblick über die Gesamtheit der praktischen (Kommentierungen, Falllösungen) wie theoretischen Leistungen (Lehrbücher, Monographien) der römischen Jurisprudenz.

(3) *Institutionen*: Justinian hatte schon während der Arbeiten an den Digesten angeordnet, ein neues offizielles Elementarlehrbuch für den Rechtsunterricht zu verfassen: die „Institutiones" (abgekürzt Inst. oder I.). Sie traten mit den Digesten in Kraft. Dieser in vier Bücher gegliederte dritte Teil des Gesetzeswerks sollte vor allem das Verstehen und Erfassen der Digesten erleichtern und eine einheitliche Rechtslehre sicherstellen. Seine Verfasser waren die Professoren *Theophilos* und *Dorotheos*, den Vorsitz in der Kommission hatte wiederum Tribonian. Die justinianischen Institutionen schöpften hauptsächlich aus den damals beliebten und weit verbreiteten „Institutiones" des *Gaius* (um 120–180). Auf dessen berühmte Anordnung der Rechtsmaterien in „personae" (Personenrecht), „res" (Recht der Vermögensgegenstände schlechthin, d.h. der körperlichen [*corporales*] und unkörperlichen [*incorporales*] Sachen) sowie „actiones" (Klagrechte) geht die Einteilung in vier Bücher zurück (sog. gaianisches Institutionensystem), knapp die Hälfte des Textes ist wörtlich seinem Institutionenwerk entlehnt. Daneben haben die Redaktoren aber auch jüngere Institutionenwerke verarbeitet – vor allem von *Ulpian* (um 170–223), Iulius *Paulus* (1. Hälfte d. 3. Jh.), ferner *Florentinus* (3. Jh.) und *Marcianus* (um 230) – sowie eine Vielzahl klassischer oder nachklassischer Textstellen als Fragmente aus den Digesten übernommen. Die Institutionen wurden 533 durch die „Constitutio Imperatoriam" mit Gesetzeskraft versehen und publiziert.

Justinian erließ gleichfalls 533 durch die „Constitutio Omnem" eine neue *Studienordnung* für die Rechtsschulen in Berytos, Konstantinopel und Rom. Privater oder „verfälschter" Rechtsunterricht durch vagierende unfähige Lehrer (*quosdam imperitos homines devagare et doctrinam discipulis adulterinam tradere*, Const. Omnem 7) wurde ausdrücklich für die weniger bedeutenden Rechtsschulen in Caesarea und Alexandria verboten. Recht durfte fortan allein auf der Grundlage der Digesten an den drei privilegierten Schulen des Reichs gelehrt werden.

(4) *Novellen:* Die seit dem Inkrafttreten von Institutionen, Digesten und Codex in griechischer Sprache ergangenen neuen Reformgesetze wollte Justinian ursprünglich als „Novellae constitutiones" und vierten Teil des Gesetzeswerks offiziell herausgeben. Dazu kam es indessen nicht mehr. Die Nachtragsgesetze (*Leges novellae* oder *Novellae*) wurden jedoch von Privatpersonen gesammelt. Sie sind teils im griechischen Originaltext, teils in lateinischen Übersetzungen aus dem 6. Jahrhundert überliefert (sog. *Griechische Novellensammlung*, *Epitome Juliani*, *Authenticum*, *Edicta Iustiniani*).
Der Begriff „Corpus iuris" kam bereits im Codex im Sinne von „Inbegriff des Rechts" vor (5, 13, 1 pr). Seit dem 12. Jahrhundert trug die gesamte Kodifikation des justinianischen Rechts die Bezeichnung „Corpus iuris" und seit dem 13. Jahrhundert auch „Corpus iuris civilis".

Schrifttum: *P. Weimar*, LexMA (Corpus iuris civilis), 270ff. – *Dulckeit/Schwarz/Waldstein*, RRG, 308ff. – T. Honoré, Tribonian (1978), 139ff. – *J. P. Meincke*, Die Institutionen Iustinians, JuS 1986, 262ff. – *ders.*, Die Institutionen Iustinians als Repetitionsprogramm, JZ 1988, 1095ff. – *O. Behrends u. a.* (Hg.), Corpus Iuris Civilis, Text u. Übersetzung, Bd. I Institutionen (1990), 269ff., Bd. II Digesten 1–10 (1995), XIII ff. – *Cr. Vano*, „Il nostro autentico Gaio" (2000).

2. Neubearbeitungen im Osten des Reiches – Byzantinisches Recht

Die in Konstantinopel verkündete justinianische Gesetzgebung galt zunächst in der oströmischen Reichshälfte. Das Corpus iuris war seinem Wesen nach eine klassizistische Restauration des römischen, größtenteils klassischen Juristenrechts. Die durch Justinian angeregte neue wissenschaftliche Hochblüte der römischen Rechtskultur, vor allem an den beiden staatlichen oströmischen Rechtsschulen, wurde jedoch durch die politischen Wirren im 8. Jahrhundert unterbrochen. Einen Höhepunkt bildete der fanatisch geführte Bilderstreit (sog. *Ikonoklasmus*). Zu einem neuen Aufschwung kam es erst im 9. Jahrhundert unter den byzantinischen Kaisern *Basileios I.* (867–886) und *Leon VI. dem Weisen* (886–912) aus der makedonischen Dynastie im Zuge einer allgemeinen, alle Bereiche des Staates und der Gesellschaft erfassenden Reformbewegung. Für sie wurde die Bezeichnung „Makedonische Renaissance" üblich.

Schon *Basileios I. Macedo* hatte den Plan zu einer Neuordnung des gesamten justinianischen Rechts gefasst. Das Corpus iuris sollte vollständig „gereinigt" werden. Die Angleichung an die veränderten Bedürfnisse der byzantinischen Gerichtspraxis sowie an die griechische Reichssprache waren unumgänglich geworden. Aber erst *Leon VI.* vollendete 907 die von seinem Vater begonnene Reform. Derogiertes Recht wurde ausgeschieden, die justinianischen Rechtstexte wurden ins Griechische übersetzt, gestrafft, vereinfacht und schließlich als sog. „Basiliken", d.h. Kaiserliche Bücher (insgesamt 60), herausgegeben. Dies wiederum war Anlass für eine neue wissenschaftliche Beschäftigung mit dem reformierten Recht und der Beginn einer Blütezeit der östlichen Jurisprudenz. Die Basiliken-Gesetzgebung wurde teils durch Randglossen („Scholien") erläutert, teils auf der Grundlage eines bereits im 7. Jahrhundert entstandenen sog. *Ketten-* oder *Katenenkommentars* eines unbekannten Autors (sog. *Anonymus*) interpretiert: *paragraphoi* – kommentierende Anmerkungen, *indices* – kurze zusammenfassende Inhaltsangaben, *paratitla* – Hinweise auf Parallelstellen. In dieser Form hat sich das Werk erhalten.

Der sich schon seit längerem abzeichnende Niedergang des byzantinischen Reichs gipfelte schließlich 1204 in der Eroberung und Plünderung der Stadt durch die Kreuzfahrer im 4. Kreuzzug unter Führung der Venezianer. Davon hatte sich Konstantinopel nie wieder erholt. Aus der nachfolgenden Zeit sind nur wenige juristische Werke überliefert. Eines davon ist die Kurzfassung des für die Rechtspflege immer noch umfangreichen Basilikenrechts aus dem Jahr 1345. Der Verfasser war *Konstantinos Harmenopoulos*, kaiserlicher Rat und oberster Richter in Thessaloniki. Das als „Hexabiblos"(Sechs Bücher) bezeichnete systematische Handbuch (Vorwegnahme des fünfteiligen Gliederungsschemas für das Zivilrecht) des griechisch-römischen Rechts fand Verwendung in der Praxis, wurde in der Folgezeit ständig neubearbeitet und überdauerte die osmanische Herrschaft. Es galt nach der Befreiung (1828) im neu erstandenen Griechenland von 1835 bis zum Inkrafttreten des Zivilgesetzbuches am 23. Februar 1946.

Schrifttum: Handbuch III 5, 473ff. (*Zepos*)- *Dulckeit/Schwarz/Waldstein*, RRG, 317ff. – *P.E. Pieler*, Entstehung, 669ff. – *J.M. Sontis*, Das griechische Zivilgesetzbuch im Rahmen der Privatrechtsgeschichte der Neuzeit, SZRom 78 (1961), 355ff., (362ff.) – *E. Cortese*, Il diritto nella storia medievale I (1996), 173ss., 287ss.

3. Unsicherer Geltungsumfang im Westen des Reiches

In der weströmischen Reichshälfte, vor allem in Italien, war die justinianische Kodifikation in unterschiedlichem Umfang bekannt. Sie hat bis zum Wiederauftauchen der Digesten in der Praxis gegen Ende des 11. Jahrhunderts die italienische Rechtslehre in einem heute nicht mehr genau feststellbaren Ausmaß beherrscht. Die Ursachen dafür sind in der politischen Geschichte Ost- und Westroms zu suchen.

Zur Zeit der Publikation des Corpus iuris war Italien Herrschaftsbereich der Ostgoten (Theoderich d. Gr.). Erst der erfolgreich gegen sie geführte Krieg (535–553) brachte das Land unter die Herrschaft Ostroms. Auf Bitten des römischen Papstes *Vigilius* (537–555) setzte Justinian schon 554 durch einen kaiserlichen Erlass (sog. *Sanctio pragmatica*) Digesten, Codex und Institutionen in Italien förmlich in Kraft. Als 568 Nord- und Mittelitalien wieder an die Langobarden verloren gingen, verblieben den Byzantinern nach der um 650 abgeschlossenen Eroberungsphase nur kleine Gebietsanteile, wie etwa Istrien, die Provinz Ravenna (ehemaliger Sitz des byzantinischen Statthalters – Exarchat), die Dukate von Rom und Neapel sowie Apulien, Kalabrien und Sizilien mit ihrer vielfach Griechisch sprechenden Bevölkerung. Lediglich hier bestand das römische Recht inhaltlich umgestaltet und hellenisiert in griechischer Form und Sprache weiter. Die Rechtskultur des Westens vermochte es – auch gefördert durch das west-östliche sog. Große Kirchenschisma von 1054 – allerdings nicht nachhaltig zu beeinflussen.

Es widerspräche indessen der historischen Realität, wollte man aus der offiziellen Einführung durch Justinian im Jahre 554 schließen, die Gesetzessammlung hätte das theodosianische Vulgarrecht vollständig ersetzt und habe in dieser Form tatsächlich in Italien gegolten. Ohne Zweifel verdankte das römische Recht dieser Maßnahme, dass es aus dem Rechtsleben niemals völlig verschwand. Wirklich bekannt waren jedoch nur Teile des Codex, die Institutionen sowie die Novellen in einer noch unter Justinian von einem in Konstantinopel lebenden, nicht näher bekannten Rechtslehrer *Julianus* um 535 bis 555 besorgten verkürzten Bearbeitung in lateinischer Sprache (*Epitome Juliani*). Die Digesten als das juristisch weitaus gehaltvollste und wichtigste Kernstück der Kodifikation waren dagegen bald verschollen. Die letzte überlieferte Mitteilung über ihre Existenz stammt aus einem Brief des Papstes *Gregor I. d. Großen* (590–604) aus dem Jahre 603, in dem Digestenstellen zitiert wurden. Was demnach vom römischen Recht tatsächlich zur Anwendung kam, waren eher Fragmente einer großen Rechtsordnung. Diese Reste haben allerdings zusammen mit einem nachweisbaren, anspruchslosen Rechtsunterricht die langobardische Eroberung Italiens überdauert und die Wiederentdeckung der justinianischen Gesetzgebung beginnend seit dem 11. Jahrhundert entscheidend begünstigt.

Schrifttum: *Lange*, Römisches Recht im Mittelalter I, 80ff. – *F. Wieacker*, Vom römischen Recht ([2]1961), 242ff. – *D. Nellen*, Viri litterati (1977), 128ff., 183ff. – *G. Otte*, Die Rechtswissenschaft, in: Renaissance, 123ff., 135 – *D. Liebs*, Die Jurisprudenz im spätantiken Italien (1987), 127ff.

VI. Langobardenrecht und die Schule von Pavia

Das „Regnum Langobardorum", auch nach der Eroberung durch Karl d. Großen als eigenes Reich in Personalunion mit dem fränkischen weitergeführt (774–886), war im Auflösungsprozess der Karolingerherrschaft als „Regnum Italicum" im Jahre 961 an das deutsche Kaisertum gefallen. Seine in rund zwei Jahrhunderten entwickelte Verfassungs-, Rechts- und Sozialordnung hat die mittelalterliche Geschichte Italiens geprägt.

Den langobardischen Juristen war die justinianische Kodifikation im Wesentlichen bekannt, ein weiterer Faktor, der zum (wenn auch begrenzten) Fortleben des römischen Rechts beigetragen hatte. Seit dem 9. Jahrhundert ist eine mit der *Königspfalz Pavia* verbundene, angesehene „Artistenschule" sicher bezeugt. Sie war Zentrum für die Pflege des langobardischen Rechts. Hier wurden die im „Edictum regum Langobardorum" enthaltene langobardische Königsgesetzgebung von Rothari bis Aistulf, ab dem 11. Jahrhundert auch die karolingisch-ottonischen Kapitularien sowie die Gesetze des Regnum Italicum wissenschaftlich bearbeitet. Die Ergebnisse dieser Rechtsfortbildung fanden Eingang in die Gesetzessammlung des zu Beginn der zweiten Hälfte des 11. Jahrhunderts entstandenen sog. „Liber Papiensis". Die kurz nach 1070 entstandene systematische, kommentierende Erläuterung zum „Liber Papiensis" (*Expositio ad Librum Papiensem*) hatte dem römischen Recht die Stellung einer *lex omnium universalis* zuerkannt. Die „Expositio" nahm bereits auf die in Italien bekannten Institutionen, den Codex und die „Epitome Juliani" Bezug.

Ungeklärt und bislang nicht beweisbar ist, ob in Pavia bereits eine eigene juristische Fachschule als Rechtsschule bestand, die als Vorläuferin Bolognas gelten könnte. Ebenfalls offen bleiben muss die Frage, inwieweit die später führenden Bologneser Glossatoren schon von Pavia beeinflusst waren. Ähnlichkeiten in der Arbeitsweise – wie etwa die Verwendung der Methode der Glossierung am Rande der Rechtstexte – sind zwar unübersehbar, sichere Belege für unmittelbare Einwirkungen fehlen jedoch.

Schrifttum: *Lange*, Römisches Recht im Mittelalter I, 23ff. – Handbuch I, 165 (*Weimar*) – *G. Astuti*, Influssi romanistici nelle fonti del diritto longobardo, Settimane di studio del centro italiano di studi sull'alto medioevo XXII (1975), 653ff. – *G. Diurni*, L'Expositio ad „Librum Papiensem" e la scienza giuridica preirneriana, Rivista di storia del diritto italiano 49 (1976), 5ff. – *E. Cortese*, Il diritto nella storia medievale (1995); 13ss.

§ 2 Die Renaissance des Römischen Rechts in Europa

I. Wiederentdeckung der Digesten und die Rechtsschule von Bologna

1. Das „Juristische Jahrhundert"

Die Geschichte der europäischen Rechtswissenschaft beginnt im 12., dem „juristischen" Jahrhundert. Sie steht mit der Wiederentdeckung der Digesten im Zusammenhang. Die Überlieferung knüpft dabei an eine antike, noch zu Lebzeiten Justinians in Konstantinopel fertiggestellte Handschrift an, die den Digestentext nahezu vollständig enthielt. Die Pisaner hatten sie in dem damals byzantinischen Amalfi erbeutet und um 1060 nach Pisa mitgenommen. Nach der Eroberung Pisas durch die Florentiner wurde die Digestenhandschrift (*Littera Pisana*) 1406 nach Florenz verbracht (*Littera Florentina*, *Codex Florentinus*). Dort wird sie jetzt in der Biblioteca Medicea Laurenziana (Medici-Bibliothek) verwahrt. Die Nachricht von diesem Fund verbreitete sich bald in ganz Westeuropa. Eine von dieser Handschrift bereits um 1070 (möglicherweise im Kloster Montecassino) gefertigte Abschrift gelangte nach Bologna und wurde hier in einem Kreis von Juristen alsbald Gegenstand wissenschaftlicher Beschäftigung und Lehre (*Littera Vulgata* oder *Bononiensis*). Außer dieser Quelle blieben die anderen Teile des justinianischen Corpus iuris vorerst noch unbekannt. Von dem seit 1119/20 sicher bezeugten Rechtsunterricht nahm eine neue, universelle Rechtskultur ihren Ausgang.

2. Von der Artistenschule zur Rechtsschule

Es war kein Zufall, dass gerade von Bologna der entscheidende geistige Anstoß zu einer europäischen Neuentwicklung des römischen Rechts ausging. Die Stadt war im 12. Jahrhundert wirtschaftliches Zentrum und geographischer Knotenpunkt des Fern- und Levantehandels. Überdies bestand hier bereits eine bedeutende Artistenschule, die Elementarkenntnisse in den sog. „Sieben freien Künsten" (*septem artes liberales*), insbesondere in den Fächern des „Trivium" (lateinische Grammatik, Rhetorik und Dialektik bzw. Logik) vermittelte. Aus der Rhetorik entwickelte sich zu Beginn des 12. Jahrhunderts die sog. „ars dictandi (dictaminis)“ als eigenständiges Unterrichtsfach. Ihr Lehrgebiet waren die Regeln von der stilistisch einwandfreien Abfassung von Briefen und Urkunden, auch soweit sie Fragen der Politik, Verwaltung oder juristische Gegenstände betrafen. In dieser Kunst wurden vor allem städtische Amtsträger und Verwaltungspersonal (Advokaten oder Verwaltungsbeamte) unterwiesen. Durch fortschreitende Spezialisierung auf Rechtliches spaltete sich von der „ars dictandi“ bald schon die sog. „ars notariae“ (Notariatskunst) als wissenschaftliche Lehre vom Notariat und der Kautelarjurisprudenz ab. Bereits im 13. Jahrhundert wurde in Bologna der Nachwuchs an einer eigenen Notariatsschule in der Fertigkeit der Beurkundung von Verträgen, Testamenten und Klagen ausgebildet. Dabei kam es zwangsläufig zu einer Annäherung an das römische Recht und an die mit ihm wissenschaftlich arbeitende Jurisprudenz. Aus dieser Zusammenarbeit entstanden für die Praxis bestimmte juristische Formularbücher oder die sog. „Renuntiationen“ als feste Bestandteile der Notariatsurkunde, mit welchen die Vertragspartner stereotyp ihren Verzicht auf mögliche Einreden oder Rechtsbehelfe des römisch-kanonischen Rechts (*exceptiones*) zu erklären pflegten. Hinzu kam als besondere politische Konstellation das absolutistische Weltkaisertum der Staufer, dem das Papsttum als zweite universale Macht entgegentrat. Auf dem Höhepunkt der Auseinandersetzungen um die Weltherrschaft nahmen beide Universalgewalten Rechtsgrundsätze des spätrömischen absolutistischen Staatsrechts zur Legitimierung eigener politischer Macht für sich in Anspruch. Schließlich war es auch die Verbindung zur gleichzeitig entstehenden und aufblühenden Kanonistik, dank der sich Bologna die Ehrenbezeichnung „nutrix legum“ (eigtl. Amme der Rechte) erwarb. Die 1155 durch kaiserliches Privileg zur Reichsuniversität aufgestiegene Rechtsschule wurde zum führenden und beherrschenden geistigen Zentrum der scholastischen Jurisprudenz.

Die These vom Beginn der modernen Rechtswissenschaft nach der Wiederentdeckung der Digesten und mit der Aufnahme eines Rechtsunterrichts in Bologna ist jedoch nicht unumstritten. Neuere Forschungen haben eingehend die Wirkungen der nachjustinianischen frühmittelalterlichen Rechtsliteratur untersucht. Sie kamen zu dem Ergebnis, dass die eigentlichen Voraussetzungen für die Entstehung einer europäischen Rechtswissenschaft bereits in der Zeit vom 7. bis zum 9. Jahrhundert geschaffen worden waren. Der Beginn einer wissenschaftlichen Bearbeitung des Corpus iuris durch oberitalienische Rechtsgelehrte war demnach kein wirklicher „Neuanfang". Vielmehr bestanden Kontinuitäten zwischen der antiken, zu keiner Zeit völlig unterbrochenen Jurisprudenz und ihrer europaweit wirkenden Erneuerung im 12. Jahrhundert.

Schrifttum: *Lange*, Römisches Recht im Mittelalter I, 8ff., 61ff. – *P. Weimar*, LexMA (Ars notariae), 1045ff., (Bologna, Rechtsschule v. Bologna), 374ff. – *H. Schlosser*, HRG (Renuntiationen), 901ff. – *W. Engelmann*, Die Wiedergeburt der Rechtskultur in Italien durch die wissenschaftliche Lehre (1938) – *H. Dilcher*, Zur Einführung: Romanistische Mediävistik, JuS 1966, 387ff. – *R. Köhn*, Schulbildung und Trivium im lateinischen Hochmittelalter, Vorträge und Forschungen 30 (1986), 203ff. – *H.G. Walther,* Die Anfänge des Rechtsstudiums und die kommunale Welt Italiens im Hochmittelalter, Vorträge und Forschungen 30 (1986), 121ff. – *E. Cortese*, Alle origini della scuola di Bologna, Rivista internazionale di diritto comune 4 (1993), 7ff. – *ders.*,Il diritto nella storia medievale II (1995), 57ss. – *M. Lupoi*, Alle radici del mondo giuridico europeo, 1994 (engl. Übersetzung: The origins of the european legal order, 1999).

II. Glossatoren

Das Interesse für das römische Recht war vor der Aufnahme des Unterrichts an der Rechtsschule von Bologna vornehmlich durch die Kathedral- und Klosterschulen wachgehalten worden. Entsprechend der theologischen Ausrichtung des Studiums standen anfänglich zwar noch überwiegend Fragen des kirchlichen Standes-, Organisations- oder Strafrechts im Vordergrund. Jedoch war die Schulung des Ordens- und Weltklerus in Rhetorik und Recht auch bereits Teil der regulären Ausbildung. Die Vermittlung juristischer Elementarkenntnisse in Verbindung mit rhetorischem Grundwissen sollte die Kleriker zum Auftreten vor den geistlichen Gerichten (Offizialate) und zur Protokollierung privater Rechtsgeschäfte (Grundstücksveräußerungen, -schenkungen, Testamentserrichtung), also für das praktische Rechtsleben befähigen. Daneben gibt es aber auch vereinzelte Hinweise auf eine bereits früh erfolgte wissenschaftliche Beschäftigung mit dem römischen Recht, die über eine berufspraktische juristische Grundausbildung hinausging.

1. Scholastische Methode

Erst nach dem Bekanntwerden auch der anderen Teile des Corpus iuris (Codex, Institutionen) rückten die „libri legales", wie Zeitgenossen die justinianische Kodifikation bezeichneten, zunehmend in den Mittelpunkt eines breiteren Interesses. Das gesamte Corpus iuris wurde Gegenstand des Bologneser Rechtsunterrichts und einer literarischen, wissenschaftlichen Redaktion durch die Legisten. Die Rechtstexte wurden an rasch entstehende neue Zentren des Rechtsstudiums in Italien weitergegeben.

Der Rechtsunterricht folgte streng den Prinzipien der scholastischen Wissenschaftsmethode. Er bestand in einer fortlaufenden, Sachfragen erörternden, kasuistischen Erklärung der Textstellen des Corpus iuris. Dies bedeutete Anreicherung und zugleich Auslegung der Texte im weitesten Sinne. Insbesondere die Digesten – die italienischen Juristen benutzten sie in der Fassung der Littera Vulgata oder Bononiensis – waren aus sich heraus schwer verständlich, weil sie nur eine Zusammenstellung einer Vielzahl von Textfragmenten beinhalteten. Ohne vorangehende Bearbeitung waren diese in eine nur lockere Ordnung gebrachten Rechtsmaterien – eine Mischung von Fallrecht, Rechtsregeln und Gebotsrecht – sinnvoll kaum lern- und lehrbar.

Das Ergebnis dieser auf eine vollständige Beherrschung und Sinnerfassung der Rechtstexte gerichteten Arbeiten wurde in Anmerkungen zu den einzelnen Abschnitten des Corpus iuris niedergelegt. Diese sog. „Glossen“ (*glossa* i. S. v. erklärungsbedürftiges Wort) waren die literarische Ausdrucksform für die Erläuterung einzelner Worte oder kurzer Textstücke. Planmäßig im und für den Rechtsunterricht entstanden, wurden sie an den Rand des autoritativen Grundtextes (als „Marginalglossen“) oder zwischen die Zeilen (als „Interlinearglossen“) geschrieben und dienten seiner Interpretation. Weiter ausgreifende, Sachprobleme erläuternde Abhandlungen wurden als „Summen“ (*summae*) bezeichnet. Für die Harmonisierung widersprüchlicher Textstellen unerlässliche Begriffsbestimmungen hießen „Distinktionen“ (*distinctiones*) und Sammlungen von Kontroversen über besondere Rechtsfragen „Dissensionen“ (*dissensiones dominorum*). In Anlehnung an die typischen Formen des Unterrichts und den wissenschaftlichen Arbeitsstil wurden die Träger der Rechtsschule „Glossatoren“genannt.

2. Begründer und Träger der Glossatorenschule

Magister Pepo von Bologna (Pepone, Ende 11. Jahrhundert) steht als angesehener Richter und Rechtsberater noch weitgehend im Dunkel der historischen Überlieferung. Nach neuesten Quellen soll er bereits den Codex und die Institutionen gekannt und mit juristischen Glossen versehen haben. Über eine Lehrtätigkeit ist dagegen nichts bekannt.

Sicher nachweisbar in Bologna ist dagegen bereits zu Anfang des 12. Jahrhunderts der Glossator *Irnerius* (Irnerio, auch Guarnerius, Wernerius, † 1140). Als Rhetoriklehrer unterrichtete er ursprünglich im Artistenstudium (*artes liberales*). Rhetorik war die Kunst des Verfassens von Urkunden oder auch von Privatbriefen, die Ausbildung in diesem Fach stets auch mit der Vermittlung von Rechtsbegriffen und elementaren Rechtskenntnissen verbunden. Zwischen 1112 und 1125 wirkte Irnerius als juristischer Berater (*causidicus*) zunächst der Markgräfin Mathilde von Tuscien und nach ihrem Tode (1115) des Kaisers Heinrich V. (1106–1125). Mit ihm zusammen wurde er, nunmehr zum *Iudex* ernannt, auf dem Konzil von Reims (1119) exkommuniziert, nachdem er 1118 in Rom öffentlich gegen die Wahl des Papstes Gelasius II. (1118–1119) und für den vom Kaiser als Gregor VIII. eingesetzten Gegenpapst mit Argumenten des römischen Rechts plädiert hatte. Offensichtlich blieb der Kirchenbann jedoch für seine juristischen Tätigkeiten ohne nennenswerte Folgen. An seinem legendären Ruf als „lucerna iuris" (Leuchte des Rechts), den er schon bei Zeitgenossen hatte, änderte sich dadurch nichts. Seine durch die Exkommunikation kurzfristig unterbrochene Lehrtätigkeit in Bologna erstreckte sich auf alle Teile des Corpus iuris. Zu seinen Schülern zählten vier Glossatoren, die später sogar Einfluss auf die Reichspolitik genommen haben. *Martinus Gosia* († um 1158/66), *Bulgarus* († 1166), *Hugo de Porta Ravennate* († 1168) und *Jacobus de Porta Ravennate* († 1178) lehrten zwischen 1130 und 1178 in Bologna und gelangten unter der Bezeichnung „*Quattuor doctores*" zur Berühmtheit. Irnerius zählt bis heute zu den „größten und einflussreichsten Juristen aller Zeiten" (Lange, 158). Deutscher Abstammung war er allerdings nicht, obgleich ihn zeitgenössische Quellen vereinzelt *Guarnerius teutonicus* nennen.

Zu den wenigen Juristen, die entscheidend die Formung des Ius commune und damit auch die europäische Rezeption des römischen Rechts beeinflusst haben, zählte der in Bologna lehrende *Azo Portius* (Azzone, † um 1220). Seine Summe zum Codex und zu den Institutionen war ein derart herausragendes Werk, dass es über Jahrhunderte unangefochten als das maßgebliche Lehr- und Handbuch des römischen Rechts schlechthin benutzt wurde. Nach Berichten von Juristen aus dem 15. und 16. Jahrhundert war der Besitz seiner Codexsumme in verschiedenen Städten Voraussetzung für die Aufnahme in das Richterkollegium. Möglicherweise bezieht sich darauf das unter Studenten verbreitete Sprichwort: *„chi non ha Azzo non vada in palazzo“*, das aber auch in einem anderen Sinne gedeutet wird: Wer den Azo nicht besitzt, hat vor Gericht nichts zu suchen.

Azos Schüler *Franciscus Accursius* (Francesco d'Accursio, um 1185–1263) hatte eine ausgezeichnete Begabung zum analytischen und systematischen Denken. Seinen Ruhm begründete der um 1234/35 von ihm verfasste, fünfbändige sog. accursische Glossenapparat. Er besteht aus Erläuterungen zu allen Teilen des Corpus iuris einschließlich der „Libri feudorum“ und des „Authenticum“, einer Sammlung von Auszügen aus den justinianischen Novellen. Die enorme Menge von insgesamt 96 940 Glossen gab dem Werk den Namen „Glossa magna“. Nach ihrer großen Verbreitung in ganz Europa erhielt sie seit Mitte des 13. Jahrhunderts die Bezeichnung „Glossa ordinaria“ (d.h. als Glosse schlechthin). Als solche verdrängte sie in ihrer autoritativen Geltung alle anderen Glossen (z.B. die von Azo). Im Ergebnis galt sie als selbständige Rechtsquelle, von der es (nach dem in Deutschland entstandenen Satz) seit dem 17. Jahrhundert hieß: *„Quicquid non agnoscit glossa nec agnoscit forum“* (was die Glosse nicht anerkennt, findet auch vor Gericht keine Anerkennung).

Neuere Forschungen haben die lange Zeit vorherrschende Einschätzung widerlegt, die Glossatoren und ihre Schüler hätten sich ausschließlich auf die Glossierung und sachliche Durchdringung der justinianischen Quellen beschränkt und dabei – möglicherweise sogar bewusst – den Aspekt der Brauchbarkeit und Verwendbarkeit der Rechtstexte für die Praxis vernachlässigt. Selbstredend drängte die zunächst auf den Rechtsunterricht beschränkte juristische Denk- und Argumentationsschulung nach praktischer Verwendung. Bald schon wurden die erworbenen Kenntnisse bei Beurkundungen, beim Auftreten vor Gericht, bei richterlicher, rechtsberatender oder sonstiger administrativer Tätigkeit, die gerade für die Rechtslehrer vielfach bezeugt wird (z.B. für Azo und Accursius), genutzt. In einer ausschließlich akademisch-sterilen Schattenlage hat sich das römische Recht unter den Glossatoren in Wirklichkeit niemals befunden. Nur „buchgelehrte Reformatoren“ (Savigny) waren diese Juristen nicht. Von ihnen unbeachtet blieben allerdings die griechisch geschriebenen Textstellen des Corpus iuris, insbesondere die Novellen Justinians. Wie ganz Oberitalien dachten und lebten auch die Glossatoren nur im lateinischen Mittelalter (*Graeca sunt, non leguntur*).

Schrifttum: *Lange*, Römisches Recht im Mittelalter I, 16ff., 154ff., 255ff., 335ff. – *G. Otte,* Die Rechtswissenschaft, in: Renaissance, 123ff. (131ff.) – *J. Ehlers*, Die hohen Schulen, in: Renaissance, 57ff. – *Trusen*, Anfänge, 116ff. – *P. Weimar*, Die legistische Literatur und die Methode des Rechtsunterrichts der Glossatorenzeit, Ius Commune II (1969), 43ff. – *E. Genzmer*, Die justinianische Kodifikation und die Glossatoren, Atti del congresso internazionale di diritto romano I (1934), 345ff. (gekürzter Neudruck in: Das römische Recht im Mittelalter, hg. v. E. J. H. Schrage, 1987, 5ff.) – *E. J. H. Schrage*, Utrumque Ius. Eine Einführung in das Studium der Quellen des mittelalterlichen gelehrten Rechts (1992), 15ff.

III. Kommentatoren

1. Praxisorientierter Rechtsstil des „mos italicus“

Auf den von den Glossatoren geschaffenen wissenschaftlichen Grundlagen (Glossenapparate) bauten seit etwa 1250 ihre Nachfolger in Italien und Frankreich weiter. Die ältere Forschung gab ihnen den unhistorischen und abschätzigen Namen „Postglossatoren“. Zutreffender, da ihrem typischen Arbeitsstil angemessener, ist ihre Charakterisierung als „Kommentatoren“. Die von ihnen bevorzugte literarische Form der Rechtsdarstellung war nämlich der „Kommentar“. Er war häufig aus Vorlesungen hervorgegangen. Methodisch verzichteten die Verfasser darin auf erläuternde Bemerkungen durch Marginal- oder Interlinearglossen. Statt dessen wählten sie eine den gesamten Rechtstext fortlaufend kommentierende Darstellungsform. Im Vordergrund ihrer Arbeiten stand die Auseinandersetzung mit der accursischen Glossa ordinaria. Daneben wirkten die Kommentatoren aber auch mit großer Intensität auf die Gerichtspraxis durch Rechtsgutachten (*consilia*) ein, die in großer Zahl überliefert sind. Deshalb werden sie gelegentlich auch „Konsiliatoren“ genannt (F. Wieacker).

Mitursächlich für diese folgenreiche Neuorientierung der Jurisprudenz ist ein Umwandlungsprozess, der nach einem demographischen Aufschwung zwischen dem 11. und 13. Jahrhundert die europäischen Gesellschaften erfasste. Er hatte eine bis dahin unbekannte Wachstumsphase zur Folge, die ihrerseits die politischen und ökonomischen Strukturen grundlegend veränderte. In den italienischen Stadtkommunen waren die Auswirkungen dieses Wandels besonders gut sichtbar. Eine starke innere Mobilität, gepaart mit einem ausgeprägten politischen wie wirtschaftlichen Selbstbewusstsein führte zur Etablierung eines autonomen kommunalen Verfassungssystems, das sich radikal von den Organisationsformen der Vergangenheit unterschied. Der rasch wachsende Handelsverkehr stellte die nach immer größerer Autonomie strebenden, häufig von innerstädtisch-politischen Machtkämpfen erschütterten italienischen Wirtschaftszentren vor völlig neue Probleme und Aufgaben. Diese waren mit den Konfliktlösungsregeln des justinianischen Rechts allein nicht zu bewältigen. Die städtische Rechtsordnung bestand aus einer Vielzahl lokaler, ungeschriebener Rechtsbräuche und Gewohnheiten (*consuetudines*) oder schriftlicher, kraft der munizipalen Satzungsautonomie geschaffener Rechtssätze (*statuta*). Mit diesem Recht mussten die städtischen oder berufsständischen (Zünfte, Gilden) Träger von Verwaltung und Gerichtsbarkeit im täglichen Rechtsleben umgehen.

Die verstärkte Anpassung des römischen Rechts an die Bedürfnisse der mittelalterlichen Praxis hatten die Kommentatoren durch monographische Abhandlungen zu einzelnen Rechtsgegenständen (*tractatus*), vor allem aber durch die (stiltypischen) Kommentierungen (*lecturae*) und durch die Erstellung von Rechtsgutachten (*consilia*) vorbereitet, die auch zu Lehrzwecken veröffentlicht werden konnten. Dank ihrer Wissenschaftsmethode wurde das Recht auf eine neue Entwicklungsstufe gehoben, die erst im 16. Jahrhundert durch die neue Epoche der im Geist von Humanismus und Renaissance erneuerten Jurisprudenz ihr Ende fand.

Die von den Glossatoren und Kommentatoren einheitlich an den italienischen Universitäten bevorzugte besondere, scholastisch geprägte Methode des „*mos italicus*“ wirkte sich auf den Rechtsunterricht sowie auf das Vorgehen bei der Auslegung der Rechtssätze und ihre forensische Nutzbarmachung aus. In der Vorlesung stand die Lösung von einzelnen Rechtsfragen mit Hilfe begrifflicher Operationen und die Erklärung der Rechtsnormen durch Glossen als Übersetzungshilfen im Vordergrund. Die justinianische Kodifikation galt als allgemeines, unmittelbar geltendes Recht, die Glossa ordinaria als zeitgemäße Fortbildung, als Grundlage und Ausgangspunkt jeder weiteren juristischen wissenschaftlichen Arbeit. Im Kommentar wurden die Glossierungen zunächst aus Gründen der Übersichtlichkeit und Praktikabilität zusammengefasst und sachlich geordnet. Aus ihnen schöpfte, wer Begründungen für die Beantwortung einer Rechtsfrage suchte. Da die vorgefundenen Argumente in der Regel kontroversen Lehrmeinungen entnommen wurden, musste aus ihnen diejenige ermittelt werden, welche verobjektiviert, problembezogen als allgemeine Ansicht (*communis opinio*) zu gelten hatte. Je mehr anerkannte Juristenautoritäten für das Ergebnis der eigenen Auslegung gefunden und herangezogen werden konnten, desto größer war die Aussicht, damit im Rechtsstreit vor Gericht oder in einem Gutachten zu überzeugen.

Ohne Zweifel stellte ein derartiges Vorgehen hohe Anforderungen an das Gedächtnis und die Merkfähigkeit der Studierenden, ganz abgesehen davon, dass derartige Analysen mit einem hohen zeitlichen Aufwand verbunden waren. Gleichwohl hatte sich der mos italicus bei der Umformung und Weiterentwicklung des Rechts nach rationalen Kriterien bewährt. Hinzu kam das Fehlen einer einheitlichen und verbindlichen obergerichtlichen Rechtsprechung. Dies verschaffte der Rechtslehre und ihren Repräsentanten als „Autoritäten" eine herausgehobene Stellung. Auch aus diesem Grunde wurde die Juristenausbildung an den Universitäten Italiens von den Studierenden aus ganz Europa gesucht, obwohl sie ein aufwändiges, häufig mühevolles „studium in terra aliena" nach sich zog.

Der Umschwung kam im 16. Jahrhundert. Der streng text- und begriffsgebundene mos italicus hatte sich überlebt. Er wurde durch eine methodisch freiere Richtung abgelöst, die den historischen Kontext des Corpus iuris stärker reflektierte und auch griechische Rechtstexte berücksichtigte. Da die Impulse zu diesem betont selbständigen und gleichzeitig formallogischen Denken von den französischen Universitäten und Wissenschaftszentren ausgegangen waren, wurde der neue, elegante Weg *„mos gallicus"* genannt.

2. Die Elite der Kommentatorenschule

Unter denjenigen Juristen, die den mos italicus in vollendeter Form ihren Arbeiten zugrundegelegt haben, ragt die Persönlichkeit des Rechtsberaters und Rechtsgelehrten *Cinus de Pistorio* (Cino Sighibuldi da Pistoia, 1270–1336) hervor. Er war ein die Zeitgenossen faszinierender Mensch. Als „Rechtskoryphäe" führte er die Kommentatorenschule zu einer wissenschaftlichen Hochblüte. Als zugleich auch bedeutender Dichter und Vertreter des *dolce stil nuovo* war er mit *Dante Alighieri*, dem er sich später entfremdete, sowie mit dem

Dichter und Humanisten *Francesco Petrarca* befreundet. Als überzeugter Ghibelline schloss er sich politisch Heinrich VII. an. Sein wichtigstes juristisches Werk war der Kommentar zu den ersten neun Büchern des justinianischen Codex („Lectura super Codice“, 1312–1314). Durch diese Schrift gelang es ihm, den italienischen Legisten die Lehren, Argumentationstechniken und Methoden einer betont praktischen Problemabhandlung zu vermitteln, wie sie erstmals von den französischen Juristen (*doctores ultramontani*) entwickelt worden waren, z.B. von den während des 13. Jahrhunderts in Orléans lehrenden Rechtspraktikern *Jacques de Révigny* und *Pierre de Belleperche*.

Ein absoluter Höhepunkt der dem mos italicus verpflichteten Kommentatorenschule ist untrennbar mit zwei Namen verbunden: *Bartolus de Sassoferrato* (Bartolo da Sassoferrato, geb. bei Sassoferrato, Provinz Ancona, um 1313–1357) und sein Schüler *Baldus de Ubaldis* (Baldo degli Ubaldi, geb. in Perugia, 1327–1400). Der Bologneser *doctor legum* Bartolus lehrte Zivilrecht in Pisa und Perugia. Baldus, *doctor in utroque* iure, war in Perugia, Pisa, Florenz, Padua und Pavia tätig. Beide galten bereits zu Lebzeiten als Autoritäten der Rechtswissenschaft. Der ihnen eigene Stil wurde unter der Bezeichnung „Bartolismus“ zu einem internationalen Gütezeichen für eine inzwischen klassisch gewordene Art scholastisch-juristischen Denkens und Argumentierens (*nemo iurista nisi bartolista*). Der Auffassung des Bartolus zu einem Rechtsproblem, für das sich weder im positiven Recht noch in der Doktrin eine Regelung finden ließ, wurde in der Praxis gefolgt. Vereinzelt war dies sogar gesetzlich vorgeschrieben. Beide Legisten hinterließen eine Fülle umfangreicher exegetischer Kommentare, Monographien und Gutachten, die zum Gemeingut der Juristen Italiens und später in ganz Europa wurden. Bartolus und Baldus waren Meister der Synthese. Ihnen gelang es, justinianisches Recht und langobardisches Lehensrecht mit dem kanonischen und dem Statutarrecht der oberitalienischen Kommunen rechtstechnisch und von der Praxis beherrschbar zu verbinden. Damit verliehen sie der Lehre vom *„ius commune“* im Verhältnis zum *„ius proprium“* erstmals ein wissenschaftliches Fundament. Diese große rechtsschöpferische Leistung wirkt bis heute nach. Ihre Lehrmeinungen zur Souveränität im nationalstaatlichen Sinne, zum Interesse (Schadensersatz), zur Billigkeit (*aequitas*), zum Bereicherungsrecht oder zur Geschäftsgrundlage gehören gegenwärtig zum Grundbe-

stand der modernen zivilrechtlichen Dogmatik. An vielen Universitäten wurde noch im 18. Jahrhundert das Zivilrecht „nach Bartolus" vorgetragen.
Zu den letzten großen italienischen Kommentatorenjuristen zählen der Baldus-Schüler *Paulus de Castro* (1360/62–1441), sein Schüler *Alexander de Tartagnis* (um 1424–1477), Rechtslehrer in Bologna, Ferrara und Padua, sowie dessen wohl bekanntester Schüler *Jason de Mayno* (1435–1519), der in Pavia, Padua und Pisa lehrte. Angesichts der inzwischen fast unübersehbar gewordenen Literaturflut konnten sie in ihren umfangreichen Kommentarwerken nur noch ausgewählte Abschnitte des Corpus iuris erläutern. Der bedeutendste Schüler von Jason de Mayno war *Andreas Alciatus* (1492–1550), der spätere Überwinder des „Bartolismus" und Begründer einer in Frankreich initiierten neuen, humanistischen Jurisprudenz.

Schrifttum: *Wesenberg/Wesener*, NPG, 28ff. – Handbuch I, 261ff. (*Horn*) – *M. Gutzwiller*, Geschichte des Internationalprivatrechts (1977), 29ff. – Ius Commune 27 (2000) – VI Centenario della morte di Baldo degli Ubaldi.

3. Ius commune und Statutarrecht

Die Glossatoren (vor allem Bulgarus) hatten sich den neuen, von den italienischen Kommunen aufgrund ihrer Autonomie geschaffenen „Statutarrechten" gegenüber noch überwiegend zurückhaltend gezeigt. Ursächlich dafür war deren Rechtsqualität, insbesondere die im Einzelfall anspruchslose Regelungstechnik der Rechtssätze. Die Statuten bestanden ihrem Ursprung und Inhalt nach entweder aus schriftlich fixiertem Gewohnheitsrecht (*consuetudo*) oder aus gesetzgeberisch fortgebildetem, gesetztem Recht (*statuta*). Als „ius speciale" konkurrierten sie häufig sachlich mit dem Ius commune, der „lex universalis" des Glossatorenrechts. Die Kommentatoren konnten spätestens seit Ausgang des 14. Jahrhunderts bei ihrer wissenschaftlichen Arbeit diese neue, weitgehend inhomogene munizipale Rechtsquellengattung nicht mehr ignorieren. Das Ziel einer Harmonisierung des Statutarrechts mit dem als „ius universale" oder „generale" verstandenen Corpus iuris sowie seiner Anpassung an die veränderten Bedürfnisse der Praxis wurde durch die Erarbeitung neuer dialektischer Interpretationstechniken und Auslegungsregeln erreicht.

Im Vordergrund stand dabei das Problem des Geltungsranges der Rechtsquellen. Es betraf vor allem das Verhältnis des römischen

Rechts mit Einschluss des ihm angefügten langobardischen Lehensrechts („Libri feudorum“) zu den Normen des neuen Statutarrechts oder aber auch zum kanonischen Recht. Konkret ging es dabei um die praktische Frage, ob und in welchem Umfang das *ius commune* als *ius generale* durch einen Rechtssatz des lokalen Statuts ausgeschlossen war. Die Kommunen beharrten auf dem absoluten Vorrang des Partikularrechts. Die Kanonisten betonten für viele Fälle (z.B. Ehehindernisse, kanonisches Zinsverbot) die Spezialität des kirchlichen als des jüngeren Rechts vor dem älteren römischen (z.B. *„ratione peccati“* – Corpus iuris canonici, Liber Extra 2, 1, 13). Die Legisten sahen im römischen Recht das Ius commune als die allgemein verwendungsfähige „lex generalis“ und damit das eigentliche Recht schlechthin. Die Prozessualisten lösten das Geltungsproblem pragmatisch. Im Gegensatz zum beweisbedürftigen Komplex der „statuta“ und „consuetudines“ erklärten sie das Ius commune für nicht beweisbedürftig: *„qui habet regulam juris communis pro se, habet intentionem fundatam.*“

Die Vielzahl im Einzelnen kontroverser Meinungen und Argumente führte schließlich zur allgemeinen Anerkennung eines wichtigen Rechtsgrundsatzes. Danach sollten das römische und langobardische Lehensrecht nur subsidiär zu und ergänzend nach den partikularen Statuten zur Anwendung kommen. Allerdings wurde die Auslegung des Statutarrechts durch den Grundsatz begrenzt, dass vom Ius commune abweichende Statuten eng bzw. restriktiv ausgelegt werden mussten: *„statuta stricte sunt interpretanda“*. Weil auf diesem Wege eine Analogie prinzipiell ausgeschlossen wurde, sollte römisches Recht nur dann zur Anwendung kommen, wenn das Statut eine Rechtslücke aufwies: *„ubi cessat statutum, habet locum ius civile“*. Die subtil durchgebildete Statutentheorie lehrte eine Hierarchie der Rechtsquellen als eine Art Kollisionsrecht; sie war unmittelbar ursächlich für die Entstehung eines „Internationalen Privatrechts“.

Schrifttum: *Lange*, Römisches Recht im Mittelalter I, 104ff. – *R. Schulze*, HRG (Statutarrecht), 1922ff. – *F. Calasso*, Medio evo del diritto I: Le fonti (1954), 409ss. – *W. Trusen*, Römisches Recht und partikuläres Recht in der Rezeptionszeit, in: FS H. Lange (1970), 97ff. (100f., 107f.) – *M. Gutzwiller*, Geschichte des Internationalprivatrechts (1977), 7ff. – *H. Coing*, Europäisches Privatrecht I (1985), 105ff., 137ff. – *E. Cortese*, Il diritto nella storia medievale II (1995), 172ss. – *G. Kegel/K. Schurig*, Internationales Privatrecht (^{8}2000), 148ff.

4. Verselbstständigung des Prozessrechts und langobardische Lehensrechtspraxis

Johannes Bassianus (Giovanni Bassiano, † 1197), Lehrer des Azo, begründete mit seinem zwischen 1167 und 1181 verfassten „Libellus de ordine iudiciorum" einen neuen juristischen Literaturtyp zur Darstellung und Erklärung des gesamten Zivilprozessrechts. Fortan wurde das unübersichtlich gewordene Verfahrensrecht in den *ordines iudiciorum* (*iudiciarii*) zusammenhängend, von der Klage bis zum Prozessende, behandelt. Die gelehrte Prozessrechtswissenschaft als selbständiger Zweig der Jurisprudenz fand ihren ersten Höhepunkt in dem „Ordo" des *Tancredus* (um 1216), damals Haupt der Bologneser Schule. In der Blütezeit der mittelalterlichen Kanonistik (zwischen 1271 und 1276) verfasste „der deutlich zur Subjektivität und Eitelkeit neigende" (K.W. Nörr), aus der Provence stammende Kanonist *Guilelmus Durandi* (auch Duranti oder Durantis, um 1235–1296) sein „Speculum iudiciale", in dem das gesamte gelehrte Prozessrecht dargestellt war.

Angleichungen erforderte auch das feudale, das Lehensrecht. Sein System wurde in Franken unter den Karolingern sowie im langobardischen Recht entwickelt und gewann große Bedeutung in England nach der normannischen Eroberung (1066). Das Lehensrecht war ein elementarer Bestandteil des mittelalterlichen Rechts, vor allem in Frankreich und Deutschland. Vor diesem Hintergrund erschien die wissenschaftliche Weiterentwicklung dieses Rechtsgebietes mit der fortschreitenden ökonomisch-politischen Differenzierung der Rechtsverhältnisse an Grund und Boden unabweislich. Führend wurde dabei die auf langobardisch-germanischer Grundlage von der Schule in Pavia entwickelte „lombardische Lehenspraxis". Ihre Hauptquellen waren das langobardische Lehensrecht des „Liber Papiensis" in der Fassung der sog. „Lombarda" (verkürzt aus *Lex Langobarda*), ferner die Lombardakommentare als Vorlesungsnachschriften sowie die „Libri feudorum". Bei den Letztgenannten handelte es sich um eine bedeutsame Sammlung des glossierten Lehensrechts, dessen Textfassungen in den 50er Jahren des 12. Jahrhunderts in Mailand und 1235/40 in Bologna entstanden waren. Die erste gelehrte Kommentierung stammt von dem Bologneser Zivilrechtslehrer *Pilius* (um 1150–nach 1207). Seine unvollendete Glossierung hatte Accursius weitergeführt. Dem accursischen Glossenapparat verdanken die Libri feudorum ihre

Erhebung zum Lehrfach im Rechtsunterricht sowie ihre Aufnahme in das Corpus iuris. Sie wurden häufig von prominenten Juristen kommentiert (z.B. von Baldus, Hostiensis, Jason de Mayno, Jacques de Révigny) und galten als seine Bestandteile neben den Authenticae genannten Gesetzen der Kaiser Lothar III., Friedrich I. und Friedrich II. Diese „Authentiken" waren Sammlungen von Auszügen aus den justinianischen Novellen, die ursprünglich sämtliche Teile des Codex geändert hatten.

Schrifttum: *Stolleis*, Juristen, 184 – *K. W. Nörr*, Der Kanonist und sein Werk im Selbstverständnis zweier mittelalterlicher Juristen – eine Exegese der Proemien des Hostiensis und Durandi, in: FS Harald Zimmermann (1991), 373ff. – *ders.*, Duranti berichtet aus der Praxis der Kurie, SZ (Kan) 117 (2000), 320ff.

IV. Römisches Recht, Romidee, Kaiserrecht

Die Ungeklärtheit der ideologischen und rechtlichen Grundlagen des mittelalterlichen Kaisertums hatten Karolinger und Ottonen durch wiederholte Anknüpfungen an die Tradition des Imperium Romanum sowie durch die Aufnahme spätantiken Stilformen in das Beurkundungswesen der kaiserlichen Kanzlei zu kompensieren versucht (kulturelle Romidee). Die Vorstellung vom mittelalterlichen Reich als einer Fortsetzung des römischen, wenngleich mit der geistlichen Beifärbung als christlich-universelles Weltreich, und vom Kaiser als Erbe und legitimer Rechtsnachfolger der römischen Imperatoren (*Renovatio imperii Romanorum*) erfuhr erst durch die Dynastie der Staufer eine grundlegende Wandlung.

Nach den Wirren des Investiturstreits begannen die Staufer mit einem alle politischen Bereiche erfassenden Neuaufbau des Reiches (Lehenswesen, Reichsgut, Territorialherzogtümer). Durch die Heirat *Heinrichs VI.* (1190–1197), des Sohnes Barbarossas, mit Konstanze von Sizilien, der Tochter des Normannenkönigs Roger II., fasste dieses Geschlecht über Rom hinaus auch in Süditalien (Kampanien, Kalabrien, Apulien) und Sizilien Fuß (1194 Personalunion zwischen Sizilien und dem Reich) und stand als Weltmacht kurz vor ihrem Ziel. Imperiale Züge des Staufischen Weltkaisertums hatten unaufhaltsam die spirituelle Komponente der Kaiser- und Reichsidee, die Schutzherrschaft über Kirche und Christenheit, zu verdrängen begonnen. Das römische Recht wurde zum Geburtshelfer dieser Gedanken (H. Krause). Zwischen Staufischem Machtstreben und legistischer Jurisprudenz bahnte sich eine denkwürdige und folgenschwere Allianz an. Die Herrscher fanden sich bei der Verfolgung ihrer weitgespannten politischen Ziele in Übereinstimmung mit den absolutistischen Staatsgrundsätzen des erneuerten römischen Rechts. Die gelehrten Juristen erkannten in der Staufischen Idee eines „Rechtskaisertums" den römischen Imperator als den Weltherrscher (*dominus mundi*) und Gesetzgeber (*conditor legum*) wieder. Die legistische Auffassung, dass in der Gestalt des Corpus iuris die Rechtsordnung des römischen Imperiums fortlebe und dass dieses von den Juristen gehobene, glossierte und kommentierte justinianische Recht geltendes Recht sei, fand durch die Politik eine überzeugende Bestätigung. Römisches Recht wurde zum Vorbild absoluter, universaler Herrschaft und zum Instrument der Politik: *„Unum ius – unum imperium"*. Römisches Recht legitimierte die kaiserliche Rechtssetzungsmacht. Im Laufe des 14. Jahrhunderts wurde es wiederholt als ergänzende Quelle des Reichs- bzw. Kaiserrechts herangezogen und für die Staatspraxis bestimmend.

Diese von konkreten politischen Motiven bestimmte Gleichsetzung des Kaiserrechts mit dem römischen Recht begann der Staufer *Friedrich I. Barbarossa* (1152–1190) für sich zu nutzen. Bewusst knüpfte er erstmals auf seinem zweiten Italienzug an die römische imperiale Tradition an. Auf dem Reichstag bei Roncaglia ließ er 1158 von lombardischen Städten usurpierte Reichsrechte (Regalien) feierlich vor den anwesenden höchsten geistlichen und weltlichen Würdenträgern sowie den Vertretern der italienischen Städte urteilsmäßig feststellen. Als seine Berater fungierten die unter der Bezeichnung „Quattuor doctores" bekannten Irneriusschüler Martinus Gosia, Bulgarus, Hugo de Porta Ravennate und Jacobus de Porta Ravennate. In Anlehnung an das justinianische Staats- und Steuerrecht formulierten sie als ideologische Helfer des Kaisers vier für seinen Herrschaftsanspruch über Italien wichtige Gesetze: *Lex Regalia sunt haec*, *Lex Omnis jurisdictio*, *Lex Palacia et pretoria* sowie *Lex Tributum dabatur.*

Unter Friedrich I. gestaltete sich die Verbindung zu den Bologneser Juristen besonders eng. Durch die „Authentica Habita" von 1155, das älteste Universitätsgesetz Europas, nahm der Kaiser Universitätslehrer und Studenten unter seinen besonderen Schutz (*Scholarenprivileg*). Bologna wurde darin zwar nicht ausdrücklich erwähnt, war aber in erster Linie gemeint und galt als kaiserliche Hochschule. Die dort Studierenden wurden zu „Pilgern aus Liebe zum Studium" erklärt

(Habita: „*omnibus, qui causa studiorum peregrinantur scolaribus*"). Barbarossas Nachfolger, insbesondere Friedrich II. (1215–1250), begannen nach dem Vorbild der Päpste, die ihre Dekretalensammlungen den Universitäten zur Beachtung mitteilten, auch ihrerseits ihre Gesetze der Universität Bologna mit einer entsprechenden Aufforderung zu übermitteln. Das Professorenkollegium beschloss, die Kaisergesetze im Originalwortlaut als „Authenticae" im justinianischen Codex im Anschluss an die antiken Kaiserkonstitutionen nachzutragen (z.B. die „Authentica Habita" von 1155 und die Krönungsgesetze Friedrichs II. von 1220). Noch 1312 wurde unter dem Luxemburger Heinrich VII. (1308–1313) dessen Ketzergesetz als Authentica in den Codex aufgenommen.

Das Ende der Herrschaft der Staufer änderte an der universalen Kaiser- und Reichsidee formal nichts. Allerdings verlor die unter ihnen typisch gewordene Begründung der Herrschaft und Rechtssetzung aus dem justinianischen römischen Recht (Rechtskaisertum) an praktischer Wirksamkeit. Die Allianz zwischen Machtpolitik und gelehrter Jurisprudenz war letztlich eine Episode geblieben, wenngleich die politischen Folgen weiter wirkten. Die Autorität, die das römische Recht als Legitimation und Quelle des Kaiserrechts in Deutschland und in Reichsitalien genoss, blieb ihm in den übrigen Ländern Westeuropas (Spanien, Frankreich, England und Skandinavien) weitgehend versagt. Diese hatten bereits während des 12. Jahrhunderts die weltumspannende, imperiale Idee eines abendländischen Kaisertums politisch abgelehnt. Die an Rom orientierte Reichsidee musste der politischen Realität einer nationalen Staatlichkeit weichen.

Schrifttum: *Lange*, Römisches Recht im Mittelalter I, 30ff., 77ff. – *H. Krause*, Kaiserrecht und Rezeption (1952) – *P.E. Schramm*, Kaiser, Rom und Renovatio (^{3}1962) – *V. Colorni,* Die drei verschollenen Gesetze des Reichstages bei Roncaglia (1969) – *J. Fried*, Die Entstehung des Juristenstandes im 12. Jahrhundert (1974), 46ff. – *H. Appelt*, Friedrich Barbarossa und das römische Recht, in: Friedrich Barbarossa, hg. v. G. Wolf (1975), 58ff. – *W. Stelzer*, Zum Scholarenprivileg Friedrich Barbarossas (Authentica „Habita"), DA 34 (1978), 123ff. (138ff., 153ff.) – *W. Steffen*, Die studentische Autonomie im mittelalterlichen Bologna (1981), 43ff. (48ff.) – *U. Meyer-Holz*, Collegia Iudicum (1989).

V. Römisches Recht an „ultramontanen" Rechtsschulen

Trotz dieser fehlenden Legitimation des justinianischen Rechts als Kaiserrecht entstanden auch in den (aus der Sicht der Italiener jenseits der Berge gelegenen und deshalb) ultramontanen Ländern bedeutsame Zentren des Studiums des römischen Rechts. Vielfach wurden die typischen, später klassischen Grundformen einer universitären Organisation mit der Unterrichtsmethode übernommen, wie sie sich an der Rechtsschule in Bologna entwickelt hatten. Italienische Juristen und Glossatorenschüler lehrten römisches Recht an ausländischen Universitäten oder sonstigen Rechtsschulen, die weder den Rang einer „gewachsenen" oder (durch besonderes Privileg) „gegründeten" Universität erlangt hatten. Bologneser Rechtsstudenten waren beispielsweise der aus der Lombardei stammende *Vacarius* (um 1170), der später in der Nähe von Oxford gewirkt hat, oder der sich selbstbewusst nach seiner Geburtsstadt Piacenza nennende *Placentinus* (Piacentino, um 1170), der während seiner rund 17jährigen Lehrtätigkeit in Montpellier dort seine wichtigsten Werke geschrieben hat. Ein wechselseitig fruchtbarer „Ideen- und Wissenstransfer" fand aber auch in umgekehrter Richtung statt. Für viele französische Studenten waren Bologna und andere oberitalienische Universitäten bevorzugte Studienorte.

Ein frühes Zentrum der Studien im römischen Recht entstand an der 1229/1233 gegründeten Universität Toulouse. Ihre Professoren waren lange als „Doctores Tholosani" Autoritäten von europäischem Rang und Ansehen. In der zweiten Hälfte des 13. Jahrhunderts übernahm in Frankreich die Universität Orléans die führende Rolle als Rechtsschule. Ein Rechtsunterricht ist bereits 1235 bezeugt. Der besondere, für Orléans typisch werdende Rechtsstil entstand aber erst um 1300. Seine Entwicklung und Begründung ist untrennbar mit den Arbeiten und dem Einfluss der an dieser Universität wirkenden, berühmten „legistes" *Jacques de Révigny* (Jacobus de Ravanis, um 1230/40–1296) und *Pierre de Belleperche* (Petrus de Bellapertica, † 1308) verknüpft. Ihre Lehrtätigkeit verlieh dem Rechtsstudium neue Züge, die sich von dem in Bologna und anderen italienischen Universitäten bevorzugten grundlegend unterschieden. Den Unterricht bestimmte eine freiere Methode der Textinterpretation sowie die Grundlegung einer Auslegungslehre, die Logik und Dialektik kennzeichneten. Im Vordergrund des Studiums stand nicht so sehr die strikte Bindung an die Autorität der accursischen Glosse, sondern praktische Rechtsfragen. Die Werke von Jacques de Révigny und Pierre de Belleperche haben in Italien insbesondere Cino da Pistoia beeinflusst. Orléans wurde dank seines ausgezeichneten Rufes als Rechtsschule bald zu einem zweiten Bologna. Auf diese Weise hatten auch die französischen Juristen entscheidenden Anteil an der europaweiten Verbreitung und Anerkennung des römischen Rechts.

Schrifttum: *Lange*, Römisches Recht im Mittelalter I, 54 ff. – *E. J. H. Schrage*, Utrumque Ius. Eine Einführung in das Studium der Quellen des mittelalterlichen gelehrten Rechts (1992), 65 ff. (Schule von Orléans) – *G. Dilcher*, Kaiserrecht. Universalität und Partikularität in den Rechtsordnungen des Mittelalters, Rivista internazionale di diritto comune 5 (1994), 211 ff.

VI. Römisches Recht in den europäischen Territorien

Die Aufnahme des römisch-kanonischen Rechts erfolgte in den einzelnen europäischen Territorien zeitlich sehr unterschiedlich. Frühe Spuren finden sich bereits im 12. Jahrhundert in England. Im 13. Jahrhundert wurde das gelehrte Recht in Nordfrankreich, Spanien und Teilen Oberdeutschlands, in der zweiten Hälfte des 15. Jahrhunderts in Gebieten Norddeutschlands sowie in den Niederlanden rezipiert. Erst Ende des 17. Jahrhunderts fand das kontinentale Ius commune Eingang in das Recht der nordischen Länder. Stets waren dabei entscheidende Anstöße vom außeruniversitären oder universitären Rechtsunterricht ausgegangen.

In keinem der Territorien hatte die Rezeption eine vollständige Verdrängung der nationalen Rechtsordnungen bewirkt. Tatsächlich standen lange Zeit gelehrtes Ius commune und nicht gelehrtes Ius proprium nebeneinander. Die Gerichte wendeten entweder lokales oder neues Recht an. Rechtssätze des Ius commune wurden vor allem dort ergänzend herangezogen, wo die Normen des alten Rechts keine Lösung vorsahen. Unter Berücksichtigung dieser für den Rezeptionsprozess charakteristischen Rechtssituation gab es europäische Territorien, in denen sich gelehrte Rechtsideen unterschiedlich stark durchsetzen konnten. In einigen Ländern blieb das römisch-kanonische Recht (vorerst) auf den universitären Lehr- und Wissenschaftsbetrieb oder auf bestimmte Gerichtszweige, in der Regel Ober- (Hofgerichte, Reichskammergericht) und kirchliche Gerichte (Offizialate) beschränkt. Der nachstehende Überblick greift nur einige Territorien heraus und skizziert grundlinienhaft die Voraussetzungen und den Gang der Rezeption.

1. Universitäten als Vermittler

Die eigentlichen Impulse zur Verbreitung des römisch-kanonischen Rechts im Mittelalter gingen von den Universitäten, den Trägern eines organisierten Rechtsunterrichts (*studium*) aus. Dabei war es von nur untergeordneter Bedeutung, ob die Unterrichtung im Recht an sog. „gewachsenen“ Universitäten begann, die erst später in universitäre Organisationsformen überführt wurden, oder ob das Rechtstudium an sog. „gegründeten“ Universitäten institutionalisiert wurde, nachdem die Kirche, Fürsten oder Städte diese Stätten mit entsprechenden Privilegien ausgestattet hatten.

Allerdings war es nicht ausschließlich das justinianische Recht, dessen umfassende Kenntnisse als *„legalis sapientia“* (Hostiensis, Summa, Proemium n. 7) im Rechtsunterricht vermittelt wurden. Das kirchliche Recht, in Bologna von der kanonistischen Rechtswissenschaft gleichzeitig neben dem Studium des ius civile als Schwesterdisziplin wissenschaftlich bearbeitet und gelehrt, verkörperte zusammen mit dem römischen Recht das Recht des Mittelalters schlechthin (*„Corpus iuris dividitur in ius canonicum et ius civile“*). Diese Einheit der beiden schulmäßig zweigeteilten Rechte fand ihren sichtbaren Ausdruck in der üblich gewordenen Bezeichnung als „utrumque ius“. Diesen engen Zusammenhang charakterisierte noch zu Beginn des 16. Jahrhunderts der französische Humanist *Pierre Rebuf* (Petrus Rebuffus, 1487 – 1557) mit dem einprägsamen Satz: *„Ius canonicum et civile sunt adeo connexa, ut unum sine altero vix intelligi possit“* (kirchliches und weltliches Recht sind miteinander dergestalt verknüpft, dass das eine ohne das andere kaum verstanden werden kann). Folgerichtig erhielt den Titel des *„doctor iuris utriusque“* nur der Absolvent des vollen Studienganges in beiden Rechten.

Die in Europa beginnende Beschäftigung mit den gelehrten Rechten setzte regelmäßig zeitgleich mit der Aufnahme eines Rechtsunterrichts an einer gewachsenen oder gegründeten Universität ein. Vorreiter bei der Verbreitung von Kenntnissen im römisch-kanonischen Recht waren die ältesten Universitäten in Italien (1222 Padua, 1224 Neapel, 1248 Piacenza, 1308 Perugia), Frankreich (12. Jahrhundert Montpellier, 1229 Toulouse, 1230 Orléans, 1256 Avignon), Spanien (1212 Palencia, 1218/19 Salamanca, 1300 Lerida) und England (1209 Cambridge, Mitte 13. Jahrhundert Oxford). Im Herzen Europas wirkte die 1348 von Kaiser Karl IV. (1347–1378) gegründete Universität Prag für das Königreich Böhmen in diesem Sinne. Im gleichen Jahrhundert folgten als nächste bedeutende Gründungen die Universitäten Krakau (1364) und Wien (1365). Danach kam es in Deutschland zu einer wahren Gründungswelle: 1386 Heidelberg, 1388 Köln, 1392 Erfurt, 1409 Leipzig, 1419 Rostock, 1456 Greifswald, 1457 Freiburg i.Br., 1472 Ingolstadt, 1477 Tübingen. In der Schweiz wurde 1460 Basel, in Skandinavien 1477 Kopenhagen und 1479 Uppsala, in Frankreich 1409 Aix-en-Provence und 1431 Poitiers, in Spanien 1450 Barcelona und 1474 Zaragoza, in Italien 1321 Siena, 1355 Arezzo, 1404 Turin und 1444 Catania gegründet. Damit war auch in Zentraleuropa der Boden für die praktische Aufnahme des gelehrten Rechts vorbereitet, das als Ius commune in Italien längst Geltung besaß.

Schrifttum: *Lange*, Römisches Recht im Mittelalter I, 47ff. – *N. Hammerstein*, HRG (Universitäten), 492ff. – Handbuch I, 39ff.; II 1, 3ff. (*Coing*) – *H. Grundmann*, Vom Ursprung der Universität im Mittelalter (^{2}1964) – *W. Steffen*, Die studentische Autonomie im mittelalterlichen Bologna (1981), 29ff. – *M. Bellomo*, L'Europa del diritto comune (^{7}1994), 125ff. (engl. The Common Legal Past of Europe, 1995, 116ss.) – *Chr. Starck*, Ius utrumque im Wandel der Zeiten, in: FS M. Heckel (1999), 275ff.

2. Spanien

In Spanien setzte nach einer Zeit der territorialen Aufsplitterung und einer im Wesentlichen auf geschriebenem oder ungeschriebenem Gewohnheitsrecht beruhenden Rechtspflege während des 13. Jahrhunderts eine starke Romanisierung ein. Sie gipfelte in einer durch das Königtum geförderten, überwiegend wissenschaftlichen Beschäftigung mit dem römischen Recht. In der Rechtspraxis galten römisches und kanonisches Recht als subsidiäre Rechtsquellen neben den lokalen Statuten (*fueros*, *costums*). Ein Höhepunkt der materiellen Rezeption des Ius commune wurde in der Gesetzgebung der „Siete Partidas" (um 1265) des gelehrten Königs von Kastilien-León *Alfonso X el Sabio* („des Weisen") erreicht.

Schrifttum: Handbuch I, 294ff. (*Horn*) – *J.M. Pérez-Prendes*, Curso de historia del derecho español I (1986), 679ff. – *A. Iglesia Ferreirós*, La recepción del derecho común: estado de la cuestión e hipótesis de trabajo, in: El dret común i Catalunya, Actes del II. Simposi Internacional Barcelona 31.5. – 1.6.1991, Estudis 3 (1992), 213ff.

3. Schweiz

Bereits im 13. und 14. Jahrhundert kam es in der Schweiz zu einer intensiven Rezeption des gelehrten Rechts. Eine entscheidende Rolle spielten dabei das wachsende Interesse schweizerischer Studenten an einem Studium der Rechtswissenschaft in Bologna sowie realistische Aussichten auf einen beruflichen Aufstieg zu herausgehobenen juristischen Positionen in Rechtsprechung, Verwaltung, Rechtsberatung oder in diplomatischen Diensten. Hinzu kamen als weitere Faktoren die von Oberitalien eindringende und sich rasch verbreitende Notariatspraxis (*ars notariae*), die das gelehrte Recht bereits in den Formularen und Urkunden z.B. in Form von „Renuntiationen“ (Verzichte auf Exceptionen/Einreden des römisch-kanonischen Rechts) berücksichtigte, ferner die Übernahme des kanonischen Prozessrechts durch die geistlichen Gerichte der Bistümer Konstanz, Basel und Chur.

Etwa zeitgleich mit der faktischen Loslösung der Schweiz vom Reich nach 1499 (der Friede von Basel beendete den sog. Schwabenkrieg/Schweizerkrieg) fand dieser Prozess im Laufe des 16. Jahrhunderts jedoch sein Ende. Die politische Trennung bedeutete für das schweizerische Rechtswesen die Ablehnung des mit gelehrten Juristen besetzten Reichskammergerichts und seiner Verfahrensgrundordnung (von 1495), Exemtion von dieser höchsten Reichsgerichtsbarkeit und damit Verbot der Appellation von schweizerischen an kaiserliche Gerichte sowie die Unterbrechung der wissenschaftlichen Verbindungen zu den deutschen Rechtsfakultäten. Hinzu kam – bedingt durch schwere Wirtschafts- und Absatzkrisen – ein einschneidender Wandel in den gesellschaftlichen und wirtschaftlichen Verhältnissen. Die Städte, vormals Zentren des europäischen Export- und Fernhandels, verloren diese Bedeutung. Die Schweiz wandelte sich zu einem überwiegend durch bäuerliche Strukturen geprägten Territorium. Damit waren aber auch die Grundbedingungen für die Ausbildung einer gelehrten Rechtsprechung und die Etablierung eines entsprechend geschulten Juristenstandes entfallen. An die Stelle einer wissenschaftlichen Rechtsfortbildung trat ein anspruchsloser „Pragmatismus“, der mit den Normen und Methoden des römisch-kanonischen Rechts nichts anzufangen wusste (C. Schott).

Die Zurückweisung des gelehrten Rechts hatte einen folgenschweren Niedergang der Rechtskultur und den Stillstand der wissenschaftlichen Pflege des Privatrechts zur Folge. Die Phase dieses sog. eidgenössischen Vulgarismus (F. Elsener) endete erst im 18. Jahrhundert. Allerdings wird gegen die Stagnationstheorie und den behaupteten Qualitätsverlust des schweizerischen Rechtswesens eingewendet, beide Befunde seien bezogen auf die ganze Schweiz unhaltbar (P. Caroni). In der wissenschaftlichen Diskussion ist diese Frage der Erstarrung oder konstanten Entwicklung des schweizerischen Rechts ohne das Ius commune kontrovers.

Schrifttum: *F. Elsener*, Die Schweizer Rechtsschulen vom 16. bis zum 19. Jahrhundert (1975), 20ff. (31f.) – *P. Caroni*, Entwicklungstendenzen im Schweizer Rechtsleben, ZHF 2 (1975), 223ff. – *ders.*, Rechtseinheit (1986), 95ff. – *C. Schott*, Wir Eidgenossen fragen nicht nach Bartele und Baldele..., in: Gerichtslauben-Vorträge, hg. v. K. Kroeschell (1983), 17ff. (40ff.) – *ders.*, Die Eidgenossen vor dem Reichskammergericht, in: FS R. Lieberwirth (1991), 79ff. – *L. Carlen*, Rechtsgeschichte der Schweiz ([3]1988), 14ff., 69ff. – *P. Rück*, Die Anfänge des öffentlichen Notariats in der Schweiz (12.–14. Jahrhundert), Archiv für Diplomatik, Schriftgeschichte, Siegel- und Wappenkunde 36 (1990), 93ff.

4. England

Das mittelalterliche England gehörte zu jenen Einflusszonen des gelehrten Rechts, in denen sich trotz tatsächlicher Kenntnisse und Pflege des römischen Rechts (*civil law*) ein völlig eigenständiges, ungeschriebenes, vom fremden Recht unberührtes Rechtsprechungsrecht (*common law*) erfolgreich behaupten konnte. Davon unabhängig wurde seit dem 12. Jahrhundert an Rechtsschulen (*schools*) in Oxford und Cambridge tatsächlich auch römisch-kanonisches Recht gelehrt. Inwieweit allerdings ein Mitte des 12. Jahrhunderts für Oxford ausgesprochenes königliches Verbot, römisches Rechts zu lehren, praktisch Beachtung fand, ist unbekannt. Immerhin wirkte nachweislich bereits um 1070 in Oxford (oder Lincoln) der Bologneser Glossatorenschüler Magister *Vacarius* (* um 1120). Er war um das Jahr 1145 dem Erzbischof *Theobald von Canterbury* nach England gefolgt und erteilte Rechtsunterricht auf der Grundlage der justinianischen Institutionen sowie eines von ihm verfassten, Digesten und den Codex exzerpierenden, „Liber Pauperum" genannten Hilfsbuches. Die nach diesem vornehmlich für ärmere Studenten bestimmten Lehrbuch Studierenden, für die der Erwerb eines Corpus iuris unerschwinglich war, trugen lange Zeit den Namen „Pauperistae". Gleichwohl blieb jedenfalls die Spruchtätigkeit der drei zentralen, für Straf-, Zivil- und Verwaltungssachen zuständigen königlichen Gerichte von Westminster, die nach Common Law Recht sprachen, von Einflüssen des gelehrten Rechts völlig unberührt.

Diese schon unter *Edward I.* (1272–1307) voll ausgebildeten Gerichtshöfe wendeten ausschließlich das einheitliche, in ganz England geltende Common Law an. Ihre Rechtsprechung überlagerte bereits im 12. und 13. Jahrhundert die Judikatur der lokalen Gerichtsbarkeit (*county courts*). Die Abschottung der sog. Common-Law-Gerichte gegenüber dem römisch-kanonischen Recht wurde überdies entscheidend durch die für das englische Justizwesen (bis zum 18./19. Jahrhundert) typische Doppelgleisigkeit der Juristenausbildung begünstigt. Die als Richter und Anwälte an den Westminster-Gerichten tätigen Juristen wurden ausschließlich im Common Law in praktischen Lehrgängen unterrichtet, die eine Universitätsausbildung überflüssig machten. Die Folge davon war, dass sich im 14. Jahrhundert in London ein für praktische Anforderungen fachlich bestens geschulter Juristenstand in eigenen berufsständischen Innungen (sog. *inns of court*) zusammenschloss, der in eigener Zuständigkeit die Fachausbildung des Nachwuchses im Common Law betrieb. Neben diesen Common-Law-Juristen gab es noch einen weiteren rechtskundigen, vorwiegend aus Klerikern bestehenden Personenkreis. Die „civilians" genannten Juristen waren entweder an den kirchlichen Gerichten oder an dem für Handels- und Seerecht zuständigen Admiralitätsgericht (*Admiralty Court*) oder in der Diplomatie tätig. Ihre Ausbildung im „civil law" hatten sie entweder an den oberitalienischen (Padua, Bologna) oder englischen Universitäten Oxford und Cambridge erhalten.

Dieses Nebeneinander von Common-Law-Juristen und civilians sowie die weitreichende zivilrechtliche Zuständigkeit der geistlichen Gerichte (Ehe-, Nachlass-, Schuldsachen) waren maßgeblich dafür verantwortlich, dass es in der Rechtspraxis Englands noch im späten Mittelalter zwei Bereiche gab, in denen entweder nach dem Common Law oder nach römisch-kanonischem Recht judiziert wurde. Angesichts dessen war es nur eine Frage der Zeit, dass gelehrte Rechtsideen auch in der Rechtsprechung der königlichen Gerichte Fuß fassten.

Erst nach der Trennung der englischen von der römischen Kirche (1535) kam auch für das kanonische Recht als universitäres Unterrichtsfach und Rechtsordnung des abgelehnten Papsttums das Ende. Dadurch wurde das weiterhin gepflegte römische Recht und seine legistische Doktrin erheblich aufgewertet; die Verwendung gelehrter Juristen in der königlichen Zentralverwaltung nahm zu.

Schrifttum: *Lange*, Römisches Recht im Mittelalter I, 57ff., 246ff. – *H. Peter*, HRG (Englisches Recht), 922ff. – *P. Stein*, Vacarius and the civil law, in: FS C.R. Cheney (1976), 119ff. – *R.W. Southern*, Master Vacarius and the beginning of an english academic tradition, in: Medieval learning and literature, Essays presented to R.W. Hunt, ed. by J.J.G. Alexander/M.T. Gibson (1976), 257ff. – *L.E. Boyle*, The beginning of legal studies at Oxford, Viator 14 (1983), 107ff. – *R.H. Helmholz*, Canon law and the law of England (1987), 1ff. – *F. de Zulueta/P. Stein*, The teaching of roman law in England around 1200 (1990), xxii ff. – *J.F. Winkler*, Roman law in anglo-saxon England, Journal of Legal History 13 (1992), 101ff.

VII. Römisches Recht in Deutschland

Vorgang und Verlauf der Rezeption des römischen Rechts in Deutschland werden von der Forschung heute grundlegend neu bewertet. Die früher übliche Unterteilung in Phasen der „theoretischen" und „praktischen" Rezeption ist wissenschaftlich nicht haltbar; sie wird dem Wesen dieses Geschehens nicht gerecht.

1. Hermann Conring und die Lotharische Legende

Die Einführung und Geltung des römischen Rechts in Deutschland als Reichsrecht wurden im 16. Jahrhundert mit einem fabelhaften Ereignis begründet. Der Überlieferung nach soll Kaiser Lothar III. (von Supplinburg) 1137 bei seinem Italienfeldzug in Amalfi eine Digestenhandschrift aufgefunden und dieser förmlich durch ein besonderes Reichsgesetz allgemeine Geltung verliehen haben. Der Helmstedter Professor und Universalgelehrte *Hermann Conring* (1606–1681) hat diese sog. Lotharische Legende widerlegt. 1643 konnte er in seiner berühmt gewordenen Schrift „De origine iuris Germanici" nachweisen, dass das römische Recht durch Gerichtsgebrauch und Gewohnheit, vermittelt durch die an den italienischen Universitäten ausgebildeten Juristen aufgenommen wurde (*usu receptum*). Damit wurde auch die Vorstellung von der Fortführung des antiken Imperium Romanum (und seiner im justinianischen Corpus iuris überlieferten Gesetzgebung) in den Formen des deutschen Kaisertums und der kaiserlichen Rechte (translatio-imperii-Lehre) gegenstandslos. Die Behauptung einer theoretischen Rezeption hatte fortan ihre Grundlage verloren. Allerdings konnte auch die These von einer praktischen

Übernahme des gelehrten Rechts in die Gerichtspraxis, die seit der 2. Hälfte des 15. Jahrhunderts nachweisbar erfolgte, den eigentlichen Geltungsgrund des römischen Rechts und den Rezeptionsprozess als historischen Vorgang noch nicht überzeugend erklären.

Schrifttum: *Kleinheyer/Schröder*, Juristen, 99ff. – *P. Bender*, Die Rezeption des römischen Rechts im Urteil der deutschen Rechtswissenschaft ([1955] 1979), 28ff. – *P. Herberger*, „De Origine Iuris Germanici" – Zu Leben und Werk von Hermann Conring, JuS 1982, 484ff. – *K. Luig*, Conring, das deutsche Recht und die Rechtsgeschichte, in: Römisches Recht, Naturrecht, Nationales Recht (1998), 319*ff.

2. Gelehrte Juristen in Justiz, Verwaltung und Politik

Die neuere Forschung glaubt, auf diese Fragen Antworten gefunden zu haben. Sie sieht die Rezeption im gesamteuropäischen Rahmen und versteht sie als Verwissenschaftlichung der europäischen Rechtskultur, begleitet von einer grundlegenden Veränderung der Rechtsvorstellungen. Diese wiederum waren das Ergebnis eines Überganges von Judikatur, Gesetzgebung und später auch Doktrin auf einen Gelehrtenstand. Das einstige Bemühen um Feststellung punktueller, materieller oder ideologisch-theoretischer Anleihen ist damit einer differenzierteren, dem gemeineuropäischen Charakter dieses Vorgangs gerechter werdenden Deutung gewichen. Die Rezeption des gelehrten Rechts wird damit zu einem primär kulturgeschichtlichen und soziologischen Bildungsvorgang. Sie erschöpft sich nicht mehr in einer historisch fragwürdigen Ansammlung von Einzelbefunden, die im Wege einer schlichten Faktenaddition das Phänomen „Rezeption" in seinem Fortgang dokumentieren wollen.

Der bildungsgeschichtliche Vorgang als Grundbedingung der Rechtsrezeption begann mit der Wiederentdeckung der justinianischen Kompilation durch italienische Juristen im 11. und 12. Jahrhundert. Gegenstand der Rezeption waren die von der mittelalterlichen italienischen und französischen Jurisprudenz entwickelten Wissenschaftsmethoden und Lehren der beiden gelehrten Rechte (*utrumque ius*), die im Rechtsunterricht an den Universitäten vermittelt wurden. Das Studium deutscher Studenten an diesen hohen Schulen reicht bis in das 12. und 13. Jahrhundert zurück. Als sog. gelehrte Juristen kehrten sie in ihre Heimatländer zurück und repräsentierten dort fortan einen ganz neuen Standestyp. Der weltliche gelehrte Jurist fand als Richter, Syndicus, Advokat oder Rat an landesherrlichen oder städtischen Behörden und Gerichten Verwendung. Häufig nahm er Leitungsfunktionen in der Administration wahr oder stand in diplomatischen Diensten seines Landesfürsten (gelehrte Räte). Als Kleriker wirkten gelehrte Juristen bei der Rechtsprechung der mit weitreichenden (im heutigen Sinne „zivilrechtlichen“) Kompetenzen ausgestatteten geistlichen Gerichte mit oder bekleideten kirchliche Verwaltungsämter. Vielfach lag das gesamte Beurkundungswesen in ihren Händen, aus dem sich später das öffentliche Notariat entwickelte. Gerade die von der neueren Forschung hervorgehobene frühe Rechtsprechungstätigkeit der geistlichen Gerichte trug zu einer ganz selbstverständlichen, breiten Vermittlung des römisch-kanonischen Rechts bei.

Es war dann nur eine notwendige Folge, dass in den Tätigkeitsbereichen der gelehrten Juristen das römische und kanonische Recht, das sie studiert hatten, auch tatsächlich zur Anwendung kam. Das geschah entweder zum Zwecke der Ergänzung bzw. Schließung von Rechtslücken in heimischen Statuten, durch gezielte rechtsfortbildende Romanisierungen der Land- und Stadtrechte (sog. Reformationen) oder zur Legitimierung nach altem Recht unsicher gewordener Rechtspositionen, vielfach auch politischer Machtlagen.

Bei dieser Interpretation des Rezeptionsvorganges gewinnt eine in der Forschungsdiskussion berühmt gewordene Regelung der Reichskammergerichtsordnung von 1495 besondere Bedeutung. In § 3 wurden die Beisitzer, die zur Hälfte Juristen („der Rechte gelehrt“) zu sein hatten, angewiesen, „gleich zu richten … nach des Reichs gemainen Rechten, auch nach redlichen, ehrbaren und leidlichen Ordnungen, Statuten und Gewohnheiten der Fürstentümer, Herrschaften und Gerichte, die vor sie gebracht werden“. Ursprünglich deutete man den Begriff der „gemainen“ Rechte als sichtbaren Beweis für den Beginn einer obrigkeitlich ausdrücklich verordneten praktischen Rezeption des Ius commune (Vollrezeption). Nach dieser Ansicht dokumentierte die Reichskammergerichtsordnung auf Reichsebene die unmittelbare Fortsetzung des antiken römischen Imperium und seiner Gesetzgebung (in der Fassung der justinianischen Kodifikation, fortgebildet durch die italienische Legistik und Kanonistik) im Heiligen Römischen Reich Deutscher Nation (translatio-imperii-Lehre). Gegenwärtig ist man demgegenüber eher geneigt, die Reichskammergerichtsordnung als Dokument eines gewissen Abschlusses im Verwissenschaftlichungsprozess zu sehen, dem die partikularen Rechte unterworfen waren.

Schrifttum: *F. Ranieri*, LexMA (Römisches Recht, Rezeption), 1014ff. – H. *Kiefner*, HRG (Rezeption), 970ff. – *Trusen*, Anfänge, 11ff., 34ff., 69ff., 209ff., 222ff. – *W. Dotzauer*, Deutsches Studium und deutsche Studenten an europäischen Hochschulen (Frankreich, Italien) und die nachfolgende Tätigkeit in Stadt, Kirche und Territorium in Deutschland, in: Stadt und Universität im Mittelalter und in der frühen Neuzeit, hg. v. E. Maschke/J. Sydow (1977), 112ff. – *W. Stelzer*, Gelehrtes Recht in Österreich (1982), 145ff., 166ff. – *G. Wesener*, Einflüsse und Geltung des römisch-gemeinen Rechts in den altösterreichischen Ländern in der Neuzeit (1989), 36ff. – *K. Luig*, Universales Recht und partikulares Recht in den „Meditationes ad Pandectas" von Augustin Leyser, in: Römisches Recht, Naturrecht, Nationales Recht (1998), 109*ff.

3. Staats- und Verwaltungsrecht

Noch nicht zureichend erforscht ist die Bedeutung des gelehrten Rechts für die Entwicklung des öffentlichen Rechts (*ius publicum*). Der Ansicht der älteren Literatur, die Rezeption habe im Staatsrecht ihren Anfang genommen, hatten bereits Zeitgenossen entschieden widersprochen. Jedoch haben neuere Forschungen auf bestehende Zusammenhänge zwischen Rezeption und Staatsbildung hingewiesen, die im einzelnen noch näher zu untersuchen sind (D. Willoweit).

Durch quellenkritische Arbeiten gesichert sind dagegen die Erkenntnisse zu Einflüssen des römisch-kanonischen Rechts auf die Ausbildung zentraler verwaltungsrechtlicher Grundbegriffe. Dies gilt für das Recht der öffentlichen Sachen im Gemeingebrauch ebenso wie für die Trennung zwischen dem zivilrechtlichen Eigentum und der es überlagernden öffentlichen Zweckwidmung. Diese Vorstellungen gehen eindeutig auf römischrechtliche Vorbilder zurück. Zusammenhänge und Parallelen bestehen auch zwischen den Grundsätzen der modernen Lehre vom Verwaltungsakt und der Doktrin des kanonischen Rechts zum Privilegienrecht. Im Gegensatz zum Privat- und Strafrecht hat die staats- und verwaltungsrechtshistorische Rezeptionsforschung jedoch erst begonnen.

Schrifttum: *K. Kroeschell*, Die Rezeption der gelehrten Rechte und ihre Bedeutung für die Bildung des Territorialstaates, in: Deutsche Verwaltungsgeschichte, I (1983), 279ff. – *D. Willoweit*, Rezeption und Staatsbildung im Mittelalter, Ius Commune Sonderhefte 30 (1987), 19ff. – *H. Mohnhaupt*, Römisch-rechtliche Einflüsse im „ius publicum"/„öffentlichen Recht" des 18. und 19. Jahrhunderts in Deutschland, Index 16 (1988), 151ff. – *M. Stolleis,* Geschichte des öffentlichen Rechts in Deutschland I (1998), 58ff.

4. Zivilprozessrecht

Das alte mittelalterliche Gerichtsverfahren wurde grundlegend nach dem Muster der legistisch-kanonistischen Prozessrechtsdoktrin umgestaltet. Bereits 1216 hatte Papst Innozenz III. für alle vom Richter angeordneten Prozesshandlungen ihre Aufnahme in ein Protokoll befohlen. Die Doktrin nahm dies zum Anlass, den gesamten Prozess zu einem weitgehend schriftlichen Verfahren umzugestalten. Die mittelalterliche Mündlichkeit und Öffentlichkeit des Verfahrens war damit beseitigt. Ebenfalls legistischer Theorie entstammte das sog. Positionalverfahren (Artikelprozess). Kläger und Beklagter mussten ihren Tatsachenvortrag in einzelne Aufstellungen (*positiones-responsiones*) zerlegen, die protokolliert wurden. Der auf diese Weise in eine starre Stufenreihe von Prozesshandlungen zerteilte Prozess war äußerst langwierig und infolge der Geltung der Verhandlungsmaxime in hohem Maße prozessverschleppenden Handlungen der Parteien ausgesetzt. Die Rezeption gelehrter Prozessrechtsgrundsätze wurde auch dadurch begünstigt, dass ein ähnliches Verfahren vor den kirchlichen Gerichten, die in Ehe-, Güterrechts- oder Testamentssachen auch für Laien zuständig waren, in Deutschland schon seit langem zur Anwendung kam.

Schrifttum: *W. Sellert*, HRG (Prozeß des Reichshofrates, des Reichskammergerichts, sächsischer), 22ff., 29ff., 36ff. – *F. Wieacker*, PGN, 182ff. – *ders.*, Gründer und Bewahrer (1959), 32ff., (38ff.).

5. Eigentumslehren

Am folgenreichsten erwiesen sich die Einflüsse der gelehrten Rechtslehren auf dem Gebiet des Privatrechts. Hier gab insbesondere eine neue Konzeption vom Eigentum sachgerechte Antworten auf die typisch grundherrschaftlichen Wirtschafts- und Sozialstrukturen der feudalen mittelalterlichen Gesellschaft. Die eigentliche Leistung der italienischen Rechtstheorie bestand in der Entwicklung der Rechtsfigur des „geteilten Eigentums".

Grundlage des neuen Eigentumsverständnisses war das „dominium" des römischen Rechts als grundsätzlich schrankenloses, unbegrenztes Herrschaftsrecht über eine Sache. Der Rechtsinhaber besaß stets die volle und freie Verfügungs- und Nutzungsgewalt. Eine erste behutsame Öffnung dieses starren individualistischen Eigentumsbegriffs vollzog Bartolus de Sassoferrato (1314–1357). In der Formel „*domi-*

nium est ius de re corporali perfecte disponendi, nisi lege prohibeatur" begriff er Eigentum als zwar vollkommenes, aber nicht mehr gänzlich schrankenloses Sachherrschaftsrecht. Dem im Anschluss an das Lehensrecht praktisch, in Nutzungsbefugnissen denkenden mittelalterlichen Recht blieb der abstrakte römische Eigentumsbegriff fremd. Er war für eine gänzlich andere Rechts- und Wirtschaftsordnung geschaffen. Der inhaltlichen Seite des Eigentums entsprach faktisch weit mehr die Möglichkeit seiner (im einzelnen sehr unterschiedlichen) Nutzungen in einem grundherrlichen bzw. feudalen Rechtsverband, als das abstrakte Wesensmerkmal der unumschränkten Sachherrschaft. Wer die „Gewere" an der Sache hatte, sie sichtbar nutzte, galt mithin auch als ihr „Eigentümer".

Vor diesem gegenüber der Antike gewandelten, nunmehr zeittypischen funktionalen Verständnis, das überdies in der Realität des Wirtschaftslebens seinen sichtbaren Ausdruck fand, war eine weitere entscheidende Differenzierung durch die Doktrin der oberitalienischen Juristen deshalb nur eine Frage der Zeit. Die Rechtslehre entwickelte schließlich im Lehensrecht zum Zweck der Erfassung der Rechtsstellung des Lehensherrn und des Lehensmannes und damit zur juristischen Bewältigung des Feudalismus die Rechtsfigur des geteilten Eigentums. Der Grund- oder Lehensherr hatte das prinzipiell an sich uneingeschränkte Verfügungsrecht, das sog. Obereigentum (*dominium directum*), jedoch ohne Nutzungsbefugnisse oder Fruchtziehungsrechte (*nuda proprietas*, Eigentum der Substanz nach). Über diese verfügte der Erbpächter, Erbbauberechtigte, Erbleihnehmer oder Lehensmann (*feudatarius*). Ihm stand das nutzbare, zugunsten des Obereigentümers eingeschränkte Recht nur kraft eines minderen sog. Untereigentums (*dominium utile*) zu. Für beide Eigentumsformen war der Rechtsschutz der „rei vindicatio" (Eigentumsherausgabeklage) und der „actio negatoria" (Eigentumsfreiheitsklage) vorgesehen. Allmählich setzte sich die Vererblichkeit des Untereigentums sowie seine Weiterveräußerung ohne Zustimmung des Obereigentümers durch. Sein Inhaber konnte schließlich faktisch und rechtlich wie jeder Eigentümer über das dominium utile verfügen.

Die Forschung sieht die Durchbildung der Lehre vom geteilten Eigentum als Folge eines Missverständnisses der Glosse, dem die gelehrten Juristen erlegen waren. Aus der Tatsache, dass nach römischem Recht dem Erbpächter und dem Erbbauberechtigten bei Entzug ihrer Rechte ein dem Eigentum analoger Herausgabeanspruch (*rei vindicatio utilis*) gewährt wurde, schlossen die Glossatoren auf die Existenz auch eines besonderen (Nutzungs-) Eigentums als Klagegrundlage.

Die Theorie vom geteilten Eigentum wurde in Deutschland rezipiert und fand Eingang in das Reichsrecht sowie in die territorialen Rechte. Im 19. Jahrhundert definierte die Rechtslehre das Nutzungseigentum als Recht des Vasallen „an“ einer fremden Sache. Erst das Deutsche Bürgerliche Gesetzbuch kehrte positivrechtlich wieder zum absoluten Eigentumsbegriff des römischen Rechts zurück. Bodenbefreiung und liberalistisches Wirtschaftsdenken hatten die Realbedingungen des geteilten Eigentums beseitigt.

Eine ähnliche Umformung erfuhr während des 17. Jahrhunderts der Rechtsbegriff des gemeinschaftlichen Eigentums. Mit dem römischen „condominium plurium“ nach ideellen Bruchteilen (*dominium pro parte pro indiviso*) ließen sich die typisch deutschrechtlichen Gemeinschaftsverhältnisse adäquat nicht erfassen. Die häufig personengebundene, strenge genossenschaftliche Zweckbindung innerhalb der zahlreichen sog. „Gemeinderschaften“ (Brüdergemeinschaft, Erbverbrüderung, Ganerbengemeinschaft, bäuerliche Feld-, Wald- oder Wassergemeinschaften) sowie die Rechte am gemeinschaftlichen Gut bei der ehelichen Gütergemeinschaft oder am Lehensgut bei Gesamtbelehnung erforderten ihre Zuordnung zu einem eigenen, dem deutschrechtlichen Solidaritätsgedanken besser Rechnung tragenden Eigentumsbegriff. Die gemeinrechtliche Rechtslehre des 17. und 18. Jahrhunderts entwickelte hierfür die Rechtsform des „gesamthänderischen“, solidarischen Gesamteigentums, auch „condominium germanicum“ genannt. Das Deutsche Bürgerliche Gesetzbuch hat sich, beeinflusst durch die Genossenschaftstheorie des 19. Jahrhunderts, sowohl für das am römischen Recht orientierte Bruchteilseigentum (*communio incidens*, §§ 741, 1008ff. BGB), wie auch für das deutschrechtliche Gesamthandseigentum bei der Gesellschaft des bürgerlichen Rechts (§ 718 BGB), der ehelichen Gütergemeinschaft (§ 1416 BGB) sowie bei der Erbengemeinschaft (§ 2032 BGB) entschieden.

Schrifttum: *Wesenberg/Wesener*, NPG, 43ff., 125ff. – *D. Willoweit*, Dominium und Proprietas, Historisches Jahrbuch 94 (1974), 131ff. – *K. Kroeschell*, Zur Lehre vom „germanischen“ Eigentumsbegriff, in: FS H. Thieme (1977), 34ff. – *D. Olzen*, Die geschichtliche Entwicklung des zivilrechtlichen Eigentumsbegriffs, JuS 1984, 328ff. – *D. Strauch*, Das geteilte Eigentum in Geschichte und Gegenwart, in: FS H. Hübner (1984), 273ff. – *P. Grossi*, Il dominio e le cose. Percezioni medievali e moderni del diritti reali (1992) – *F.M. Krauss*, Das geteilte Eigentum im 19. und 20. Jahrhundert (2000).

6. Allgemeines Vertragsrecht und Laesio enormis

Während die Legistik an der theoretischen Begründung des geteilten Eigentums den entscheidenden Anteil hatte, blieb der Kanonistik die Grundlegung eines allgemeinen Vertragsrechts vorbehalten. Die weltliche Doktrin übernahm diese Lehren um die Wende vom 16. zum 17. Jahrhundert. Das kanonische Recht als Schwesterdisziplin des ius civile hat hierzu durch die theoretische Ausformung dreier zentraler Grundelemente beigetragen, die das neue Vertragsverständnis fortan konstituierten: (1) Durchsetzung der Klagbarkeit und Verbindlichkeit aller, auch schon aufgrund eines formlosen Konsenses geschlossenen Verträge, (2) Ethisierung des Vertragsinhalts durch die Einführung des materiellen Äquivalenzprinzips zwischen Leistung und Gegenleistung beim Vertrag und schließlich (3) die allgemeine Anerkennung der Vertragstreue, von der Naturrechtslehre seit dem 17. Jahrhundert mit dem Satz *„pacta sunt servanda"* zum Axiom des Vertragsrechts erhoben.
Ausgangspunkt der kanonistischen Reform des Vertrages war das Vertragssystem der Glossatoren. Diese unterschieden bei der Fortbildung römischrechtlicher Grundsätze zwischen dem klagbaren, durch förmliche Rechtsakte begründeten „pactum vestitum" (Typenzwang) und der kraft formlosen Konsenses lediglich als „pactum nudum" entstandenen unklagbaren und undurchsetzbaren Naturalobligation. Es galt der Grundsatz: *„ex nudo pacto actio non oritur"*. Damit war im negativen Sinne die Unverbindlichkeit der bloßen Willensbekundung als Entstehungsvoraussetzung eines Vertrages klargestellt.

Das Festhalten am Grundsatz der Formgebundenheit der Verträge als wesensnotwendiges Wirksamkeitselement erwies sich jedoch in der Praxis als zu schwerfällig. Vor allem die Bedürfnisse einer von der Natural- zur Geldwirtschaft gewandelten Sozialordnung, in der nunmehr Kredit, Kapital und Handel dominierten, ließen eine Lockerung der Formstrenge als geboten erscheinen. Der Durchbruch zur allgemeinen Anerkennung der Formfreiheit wurde mit der Einführung des eidlichen Leistungsversprechens erreicht, das für die Begründung einer Obligation als allein ausreichend anerkannt wurde. Theologisch untermauert und alsbald auch auf das nichteidliche Versprechen (*promissio*) ausgedehnt, trat schließlich an die Stelle des legistischen Grundsatzes die neue Maxime: „*ex nudo pacto oritur actio et obligatio*". Entscheidend gefördert wurde diese Entwicklung durch die in der Praxis gewährte Erzwingbarkeit des eidlichen wie nichteidlichen Schuldversprechens vor den geistlichen Gerichten mit der Exkommunikation als dem wirksamsten Vollstreckungsmittel. Damit reduzierte sich gleichzeitig der Begründungstatbestand für Verträge auf den bloßen Konsens der Partner. „Pacta sunt servanda" als Umschreibung des Grundsatzes der Vertragstreue brachte später etwas zum Ausdruck, was auch die säkulare Rechtsethik des Naturrechts übernehmen konnte.

Die Propagierung der vertraglichen Formfreiheit als allgemeines Prinzip begleitete die „Lehre vom gerechten Preis". Sie war das Ergebnis einer Fortbildung des bereits vom stoischen Denken beeinflussten justinianischen Rechts (Codex 4, 44, 2) im Sinne der neuen christlichen Wirtschaftsethik. Im Gegensatz zum klassischen römischen Recht, das die Preisbestimmung ausschließlich der freien Vereinbarung durch die Vertragspartner überlassen hatte, mussten fortan Leistung und Gegenleistung zueinander im Verhältnis der materiellen, objektiv-inhaltlichen Gerechtigkeit stehen (*Äquivalenzprinzip*). Das Gebot der Vertragsgerechtigkeit war verletzt, wenn die empfangene Kaufsumme nicht einmal die Hälfte (*dimidium*) des „wahren" Wertes (*iustum pretium*) des verkauften Gegenstandes erreicht hatte. In diesem Falle durfte der Verkäufer auf Vertragsauflösung klagen. Dem konnte der Käufer dadurch begegnen, dass er dem Verkäufer den bis zur Höhe des gerechten Preises fehlenden Betrag nachzahlte. Damit war die objektive Äquivalenz zwischen Leistung und Gegenleistung wiederhergestellt.

Die Glossatoren hatten für die justinianische Lösungsklage den Rechtsbegriff der „laesio enormis" (d.h. Verkürzung über die Hälfte) geprägt und ihre Verbindlichkeit für alle Arten von Verträgen festgestellt. Es liegt auf der Hand, dass der Kanonistik bei der Ermittlung von Kriterien für die Bestimmung des im konkreten Fall gerechten Preises (z.B. Arbeitswertlehre) die maßgebende Rolle zufiel. Die sozialpolitisch bedeutsame, kontrovers geführte Diskussion rührte an den ethischen Grundlagen des Vertragsrechts. Sie war noch in der Privatrechtsdogmatik der Neuzeit präsent. In ihrem Umkreis entstanden revolutionierende Lehren, wie etwa die aus dem kanonischen

Recht übernommenen Zins- und Wuchertheorien (*kanonisches Zinsverbot*). Das Deutsche Bürgerliche Gesetzbuch hat – etwa im Gegensatz zum Österreichischen Allgemeinen Bürgerlichen Gesetzbuch (§ 934) – im Geiste des Liberalismus bewusst auf die Übernahme des materiellen Äquivalenzprinzips verzichtet und für die Lösung einschlägiger Fälle die Regelung des § 138 BGB für ausreichend erachtet. Die negativen Folgen dieser Abstinenz werden heute wieder deutlich sichtbar. Mit der Aufwertungsgesetzgebung, der gesetzlichen Regelung der Allgemeinen Geschäftsbedingungen oder in der Lehre vom Wegfall der Geschäftsgrundlage kehrt die Rechtslehre erneut zum Äquivalenzprinzip zurück.

Schrifttum: *H.-J. Becker*, HRG (Zinsverbot), 1719ff. – *W. Scherrer*, Die geschichtliche Entwicklung des Prinzips der Vertragsfreiheit (1948) – *A. Spicciani*, La mercatura e la formazione del prezzo nella riflessione teologica medievale, Atti della accademia nazionale dei Lincei 374 (1977), 127ff. (231ff.) – *O. Langholm*, Price and value in the aristotelian tradition (1979) – *K. Luig*, Vertragsfreiheit und Äquivalenzprinzip im gemeinen Recht und im BGB, in: Aspekte europäischer Rechtsgeschichte, FS H. Coing (1982), 171ff. – *K.P. Nanz*, Die Entstehung des allgemeinen Vertragsbegriffs im 16. bis 18. Jahrhundert (1985) – *H. Kalb*, Objektive Äquivalenzstörung und Arglist bei der laesio enormis, SZKan 105 (1988), 281ff. – *ders.*, Die laesio enormissima. Eine kanonistische Schöpfung im Rahmen der Lehre von der laesio enormis, TRG 57 (1989), 317ff. – *T. Mayer-Maly*, Pactum, Tausch und laesio enormis in den sog. leges Barbarorum, SZRom 108 (1991), 213ff. – *G. Rösch*, Wucher in Deutschland 1200–1350. Überlegungen zur Normdidaxe und Normrezeption, HZ 259 (1994), 593ff.

§ 3 Juristischer Humanismus und Usus modernus

I. Humanistische Jurisprudenz und Rechtsstil des „mos gallicus“

Zu Beginn des 16. Jahrhunderts versuchte die französische gelehrte Jurisprudenz, durch den aus dem 6. Jahrhundert stammenden Grundtext des justinianischen Corpus iuris zu der klassischen römischen Rechtsordnung vorzudringen. Ihr erklärtes Ziel war eine umfassende Reform des geltenden materiellen Rechts. Zu diesem Zweck begann sie, nach den justinianischen, verfälschenden Textveränderungen (sog. „Interpolationen“) zu suchen und den ursprünglichen Wortlaut durch Vergleiche mit außerjustinianischen klassischen Texten zu rekonstruieren. Auf diese Weise sollte die antike Rechtskultur erschlossen und als Ideal für die Gegenwart nutzbar gemacht werden. Die neue Richtung verstand sich als bewusste Gegenposition zur scholastischen, von den italienischen Juristen begründeten Wissenschaftsmethode des mos italicus.

Diese Erneuerungsbewegung hatte viele Ursachen. Eine davon war die seit dem Königtum der frühen Kapetinger (11. Jahrhundert) bestehende reichsfreie Stellung Frankreichs. Diese wurde zielbewusst ideologisch und propagandistisch durch Anbindung des Königtums an die Person *Karls d. Großen* (747–814) gefestigt (Karlskult). Aus der Abneigung gegen Kaisertum und kaiserliches Recht römischer Prägung ergab sich eine zunächst reservierte Haltung gegenüber dem römischen Recht, in dem primär das Recht des deutschen Reiches gesehen wurde. Hinzu kamen praktische Gründe, die eher zu einer Distanz als zur Annäherung an das gelehrte Recht drängten. Überdies sah sich Papst *Honorius III.* (1216–1227) veranlasst, angesichts zunehmender Häresien in Südfrankreich (Waldenser, Albigenser, Katharer), die als ernsthafte Bedrohung für die Amtskirche gesehen wurden, und wegen akuten Mangels an gut ausgebildeten Klerikern durch die Konstitution „Super speculam“ (1219) den Unterricht im „ius civile“ für Ordensgeistliche und für Teile des vorwiegend in der Seelsorge tätigen Weltklerus (Pfarrklerus) an der Universität Paris, dem Zentrum theologischer Ausbildung, zu verbieten. Dabei spielte zweifellos auch der Gegensatz zwischen römischem (leges) und kanonischem Recht (canones) eine Rolle. Vermeintlich förderte das

Studium der „leges“ weltliche Gesinnung (*scientia saecularis*) und konnte unliebsamem Gewinnstreben (*scientia lucrativa*) Vorschub leisten.

Es wäre jedoch verfehlt, hieraus zu schließen, das justinianische Recht hätte in Frankreich niemals die Bedeutung gehabt wie in den benachbarten Ländern. Tatsächlich bewirkte das (bis 1679 in Kraft befindliche) Studienverbot für Paris, dass sich Zentren des römischen Rechtsunterrichts außerhalb der Hauptstadt entwickelten, wie etwa in Orléans, das im 13. Jahrhundert als Universität mit Bologna konkurrierte. Davon abgesehen blieb die Kenntnis vom römischen Recht vor allem in Südfrankreich ungebrochen lebendig. Sie wurde durch das dort fortgeltende „Breviarium Alaricianum“ (*Lex Romana Visigothorum*) des Westgoten Alarichs II. aufrechterhalten. Das Breviar enthielt spätantikes theodosianisches römisches Recht. An diese nie unterbrochene Rechtstradition konnten nach der Aufnahme des justinianischen Corpus iuris neue Universitäten, wie Toulouse oder Montpellier, anknüpfen. Entsprechend der von den Kommentatoren entwickelten Lehre galt das rezipierte römische Recht vorwiegend subsidiär. Ihm ging nicht nur das provinzielle Gewohnheitsrecht, sondern vor allem das französische Königsrecht als statutarisches Recht vor. Die Folge dieser weitgehend unbestimmten Geltungsweise des römischen Rechts war, dass ihm lediglich die Autorität einer *raison écrite* zuerkannt wurde. In Frankreich galt das römische Recht deshalb kraft des ihm innewohnenden Vernünftigen (*imperio rationis*), nicht aber als Gesetz des Reiches und der Kaiser (*ratione imperii*).

Im 16. Jahrhundert verband sich die französische Jurisprudenz mit der Reformbewegung des „Humanismus“. Das Ergebnis dieser Allianz war eine neue, den Rechtsstil künftig prägende Methode. Selbstbewusst nannte sie sich als Alternative zur überholten Scholastik „mos gallicus“. Im Gegensatz zum mos italicus konzentrierte sie sich auf den authentischen Text und versuchte ihn ohne Berücksichtigung der inzwischen ins Riesenhafte angewachsenen Kontroversen und Lehrmeinungen aus sich selbst, seiner historischen Entstehung und nach den Regeln der Logik zu interpretieren.

Die Grundlagen dieser neuen humanistischen Jurisprudenz waren „Renaissance“ und „Humanismus“. Der Begriff „Renaissance“ stand für tiefgehende soziale und kulturelle Veränderungen beim Übergang des Mittelalters zur Neuzeit. Der Humanismus war eine Bildungsbewegung, die den Wandel trug und weiter vermittelte. Die neue Richtung der Humaniora-Studien, die ein höheres Menschsein zu erreichen befähigten (im Sinne Ciceros *studia humanitatis*), begann im 15. Jahrhundert zunächst als Gelehrtenbewegung, deren Professionalisierung erst später erfolgte. Sie suchte im Geist und in der Nachahmung der Kultur des klassischen Altertums das antike Menschenbild eines „uomo universale" zu erneuern, der über der ständischen Zerrissenheit seiner Gesellschaft stand. Ihr rigoroses Postulat lautete: „ad fontes" – zurück zu den Quellen!

Dem Humanismus konnte das justinianische, schon wegen des nichtklassischen Lateins sprachlich „unelegante" Recht nicht mehr bedeuten als eine ehrwürdige Geschichtsquelle. In erklärtem Gegensatz zum Autoritätskult der als steril gescholtenen scholastischen Methode der italienischen Glossatoren, Kommentatoren und Konsiliatoren (Accursius, Bartolus) untersuchten die Vertreter des neuen mos gallicus mit ihrem im humanistischen Sinne an Cicero orientierten, verfeinerten Sprachgefühl das Corpus iuris als Quelle, die eine geschichtliche Erschließung der vorjustinianischen klassischen antiken Rechtstexte ermöglichen sollte. Sie überprüften die einzelnen Quellenstellen verstärkt systematisch-philologisch und suchten sie „historisch", d.h. in einem größeren Zusammenhang, aus der Zeit ihrer Entstehung heraus zu verstehen. Dabei entdeckten die Humanisten, dass die Klassikertexte zur Zeit der durch Justinian im 6. Jahrhundert befohlenen Kompilation bereits teilweise überarbeitet und im Wortlaut interpoliert, d.h. sachlich verändert worden waren. Diese sog. Interpolationenkritik der französischen Juristen diente der Ermittlung der konkreten Umstände, die für die Einfügung der abgeänderten Textstelle in das Corpus iuris ursächlich waren und die ursprüngliche klassische Textüberlieferung verfälscht hatten.

Schrifttum: *K. Luig*, HRG (mos gallicus, mos italicus), 691 ff. – *Trusen*, Anfänge, 13 ff. – *S. Kuttner*, Papst Honorius III. und das Studium des Zivilrechts, in: FS M. Wolff (1952), 79 ff. – *G. Kisch*, Studien zur humanistischen Jurisprudenz (1972), 17 ff. – *D. Maffei*, Gli inizi dell'umanesimo giuridico (1972) – *H.E. Troje*, Zur humanistischen Jurisprudenz, in: FS H. Heimpel II (1972), 110 ff. – *K.H. Burmeister*, Das Studium der Rechte im Zeitalter des Humanismus im deutschen Rechtsbereich (1974), 251 ff. – *W. Ullmann*, Medieval foundations of renaissance humanism (1977) – *D.R. Kelley*, Civil science in the Renaissance: jurisprudence Italian style, The Historical Journal 22 (1979), 777 ff. – *M. Bellomo*, L'Europa del diritto comune (^{7}1994), 217 ff. (engl. The Common Legal Past of Europe, 1995, 203 ss.)

1. Elegante Jurisprudenz

Die sich von der „bartolistischen“ Methode des mos italicus der Kommentatoren grundsätzlich unterscheidende gallikanische Reformbewegung wurde auch unter der Bezeichnung „Elegante Jurisprudenz“ führend. Charakteristisch für sie war die Verwendung und Nutzbarmachung der im 15. und 16. Jahrhundert entwickelten Methoden der klassischen Philologie. Sie fanden Verwendung bei der Interpretation der juristischen Texte. Das Idealziel war die Rekonstruktion einer historisch begründeten, umfassend antiquarisch-humanistisch gebildeten, gelehrten und auch sprachlich im Sinne des klassischen Latein geläuterten Rechtswissenschaft. In dieser Ausrichtung entsprach sie auf vollkommene Weise den Vorstellungen vom „eleganten“ Rechtsstil.

Mit der neuen, auch philosophisch orientierten Einstellung gegenüber den Quellen des römischen Rechts sowie dem ebenfalls neuen historischen Verständnis vom Recht hielt sich jedoch ihr Einfluss auf die Praxis in Grenzen. In ihren Auswirkungen beschränkte sie sich zunächst auf die programmatische Literatur. Insgesamt jedoch brachte der Humanismus der Rechtswissenschaft einen beachtlichen „Zuwachs an einer Art von Rationalität“ (K. Luig) und schuf damit die Grundbedingung für eine vernunftbestimmte Rechtspflege.

2. Die führenden Humanisten-Juristen

Ihren Mittelpunkt fand die Bewegung in der humanistisch-historischen Rechtsschule an der 1464 gegründeten Universität von Bourges in Zentralfrankreich. Begründer dieser Schule waren der in Alzate bei Como geborene, ursprünglich in Bologna und Pavia als Schüler von Jason de Mayno lehrende Jurist *Andreas Alciatus* (Andrea Alciato, 1492–1550) sowie der Philologe und Enzyklopädist *Guilelmus Budaeus* (Guillaume Budé, 1467–1540). Von beiden gingen maßgebliche Anstöße zur Erneuerung der europäischen Rechtswissenschaft in humanistisch-philologischem Geist aus. Beeinflusst durch Bourges entstanden an den Universitäten in Basel, Freiburg i. Br. und Genf weitere wichtige Zentren des juristischen Humanismus.

In Deutschland wurde die humanistischen Ideen mit zeitlicher Verzögerung wirksam. Einer der frühesten Vertreter des Humanismus war *Ulrich Zasius* (Zäsy, 1461–1535), Professor legum an der Universität Freiburg i. Br., Praktiker und Gesetzgeber des Freiburger Stadtrechts von 1520. Er unterhielt enge wissenschaftliche Beziehungen zu den Häuptern des europäischen Humanismus, so z.B. zu dem holländischen Humanisten *Erasmus von Rotterdam* (1466–1536), zu dem Basler Professor *Claudius Cantiuncula* (Claude Chansonette, [um 1490–1549]) oder zu dem ebenfalls in Basel lehrenden Professor des Römischen Rechts *Bonifacius Amerbach* (1495–1562). Weitere bedeutende Vertreter dieser Richtung waren ferner der Zwickauer Privatgelehrte *Gregor Haloander* (Meltzer, 1501–1531), der nach gelehrten Studien in Italien 1529 die erste moderne historisch-kritische Ausgabe der Digesten auf der Grundlage der Florentina schuf (es folgten 1530 eine Ausgabe des Codex und 1531 die der griechischen Texte der justinianischen Novellen).

In Frankreich repräsentierten *Jacobus Cuiacius* (Jacques Cujas, 1552–1590), der Meister der Quellenexegese, und der Calvinist *Hugo Donellus* (Hugues Doneau, 1527–1591) die humanistische Richtung. Der Dogmatiker und Systematiker Donellus musste nach der Bartholomäusnacht (1572) von Bourges nach Genf fliehen. Von dort wurde er durch den pfälzischen Kurfürsten Friedrich III. zunächst an die Universität Heidelberg berufen, folgte dann einem Ruf an die holländische Universität Leiden und beendete seine akademische Laufbahn schließlich in Altdorf bei Nürnberg. Dem Kreis zuzurechnen sind ferner der Alciat-Schüler *Franciscus Connanus* (François Conan, 1508–1551) und Alciats Nachfolger auf dem Lehrstuhl in Bourges *Franciscus Duarenus* (François Duaren, 1509–1559). Einen besonderen humanistisch-nationalistischen Zug dieser Schulrichtung verkörperte *François Hotman* (1524–1590) mit seiner Schrift „Antitribonianus“ (1567), einer auch in Deutschland nachgedruckten und vielbeachteten Kritik am römischen Recht. Epigonen waren der Gerichtspräsident von Chambéry (Savoyen) *Antonius Faber* (Antoine Favre, 1557–1624), dessen Bedeutung als Kritiker der justinianischen Interpolationen bis in die Gegenwart wirkt, sowie in Genf die beiden *Gothofredus* (Jacques und Denis Godefroy). Dionysius Gothofredus (1549–1622) besorgte 1583 eine Gesamtausgabe des Corpus iuris civilis mit einem Verzeichnis von Parallelstellen. Sein Sohn Jacobus Gothofredus (1587–1652) hat den „Codex Theodosianus“ herausgegeben (erschienen 1665) und mit einem umfangreichen, bis heute unentbehrlichen Kommentar versehen.

Der französische juristische Humanismus hatte an der Überwindung der scholastischen Wissenschaftsmethode des mos italicus mit seiner strengen Bindung an den durch die Glosse festgeschriebenen autoritativen Text großen Anteil. Die Allianz zwischen Jurisprudenz und Humanismus erwies sich ungeachtet der schroffen Ablehnung allen „bartolistischen" Zierrats, mit dem Glossatoren (Azo, Accursius) und Kommentatoren oder Konsiliatoren (Bartolus, Baldus) die antiken Rechtstexte angereichert hatten, doch als Wegbereiter des in die europäischen Territorien vordringenden Ius commune. In der methodischen Auseinandersetzung zwischen mos italicus und mos gallicus konnte sich schließlich im 16. Jahrhundert die stärker praxisorientierte italienische Richtung durchsetzen. In Deutschland hatte dies die Entstehung der neuen Stilstufe des „Usus modernus" zur Folge.

Schrifttum: Handbuch II 1, 615ff., 756ff. (*Troje*) – *D.R. Kelley*, François Hotman – A revolutionary's ordeal (1973), 192ff. – *W. Vogt*, Franciscus Duarenus (1971), 13ff. – H. Hübner, Jurisprudenz als Wissenschaft im Zeitalter des Humanismus, in: FS K. Larenz (1973), 41ff. – *S. Rowan*, Ulrich Zasius. A jurist in the german renaissance 1461–1535 (1987) – *B. Schmidlin/A. Dufour* (Hg.), Jacques Godefroy (1587–1652). Actes du colloque (1991) – *R. Bonini*, Giustiniano nella storia: il mito e la critica nel settecento illuminista (1991) – *P. Stein*, Donellus and the origins of the modern civil law, in: Mélanges F. Wubbe (1993), 439ff. – *K. Luig*, Humanismus und Privatrecht, in: Römisches Recht, Naturrecht, Nationales Recht (1998), 73*ff.

3. Juristischer Humanismus in Österreich

Der durch Humanismus und mos gallicus angestoßene grundlegende Methodenwandel erfasste im 16. Jahrhundert auch die österreichische Rechtswissenschaft. Ihr Arbeits- und Wissenschaftsstil erhielt dadurch ein besonderes Gepräge. Charakteristisch dafür wurde der stark praxisorientierte Zug. Er war die Konsequenz der Rechtszersplitterung in den altösterreichischen Ländern (Österreich unter und ob der Enns, Steiermark, Kärnten, Görz, Krain, Triest, Istrien, Tirol und Vorarlberg). Die dort geltenden landschaftlichen Statutar- und Gewohnheitsrechte, der sog. „Landesbrauch", war unübersichtlich und kaum beherrschbar geworden. Das Ziel der Juristen war zunächst eine verbindliche Feststellung aller geltenden partikularen Rechte. In einem zweiten Schritt wurden Widersprüche und Unterschiede (*differentiae*) harmonisiert und Identitäten (*concordantiae*) zwischen privat-, straf-, prozessrechtlichem Landesbrauch und dem Ius commune aufgezeigt. Mit Hilfe umfangreicher Kommentare, Rechtslexika und Traktate zu Einzelmaterien wurde diese streng wissenschaftlich begründete Rechtsvereinheitlichung vorbereitet. Unter Berücksichtigung dieses Arbeitsstils kam die österreichische Rechtswissenschaft im 17. Jahrhundert methodisch folgerichtig in die Nähe des deutschen Usus modernus und in Berührung mit dessen Hauptwerken.

Die nach der typischen Arbeitsweise als „Differentien-" bzw. „Konkordanzliteratur" bezeichnete juristische Literaturgattung hat entscheidend zur Rechtsvereinheitlichung beigetragen und dadurch die Weitergeltung des Landesbrauchs sichergestellt. In der Praxis stark beachtet wurden vor allem die privat- und prozessrechtlichen „Aurei tractatus iuris Austriaci" (1552–1558) von *Bernhard Walther* (1516–1584), einem gebürtigen Leipziger und späteren Professor in Wien. Diese Traktate erhielten wegen ihres Einflusses auf die österreichische Rechtsentwicklung die Bezeichnung „goldene Traktate". Walther war der erste bedeutende österreichische Jurist der Neuzeit; er wurde auch „Vater der österreichischen Jurisprudenz" (Arnold Luschin) und herausragender „Vertreter des Humanismus in Österreich" (G. Wesener) genannt.

In ähnlicher Weise wirkte als Verfasser weit verbreiteter Differentienliteratur und Rechtslexika der aus Dithmarschen stammende, innerösterreichische Regimentsrat *Nikolaus Beckmann* (1634–1689). Sein „Jus novissimum Romano-Germanicum" (1678) behandelte das gesamte geltende Ius commune mit Einschluss der Partikularrechte in lexikalischer Form. Seine „Idea juris" (1688) war die wichtigste gedruckte Quelle für das Recht von Österreich unter und ob der Enns sowie von Innerösterreich, insbesondere der Steiermark. Von Beckmann stammt auch der Vorschlag, Kaiser *Leopold I.* (1658–1705) sollte als zweiter Justinian (*redivivus et alter Justinianus*) ein neues, aus Institutionen und Digesten bestehendes „Corpus juris Leopoldinum" schaffen.

In den Werken des in Graz als Professor wirkenden *Franz Aloys Tiller* (1742–1797) spiegelt sich die wachsende Annäherung der österreichischen, vom juristischen Humanismus beeinflussten Rechtswissenschaft an die Richtung des deutschen Usus modernus wieder. Vor allem in seinem aus Vorlesungen entstandenen Buch „Sistem der bürgerlichen Rechtslehre" (1787) stand die konsequente Angleichung zwischen dem römischen und kanonischen Recht einerseits sowie dem allgemeinen bürgerlichen Recht des Josephinischen Gesetzbuch von 1787 andererseits im Vordergrund.

Schrifttum: *Brauneder*, Juristen, 39ff., 49ff., 55ff. – *G. Wesener*, Der innerösterreichische Regimentskanzler Nikolaus von Beckmann und sein Kodifikationsplan, in: Johannes Kepler Gedenkschrift d. Universität Graz (1975), 641 ff. – *ders.*, Anfänge einer österreichischen „gerichtlichen Rechtsgelehrsamkeit“, in: FS H. Baltl (1988), 632 ff. – *ders.*, Beckmann, in: Biographisches Lexikon f. Schleswig-Holstein und Lübeck, Bd. 9 (1991), 48 ff. – *ders.*, Humanistische Jurisprudenz in Österreich, in FS H. Baltl (1998), 369 ff.

4. Die Holländische Schule

Vergleichbare Ziele wie die österreichische Rechtswissenschaft verfolgte seit dem späten 16. und im 17. Jahrhundert die „Holländische Schule“ (*hollandse school*). Auch unter ihrem Dach waren zwei nach der jeweils dominanten Methode voneinander graduell getrennte Rechtsstile vereinigt: die humanistisch-elegante sowie die mehr dem deutschen Usus modernus zuneigende Richtung. Kennzeichnend für den „eleganten“ Stil war eine praxisbetonte Verbindung der Methode des mos gallicus der Humanisten mit dem mos italicus der Kommentatoren. Gesucht wurde nach einem gebrauchsfähigen römischen Recht, das als Ius commune sowohl Elemente des gelehrten wie solche des holländischen Rechts in sich vereinigt hatte.

Herausragende Vertreter der eleganten holländischen Schule waren neben dem Völkerrechtler *Cornelius van Bynkershoek* (1673–1743) und dem in humanistischer Tradition stehenden *Ulric Huber* (1636–1694) insbesondere die an der Universität Leiden lehrenden Professoren *Arnoldus Vinnius* (1588–1657), *Gerard Noodt* (1647–1725) und *Johannes Voet* (1647–1713). Vinnius, ein Schüler von Donellus, wurde bekannt vor allem durch seinen holländisches Recht mitberücksichtigenden Institutionenkommentar, der als Lehr- und Handbuch konzipiert und sehr verbreitet war. Noodt verlieh in seinen Werken der antiquarisch-humanistischen, betont auf die Quellen des klassischen römischen Rechts abstellenden Richtung Gestalt. Dagegen ähneln Voets Arbeiten aufgrund der ihnen zugrundegelegten Methode dem Stil des Usus modernus. Sein Pandektenkommentar gehörte zu den Standardwerken des Usus modernus in Europa. Das Buch begründete auch die freiere Richtung des sog. „Roman-Dutch Law“, das als römisch-holländisches Recht, mit angelsächsischen Rechtsgedanken durchsetzt, heute noch in den einstigen holländischen Kolonien, vor allem in Südafrika und Sri Lanka (Ceylon) gilt. In Südafrika ist Voets Kommentar für das geltende römisch-holländische Recht immer noch unentbehrlich.

Schrifttum: *R. Feenstra/C. J. D. Waal*, Seventeenth-century Leyden law professors and their influence on the development of the civil law (1975), 11 f., 24 ff.,

35ff. – *R. Zimmermann*, Römisch-holländisches Recht, in: R. Feenstra/R. Zimmermann (Hg.), Das römisch-holländische Recht (1992), 9ff. – *G.C.J.J. van den Bergh*, The life and work of Gerard Noodt (1647–1725). Dutch legal scholarship between humanism and enlightenment (1988) – *ders.*, Die Holländische Schule und die Historische Schule, in: Die rechtswissenschaftlichen Beziehungen zwischen den Niederlanden und Deutschland in historischer Sicht, hg. v. R. Feenstra/C. Coppens (1991), 59ff. – *E. Schrage*, La Scuola Elegante Olandese, Studi Senesi CIV (1992), 534ff.

II. Römisches Recht und deutscher Rechtsstil des Usus modernus

Der Methodendualismus zwischen mos italicus und mos gallicus wurde um die Wende vom 15. zum 16. Jahrhundert zugunsten der „bartolistischen" Richtung entschieden. Hauptursächlich waren dafür die Bedürfnisse der Praxis. Das Nebeneinander von „Ius commune" und „Ius proprium" in der Form der landschaftlichen, städtischen oder lokalen Rechte drängte nach Vereinheitlichung und Straffung des Rechtsstoffes. Die Entwicklung einer neuen Methode sollte das Recht wieder beherrschbar machen. Ihr Ziel war eine praxisgerechte, wissenschaftlich abgesicherte Anpassung der partikularen Rechte an das Ius commune. Im Bereich der deutschen Rechtswissenschaft wurde sie im neuen Weg des sog. „Usus modernus" gefunden.

Ein weit verbreitetes Lehrbuch gab dieser neuen Richtung den Namen. Es trug den Titel „Usus modernus pandectarum" (1690) und bezeichnete damit den modernen Gerichtsgebrauch des Pandektenrechts im Sinne des Ius commune als Gegenstand der Darstellung. Der Autor *Samuel Stryk* (1640–1710) war Rechtslehrer in Frankfurt a.d. Oder, Wittenberg und Halle. Er zählt zu den berühmtesten Juristen der Zeit. Im 18. Jahrhundert erreichte der Usus modernus seine Hochblüte. Ungeachtet der revolutionierenden Auswirkungen des Natur- bzw. Vernunftrechts und der Ächtung durch die Historische Schule war diese juristische Denkart in ihrer Spätform noch im 19. Jahrhundert lebendig.

Schrifttum: *K. Luig*, HRG (Stryk), 58ff. – *ders.*, HRG (Usus modernus), 628ff. – *ders.*, Samuel Stryk (1640–1710) und der „Usus modernus pandectarum", in: Römisches Recht, Naturrecht, Nationales Recht (1998), 91*ff.

1. Zeitgemäßes Römisches Recht

Der Begriff „Usus modernus" kennzeichnete einen besonderen Wissenschaftsstil, der in seinen Arbeitsgrundbedingungen an die Methode der italienischen Kommentatoren und Konsiliatoren angeknüpft hatte. Charakteristisch war die praxisbezogene, nunmehr zeitgemäße Beschäftigung mit dem römischen Recht mit dem Ziel, dieses an die bestehenden neuen Lebensverhältnisse unter Verarbeitung des eigenständigen (deutschen) Rechts als Ius proprium anzugleichen. Typisch für den „modernen" Rechtsstil war die Abkehr vom scholastischen Grundansatz und die Hinwendung zum forensisch Praktischen. Aus dieser Perspektive ließ sich auch die Rezeption nicht mehr mit der Lotharischen Legende erklären. Vielmehr erkannte man sie als eine notwendig-konsequente Entwicklung der Wissenschaftsgeschichte und gründete theoretisch die Geltung und unmittelbare Verbindlichkeit des römischen Rechts auf das Prinzip seiner Subsidiarität. Wer sich (z.B. bei Lückenhaftigkeit des lokalen Rechts) in einem Rechtsfall auf einen Rechtssatz des Ius commune berief, verfügte über die bekannte „fundata intentio". Das Gericht musste bis zum Beweis des Gegenteils von der Geltung dieser Norm ausgehen (Vermutungswirkung) und die Rechtsfrage auf dieser Grundlage entscheiden.

Der juristische Humanismus französischer Prägung hatte gezeigt, welche neuen Dimensionen der Rechtswissenschaft durch ein historisches Verständnis und eine philologische Beschäftigung mit den römischen Rechtsquellen eröffnet werden konnten. Mit der Absage an die Weitschweifigkeit und ausufernde Diskussion juristischer Kontroversen des mos italicus war bereits die Grundrichtung eines neuen Weges der Rechtswissenschaft vorgegeben: die Nutzbarmachung des Ius commune für die Praxis unter Einbeziehung der Statutargesetzgebung der Territorien wie auch der Polizeigesetzgebung des Reichs.

Maßgeblichen Anteil an dieser Umorientierung hatte der deutsche Humanist *Ulrich Zasius* (1461–1535). Die deutsche Rechtswissenschaft hatte sich anfänglich nur zögernd der humanistischen Erneuerungsbewegung geöffnet. Durch Zasius fand sie dann doch Anschluss an die europäische Reformdiskussion. Auf diese Weise gelang es, die historische quellenläuternde, humanistische Methode sinnvoll mit den Bedürfnissen der Praxis zu verbinden. Als seine bedeutendste Leistung gilt die römischrechtliche Reformation des Freiburger Stadtrechts von 1520, das seinerseits Vorbild für zahlreiche Stadt-

und Landrechtserneuerungen (*Reformationen*) Südwestdeutschlands und der Schweiz wurde. Zentren der humanistisch-wissenschaftlichen Diskussion waren die Universitäten Heidelberg – hier lehrte Hugo Donellus –, Tübingen, Rostock, Wittenberg, Leipzig und Wien.

Der Usus modernus verstand unter einem modernen Gebrauch des römischen Rechts programmatisch die umfassende Systematisierung der Rechtsmassen, die Rückführung der Normkasuistik auf praktikable allgemeine Rechtsprinzipien und die Wiederherstellung der Rechtsordnung im Sinne zeitgemäßer Verwendbarkeit. In dieser Richtung wirkte auch Stryks breit angelegte Darstellung des nach praktischen Bedürfnissen behandelten gemeinen Rechts, wie es vor den brandenburgischen Gerichten zur Anwendung kam. Seine Schrift „Usus modernus pandectarum" wurde zu einem Leitfaden für den forensischen Gebrauch. Stryks eigentliche Leistung lag jedoch in der weiterführenden Bearbeitung verbreiteter, äußerst populärer Lehr- und Handbücher. Dazu gehörten vor allem die „Iurisprudentia Romano-Germanica forensis" (1670) des in Jena lehrenden *Georg Adam Struve* (1619–1692), die als sog. „Kleiner Struv" allgemein den Vorlesungen zugrunde gelegt wurde, ferner das „Compendium iuris" des Tübinger Professors *Wolfgang Adam Lauterbach* (1618–1678), das aus einer Sammlung von Kollegienheften bestand, die seine Schüler herausgegeben hatten (1679). Dieser „moderne" Weg führte zwangsläufig zu einer ganz neuen literarischen Form der Rechtsdarstellung: der „Rechtsenzyklopädie" als „Generalcharte, auf der die vielfachen Aggregate der Wissenschaft in eine Verbindung" gebracht waren (Johann Friedrich Reitemeier, 1783).

Vorbereitet wurde diese zeitgemäße Anpassung des Ius commune an die Bedürfnisse des praktischen Rechtslebens bereits durch eine reiche populärwissenschaftliche Rechtsliteratur. Die bedeutendsten Werke sind der 1516 von dem Humanisten, Satiriker (Narrenschiff) und Basler Rechtslehrer *Sebastian Brant* (1457–1521) edierte „Klagspiegel" eines unbekannten gelehrten Juristen, verfasst zu Beginn des 15. Jahrhunderts, und der 1509 ebenfalls von Brant herausgegebene „Layenspiegel" des Nördlinger Stadtschreibers *Ulrich Tengler* (um 1447–1511). Beide Spiegel waren weit verbreitet und erlebten zahlreiche Auflagen. Als Unterweisungen für in der Rechtspflege tätige Laien wollten sie die gelehrten Rechte, vornehmlich das Prozessrecht in deutscher Sprache der Praxis der unteren Gerichte vermitteln.

Stärker dem Ius commune zugewandt war der Zasius-Schüler *Joachim Mynsinger von Frundeck* (1514–1588), Professor in Freiburg i. Br., Assessor am Reichskammergericht und von 1556 bis 1573 Kanzler der Herzöge von Braunschweig in Wolfenbüttel. Die Veröffentlichung der von ihm mit Anmerkungen versehenen Urteile des Reichskammergerichts unter Angabe der Namen der Parteien in den „Singulariae Observationes" (1563) war ihm zunächst als Bruch seines zur Amtsverschwiegenheit verpflichtenden Eides verübelt worden. Durch die Publikation gewann aber die Spruchpraxis dieses Gerichts an Popularität. Mynsinger selbst wurde so zum Begründer einer (in enger Anlehnung an die Ergebnisse der italienischen Kommentatoren und Konsiliatoren) die Rechtsprechung des Reichskammergerichts verarbeitenden Kammergerichtsjurisprudenz (*Kameralistik*). Diese für die praktische Rechtspflege wichtige Verbindung von Judikatur und Wissenschaft führte Mynsingers Kollege *Andreas Gaill* (1526–1587), Reichskammergerichtsassessor, Reichshofrat und zuletzt Kanzler des Erzstifts Köln, fort. In seinen „Practicae Observationes" (1578) erreichten diese Darstellungen der reichskammergerichtlichen Judikatur ihren Glanzpunkt. Gaills betont analytisch-kasuistischer Stil sprach insbesondere die Praxis an. Mit Mynsinger war er Hauptvertreter der kameralistischen Jurisprudenz.

Schrifttum: *Kleinheyer/Schröder*, Juristen, 418ff., 455ff. – *S. Schumann*, Joachim Mynsinger von Frundeck (1983) – *A. Buschmann*, Enzyklopädie und Recht, in: FS K. Kroeschell (1987), 29ff. – *K.v. Kempis*, Andreas Gaill [1526–1587] (1988) – *W. Nassall*, Das Freiburger Stadtrecht von 1520. Durchsetzung und Bewährung (1989) – *K.-P. Schroeder*, Sebastian Brant (1457–1521) – Jurist, Humanist und Poet, NJW 1994, 1905ff. – *ders.*, Ulrich Zasius (1461–1535) – Ein deutscher Rechtsgelehrter im Zeitalter des Humanismus, JuS 1995, 97ff.

2. Führungsrolle der sächsischen Juristen

Die führende Rolle in der deutschen Rechtswissenschaft des Usus modernus übernahmen im 17. Jahrhundert die sächsischen Praktikerjuristen. Der wohl bedeutendste unter ihnen war *Benedict Carpzov* (1595–1666), Beisitzer des Leipziger Schöffenstuhles und Rat am Appellationsgericht in Dresden. Als Zivilist, Strafrechtler und Prozessualist genoss er europäisches Ansehen. Carpzov gilt als Begründer der „saxonisierenden Richtung in der gemeinrechtlichen Prozesstheorie", die sich von der herrschenden italienischen Lehre unterschied. Seinen lange kolportierten Ruf als Hexenjäger hat die Forschung als eine Verleumdung der Aufklärungszeit widerlegt.

Nach allgemeiner Meinung hatte der sächsische Prozessstil, vermittelt durch den Jüngsten Reichsabschied von 1654, maßgeblich zur Veränderung und Vereinheitlichung des Verfahrensrechts vor dem Reichskammergericht (*Kameralprozess*) beigetragen. Insbesondere hat die Rezeption der sächsischen Praxis die Beseitigung des Artikelverfahrens bewirkt und das alte sog. Positionalverfahren durch das summarische ersetzt. Die Klage musste bereits alles Prozessrelevante enthalten. Damit und mit der Einführung der im älteren Kameralprozess verschiedentlich anerkannten Eventualmaxime (sämtliche Klagetatsachen gleicher prozessualer Art mussten auf einmal vorgebracht werden) wurde eine Straffung und Beschleunigung des Verfahrens erreicht.

Demgegenüber haben neue Forschungen den Nachweis erbracht, dass mit diesen Verfahrensreformen lediglich eine langjährige praktische Entwicklung förmlich zum Abschluss gebracht wurde. Schon vor dem Jüngsten Reichsabschied von 1654 hat die Praxis die zeitraubenden, unerträglichen Prozessformalien des Artikelprozesses pragmatisch abzuschleifen versucht und sich hierbei zu sachgerechten Kompromissen durchgerungen. Wie immer man auch die Akzente setzt, das Ergebnis der Prozessreformen war schließlich das neue sog. „gemeine Prozessrecht", auf dem das deutsche Zivilprozessrecht bis in das 19. Jahrhundert beruhte. Seine wichtigsten Grundsätze waren: Eventualmaxime, Nichtöffentlichkeit, Schriftlichkeit, Verhandlungsmaxime und formale Beweistheorie (Bindung des Richters an Beweisregeln).

Schrifttum: *W. Sellert*, Prozeßgrundsätze und Stilus Curiae am Reichshofrat (1973), 145ff. (147f.) – *K.W. Nörr*, Reihenfolgeprinzip, Terminsequenz und „Schriftlichkeit", ZZP 85 (1972), 160ff. – *ders.*, Hauptthemen legislatorischer Zivilprozeßreform im 19. Jahrhundert, ZZP 87 (1974), 277ff. – *ders.*, Naturrecht und Zivilprozeß (1976) – *J. Schulte*, Die Entwicklung der Eventualmaxime (1980), 3ff. – *M. Lipp*, Recht und Rechtswissenschaft im frühneuzeitlichen Kursachsen – Zur 400jährigen Wiederkehr des Geburtstages von Benedikt Carpzov (1595–1666), JuS 1995, 387ff.

III. Usus modernus und Gesetzgebung

1. „Reformationen" der Stadt- und Landrechte

Die Rezeption des römisch-kanonischen Rechts war für die Gesetzgebung und den Zustand des Ius proprium nicht folgenlos geblieben.

Das Zusammentreffen des Ius commune, seiner Denkformen und Rechtsfiguren mit den partikularen Rechten stellte die Rechtspraxis vor große Probleme. Eine praxisgerechte Angleichung des Ius proprium an das Ius commune war das vordringlichste Ziel. Die in diesem Sinne vorzunehmende Abstimmung der Gesetzgebung der Territorien und autonomen Reichsstädte erfolgte durch Erneuerung, Verbesserung des Ius proprium in den sog. „Rechtsreformationen". Erstrebt wurde durch diese „Rechtsbereinigung" die Vereinheitlichung der nationalen oder städtischen Rechte auf den theoretischen wie dogmatischen Grundlagen des Ius commune. Seine Verbreitung war nicht mehr aufzuhalten. Selbst dort, wo diese Arbeiten im Ansatz stecken blieben oder nur bruchstückhaft gelangen, garantierten sog. Subsidiaritätsklauseln dem Ius commune Geltung in Konkurrenz- oder Zweifelsfällen.

Besonders früh reformierte die Reichsstadt Nürnberg ihr Stadtrecht (1479). 1499 folgten bereits Worms, 1509 Frankfurt a. M. und 1520 Freiburg i. Br. Die Welle der Reformationen des Landrechts in den Territorien eröffnete Bayern 1518 und Kurköln 1538. Erst 1555 wurde das Württembergische Neue Landrecht erlassen, das auch in anderen Territorien (z. B. Kurpfälzer Landrecht von 1582) Nachahmung fand. 1571 erschienen das Solmser Landrecht, 1572 die Kursächsischen Konstitutionen und 1577 die Lüneburgische Reformation.

Der Grad der jeweiligen „Romanisierung" der auf dem Gesetzgebungsweg „reformierten" Rechtsquellen war unterschiedlich. Entweder bildete das Verfahrensrecht den Schwerpunkt gelehrter Bearbeitung am Vorbild des kanonischen Prozesses oder aber das materielle Recht, hier vor allem die Bereiche des Erb-, Familien- und Vormundschaftsrechts. Vollständige und systematische Überarbeitungen (z. B. Nürnberg, Freiburg, Solms) waren seltener. Ein repräsentatives Beispiel einer punktuellen, auf die Behandlung einzelner, vor allem familien- und erbrechtlicher Fragen beschränkten romanisierenden Kodifikation bot die brandenburgische „Constitutio Joachimica" des Kurfürsten *Joachim I. Nestor* (1499–1535) von 1527. Mit ihren ehegüterrechtlichen Vorschriften galt sie in der Mark Brandenburg (vor allem in Berlin) bis 1900.

Eine Sonderstellung nahmen die „Kursächsischen Konstitutionen" ein. In Kursachsen war schon im Mittelalter die Berufung an den Magdeburger Oberhof untersagt worden. Rechtsunsicherheiten als

Folge der Aufnahme des gemeinen Rechts und Beschwerden, die Städte „über die ungleichen und widerwärtigen Urteile" an den Kurfürsten richteten, gaben Veranlassung, die Juristenfakultäten der beiden sächsischen Universitäten Wittenberg und Leipzig um Mitteilung der zweifelhaften Fälle zu bitten. Die Rechtskontroversen wurden gemeinsam mit den kurfürstlichen Räten erörtert, nach Genehmigung durch die Landstände als „Kursächsische Konstitutionen" in systematischer Reihenfolge entschieden und 1572 durch den Kurfürsten publiziert. Sie boten in römischrechtlichen Formen ein vorbildliches, auch deutsches Recht berücksichtigendes Gesetzeswerk. In Ergänzung der Konstitutionen wurden als Ergebnisse neuer Beratungen 1661 die sog. „Kursächsischen Dezisionen" erlassen.

Schrifttum: *W. Kunkel*, Einleitung und Erläuterungen zu: Quellen zur Neueren Privatrechtsgeschichte in Deutschland I 1,2 (1936/38) – *H. Schlosser*, Rechtsgewalt und Rechtsbildung im ausgehenden Mittelalter, SZGerm 100 (1983), 9ff. – *A. Wolf*, Gesetzgebung in Europa 1100–1500 (1996), 119ff. – *K.S. Bader/G. Dilcher*, Deutsche Rechtsgeschichte (1999), 764ff.

2. Transformation der Reichsgesetze

Vergleichbaren reformatorischen Einflüssen war auch die Reichsgesetzgebung ausgesetzt. Das Forum, das sich für derartige Eingriffe anbot, waren die zahlreichen Reichstage. Die Reichstage von Freiburg (1498), Augsburg (1500), Worms (1521) und Speyer (1529) beschäftigten sich mit Fragen des Erb- und namentlich Vormundschaftsrechts auf den Grundlagen der inzwischen etablierten Doktrin des Ius commune. Die auf dem Reichstag zu Köln (1512) beschlossene „Notariatsordnung" regelte das für die Praxis besonders wichtige Beurkundungswesen. Privatrechtlichen und strafrechtlichen Stoff enthielten die umfangreichen „Reichspolizeiordnungen" (1530, 1548 und 1577), ihrem Wesen nach Rahmengesetze für die Gesetzgebung der frühabsolutistischen Fürstenstaaten (Mandate, Edikte, Dekrete, Landesordnungen). In ihnen wurden das kanonische Zinsverbot bei den „wucherischen Contracten" ebenso wirkungsvoll umgesetzt wie die legistisch-kanonistischen Lehren vom Zweck der Strafe (Vergeltung und Prävention) bei der kriminalisierenden Sozialdisziplinierung der Untertanen durch den Fürsten.

Deutliche Spuren der gelehrten italienischen Kriminalrechtswissenschaft enthält die als (erstes und bis 1871 einziges) Reichsstrafgesetzbuch erlassene „Peinliche Gerichtsordnung Kaiser Karls V." von 1532 (*Constitutio Criminalis Carolina*). Die „Carolina" war primär ein Verfahrensgesetz und verfolgte als Hauptanliegen, Missstände in der Rechtspflege zu beheben, insbesondere das durch Willkür und Brutalität pervertierte Inquisitionsverfahren nach dem Vorbild des italienischen Kriminalprozesses grundlegend umzugestalten. Erst in zweiter Hinsicht enthielt das Gesetz materielles Strafrecht. Von den insgesamt 219 Artikeln waren lediglich 76 Rechtsnormen mit konkreten Straftatbeständen und Straffolgen.

Vermittler der gelehrten Ideen war der fränkische Ritter *Johann von Schwarzenberg* (1463/65–1528), Hofmeister und Vorsitzender des Hofgerichts im Fürstbistum Bamberg. Er war Mitverfasser der „Constitutio Criminalis Bambergensis" von 1507, die Vorlage und Vorbild der Carolina wurde (sog. „mater Carolinae"), und zeitweise Mitarbeiter auch bei der Redaktion der Carolina selbst. Auf ihn geht die Aufnahme elementarer Grundsätze des materiellen wie Prozessrechts zurück (z.B. die Lehre von den die Tortur rechtfertigenden Verdachtsgründen – Indizien), die er dem bereits perfekt entwickelten System der italienischen gelehrten Kriminalistik entliehen hatte.

Die praktische Bedeutung der Carolina mit ihrem reformatorischen, in die Zukunft weisenden Inhalt und kriminalpolitischen Anspruch wurde jedoch erheblich durch die Aufnahme der sog. „salvatorischen Klausel" eingeschränkt. Danach sollte das Landesstrafrecht Vorrang vor dem Reichsgesetz haben. Die Carolina galt subsidiär und wurde nur in wenigen Territorien förmlich als allein maßgebliches Strafgesetzbuch in Kraft gesetzt (Kurköln, Pommern, Braunschweig-Wolfenbüttel). Die mehrfach geänderten und verbesserten Ordnungen des Reichskammergerichts (1495, 1521, 1548, 1555) regelten eingehend das Verfahren vor diesem mit gelehrten Juristen besetzten Gericht und beeinflussten damit im Sinne einer Vereinheitlichung das Prozessrecht der territorialen Gerichte.

Die Gesetzgebungstätigkeit des Reiches galt vorrangig der Bewältigung dringlicher „gesamtstaatlicher" Probleme. Sie war nur in Ausnahmefällen (z.B. im Falle der Carolina) das Instrument einer planvollen langfristigen Rechtspolitik. Dies lag insbesondere an dem wachsenden Macht- und Autoritätsverfall des Kaisertums, das in den Religionskrieg verstrickt war. Deshalb wurden Reformanläufe durch partikulare, reichsständische Interessen häufig bereits im Keim erstickt. Der territorialstaatlichen Gesetzgebung blieb es vorbehalten, Rechtsreformen in Gang zu setzen. Diesen Aufgaben unterzog sich bereitwillig der frühabsolutistische, einer neuen (merkantilistischen) Wirtschaftsethik und Wohlfahrtsökonomie verpflichtete Fürstenstaat der Neuzeit.

Schrifttum: *Kleinheyer/Schröder*, Juristen, 364ff. – *A. Laufs*, Die Reichskammergerichtsordnung von 1555 (1976), 1ff. – *H. Maier*, Die ältere deutsche Staats- und Verwaltungslehre (^{2}1980), 33ff. (74ff.) – *P. Schulz*, Die politische Einflussnahme auf die Entstehung der Reichskammergerichtsordnung 1548 (1980) – *R. Schulze*, Policey und Gesetzgebungslehre im 18. Jahrhundert (1982), 37ff. – *H. Rüping*, Grundriss der Strafrechtsgeschichte (^{3}1998), 36ff.

§ 4 Vom Naturrecht zum Vernunftrecht der Aufklärung

I. Die Formung des Naturrechtsgedankens

Die von der humanistischen Jurisprudenz mitgetragene allgemeine Erneuerungsbewegung hatte der in Deutschland gegen Mitte des 17. Jahrhunderts einsetzenden Säkularisierung des geistigen und gesellschaftlichen Lebens erfolgreich Bahn gebrochen. Mitursächlich dafür war das Zerbrechen der Einheit des abendländischen Christentums, verkörpert durch die römische Kirche, nach der Reformation und nach den konfessionellen Konflikten während des Dreißigjährigen Krieges. Die vormals als selbstverständlich hingenommenen religiösen Bindungen der Menschen lockerten sich. Die für das Mittelalter charakteristische metaphysische Grundlegung der Weltordnung war erschüttert.

Mit der Entstehung der exakten Naturwissenschaften begann eine tiefgehende „Entzauberung der Welt“ (Max Weber). Der italienische Physiker und Astronom *Galileo Galilei* (1564–1642) hatte mit der Entdeckung der Naturgesetze vom freien Fall im Experiment die Entwicklung der modernen Mechanik eingeleitet. Der englische Mathematiker und Physiker *Isaac Newton* (1643–1727) wurde zum Begründer einer physikalisch-mechanistischen Naturerkenntnis. Deren Hauptkennzeichen war das Interesse an einer rein mechanischen Auffassung der Welt, an wissenschaftlich ermittelten, quantifizierbaren Tatsachen, am Begreifen der Phänomene als mess- und zählbare Größen. Vorrangiges Ziel der von den Niederlanden und England auf ganz Europa ausstrahlenden Aufklärungsbewegung war, den Menschen aus seiner Eingebundenheit in die religiös verfasste Ordnung des Mittelalters herauszunehmen und ihn als mit autonomer Vernunft begabtes Wesen in eine diesseitige, rationale, physikalisch erklärbare, von Naturgesetzen beherrschte Welt zu führen. In ihr wurde er als Individuum zum Mittelpunkt, die Natur zum Maßstab und Objekt menschlicher Beherrschung. Fortan bestimmten nicht mehr die alten theologischen Autoritäten die Inhalte von Recht und Gerechtigkeit, sondern allein die menschliche „ratio“. Nur was die „natürliche“ Vernunft als rechtsgültig eingesehen hatte, war zu befolgen.

Naturrecht als fundamentales, der besonderen Natur und Existenz des Menschen inhärentes Recht liegt letztlich jedem weltanschaulich oder ethisch fundierten und nicht rein positivistischen Recht zugrunde. Mit dem Anspruch, aus der Trieb- oder Vernunftsphäre des Menschen unabänderbare und zeitlose Grundsätze abzuleiten, stellt es deshalb auch ein zeitloses Problem des Rechts dar. Die Grundlagen des Naturrechts beruhen auf heterogenen Quellen. Man unterscheidet in der Geschichte der Formung des Naturrechtsgedankens herkömmlich vier Epochen: die griechische und römische Antike, die Zeit des mittelalterlichen christlichen Naturrechts sowie des säkularisierten Naturrechts als Vernunftrecht der Aufklärung.

II. Antike naturphilosophische Lehren

1. Griechisches Rechtsdenken

Eine der historischen Wurzeln des Naturrechts liegt in der griechischen Antike. Nach den Perserkriegen (5. Jh. v. Chr.) zerbrach das geistige Weltbild, in dem natürliche Ordnung (*physis*) und von Menschen gesetztes Recht (*nomos*) im Stadtstaat der *polis* noch zu einer als sakral geltenden Einheit verbunden waren. In der folgenden Epoche der Aufklärung, die in der perikleischen Demokratisierung Athens gipfelte, wurde zum ersten Mal das Auseinanderfallen von Menschen- und Götterordnung sowie von Gesetz und Natur bewusst (*Protagoras*, 480–410 v. Chr.).

Die „Sophisten" versuchten spekulativ Verbindungen zwischen der Natur und der menschlichen Gesellschaft herzustellen. Sie entdeckten dabei die Naturrechtsidee als ausschließlich auf die Natur und nicht auf ein staatliches Gesetz gegründete Gerechtigkeit (*dikaion*). Im Zentrum ihrer Rechtskritik und Gerechtigkeitslehren stand der bekannte Antagonismus von Gesetz (*nomos*) und Natur (*physis*) und damit auch die alles beherrschende Frage nach dem Ursprung des Rechts. Nach ihrer Auffassung musste das gesetzte, der Natur gemäße positive Recht durchaus nicht einheitlich sein. *Kallikles*, eine möglicherweise von *Platon* (427–347 v. Chr.) fingierte Figur, sah in dem Naturrecht das Recht des Stärkeren. *Trasymachos* (5. Jh. v. Chr.) sprach vom Naturrecht als dem Gerechten, das nichts anderes beinhaltete als den eigenen Nutzen des Stärkeren. Bei *Platon* wurde der sophistische Antagonismus zwischen Natur und Gesetz zurückgenommen und als Naturrecht die Lehre von der Idee der Gerechtigkeit entwickelt. An deren überall geltenden, objektiven Wertgrundsätzen als Realitäten musste das positive Recht nach Möglichkeit teilhaben. Allerdings schwankte Platon bei der Beantwortung der Frage, ob das als gerecht Erkannte durch positives Recht umgesetzt werden musste oder ob es ohne die Vermittlung der Gesetzgebung unmittelbar verpflichtende Kraft hatte. *Aristoteles* (384–322 v.Chr.) setzte Platons Ansätze fort und verstand unter Naturrecht das ungeschriebene, immer und überall geltende Recht (Gleichheit, Freiheit, Gerechtigkeit), dem das gesetzliche Recht anzugleichen war. Allerdings galt Naturrecht nicht mehr bedingungs- und voraussetzungslos. Vielmehr war es – wie die zeitgebundene Natur des Menschen und des Staates (*polis*) – anpassungs- und fortentwicklungsfähig. Die Gleichheitsmaxime versagte jedoch bei der Sklavenfrage. Rigoros erklärte Aristoteles die barbarischen Sklaven zum naturgewollten Sacheigentum der Hellenen.

In der Philosophie der „Stoa“ (350–250 v.Chr.) wurde der Naturrechtsgedanke zur Quelle einer weltumspannenden, kosmischen Ordnung. Der Mensch als Teil des Kosmos nahm vermöge der ihm eigenen Vernunft an der gleichfalls durch sie beherrschten Weltordnung teil. Das Naturrecht und seine verstandesmäßig einsehbare „natürliche“, richtige Normenordnung waren Konkretisierungen eines allumfassenden, das Einzel- und Sozialleben umschließenden, die gesamte Menschheit verpflichtenden, gemeinsamen Weltgesetzes (*nomos koinos – ratio mundi*). Der „Natur“ zu folgen galt als ein Weg zur „Tugend“ (*arete*).

2. Römisches Rechtsdenken

Die antiken politisch-philosophischen Vorstellungen von der natürlichen Ordnung als Objektivierung der Weltvernunft fanden durch die griechische Wissenschaftslehre, insbesondere durch die Disziplinen Rhetorik und Philosophie, Eingang in das römische Staats- und Rechtsdenken. Seit dem 2. Jahrhundert v. Chr. stand Rom unter dem Einfluss der geistigen Strömungen des Hellenismus. Die Folge dieses ersten römischen Humanismus war ein alle Bereiche des kulturellen, künstlerischen und wissenschaftlichen Lebens erfassender Aufschwung. Die stärksten Impulse gingen hierbei von den Stoikern *Chrysippos* (281–208/04 v.Chr.), *Panaitios* (185–109 v.Chr.), *Poseidonios* (135–50 v.Chr.) und von dem Historiker *Polybios* (um 200–120 v.Chr.) aus.

Die Rezeption der stoischen naturphilosophisch-kosmologischen Lehren der griechischen Rechts- und Staatsphilosophie konfrontierte das römische Rechtsdenken auch mit dem Problem des Naturrechts. *Cicero* (106–43 v.Chr.) griff die griechischen Vorlagen auf und versuchte mit ihrer Hilfe das überlieferte römische Recht zu begreifen, um es auf diese Weise sowohl tiefer zu begründen wie auch den Bedürfnissen der Zeit anzupassen. Bei der Suche nach einer für den Staat vernunftkonformen Gesetzgebung definierte er das wahre Gesetz (*lex vera*) als höchste aus der Natur fließende Vernunft („*lex est ratio summa, insita in natura*"), die den Menschen zu einem ihm gemäßen richtigen Handeln sowie zur Meidung des Gegenteiligen verpflichtete („*quae iubet ea quae facienda sunt, prohibetque contraria*", De legibus I 6. 16). Für Cicero beinhaltete das ius naturale die richtige, im Einklang mit der Natur stehende Vernunft, Göttern und Menschen in einer kosmopolitischen Gemeinschaft gemeinsam verliehen, beständig und ewig („*est vera lex recta ratio, naturae congruens, diffusa in omnis, constans, sempiterna*", De re publica III 22). Es gebietet das Gute und das ist in einer Gemeinschaft, in der die Menschen leben, das Gemeinwohl (*utilitas publica – bonum commune*).

Das römische Recht selbst hat sich nicht aus dem Naturrecht entwickelt. Vielmehr galt das Bemühen der römischen Juristen der Ableitung und Begründung des vorhandenen positiven „ius civile" aus dem Naturrecht mit Hilfe der dialektischen Methode (Logik). Gerechtigkeit und Recht als Einheit mussten in ihrem Wesen neu bestimmt werden. *Gaius* (um 120–180) sah die Quelle des „ius naturale" in der allen Menschen gemeinsamen Vernunft (*naturalis ratio*), die auch gemeinschaftliche Rechtsgedanken rechtfertigte, und erklärte sie zum Maßstab der Gerechtigkeit. *Ulpian* (um 170–223) erfasste das Naturrecht als unveränderliches Menschheitsrecht am Beispiel allgemeiner Institutionen, wie Ehe und Erziehung der Nachkommen, in seiner berühmten Definition: Naturrecht ist das, was die Natur alle Lebewesen gelehrt hat („*ius naturale est, quod natura omnia animalia docuit*", Digesten 1, 1, 1, 3). Dem lag die stoische, auf einen biologischen Naturbegriff zurückgehende Vorstellung von der Rechtsgemeinschaft aller Lebewesen zugrunde. Die festgestellte Gleichartigkeit bestimmter allgemeinmenschlicher, elementarer Rechtsüberzeugungen auch bei den nichtrömischen Untertanen des Imperium Romanum bildete den realen Hintergrund für den zuerst durch Cicero vorgenommenen Vergleich des ausschließlich römischen Bürgern vorbehaltenen „ius civile“ mit dem „ius gentium“, das die natürliche Vernunft für alle Völker festgesetzt hat („*quod naturalis ratio inter omnes homines constituit*“, Gaius, Institutionen 1, 1). Damit war das ius gentium nicht als Völkerrecht im modernen Sinne, sondern als bei allen Völkern gleichmäßig beachtetes, von ihnen gebrauchtes Recht in die Nähe des überpositiven Naturrechts getreten. Inwieweit jedoch diese Nachbarschaft auch eine praktische Umsetzung gefunden hatte, wird von der Forschung heute uneinheitlich beantwortet. Jedenfalls spiegelt die Zurückhaltung der Juristen in der Sklavenfrage – die Sklaverei wird zwar als „contra naturam“ erkannt, aber dennoch allgemein als Institut des ius gentium gerechtfertigt – diese Diskrepanz wider. Im justinianischen Corpus iuris lebten die Grundsätze der stoischen Philosophie teils in Fragmenten, teils als Formeln fort. Die späteren Naturrechtslehren haben hier wiederholt angeknüpft.

Schrifttum: *J. de Romilly*, La loi dans la pensée grecque des origines à Aristote (1971), 73 ff. – *W. Waldstein*, Naturrecht bei den klassischen römischen Juristen, in: Gedächtnisschrift f.R. Marcic (1983), 239 ff. – *ders.*, Ius naturale im nachklassischen römischen Recht und bei Justinian, SZRom 111 (1994), 1 ff. – *C. Starck*, Nomos und Physis, in: Gedächtnisschrift G. Küchenhoff (1987), 149 ff. – *H. Honsell*, Nomos und Physis bei den Sophisten, in: Mélanges F. Wubbe (1993), 179 ff. – *K. Seelmann*, Rechtsphilosophie (1994), 8 ff. – *O. Behrends/W. Sellert* (Hg.), Nomos und Gesetz. Ursprünge und Wirkungen des griechischen Gesetzesdenkens (1995) – *W. Naucke*, Rechtsphilosophische Grundbegriffe (^{3}1996), 11 ff.

III. Christlich-scholastische Naturrechtslehren

Die stoisch-ciceronische Rechtsphilosophie erfährt unter dem Einfluss christlicher Werthaltungen und Lehren eine grundlegende Umgestaltung. Zur fortan maßgeblichen Quelle des Naturrechts wird die lateinische Bibel mit ihrem Alten und Neuen Testament. Daneben werden ergänzend zur weiteren Begründung Grundsätze des justinianischen Corpus iuris sowie des kanonischen Rechts (Decretum Gratiani) herangezogen.

1. Aurelius Augustinus

Der alttestamentliche theokratische Gedanke vom göttlichen Ursprung des Rechts kam nach dem Durchbruch der christlichen Religion im römischen Reich in dem spekulativen Werk des im Range eines Kirchenlehrers und lateinischen Kirchenvaters stehenden *Aurelius Augustinus* (354–430) „Über den Gottesstaat“ (*De civitate Dei*) als ideale Schöpfungsordnung deutlich zum Ausdruck. Darin hatte er die auf die Stoa zurückgehende philosophische Vorstellung von der alles umgreifenden Weltvernunft theologisiert. An ihre Stelle trat die „lex aeterna“ als ewiges Gesetz Gottes, der die Welt (*civitas diaboli*) geschaffen und durch seinen Willen oder durch seine Vernunft in eine gerechte Ordnung gebracht hat. Vermöge seines Gewissens oder seiner Vernunft war der schwache und hilfsbedürftige Mensch allenfalls zu einer unvollkommenen Erkenntnis der göttlichen Weltordnung (*civitas dei*) befähigt. Er begriff und übersetzte deshalb die lex aeterna durch seine Vernunft als Naturrecht (*lex naturalis* – natürliches Gesetz). Dieser „lex naturae“ – gewissermaßen als Abschrift (*transscriptio*) der lex aeterna – war der Staat (*civitas terrena*) und jede irdische Rechtsetzung (*lex positiva, humana* – zeitliches Gesetz für und unter Menschen) als unvollkommene Verwirklichung der lex naturalis unterworfen. Augustinus bediente sich hierbei des bekannten Bildes vom Wachs (*lex naturalis*), dem ein Siegelring (*lex aeterna*) eingeprägt wird, und das ein nur bedingt vollkommenes Abbild vom Siegel enthält. Bis zur Entstehung eines eigenen philosophischen Systems in der Hochscholastik war die augustinische theologisch-eschatologische Bestimmung des Verhältnisses zwischen Kirche als Gottestaat (*civitas dei*), irdischem Staat (*civitas terrena*), göttlichem Gesetz (*lex aeterna*) und menschlicher Satzung (*lex positiva*) auf den Grundlagen der stoischen und neuplatonischen Philosophie herrschend.

2. Thomas von Aquino

Die durch *Thomas von Aquino* (um 1224/25–1274) repräsentierte scholastische Rechtsphilosophie leitete das Recht aus der idealen Schöpfungsordnung Gottes (*ordo dei*) ab. In ihr sah sie den Ursprung des Rechts (*lex aeterna*). Ausgehend von der aristotelischen Philosophie übernahm Thomas von Aquino die Triaslehre. Die von Augustinus offengelassene Frage, ob das Weltgesetz der lex aeterna auf Gottes Intellekt oder auf seinen Willen zurückzuführen ist, entschied er jedoch eindeutig zugunsten der Vernunft. Nach dieser Lehre besitzt der Mensch natürliche, unveränderliche Anlagen und Neigungen, in denen sich das natürliche und ebenfalls unveränderliche Gesetz manifestiert. Er erfährt von der lex aeterna durch die Gebote und Offenbarung Gottes (*lex divina*) und erschließt durch seine Neigungen kraft seiner Vernunftnatur das eigentliche Naturrecht (*lex naturalis*), d.h. die Ordnung der Schöpfung (*ordo creationis*). Natürliche Rechtsprinzipien, die auf diese Weise erkannt werden, sind z.B. Zeugung und Aufzucht des Nachwuchses, Selbsterhaltung, das Leben in Gemeinschaft, Friede, Schutz vor Verbrechen und Ordnung. Da die Naturrechtsgrundsätze jedoch vielfach zu allgemein sind, müssen sie konkretisiert werden. Diese Aufgabe übernimmt die „lex humana" als menschliches, von der gottgegebenen Obrigkeit erlassenes positives Sollensgesetz, als Satzung für Menschen und unter Menschen.

Die Abgrenzung zwischen Gottes Wille (*lex aeterna*), seiner Erkenntnis durch den Menschen (*lex naturalis*) und der Übertragung des Naturrechts in die historische Situation des geschichtlichen Einzelfalles im Rechtsalltag (*lex humana*) bereitete Schwierigkeiten. Auch das Naturrecht beruhte auf göttlicher Anordnung, wenngleich auch nur mittelbar aus den Umständen (*analogia entis*), insbesondere aus dem christlichen Gewissen und aus der gleichartigen Übung bei allen Völkern, entnommen werden kann, dass Gott die menschliche Natur für das Zusammenleben (*socialitas*) so und nicht anders geordnet hat. Die lex humana durfte sich als konkretisiertes Naturrecht jedoch nicht mit der lex aeterna und lex naturalis in Widerspruch setzen. Wich sie von ihnen ab, war sie kein Recht und brauchte nicht befolgt zu werden. Damit bestritt Thomas von Aquino die Geltung naturrechtswidrigen positiven Rechts. Das Naturrecht beschränkte er im Wesentlichen auf den Dekalog und hielt weitergehende, selbst unrichtige, wenn auch nicht gerade widergöttliche Gesetze so lange (*pro tempore*) für verpflichtend, als durch sie das höhere Gut der äußeren Ordnung erstrebt wurde. Auf dem Grundgedanken der durch rationale Operationen möglichen Begründung des positiven Rechts aus dem Willen Gottes (*lex aeterna*) beruhte das gesamte mittelalterliche weltliche Rechtsdenken bis zu seiner ersten Relativierung in der sog. Spätscholastik („Secunda Scholastica") und Auflösung in der Aufklärung.

3. Voluntaristisches Naturrecht der Franziskanerschule

Die philosophische Auseinandersetzung im sog. Universalienstreit leitete das Ende des aristotelisch und thomistisch geprägten Naturrechtsdenkens der Hochscholastik ein. Die Kritik hatte sich an einer grundsätzlichen erkenntnistheoretischen Frage entzündet: besitzt das begrifflich Allgemeine (*universalia* – z.B. Lebewesen, Mensch) eigenständige Realität unabhängig von den konkreten Einzeldingen (*universalia sunt ante rem oder in re* – Standpunkt des vor allem auf den Gebieten der Wort- und Sprachbedeutung ausgetragenen Begriffs-*Realismus*) oder stellen die Allgemeinbegriffe nur als Ergebnisse der abstrahierenden Vernunft schlichte Sammelnamen für eine Vielzahl real erfahrbarer, selbständiger Einzeldinge (Individuen) dar (*universalia sunt post rem* – Standpunkt des *Nominalismus*)? Der Nominalismus wandte sich gegen den erkenntnistheoretischen Realismus. Die Grundlagendiskussion hatte Auswirkungen auf die Begründung des Naturrechts und die Bestimmung seiner Inhalte.

Im Anschluss an den Franziskaner *Roger Bacon* (um 1219–um 1292) in Oxford formulierte der zuletzt in Paris und Köln lehrende Franziskaner *Johannes Duns Scotus* (um 1265/66–1308) die Absage an den herrschenden thomistischen, idealistischen, durch den Vernunftprimat bestimmten Naturrechtsbegriff. Ihm stellte er den Primat des Willens gegenüber (Voluntarismus): *„voluntas est superior intellectu"*. Verstandesmäßiges Erkennen des Naturrechts im Wege der Teilhabe am göttlichen Intellekt muss unabweisbar zu unvollkommenen Einsichten führen, weil der Mensch vermöge seines naturgemäß eingeschränkten Erkenntnisvermögens nur zu begrenzten Erfahrungen fähig ist. Nach neuer, voluntaristischer Lehre soll der souveräne, zufällige, individuelle und freie Wille Gottes (*voluntas dei*) über Gültigkeit und Verbindlichkeit eines Naturrechtssatzes oder Naturgesetzes entscheiden. Eine Handlung ist nur gut oder schlecht, wenn Gottes freier Wille sie so bezeichnet. Nach einer weiteren Rechtfertigung hat man nicht zu fragen. Folgerichtig kommt es dann auch auf die Übereinstimmung mit der „natura humana" nicht mehr an. Da Gott nicht gegen das logische Widerspruchsprinzip (A ist nicht Non-A) verstößt, kann eine schrankenlose göttliche Willkür überhaupt nicht gedacht werden. Das voluntaristisch so begründete Naturrecht ist seinem Wesen nach veränderlich oder dynamisch.

Die Propagierung der Souveränität des göttlichen Willens und damit der Vieldeutigkeit des Naturrechts durch die franziskanische Richtung des Scotismus war eine Provokation der traditionellen Lehre. *Wilhelm von Occam* (Ockham, um 1285–1348), Schüler von Duns Scotus in Paris und klassischer Vertreter der „Franziskanerschule", den Papst Johannes XXII. verfolgt und dem Kaiser Ludwig der Bayer in München Zuflucht und Schutz gewährt hatte, vollendete diese revolutionierende voluntaristisch-individualistische naturrechtliche Sinngebung. Demgemäß konnte „Naturrecht" stets nur – auf „Erfahrung" gegründetes – veränderliches, „relatives Recht" sein; im Mittelpunkt seines Regelungsumfanges stand der individuelle Mensch. Das aus der empirischen Beobachtung (nur) der Einzeldinge bzw. der Individualitäten resultierende Wirklichkeitsverständnis musste zwingend zum Zwiespalt zwischen Theologie (Glauben-Offenbarung) und Philosophie (empirische Vernunftwissenschaft) führen. Das alte Weltbild stand auf dem Kopf. Der durch Wilhelm von Occam erneuerte Nominalismus begründete in seinen Ansätzen den *Empirismus* als Wissenschaftsbegriff. Dieser erwies sich als Wegbereiter des späteren *Cartesianismus* (nach *René Descartes*, 1596–1650), einer skeptisch-kritischen, die Mathematik zum Vorbild des Denkens erhebenden Wissenschaftstheorie.

Schrifttum: *K. Seelmann*, Rechtsphilosophie (1994), 8ff. – *W. Naucke*, Rechtsphilosophiesche Grundbegriffe ([3]1996), 39ff. – *B. Rüthers*, Rechtstheorie (1999), 242ff.

IV. „Secunda Scholastica" – das Naturrecht der Spätscholastik

Unter dem Einfluss der voluntaristischen Richtung (der occamschen *via moderna*) wurde die herrschende hochscholastische Naturrechtslehre (als *via antiqua*) im 16. Jahrhundert in Spanien grundlegend verändert. Der neue Weg wird in der Wissenschaftsgeschichte im Hinblick auf ihre Wurzeln „Spätscholastik" oder auch „Zweite Scholastik" (*Secunda Scholastica*) genannt. Charakteristisch ist für ihn die Preisgabe des thomistischen Vernunftoptimismus und die Hinwendung zu den Methoden des Humanismus sowie zu den aktuellen Problemen der Zeit. Sachlich verfehlt wäre es allerdings, die Spätscholastiker als Repräsentanten einer Verfallszeit zu bezeichnen.

Ursächlich für das Entstehen der neuen Naturrechtslehren war die seit Ausgang des 15. Jahrhunderts grundlegend veränderte weltgeschichtliche Lage. Spanien war zur beherrschenden Macht Europas aufgestiegen und auf dem Weg in sein „Goldenes Zeitalter". In dieser Zeit des *„Siglo d'oro"* entdeckte 1492 der Genuese *Christoph Columbus* (1451–1506) für die Spanier Amerika, und umsegelte 1497 der Portugiese *Vasco da Gama* (1469–1524) Afrika. Eine totale Veränderung des überkommenen Weltbildes war die Folge. Kirchliche Reformation und Gegenreformation hatten die geistige Einheit der römischen Kirche zerstört, das Papsttum als zweite Universalmacht registrierte nur noch den Verlust seiner geistig-theologischer Führungsrolle; das Vertrauen in seine Autorität war erschüttert. Schließlich forderte die Kolonialpolitik Karls V. (1500–1558) und Philipps II. (1527–1598) neue ethische Antworten für das Zusammenleben der christlichen mit den nichtchristlichen, sog. heidnischen Völkern.

Die spanischen Spätscholastiker hatten ihre wissenschaftliche Heimat in der in Europa führenden sog. „Schule von Salamanca". Sie stellten sich den Problemen, die als Folgen der Eroberung der Neuen Welt sowie eines außergewöhnlichen politischen und wirtschaftlichen Umbruchs entstanden waren. Ziel ihrer vom Humanismus beeinflussten Naturrechtslehre war, der Welt wieder eine verlässliche rechtliche wie sittliche Ordnung zu geben. Dies gelang durch eine neue Interpretation des Naturrechts im Wege einer methodisch nicht unbedenklichen Ableitung detaillierter Naturrechtssätze (*conclusiones*) aus obersten formalen Prinzipien. Dadurch wurde der Bestand allgemein verbindlicher Naturrechtsnormen erheblich vergrößert und gleichzeitig das Geflecht rechtlicher und moralischer Beziehungen der Menschen untereinander im Sinne des Naturrechts immer konkreter bestimmt. Trotz dieses auf Befriedung und eine neue sittliche Ordnung des Abendlandes gerichteten Zieles vollzog die Spätscholastik in konsequenter Fortführung der nominalistischen Philosophie letztlich die Auflösung der mittelalterlichen Einheit von Naturrecht und Theologie. Die dabei gewonnenen Erkenntnisse hatten weitreichende Folgen. Die spanische Naturrechtslehre hat über die Theologie hinaus der Rechtsphilosophie und juristischen Dogmatik (natürliches Privatrecht, Vertragslehre) entscheidende Anstöße gegeben. Durch die aktualisierende Anwendung des herkömmlichen Naturrechts auf konkrete Zeitprobleme haben die Spätscholastiker die europaweite Hochblüte des Naturrechts im 17. und 18. Jahrhundert eigentlich erst ermöglicht.

Begründer der „Schule von Salamanca" war der Dominikaner und Theologieprofessor *Francisco de Vitoria* (um 1483–1546). Neben seinen philosophischen Arbeiten hat er zu fast allen rechtspolitisch aktuellen Problemen seiner Zeit Stellung genommen. Besondere Beachtung verdient seine öffentliche Missbilligung der spanischen Eroberungspolitik sowie der gewaltsamen Unterdrückung der indianischen Urbevölkerung. Vitorias Mitarbeiter, der Dominikaner *Domingo de Soto* (1494–1560), lehrte ebenfalls Philosophie und Theologie in Salamanca. Darüber hinaus war er Beichtvater Karls V. und sein Abgesandter auf dem Konzil zu Trient. Der hauptsächlich an der Universität Evora wirkende Jurist und Theologe *Luis de Molina* (1535–

1600) hat in seinem großen Werk „De iustitia et iure“ (1593–1600) ein weit verbreitetes, der Wissenschaft ebenso wie der Praxis genügendes Rechtshandbuch geschaffen. Gegen den ausgeprägten Voluntarismus Occams begründete er die sich aus dem Naturrecht ergebende Verpflichtung mit der Rechtsfigur der „Natur der Sache“. Weitere führende Vertreter der spanischen Spätscholastik waren *Diego de Covarruvias (Covarubias) y Leyva* (1512–1577), genannt „el Bartolo español“ – Kanonist, Richter, Präsident des Rates von Kastilien und Bischof von Segovia – und *Francisco de Suárez* (1548–1617) – Jesuit, Jurist und zuletzt Theologieprofessor in Coimbra. Die für die Rechtslehre maßgebliche Ausgrenzung eines für die Entscheidung praktischer Rechtsfragen tauglichen Systems des profanen Naturrechts aus den ausschließlich von Theologen verwalteten Naturrechtsmaterien gelang dem Juristen *Fernando Vásquez de Menchaca* (Vasquius, 1512–1569). Er lehrte in Salamanca, gehörte 1552 zum Kollegium der vier höchsten königlichen Richter in Sevilla und 1561 zu den Beratern Philipps II. Seine Theorie von einer Weltrechtsgemeinschaft, die nicht auf Religion, sondern Naturrecht gegründet war, das alle Staaten als gemeinsames natürliches Ordnungssystem umspannte (*ius gentium naturale*), ihnen ihre politische Unantastbarkeit unbeschadet der Freiheit ihres Handelns garantierte, hat den Naturrechtsbegriff inhaltlich entscheidend erweitert. Seine Lehre von der „Freiheit der Meere“ gilt als seine bedeutendste praktische, seine Weiterentwicklung eines Begriffs vom „subjektiven Recht“ als seine herausragendste theoretische Leistung. Auf diesen Grundlagen konnten spätere Naturrechtler, vor allem Grotius, ein besonderes, sog. „natürliches Privatrecht“ in dieses System einbeziehen.

Schrifttum: *Stolleis*, Juristen, 437f., 595f., 632f., 639f. – *H. Thieme*, Natürliches Privatrecht und Spätscholastik, SZGerm 70 (1953), 230ff. – *H. Welzel*, Naturrecht und materiale Gerechtigkeit (^{4}1962), 48ff., 89ff. – *A. Verdross*, Abendländische Rechtsphilosophie (^{2}1963), 51ff., 92ff. – *F. Carpintero Benitez*, Del derecho natural medieval al derecho natural moderno: Fernando Vásquez de Menchaca (1977), 52ff. (77ff.) – *O.W. Krause*, Naturrechtler des sechzehnten Jahrhunderts – ihre Bedeutung für die Entwicklung eines natürlichen Privatrechts (1982), 22ff., 40ff., 48ff., 78ff. – *D. Deckers*, Gerechtigkeit und Recht: eine historisch-kritische Untersuchung der Gerechtigkeitslehre des Francisco de Vitoria (1991), 70ff. – *A.-E. Pérez Luno*, Die klassische spanische Naturrechtslehre in fünf Jahrhunderten (1994), 36ff.

V. Rationalistische Naturrechtslehren

1. Vernunftrecht als säkulares Naturrecht (Grotius)

Der Niederländer *Hugo Grotius* (Huig de Groot, 1583–1645) knüpfte sowohl an die Lehren der „Schule von Salamanca“ an, wie auch an die ihres niederländischen Vertreters *Leonhard Lessius* (1554–1623) an. Über seine juristische Laufbahn ist nur wenig bekannt. Für sein Leben folgenreich wurde die Verwicklung in die religiös-politischen Konflikte seiner Zeit. Grotius war Anhänger einer gemäßigten calvinistischen Prädestinationslehre, wie sie die arminianischen sog. Remonstranten (nach dem Leidener Theologieprofessor *Jacobus Arminius* benannt) vertraten. Deswegen wurde er verhaftet und zu lebenslänglicher Festungshaft auf dem Wasserschloss Loevestein verurteilt. Von dort entwich er und lebte seit 1631 in Paris.

Sein Hauptinteresse galt dem konkreten Staats- und Völkerrecht auf naturrechtlicher Grundlage. Deswegen wurde er als „Vater“ eines neuen und modernen Völkerrechts gefeiert. Neuere Forschungen sehen dagegen in den Spaniern Francisco de Vitoria und Francisco de Suárez sowie in dem in Oxford *civil law* lehrenden Italiener *Alberico Gentili* (1552–1608) die eigentlichen Begründer. Das Hauptverdienst von Hugo Grotius sieht man heute – neben seiner Bedeutung für die Entwicklung des modernen Völkerrechts – vorwiegend in seinem Beitrag zur Entwicklung eines auf der Autorität der Vernunft des Menschen fußenden sog. „natürlichen Privatrechts“. Grotius verstand darunter die besondere Ausprägung einer allgemeinen Rechtslehre, die als Recht der gesamten Menschheit in Kriegs- wie in Friedenzeiten Geltung haben sollte. Dieses Universalrecht war für sämtliche sowohl individualrechtliche (im modernen Sinne privatrechtliche), wie auch zwischenstaatliche (im modernen Sinne völkerrechtliche) Rechtsbeziehungen bestimmt.

Die grotianische Rechtskonzeption beruht auf den naturhaften Anlagen des Individuums, des Trägers angeborener Rechte zur Gemeinschaftsbildung (Geselligkeitstrieb – *appetitus societatis*) sowie auf der dem Menschen eigenen Vernunft. Naturrecht ist das Gebot der wahren Vernunft (*dictatum rectae rationis*). Kraft dieser ist jedes Individuum gehalten, Verträge zu erfüllen, verursachten Schaden wieder gutzumachen, fremdes Eigentum zu achten und Strafe für Vergehen zu erleiden. Danach ist naturgemäß, was den Geboten der Vernunft nicht widerspricht und der menschlichen Natur gemäß erscheint. Auch für das „säkulare" grotianische Naturrecht bleibt göttlicher Wille weiterhin unwandelbare Quelle. Jedoch ist dies nicht mehr denknotwendiges und zwingendes Prinzip. Vielmehr haben Naturrechtsgrundsätze selbst dann allgemeingültig zu sein, wenn man – einen scholastischen, bereits auf *Gregor von Rimini* (gest. um 1338), einen Schüler Wilhelms von Occam zurückgehenden Topos aufgreifend – annähme, dass es keinen Gott gibt. Dies wäre, so schränkte der keineswegs atheistische Grotius allerdings sofort ein, eine höchst freventliche Voraussetzung (*„etiamsi daremus, quod sine summo scelere dari nequit, non esse Deum, aut non curari ab eo negotia humana"*, De iure belli ac pacis, Proleg. 11).

Die Grundlegung seines voluntaristisch konzipierten, die Autorität des Glaubens durch die Autorität der Vernunft ersetzenden, objektiv notwendigen und deshalb säkularen Naturrechts erfolgte in seinem Meisterwerk „De iure belli ac pacis", erstmals 1625 in Paris erschienen. Das in vielen Auflagen verlegte Buch wurde in zahlreiche Sprachen übersetzt und hatte große politische Wirkungen, vor allem in den protestantischen Ländern. An den Universitäten wurde es dem Unterricht im Naturrecht zugrunde gelegt. In dieser naturrechtlichen Begründung eines ersten europäischen Privatrechts hat Grotius bereits zentrale Rechtsfiguren behandelt, die später zum Grundbestand der Zivilrechtsdogmatik wurden. Dazu zählen vor allem die Figur des Vertrages, der auf dem Willenskonsens der Partner beruht (Angebot und Annahme) und deshalb moralisch bindet (*pacta sunt servanda* als allgemeine Maxime), sowie die Lehren vom Versprechen als Verpflichtungsgrund, von der Willenserklärung, von der Ehe als Genossenschaft (*consociatio*) oder das Konsens- bzw. reine Vertragsprinzip als dogmatische Voraussetzung für den Eigentumserwerb.

Im Jahr 1631 erschien seine für Studenten bestimmte, während der Haft in niederländischer Sprache verfasste „Inleidinge tot de Hollandsche rechtsgeleerdheid" (Einführung in die holländische Rechtswissenschaft). Dieses auch naturrechtlich beeinflusste Buch hat das geltende Privatrecht seiner Zeit maßgebend geprägt. Die „Inleidinge" enthielt das gesamte Privatrecht der Provinz Holland, das der Autor in ein wissenschaftliches System gebracht hat. Das Buch wurde im 17. und 18. Jahrhundert zum Standardwerk des sog. römisch-holländischen Rechts. Vermittelt durch die niederländischen Handelskompagnien gelangte es in die überseeischen Niederlassungen und genießt in Südafrika als „book of authority“ des „Roman-Dutch Law“ bis heute gesetzesgleiche Autorität.

Schrifttum: *K. Luig*, HRG (Vernunftrecht), 781ff. – *Chr. Link*, Hugo Grotius als Staatsdenker (1983) – *R. Zimmermann*, Das römisch-holländische Recht in Südafrika (1983), 59f. – ders., Das römisch-holländische Recht und seine Bedeutung für Europa, JZ 1990, 825ff. – *W. G. Grewe*, Grotius – Vater des Völkerrechts?, Der Staat 23 (1984), 161ff. – *ders.*, Epochen der Völkerrechtsgeschichte (^{2}1988), 228ff. – *H. Hofmann*, Von den Ursprüngen deutschen Rechtsstaatsdenkens in der nachchristlichen Sozialphilosophie, JuS 1984, 9ff. – *M. Stolleis*, Geschichte des öffentlichen Rechts in Deutschland I (1988), 278ff. – *A. Dufour*, Droits de l'homme, droit naturel et histoire (1991), 43ff.

2. Naturrecht als Rechtsquelle der juristischen Praxis (Mevius)

Die Naturrechtsphilosophen hatten den Anspruch erhoben, ein System von Rechtsregeln frei zu entwerfen, die sich aus der sozialen Natur des Menschen ergaben und auf evidente Naturrechtsprinzipien gegründet waren. Dieses ausschließlich durch Vernunft erkannte und mittels logisch-mathematischer Deduktion (*more geometrico*) entwickelte Rechtssystem sollte jenseits allen lokalen oder gemeinen positiven Rechts verbindlich sein. Es war vor allem dazu bestimmt, als Prüfstein für die Vernünftigkeit des geltenden römischen Rechts als Ius commune im Einzelfall zu dienen und die stoffliche Basis für eine künftige naturrechtliche Kodifikation zu bieten.

Das Kodifikationspostulat wurde allerdings erst in der zweiten Hälfte des 18. Jahrhunderts eingelöst (Bayern, Preußen). Gleichwohl gab es bereits davor beachtliche Versuche, die Naturrechtslehren, vor allem den Universalrechtsentwurf von Grotius für die Rechtspraxis nutzbar zu machen. Zu den erfolgreichen Promotoren dieser praxisbezogenen Aufbereitung des Naturrechts gehörte *David Mevius* (1609–1670), einer der „bedeutendsten deutschen Juristen nicht nur seines Jahrhunderts“ (Wieacker). Der ab 1653 als Vizepräsident des Obertribunals in Wismar tätige ehemalige Greifswalder Professor und spätere Stadtsyndikus in Stralsund legte hierfür die theoretischen Grundlagen in seinem unvollendet gebliebenen „Prodromus jurisprudentiae gentium communis pro exhibendis eiusdem principiis et fundamentis“ (1671). Das Ziel seines Entwurfs einer universellen Jurisprudenz war die Lösung von der Autorität des römischen Rechts und sein Ersatz durch ein ausdrücklich von Grotius beeinflusstes, allgemein geltendes Naturrecht (*ius naturae et gentium*) als für die juristische Praxis maßgebliche Rechtsquelle. Eine Kodifikation sämtlicher Naturrechtsgrundsätze blieb jedoch Plan.

Als Richter des Obertribunals veröffentlichte Mevius die Judikatur dieses Gerichts in den ab 1664 erschienenen „Decisiones". Die Sammlung enthält ausführliche Entscheidungsbegründungen. Das 1653 errichtete Wismarer Tribunal unterstand der schwedischen Krone. Es genoss als höchstes Gericht für die im Westfälischen Frieden als Reichslehen an Schweden gelangten Gebiete Bremen, Verden und Pommern größtes Ansehen. Die Dezisionensammlung beeinflusste entscheidend die norddeutsche Rechtspraxis. Das Werk ging noch 1791/94 in die 10. Auflage.

Bekannt wurde Mevius auch als Gesetzgeber. Er verfasste die Gerichtsordnung für das Wismarer Obertribunal (1653–1657), die pommersche Hofgerichtsordnung (1663) sowie den Entwurf eines mecklenburgischen Landrechts (1658–1666). Sein für die Praxis bestimmter Kommentar zum Lübischen Recht („Commentarius in jus Lubecense", 1642/1643) war die erste wissenschaftliche Behandlung eines überterritorialen Rechtskreises und wurde als grundlegende Arbeit noch Mitte des 19. Jahrhunderts ständig zitiert.

Schrifttum: *B. Koehler/W. Sellert*, HRG (Mevius), 533 ff. – *E. Molitor*, Der Entwurf eines mecklenburgischen Landrechts von David Mevius, SZGerm 61 (1941), 208 ff. – *ders.*, Mecklenburger Entwürfe einer Zivilrechtskodifikation aus dem 16., 17. und 18. Jahrhundert, in: FS K. Haff (1950), 164 ff. (167 ff.) – *G. Landwehr*, Rechtspraxis und Rechtswissenschaft im Lübischen Recht vom 16. bis zum 19. Jahrhundert, Zs. d. Vereins f. Lübeckische Geschichte u. Altertumskunde 60 (1980), 35 ff.

3. Naturrecht als Pflichtenlehre (Pufendorf)

Samuel Pufendorf (1632–1694), Professor für Natur- und Völkerrecht in Heidelberg und Lund, Hofhistoriograph in Stockholm und Berlin, bildete das Naturrecht theoretisch zu einem rational begründbaren Lehrsystem fort. In seinem Hauptwerk „De iure naturae et gentium libri octo" (1672) vollzog er über Grotius hinausgehend die endgültige Lösung des Naturrechts aus der Verflechtung mit der Offenbarungstheologie. Auf der Grundlage des mathematisch-mechanistischen Weltbilds konstruierte er axiomatisch-deduktiv (*more geometrico*) ein rationales, bis ins Detail entwickeltes System profaner Vernunftwahrheiten. Sie mussten jedem vernunftbegabten, von seiner empirisch erfahrbaren Bedürftigkeit (*imbecillitas*) aus auf Gemeinschaft (*socialitas*) existentiell angewiesenen und seiner Verpflichtung zur Sozialität sich bewussten, willensfreien Einzelwesen leicht einleuchten. Pufendorf geht bei der Entwicklung seines Naturrechtssystems von einer Trennung zwischen physischer und moralischer Welt aus. Die „entia physica" (Naturkräfte als Gegenstände der physischen Natur) und „entia moralia" (Mensch, Staat, Kirche als moralische Personen) bilden die Ausgangsbedingungen seiner Rechtslehre als Pflichtenlehre. Zentrale Konstruktionselemente sind die Normbedürftigkeit der menschlichen Natur (*imbecillitas*), die Geselligkeit des Menschen (*socialitas*) und die sich im freien Willen äußernde Personalität (*personalitas*). Aus dieser empirisch erfahrbaren Natur des Menschen folgert Pufendorf, dass alle Menschen untereinander gleich, deshalb zur Sozialität verpflichtet sind und sich gegenseitig unterstützen müssen. Er unterscheidet dabei Pflichten des Menschen gegenüber Gott, gegenüber sich selbst und gegenüber anderen Menschen. Die Sicherstellung der Erfüllung der gegenseitigen Pflichten erfolgt durch die Rechtsfigur des Gesellschaftsvertrages. Der Staat garantiert seine Beachtung, indem er entweder überwacht oder die Durchsetzung erzwingt. In dieser Zielsetzung erschöpft sich das Naturrecht im Wesentlichen in einer Pflichtenlehre. Im Privatrecht wird das komplexe System sozialer Pflichten z.B. durch die Eigentumsbindung konkretisiert. Im Vertragsrecht werden Rechte und Pflichten systematisiert, nach allgemeinen Lehren (Bedingung, Irrtum, Stellvertretung, dem späteren „Allgemeinen Teil") sowie einem besonderen Schuldrecht der einzelnen Vertragstypen untergegliedert. Im Strafrecht führt das Prinzip der Willensfreiheit zur Entdeckung von Verantwortlichkeit, Zurechnungsfähigkeit und Schuld (Theorie des Schuldstrafrechts).

Die besonderen rechtspolitischen Auswirkungen des Naturrechtssystems von Pufendorf zeigten sich vor allem in der späteren nordamerikanischen Unabhängigkeitsbewegung sowie in der Französischen Revolution. Mit seinen Gedanken von der Gleichheit und Freiheit hatte er etwas vorweggenommen, was seine politische Sprengkraft nur einhundert Jahre später entfalten sollte.

Auch als Kritiker erregte der Jurist Pufendorf großes politisches Aufsehen. Mit seiner 1667 unter dem Pseudonym *Severinus de Monzambano* erschienenen Schrift „De statu imperii Germanici" prangerte er den (monströsen) Staatscharakter und die Reichsverfassung an („*irregulare aliquod corpus et monstro simile*", cap. 6 § 9).

Schrifttum: *Kleinheyer/Schröder*, Juristen, 335 ff – *Stolleis*, Juristen, 506f. – *W. Röd*, Geometrischer Geist und Naturrecht (1970), 70ff. (81ff.) – *H. Denzer*, Moralphilosophie und Naturrecht bei Samuel Pufendorf (1972) – *H. Hofmann*, Von den Ursprüngen deutschen Rechtsstaatsdenkens in der nachchristlichen Sozialphilosophie, JuS 1984, 11ff. – *V. Fiorillo*, Von Grotius zu Pufendorf. Wissenschaftliche Revolution und theoretische Grundlagen des Rechts, ARSP 75 (1989), 218ff. – *K.-P. Schroeder*, Der Dreißigjährige Krieg, das Alte Reich und Samuel von Pufendorf (1632–1694), JuS 1995, 959ff. – *F. Palladini/G. Hartung* (Hg.), Samuel Pufendorf und die europäische Frühaufklärung (1996) – *B. Geyer/H. Goerlich* (Hg.), Samuel Pufendorf und seine Wirkungen bis auf die heutige Zeit (1996).

4. Naturrecht und Staatslehre (Althusius, Oldendorp, Leibniz)

Die naturrechtlichen Lehren hatten – wie schon das Hauptwerk von Grotius – vornehmlich in den protestantischen Ländern großen Einfluss auf das Rechtsdenken. In Norddeutschland, im Spannungsfeld von Reformation und Gegenreformation, haben die Juristen *Johann Oldendorp* (um 1488–1567) und *Johannes Althusius* (1557–1638) dem Naturrechtsgedanken wichtige neue Impulse gegeben. Der Protestant Oldendorp hatte in Bologna studiert und lehrte als Rechtsprofessor in Greifswald. Mit seiner noch im christlichen Naturrecht des Mittelalters wurzelnden, jedoch im Geist einer protestantischen Sozialethik umgestalteten Staats- und Naturrechtslehre („Eisagoge iuris naturalis", 1539) hat er wirkungsvoll dem weltlichen Naturrecht vorgearbeitet. Der reformierte Calvinist Althusius hatte u.a. auch in Genf bei Dionysius Gothofredus studiert und war dort mit dem juristischen Humanismus in Berührung gekommen. In seiner erstmals 1603 erschienenen „Politica" hat er sich mit der absolutistischen Souveränitätslehre des französischen Juristen *Jean Bodin* (Bodinus, 1530–1596) auseinandergesetzt, wie sie in dessen berühmten Hauptwerk „Six Livres de la Rèpublique" (1576) dargestellt war. Im Gegensatz zu Bodin entwickelte er eine eigene Theorie vom Gesellschaftsvertrag (Herrschafts- und Gesellschaftsvertrag) auf der Grundlage eines rein naturrechtlichen, vom Individuum über Familie, Genossenschaft, Gemeinde und Provinz zum Staat aufsteigenden Ordnungsaufbaues. Inhaber der höchsten Staatsgewalt (Souveränität) war das Volk, von dem sich jede Herrschaft ableitete. In seinem jederzeit widerruflichen Auftrag durfte der Herrscher die Souveränitätsrechte ausüben.

Zweifellos blieb der Einfluss der Lehren beider Denker überschaubar. Sie überragte jedoch weit *Gottfried Wilhelm Leibniz* (1646–1716).

Mit seinen Arbeiten auf den Gebieten der Philosophie, Rechtswissenschaft, Theologie, Mathematik und Geschichte zählt er zu den bedeutendsten Gestalten des europäischen Geisteslebens an der Wende vom 17. zum 18. Jahrhundert (K. Luig). Als Jurist, Rechtsphilosoph und Staatsrechtslehrer wurde der Diplomat und Fürstenberater Leibniz vor allem durch seinen Plan bekannt, das Reichsrecht zu kodifizieren und das römische Recht zu reformieren. Dabei ging es ihm nicht nur um eine methodische Neuordnung. Vielmehr wurden große inhaltliche Verbesserungen am geltenden römischen Recht als Voraussetzung einer künftigen Kodifikation des Reichsprivatrechts auf vernunftrechtlicher Grundlage vorgenommen („Corpus iuris reconcinnatum", 1672). Neuere Forschungen haben auf Leibniz' bislang wenig beachtete Bedeutung als Dogmatiker des Privatrechts hingewiesen. Mit den Mitteln der Naturrechtsphilosophie hatte er nämlich weitgehend selbstständig ein Privatrechtssystem erarbeitet, das vor dem Hintergrund des geltenden gemeinen Rechts durchaus Originalität für sich in Anspruch nehmen konnte (K. Luig). Das bleibende Verdienst seines Kodifikationsplanes besteht darin, dass mit ihm die Idee einer reichseinheitlichen Gesetzgebung nachdrücklich in das allgemeine Bewusstsein gerückt wurde. Die Leibniz'schen Naturrechtslehren kamen vor allem auf dem Gebiet der Staatslehre zum Tragen. Der Gedanke der sozialethischen Bindung der Staatsgewalt an das Naturrecht wies auf den „Vernunftstaat" hin. Dieser war auf rationale Sinngehalte gegründet und der Idealstaat der Zukunft (*res publica optima*).

Schrifttum: *Stolleis*, Juristen, 374ff. – *ders.*, Staatsdenker, 29ff., 197ff. – *Kleinheyer/Schröder*, Juristen, 19ff., 313ff. – F. Sturm, Das römische Recht in der Sicht von Gottfried Wilhelm Leibniz (1968) – *H. Quaritsch*, Staat und Souveränität I (1970), 243ff. – *R. Lieberwirth*, Die historische Entwicklung der Theorie vom vertraglichen Ursprung des Staates und der Staatsgewalt, SBAK Leipzig (1977), 30ff. – *G. Otte*, Leibniz und die juristische Methode, ZNR 5 (1983), 1ff. – *H. Dreitzel*, Neues über Althusius, Ius Commune XVI (1989), 275ff. – *K. Luig*, Die Wurzeln des aufgeklärten Naturrechts bei Leibniz, in: Römisches Recht, Naturrecht, Nationales Recht (1998), 213*ff.

5. Naturrecht, Ius proprium, Usus modernus

Die von der Naturrechtsphilosophie entwickelten Systementwürfe beschrieben den Idealzustand einer Rechtsordnung für eine neue, künftig im Geiste von Vernunft und Aufklärung zu gestaltende Gesellschaft. Die darin enthaltenen Naturrechtsmaximen waren als Vorlagen für den aufgeklärten Gesetzgeber bestimmt. In dem von ihnen gezogenen Rahmen sollte das künftige positive Recht Naturrecht im Dienste des Gemeinwohls (*Öffentliche Glückseligkeit*) konkretisieren. Da jedoch Gesetzgebungsakte dieser Art entweder als (noch) undurchführbar oder schlicht aus politischen Gründen zur Zeit nicht opportun erschienen, beschäftigte sich die Rechtswissenschaft in ganz Europa mit der Frage der Umsetzung der naturrechtlichen Systemvorgaben in positive Rechtsnormen. Im Vordergrund stand dabei die technische Frage der konkreten Wege zur Kodifikation. Die deutschen Juristen des jüngeren Usus modernus fanden darauf die Antwort. Sie erklärten zum Ziel die Harmonisierung und Verschmelzung des aus unterschiedlichen Schichten bestehenden Ius proprium mit dem Ius commune, um ein für den zeitgemäßen Gebrauch geeignetes Recht zu gewinnen. Bei der Realisierung wirkten die Methoden von Humanismus und Ius commune mit dem mos geometricus der Naturrechtslehre zusammen.

Führend in der Methode der Zusammenführung der unterschiedlichen Rechtsquellen auf naturrechtlicher Grundlage wurde in Deutschland *Justus Henning Böhmer* (1674–1749), Nachfolger von Stryk auf dessen Lehrstuhl für Institutionen und Lehenrecht in Halle. Mit seinem Werk „Introductio in ius digestorum“ (1704) machte er sich einen Namen als Pandektist und Zivilrechtler. Seine Hauptleistungen liegen jedoch auf dem Gebiet des Kirchenrechts. In dem fünfbändigen Buch „Ius ecclesiasticum Protestantium“ (1714–1737) erläuterte er systematisch das protestantische Kirchenrecht auf der Grundlage des katholischen. Mit seiner „Introductio in ius publicum universale“ (1710) gelang ihm eine bedeutende Darstellung des Staatsrechts auf naturrechtlicher Grundlage.

Eine ähnliche, verschiedene Rechtsschichten auf naturrechtlicher Grundlage verbindende Methode kennzeichnet die Arbeiten von *Augustin Leyser* (1683–1752), Professor in Wittenberg und Helmstedt, einer der angesehensten Juristen des späten Usus modernus und der Frühaufklärung. Auch sein Rechtsdenken orientierte sich am Naturrecht und dessen Verwertbarkeit in der Praxis. Ein beeindruckendes Beispiel dafür bieten seine 11 Bände umfassenden „Meditationes ad Pandectas“ (1713–1748). In dieser Sammlung hat Leyser mehr als 700 kleinere, nach der Ordnung der Digesten gegliederte Arbeiten (Dissertationen) zusammengestellt und damit die Kodifikatoren des 18. Jahrhunderts nachhaltig beeinflusst.

In Frankreich erreichte im 17. Jahrhundert der Kronanwalt und spätere Privatgelehrte *Jean Domat* (1625–1696) eine ähnliche Verbindung des Ius commune mit dem Ius patrium auf naturrechtlicher Basis. In seinem Buch „Les lois civiles dans leur ordre naturel" (Natürliche Ordnung der Gesetze, 1689) erfasste er das geltende römisch-kanonische Recht und das aus „coutumes" und „ordonannces royales" bestehende französische Recht in einem System, das nach dem Vorbild eines Naturrechtslehrbuchs den Stoff anordnete. Das Werk zählte zu den Meisterleistungen der zeitgenössischen französischen zivilistischen Rechtsliteratur. Es enthielt bereits die für die Praxis transformierten Ergebnisse des theoretischen Vernunftrechts und wirkte weit über Frankreich hinaus. Diesem Literaturtyp verwandt sind im 18. Jahrhundert die Arbeiten des Zivilrechtslehrers *Robert-Joseph Pothier* (1699–1772). Er gilt als meisterhafter Beherrscher sowohl des römischen Rechts wie des droit coutumier. Seine „Traités des obligations" (1761 ff.) führten bereits zu der Kodifikation des Code civil.

Die naturrechtlichen Methoden erhielten im 18. Jahrhundert wichtige Impulse durch das systematische Denken (*demonstratio more geometrico*) des in Holland lebenden Philosophen *Baruch de Spinoza* (1632–1677), eines ausgezeichneten Kenners und Kritikers der arabisch-jüdischen Philosophie. Schon die Zeitgenossen und spätere Nachfolger haben seine Gesellschafts- und Rechtsphilosophie abgelehnt, als atheistisch und materialistisch denunziert, übergangen und verschwiegen. Daran hat sich bis heute nichts Wesentliches geändert. Es ist deshalb das Verdienst neuester Forschungen, auf dieses Rezeptionsdefizit in der Rechtswissenschaft aufmerksam gemacht zu haben (M. Senn). Einzeluntersuchungen müssen den konkreten Umfang des Einflusses des Spinozismus als Rechtstheorie und Transformator des Naturrechts auf das Rechtsdenken des 19. und 20. Jahrhunderts erweisen.

Schrifttum: *Kleinheyer/Schröder*, Juristen, 74 ff. – *Stolleis*, Juristen 93, 377 f. – *A.-J. Arnaud*, Les origines doctrinales du Code civil français (1969), 69 ff., 142 ff., 163 ff., 206 ff. – *W. Rütten*, Das zivilrechtliche Werk Justus Henning Böhmers (1982), 2 ff., 15 ff. – *M. Walther*, Die Transformation des Naturrechts in der Rechtsphilosophie Spinozas, Studia Spinozana 1 (1985), 73 ff. – *S. Buchholz*, Justus Henning Boehmer (1674–1749) und das Kirchenrecht, Ius Commune XVIII (1991), 37 ff. – *M. Senn*, Spinoza und die deutsche Rechtswissenschaft. Eine historische Studie zum Rezeptionsdefizit des Spinozismus in der Rechtswissenschaft des deutschsprachigen Kulturraumes (1991) – *ders.*, Rechtsdenken und Menschenbild. Bedeutung und Auswirkung von Baruch de Spinozas Menschenbild auf das Rechtsdenken, in: FS C. Soliva (1994), 311 ff. – *K. Luig*, Richterkönigtum und Kadijurisprudenz im Zeitalter von Naturrecht und Usus modernus: Augustin Leyser (1683–1752), in: Römisches Recht, Naturrecht, Nationales Recht (1998), 169*ff.

VI. Vernunftrecht des Absolutismus

Aus der zeittypischen Verbindung von Absolutismus und Aufklärung war das Naturrecht gewandelt hervorgegangen. Die Berührung mit den Naturwissenschaften, voran Mathematik und Physik, hatte zur Ausbildung des mos geometricus geführt. Als zeitgemäße Wissenschaftsmethode ermöglichte er sichere Erkenntnisse nach mathematischem Vorbild. Gleichzeitig ließ sich dadurch der juristische, streng logische Argumentationsstil verfeinern. Dies bedeutete das Ende für die alte, auf *Petrus Ramus* (Pierre Ramée, 1515–1572) zurückgehende dialektische, auf die Klassifizierung von Begriffen und Argumenten abhebende (ramistische) Definitions- und Unterscheidungskunst. Aus dem Bündnis mit dem Absolutismus erwuchs dem Naturrecht eine praktisch-politische Komponente. Sie betraf die kritisch-rationale, sozialethische Begründung von Herrschaft. In dieser Zielsetzung war das Naturrecht universell und damit nicht nur für Juristen, sondern auch für Philosophen, Theologen und Mathematiker verfügbar geworden. Bezeichnenderweise wurde in Deutschland der erste Lehrstuhl für Natur- und Völkerrecht in der Heidelberger Philosophischen Fakultät geschaffen (1661); sein Inhaber war Samuel Pufendorf.

In ihrer Kritik an den bisherigen Autoritäten und in ihren rationalistischen Tendenzen entsprachen alle Naturrechtslehren dem herrschenden Denken. Allerdings begannen auch erste Relativierungstendenzen Wirkungen zu zeigen. Ein Hauptkritiker war der Jurist, Politiker und Sozialphilosoph *Charles de Secondat, Baron de la Brède et de Montesquieu* (1689–1755). In seinem 1748 erschienenen „De l'esprit des lois" (Vom Geist der Gesetze) hatte er auf die Vielfalt möglicher gesellschaftlich bedingter Motivationen der Gesetze hingewiesen und die Angleichung des positiven Rechts an die soziale Realität gefordert (objektive Gesellschaftsgesetze). Mit dieser der Jurisprudenz vermittelten Erkenntnis war der Unbedingtheitsanspruch des Naturrechts als Dogma nachhaltig in Frage gestellt, zugleich aber auch seine Verfügbarkeit zur Legitimation des Absolutismus wie auch der individuellen Freiheit gegenüber dem absolutistischen Polizeistaat erwiesen (variables Naturrecht).

Im 17. Jahrhundert wurde das alte, von mittelalterlicher, christlich-theologischer Tradition definierte Naturrecht zum „Vernunftrecht". Unter dieser Bezeichnung charakterisiert die Wissenschaftsgeschichte eine besondere Ausprägung des Naturrechts, die dieses im 17. und 18. Jahrhundert hatte. Vier Wesensmerkmale kennzeichnen das Vernunftrecht:

(1) Die Trennung von der Moraltheologie. Diese Emanzipation hatte bereits Grotius mit seinem berühmten Zweifel *„Etiamsi daremus"* vorbereitet. Dessen ungeachtet blieb auch das Vernunftrecht ein christliches Naturrecht.
(2) Die selbständige, von der Fachwissenschaft vorgenommene Konstituierung des Vernunftrechts. Sie ließ Rückgriffe auf die vom christlichen Naturrecht vorgegebenen Begründungen und Inhalte entbehrlich werden.
(3) Die Zugrundelegung des mos geometricus als dominante Methode. Sie erst erlaubte eine sichere Bestimmung der Natur des Menschen, seiner Sozialität und der Folgen für ein „natürliches" Recht.
(4) Die Erfassung der auf diese Weise gewonnenen Normen in einem rationalen „System". Dieses erschien als das allein taugliche Instrument, mit Hilfe dessen das in den „Systementwürfen" angesammelte Vernunftrecht in eine Kodifikation überführt werden konnte.

Zwei Naturrechtsphilosophen haben sich in Deutschland sowohl um die Konstituierung des Vernunftrechts wie auch um die Vorbereitung vernunftrechtlicher Kodifikationen besonders verdient gemacht: Christian Thomasius und Christian Wolff. Ihre Werke erlangten europaweites Ansehen.

Schrifttum: *K. Luig*, HRG (Vernunftrecht), 781 ff. – *G. Dilcher*, Gesetzgebungswissenschaft und Naturrecht, JZ 1969, 1 ff. – *G. Otte*, Der sogenannte mos geometricus in der Jurisprudenz, Quaderni Fiorentini 8 (1979), 179 ff. – *H. Mohnhaupt*, Montesquieu und die legislatorische Milieu-Theorie während der Aufklärungszeit in Deutschland, in: FS R. Lieberwirth (1991), 177 ff.

1. Christian Thomasius

Die Vielfalt der Reformmöglichkeiten, die aus der gegenseitigen Durchdringung von Vernunftrecht und Absolutismus für die Rechtswissenschaft nutzbar gemacht werden konnten, zeigt die Naturrechtslehre von *Christian Thomasius* (1655–1728). Der Philosoph und Jurist lehrte zunächst in Leipzig, dann zusammen mit Stryk an der vor allem durch seine Initiative ins Leben gerufenen neuen preußischen Universität Halle.

Thomasius entwickelte das Naturrecht aus der Empirie und verstand es als ein Instrument pragmatischer Rechtspolitik. Seine Kritik am römischen Recht betraf deshalb in erster Linie das Recht des Kaisers; er plädierte für die ständischen Freiheiten (K. Luig). In seinen „Notae ad singulos institutionum et pandectarum titulos" (1713) sprach er dem römischen Recht die allgemeine Geltung ab, ließ jedoch einzelne Rechtssätze als naturrechtlich geboten gelten, soweit sie nachweislich rezipiert worden waren und tatsächlich noch praktische Bedeutung hatten. Ihnen stellte er die aus dem mittelalterlichen deutschen Recht gewonnenen Rechtsgrundsätze gegenüber. Daraus entwickelte sich ein Wissenschaftsstreit, der noch im 19. Jahrhundert die Juristen beschäftigte. Dabei ging es um die Frage, ob ein gemeines deutsches Privatrecht aus den mittelalterlichen Quellen überhaupt ableitbar sei, und ob dieses erst noch zu systematisierende Recht neben oder vor dem gemeinen römischen Recht positive Geltung beanspruchen konnte (Positivitätsstreit). Die Kontroverse zeitigte Vorwirkungen für die später entstandene, bis heute nicht überwundene und wissenschaftlich unfruchtbare Unterscheidung zwischen den Rechtsdisziplinen der Romanisten und Germanisten.

Die Rechtswissenschaft verdankt Thomasius die Einleitung entscheidender Reformen auf dem Gebiet des Privatrechts (Betonung der wissenschaftlichen Eigenständigkeit des deutschen Privatrechts), des Kirchenrechts (Schriften zur Ketzerei) und des Strafrechts (Kampf gegen Aberglauben, Hexenprozesse und Folter). Im Mittelpunkt seiner wissenschaftlichen Arbeiten steht jedoch das Naturrecht. In seinen beiden Hauptwerken „Institutiones iurisprudentiae divinae" (1688) und „Fundamenta juris naturae et gentium" (1705) löste er das Rechtsdenken endgültig von Theologie und Moral. Das Naturrecht begriff er als unerzwingbares, allein das Gewissen bindendes ethisches Gebot. Der absolute Fürst als sein Sachwalter hat seinen Untertanen die vernünftig gedachte Sicherheit und Wohlfahrt zu erhalten. Dadurch wurde im Grunde genommen Naturrecht auf eine Form utilitaristischer Sozialethik für ein politisch bedeutungslos gewordenes Bürgertum reduziert, das bei prinzipieller Rechtsgleichheit befriedeter Glückseligkeit und Ruhe zustrebte, sofern es ein Leben gemäß den „leges naturales" führte.

Das von Thomasius entwickelte Naturrecht war als Empfehlung für den Gesetzgeber bestimmt, keineswegs aber positiv geltendes Recht. Sein wichtigstes Ziel war vielmehr die Etablierung der Naturrechtslehren im akademischen Rechtsunterricht. Erst über das Medium der wissenschaftlichen Begründung und Fortentwicklung sollte das Naturrecht in die Praxis Eingang finden.

Schrifttum: *K. Luig*, HRG (Thomasius), 186ff. – *ders.*, Das Privatrecht von Christian Thomasius zwischen Absolutismus und Liberalismus, in: Römisches Recht, Naturrecht, Nationales Recht (1998), 233*ff. – *G. Schubart-Fikentscher*, Christian Thomasius. Seine Bedeutung als Hochschullehrer am Beginn der deutschen Aufklärung, SBAK Leipzig (1977) – *N. Hammerstein*, Thomasius und die Rechtsgelehrsamkeit, Studia Leibnitiana 11 (1979), 22 ff) – *W. Schneiders* (Hg.), Christian Thomasius 1655 – 1728 (1989) – *C. Bühler*, Die Naturrechtslehre und Christian Thomasius 1655 – 1728 (1991).

2. Christian Wolff

Mit *Christian Wolff* (1679–1754) fand die Naturrechtslehre in Deutschland ihren Höhepunkt und Abschluss. Wolff war Professor für Natur-, Völkerrecht und Mathematik in Halle, jedoch kein Fachjurist. Auf Anschuldigung der Hallenser orthodoxen theologischen Fakultät („er habe das Fatum gelehrt") wurde er 1723 von König Friedrich Wilhelm I. als Atheist des Landes verwiesen und lehrte in Marburg. Doch setzte ihn Friedrich d. Große 1740 wieder in sein Lehramt ein, als Wolff bereits Weltberühmtheit erlangt hatte.

Wolffs Rechtsphilosophie beherrschte im 18. Jahrhundert das geistige Denken Europas. Ihr Hauptziel war der Entwurf eines homogenen, rational begründeten, vollkommenen Rechtssystems. Es umfasste enzyklopädisch sämtliche Rechtsgebiete. Nach der für Wolff typischen sog. „mathematisch-demonstrativen Methode" wurden alle menschlichen Handlungen sowie positiven Natur- und Moralgesetze mittels der „Vernunft" erkannt und als wahr bewiesen: Vernunft als „Lehrmeisterin des Gesetzes der Natur". Konstruktions- und Ableitungshilfen waren die Sätze vom Widerspruch, vom zureichenden Grund und der Identitätssatz. Wolffs Rechtssystem hat den Vorzug großer Durchsichtigkeit und Konsequenz. Auf dieser Stufe höchster begrifflicher Verfeinerung und Vervollständigung ist es aber auch schwer lesbar. Seiner Lehre nach muss Naturrecht als unwandelbare, angeborene, zwingende, von der Religion unabhängige, aus Prinzipien gewonnene Wahrheit in allen Bereichen des gesellschaftlichen Zusammenlebens verwirklicht werden. Es ist eine allgemeingültige Pflichtenlehre von den guten und schlechten Handlungen: „Die Fähigkeit oder das moralische Vermögen etwas zu thun oder zu unterlassen, wird das Recht genannt. Eine Handlung, die nach dem Gesetz bestimmt ist, wird die Pflicht – officium – genennet" (Grundsätze des Natur- und Völkerrechts, 1754, I §§ 46, 57). Recht und Moral müssen – im Gegensatz zu Thomasius – übereinstimmen. Richtig ist eine Handlung nur, wenn sie dem Naturgesetz entspricht. Das Naturrecht ist Pflichtenethik, die dem Menschen gebietet, nach Vervollkommnung zu streben. Dieses Bemühen findet allerdings seine Grenzen im Gesellschaftsvertrag. Durch ihn wird das Streben nach Freiheit und Gleichheit eingeschränkt. Dieses Ergebnis wurde von der Forschung unterschiedlich beurteilt. Man sah darin einen Beleg für Wolffs liberale Ideen ebenso wie für eine streng absolutistische Einstellung.

Wolffs auf Vernunft und zweckmäßige irdische Lösungen abgestellte Methode entsprach vollkommen den politischen Zielen sowie der unerlässlichen theoretischen Herrschaftslegitimation des Wohlfahrtsstaates des aufgeklärten Absolutismus. Ihn als frühen Verfechter des modernen freiheitlichen Rechtsstaates zu bezeichnen (M. Thomann), ist deshalb berechtigt. Das von ihm entwickelte Verfahren, die juristische Entscheidung des Einzelfalles aus einem lückenlosen, geschlossenen, widerspruchsfreien System von Prämissen (Obersätzen), allgemeinen Begriffen und konkreten Regeln logisch-synthetisch abzuleiten (*Syllogismus* als Erkenntnismittel), ist in der Grundanlage bis heute Gemeingut der Rechtswissenschaft.

Die Wirkung der Wollfschen Naturrechtslehren war enorm. Im begrifflich-konstruktivistischen Denken der Pandektistik des 19. Jahrhunderts (*Begriffsjurisprudenz*) fanden sie ebenso ihre Fortsetzung und zeitgemäße Fortbildung, wie in der vom englischen Rechtspositivisten *John Austin* (1790–1859) begründeten Allgemeinen Rechtslehre oder in dem „Allgemeinen Teil" der pandektistischen Zivilrechtskodifikationen des 19. Jahrhunderts. Von seinem Denken beeinflusst ist auch die französische Menschenrechtserklärung von 1789.

Schrifttum: *St. Buchholz*, HRG (Wolff), 1511ff. – *Kleinheyer/Schröder*, Juristen, 446ff. – *Stolleis*, Staatsdenker, 257ff. – *S.E. Wunner*, Christian Wolff und die Epoche des Naturrechts (1968) – *H.M. Bachmann*, Die naturrechtliche Staatslehre Christian Wolffs (1977), 32ff., 52ff. – *E. Stipperger*, Freiheit und Institution bei Christian Wolff (1984) – *B. Winiger*, Das rationale Pflichtenrecht Christian Wolffs (1992) – *K. Luig*, Die Pflichtenlehre des Privatrechts in der Naturrechtsphilosophie von Christian Wolff, in: Römisches Recht, Naturrecht, Nationales Recht (1998), 259*ff.

3. Vernunftrechtssystem und Kodifikation

Sämtliche von den Naturrechtsphilosophen der frühen Neuzeit entworfenen Rechtssysteme waren aus ihrer Sicht Vorarbeiten und Aufforderungen an den Gesetzgeber, den gesamten Vorrat an naturrechtlichen Regeln in Gesetzesrecht (*Kodifikation*) zu überführen. Dieses leitende Ziel haben die Naturrechtler nie aus den Augen verloren. Erst als Christian Wolff sein vernunftrechtliches Gesamtsystem vollendet und damit eine ganze Entwicklungsepoche zum Abschluss gebracht hatte, war die Zeit für eine Gesetzgebung reif. Letztlich hatte er als wohl wirkungsreichster Vernunftrechtslehrer den nationalen Kodifikationen des 18. Jahrhunderts Bahn gebrochen. Seine Schüler begannen mit der Transformation des geltenden Rechts nach der Methode des Wolffschen Vernunftrechts. Ihre Arbeiten fanden Eingang u.a. in die preußische und österreichische Naturrechtskodifikation.

Mit der Wandlung des Natur- bzw. Vernunftrechts zum statischen positiven Gesetzesrecht war aber auch die Gefahr seiner Erstarrung und Verflachung zum schlichten Zweckmäßigkeitsdenken verbunden. *Immanuel Kant* (1724–1804) war einer der schärfsten Kritiker. Er bezeichnete das Vernunftrecht als ahistorisches Produkt allein der Vernunft. In eindringlicher Form hatte er den Rationalismus und Vernunftoptimismus als Utopien entlarvt und überzeugend nachgewiesen, dass allgemeine Vernunftwahrheiten eben nicht allein mit Hilfe der „ratio" ableitbar waren. Hinzu kam, dass auch dem aufstrebenden Bürgertum das Vernunftrecht mehr und mehr als Instrument des territorialen Obrigkeitsstaates erschien, der es zum Zwecke der Reglementierung und Sozialdisziplinierung der bürgerlichen Existenz einsetzen konnte. Der Niedergang des im aufgeklärten Absolutismus wurzelnden Naturrechts war nur eine Frage der Zeit.

Schrifttum: *F. Wieacker*, Aufstieg, Blüte und Krisis der Kodifikationsidee, in: FS G. Boehmer (1954), 34ff. – *G. Tarello*, Storia della cultura giuridica moderna, 1: Assolutismo e codificazione del diritto (1976), 97ff. – *K. Luig*, Der Einfluß des Naturrechts auf das positive Privatrecht im 18. Jahrhundert, SZGerm 96 (1979), 38ff. – *P. Caroni*, „Privatrecht". Eine sozialhistorische Einführung (1988), 58ff.

§ 5 Die naturrechtlichen Kodifikationen

I. Kodifikationsidee und fürstliches Gesetzgebungsmonopol

Die Idee einer das Ius commune verdrängenden „Kodifikation" der gesamten Rechtsordnung in einem Gesetzbuch (lat. „*codex*" im Sinne einer amtlichen Niederschrift von Gesetzen) war revolutionär. Sie war das Gegenteil der bisher herrschenden mittelalterlichen Vorstellung vom Recht als Summe unterschiedlicher, teils ungeschriebener alter, teils aufgezeichneter bewährter und deshalb „guter" Rechtsregeln. Die Kodifikation unterschied sich von der schlichten Rechtsaufzeichnung in zwei wesentlichen, sie konstituierenden Elementen.

Als erstes war sie das Produkt der rationalistischen Naturrechtsphilosophie. Diese hielt es nämlich für möglich, ein vollständiges System einfacher und rationaler Rechtsgrundsätze zu erstellen, das auf alle bestehenden Rechtsprobleme Antworten geben würde. Damit standen auch die weiteren Wesensmerkmale der Kodifikation als Instrument umfassender politischer Gestaltung fest. Als amtliche, durch Verkündung des Fürsten entstandene Verlautbarung musste sie die Rechtsmaterien auf eine rationale, durchsichtige Weise nach einem „inneren System" ordnen und das Rechtswesen „vollständig" und „lückenlos" regeln. Altes, nicht mehr passendes, unzeitgemäßes Recht wurde gegenstandlos. Der allein der Vernunft und dem Gemeinwohl verpflichtete Landesherr beanspruchte das Recht zur Gesetzgebung als Monopol und Fürstenrecht. Er gebrauchte das Gesetzesrecht sowohl zum radikalen Umbau der Gesellschaft im Geiste des Vernunftrechts (*more geometrico*) wie auch zur Konsolidierung und Stabilisierung der eigenen fürstlichen Macht. In diesen rechts- und machtpolitischen Funktionen wurde die Kodifikation nicht nur zum Symbol landesherrlicher Souveränität, sondern auch zur Magna Charta bürgerlicher Freiheiten und Rechte, zur wirksamen Garantie gegenüber möglichen Übergriffen des absolutistischen Staates.

Die Kodifikation als Instrument zur Kontrolle der politischen Macht ist eng mit dem nach Vernunftprinzipien begründeten „Rechtsstaat" verknüpft. Seine staatsrechtlichen Voraussetzungen (für eine konstitutionelle Monarchie) hatten bereits der englische Frühaufklärer und Staatstheoretiker *John Locke* (1632–1704) und später *Montesquieu*

(1689–1755) beschrieben. Allerdings erreichten nicht alle europäischen Territorien und Staaten zur gleichen Zeit als Ziel eine rechtsstaatlichen Grundsätzen entsprechende Kodifikation. In Deutschland blieben reichsrechtliche Rechtsvereinheitlichungspläne, für die *Leibniz* bereits im 17. Jahrhundert (1672) eingetreten war, angesichts des Autoritätsverlustes und des Machtverfalls der Zentralgewalt bis zum 18. Jahrhundert Utopie. Unter diesen Umständen konnte es nicht ausbleiben, dass erste Impulse zu Rechtsetzungsakten, die den Kriterien einer Kodifikation nach modernem Verständnis entsprachen, von den sich aus dem Reichsverband lösenden Territorien ausgingen. In ihnen konzentrierten sich Gesetzgebungsaktivitäten bezogen auf das partikuläre Ius proprium. Nennenswerte Widerstände von Seiten der Stände gab es nicht. Dieser in zeitlicher Abfolge und sachlicher Intensität unterschiedlich verlaufende Prozess erklärt das zögernde Wirksamwerden des Kodifikationsgedankens in Europa. Es ist das Verdienst des englischen Utilitaristen und Rechtstheoretikers *Jeremy Bentham* (1748–1832), für die Kodifikationsbewegung das maßgebliche theoretische Fundament geschaffen zu haben. In England selbst scheiterten allerdings bereits Kodifikationsansätze am nüchternen Pragmatismus und traditionsbewussten Konservativismus der englischen Richter und Anwälte.

Schrifttum: *P. Caroni*, HRG (Kodifikation), 907ff. – *ders.*, Saggi sulla storia della codificazione (1998) – *F. Wieacker*, Aufstieg, Blüte und Krisis der Kodifikationsidee, in: FS G. Boehmer (1954), 34ff. – *H. Mohnhaupt*, Potestas legislatoria und Gesetzesbegriff im Ancien Régime, Ius Commune IV (1972), 188ff. – *J. Vanderlinden*, Code et codification dans la pensée de Jeremy Bentham, TRG 32 (1974), 45ff. – *R. Dreier*, Der Rechtsstaat im Spannungsverhältnis zwischen Gesetz und Recht, JZ 1985, 353ff. – *D. Merten*, Friedrich der Große und Montesquieu. Zu den Anfängen des Rechtsstaats im 18. Jahrhundert, in: FS C.H. Ule (1987), 187ff. – *H. Schlosser*, Montesquieu: der aristokratische Geist der Aufklärung (1990), 20ff. – *H. Hofmann*, Geschichtlichkeit und Universalitätsanspruch des Rechtsstaats, Der Staat 34 (1995), 1ff. – *Chr. Link*, Aufgeklärtes Naturrecht und Gesetzgebung – vom Systemgedanken zur Kodifikation, in: Reformabsolutismus und ständische Gesellschaft, hgg. v. G. Birtsch u. D. Willoweit (1998), 21ff. – *R. Zippelius*, Die Entstehung des demokratischen Rechtsstaates aus dem Geiste der Aufklärung, JZ 1999, 1125ff.

II. Bayern

1. „Codex Maximilianeus“

Die privatrechtliche Gesetzgebung Kurbayerns im 18. Jahrhundert kann nur mit Einschränkungen als Vorreiter der ersten europäischen

naturrechtlichen Kodifikationen bezeichnet werden. Sie entsprach auch nur sehr bedingt den Wesensmerkmalen einer Kodifikation als rechts- und gesellschaftspolitisches Gestaltungsmittel im Sinne des Vernunftrechts. Gleichwohl waren auch die kurbayerischen Kodifikationsbemühungen von der rationalistischen Naturrechtslehre veranlasst worden.
Johann Adam von Ickstatt (1702–1776), Professor des Natur- und Völkerrechts in Würzburg, ab 1746 in Ingolstadt, und außerordentlicher Berater des Kurfürsten *Maximilian III. Joseph* (1745–1777), war Wolffschüler und propagierte dessen Methode. Der Regent – ebenfalls überzeugter Anhänger der Wollfschen Naturrechtsphilosophie – hatte die Verwirklichung der Aufklärungsideen immerhin zum Staatsziel erhoben. Die politischen Voraussetzungen für eine aufgeklärte Gesetzgebungsreform waren insoweit günstig. Der Landesherr gab schließlich den Befehl zu einer Gesetzgebungsreform, die alle Rechtsgebiete regeln und in einem gesamtbayerischen „Codex Maximilianeus" zusammenfassen sollte.

Allerdings war die kurfürstliche Reforminitiative eigentlich nur eine – wenn auch schnelle – Reaktion auf eine außerbayerische Gesetzgebungsreform. In der für die Gesetzgebungsgeschichte folgenreichen Kabinettsordre vom 31. Dezember 1746 hatte *Friedrich d. Große* für Preußen die Schaffung eines landeseinheitlichen Rechts befohlen, „welches sich blos auf die Vernunft und Landesverfassungen gründet". Der kurbayerische Gesetzgeber bekannte sich offen und ausdrücklich zu dem preußischen Kodifikationssignal: „ist man diesem höchst-rühmlichsten Vorgang hier zu Land mittels Verfertigung des neuen Codicis Civilis, Criminalis und Judiciarii bald nachgefolgt" (Anmerkungen I 2 § 9 nota 22). Die Realisierung ging allerdings schrittweise und in Teilgesetzen vonstatten.

2. Zivilrechtskodex v. 1756

Nach den im wesentlichen rechtsbereinigenden Kompilationen des vom Geist der Aufklärung unberührten Strafrechts im „Codex juris Bavarici criminalis" von 1751 und des in seiner Originalität überschätzten Zivilprozessrechts im „Codex juris Bavarici judiciarii" von 1753 entstand im Jahre 1756 der „Codex Maximilianeus Bavaricus Civilis oder neuverbessert und ergänzt Chur-Bayrisches Landrecht" (CMBC). Der Zivilrechtskodex war das letzte Teilgesetz des „Codex Maximilianeus". Novelliert galt das Privatrechtsgesetzbuch als

„Bayerisches Landrecht" in weiten Teilen des rechtsrheinischen Bayern bis zum Inkrafttreten des BGB (1900).

Alle drei Teilgesetze der maximilianeischen Rechtsreform sind im wesentlichen das Werk des Juristen und geheimen Staatskanzlers *Wiguläus Xaver Aloys Freiherr von Kreittmayr* (1705–1790), eines Mannes von unglaublicher Schaffenskraft und zugleich einer Schlüsselfigur der kurbayerischen Politik. Dessen vorrangiges Ziel war, das in Kurbayern geltende Recht, das „meistenteils gangbar und üblich gewesen", in ein „systema juris privati universi", d.h. in eine gefällige und praktikable Form zu bringen. Kreittmayr beschrieb dies ungeschminkt mit den Worten: „Man ist bey Verfertigung des Codicis Civilis nicht gern gegen den Strohm geschwommen" (Anmerkungen I 3 § 3 nota 2). Die philosophische Grundlegung der neuen Zivilrechtsordnung erfolgte zwar ausdrücklich im Geiste des Naturrechts (intensiv zitiert werden Grotius, Pufendorf, Thomasius und Wolff), war jedoch sachlich weitgehend eine unreflektierte Übernahme zeitgenössischer naturrechtlicher Gemeinplätze. Der Gesetzgeber Kreittmayr war bei einer groben Beschreibung der naturrechtlichen Rahmenbedingungen stehen geblieben. Sein programmatisches Bekenntnis zu einem Sozialmodell, das auf den Naturrechtspostulaten der Freiheit und Gleichheit aller Menschen gegründet war, hat er auf der Ebene der Normierung konkreter Rechtsfragen im Sinne des Vernunftrechts nicht eingelöst. Naturrecht hatte für ihn bestenfalls die Qualität einer moralischen Autorität.

Ein typisches Beispiel für die Diskrepanz zwischen aufgeklärtem Ideal und traditionsverhafteter Konkretisierung bietet die Normierung der Rechtsstellung von Mann und Frau. Die großatmige, programmatische Proklamation der Rechtsgleichheit der Geschlechter („Überhaupt hat kein Geschlecht vor dem anderen einen Vorzug", CMBC I 3 § 2 u. Anmerkungen I 3 § 2 nota 1) realisierte er durch eine Vielzahl von Rechtsminderungen zu Lasten der Frau. Diese gipfelten in der Kodifizierung eines ehemännlichen Züchtigungsrechts, das er dem Mann seiner Ehefrau gegenüber immerhin „mit Mäßigkeit" auszuüben empfahl (Anmerkungen I 6 § 12 nota 2, 3, 4).

Als Gliederungskonzeption wurde dem Zivilkodex das (erweiterte) gaianische Institutionensystem zugrunde gelegt. Die wichtigsten Sachgebiete des Privatrechts unter Einschluss des Lehensrechts und anderer öffentlichrechtlicher Materien (Jagd-, Fischerei-, Forst-, Gewerberecht) waren in vier Büchern erfasst: Personen-, Sachen-, Erb-

und Obligationenrecht. Das Gesetzbuch wollte die Gesamtheit des seit dem „Oberbayerischen Landrecht“ Kaiser Ludwigs des Bayern von 1335/1346 und dem (Gesamt-) „Bayerischen Landrecht“ von 1616 geltenden Rechts unter Einbeziehung des römischen Rechts in den typischen Darstellungsformen des älteren Usus modernus vereinigen. Erstmals wurde das kanonische Recht als eigenständige Rechtsquelle ausgeschieden. Nach Inhalt und technischem Stil war das von ständischem und obrigkeitlichem Geist geprägte Gesetzbuch jedoch ein Fossil. Es erreichte nicht mehr die Anforderungen seiner Zeit. Als aufgeklärtes und naturrechtliches Gesetzbuch kann der Zivilrechtskodex deshalb nur mit Einschränkung bezeichnet werden.

Es lag nicht in der Absicht Kreittmayrs, mit dem CMBC ein in sich geschlossenes, widerspruchsfreies und materiell vollständiges System einer neuen, auch methodisch-technisch auf der Höhe der Zeit stehenden privatrechtlichen Normenordnung zu schaffen. Der Gesetzestext besteht vielmehr aus umständlich, breit und lehrbuchmäßig formulierten Regeln grundsätzlichster Art. Das eigentliche, die Gesetzgebung tragende und sie innerlich verbindende dogmatisch-theoretische Gerüst findet sich umrisshaft in den gleichfalls von Kreittmayr verfassten, zuerst anonym publizierten fünfbändigen „Anmerkungen“ zum CMBC. Dieser umfassende Kommentar war als Systemwerk angelegt und als wissenschaftliches Erläuterungsmittel in erster Linie für die praktische Rechtspflege, aber auch für den Rechtsunterricht bestimmt. Kraft höchstrichterlicher Judikate besaßen die Anmerkungen gesetzesgleiche Autorität. Damit sollten sich notwendige Rückgriffe auf die Quellengrundlage des Ius commune wenn nicht erübrigen, so doch zumindest vereinfacht vornehmen lassen. Im Gegensatz zu den späteren Kodifikationen (Preußen, Österreich, Frankreich) war die Fortgeltung hergebrachter und bestätigter Landesstatuten der einzelnen „Städte, Märkte und Communitäten“ (I 2 § 13) nicht ausgeschlossen. Auch erteilte der Zivilkodex dem bisher unbestrittenen Geltungsvorrang des „Jus Justinianeum“ als „ius commune et universale“ eine klare Absage; es sollte nur subsidiär, d.h. als „schicklich, thunlich, applicabl oder der Raison gemäß“, herangezogen werden (Anmerkungen I 2 § 9 nota 20). Plastisch beschrieb er dabei das justinianische Corpus iuris als „Universal- und in allen Stücken durchaus infallibles Evangelienbuch“ der Juristen (Anmerkungen I 2 § 9 nota 20).

Der kurbayerische Zivilkodex blieb ein Auftakt. Von einer gewissen Signalwirkung abgesehen, waren die verfolgten übergeordneten rechtspolitischen Ziele Rechtsvereinheitlichung, Berechenbarkeit der Rechtspflege und damit Rechtssicherheit. Nur insoweit verdient die Kodifikation das Attribut „fortschrittlich".

Schrifttum: *L. Hammermayer*, in: Handbuch der bayerischen Geschichte, begr. v. M. Spindler, hg. v. A. Kraus II (1988), 1248 ff. – *S. Gagnér*, Die Wissenschaft vom gemeinen Recht und der Codex Maximilianeus Bavaricus Civilis, in: Wissenschaft und Kodifikation I, 1 ff. – *R. Bauer*, in: W. X. A. Frhr. v. Kreittmayr, Compendium Codicis Bavarici, Reprint d. Ausgabe v. 1768, hg. v. R. Bauer u. H. Schlosser (1990), 1 * ff. – *H. Schlosser*, Der Gesetzgeber Kreittmayr und die Aufklärung in Kurbayern, in: W. X. A. Frhr. v. Kreittmayr (1705–1790), FS hg. v. R. Bauer u. H. Schlosser (1991), 3 ff. – *ders.*, Kritik an den Entwürfen des Frhrn. von Kreittmayr zum „Codex Maximilianeus", in: FS G. Wesener (1992), 395 ff.

III. Preußen

1. Kodifikationspläne und Vorarbeiten

Die besten Voraussetzungen für wirkliche Rechtsreformen waren in jenen Ländern gegeben, die sich aus dem Reichsverband gelöst hatten. Diese weiträumigen Flächenstaaten umschlossen eine Vielzahl kulturell und ethnisch unterschiedlicher Gebiete. Ihre Verschmelzung zu einer politischen Einheit wurde insbesondere durch die Konsolidierung des Rechtswesens über eine einheitliche Gesetzgebung angestrebt. Bereits Anfang des 18. Jahrhunderts nahmen derartige Bemühungen in Brandenburg-Preußen konkrete Formen an. Mit der Neuordnung der durch den Dreißigjährigen Krieg zerrütteten Wirtschaft nach den Grundsätzen eines konsequent praktizierten Merkantilismus (Manufakturen, positive Handelsbilanzen), mit der Schaffung eines schlagkräftigen Heeres sowie eines straff organisierten Beamtentums wurde die Integration behutsam vorangetrieben. All dies nahm die Kraft der aufsteigenden preußischen Großmacht so ausschließlich in Anspruch, dass für die Befriedigung kultureller Bedürfnisse kaum Raum blieb. Immerhin zählen zu bescheidenen Ansätzen unter *Friedrich III. Kurfürst von Brandenburg* (1657–1713), dem späteren (als Friedrich I.) ersten „König in Preußen" (1701), die Gründung der Universität Halle im Jahre 1694 sowie der Akademie der Wissenschaften im Jahre 1701.

Von Reformen blieb auch das Rechtswesen zunächst weitgehend ausgenommen. In der Mark Brandenburg war es im Wesentlichen bei der (bereits erwähnten) lediglich Erbrechtsfragen regelnden „Constitutio Joachimica“ von 1527 sowie einem nie in Kraft getretenen Landrechtsentwurf von 1594 geblieben. Preußen beschränkte sich auf Entwürfe zur Verbesserung des dort seit dem Mittelalter geltenden ältesten nationalen Rechtsdenkmals, des „Kulmer Landrechts“ von 1233, das als ursprüngliches Grundgesetz des Deutschordensstaates darüber hinaus für die gesamte Rechtsentwicklung in Ostdeutschland bestimmend geworden war. Durch Privilegien zur Befreiung von der Jurisdiktion des Reichskammergerichts (*privilegia de non appellando*) wurde der Weg zu einer territorialen Vereinheitlichung der Rechtspflege und damit auch des materiellen Landrechts zwar frei, letztlich waren jedoch alle Reformversuche im Wesentlichen folgenlos geblieben. Ursächlich dafür war wohl hauptsächlich das Fehlen einer richtungweisenden Rechtsidee für die Gesetzgebung. Sie brachte erst das rationalistische Naturrecht.

Zu den vom König nicht weiterbetriebenen und deshalb erfolglosen Reformen rechnet der 1714 durch *Friedrich Wilhelm I.* (1688–1740) der Juristenfakultät in Halle erteilte Auftrag zur „Ausfertigung einiger Constitutionen“ zum Landrecht der Kurmark Brandenburg. Dieser Versuch der Abfassung eines Gesetzbuches scheiterte jedoch an den Bedenken der Rechtsgelehrten. Auch ein durch seinen Sohn und Nachfolger *Friedrich d. Großen* gegebenes, viel beachtetes Kodifikationssignal blieb ohne Wirkungen. In der berühmt gewordenen Kabinettsordre vom 31. Dezember 1746 hatte der König seinen Großkanzler und „ministre chef de justice“ *Samuel Freiherr von Cocceji* (1679–1755) mit der Schaffung eines deutschsprachigen allgemeinen Landrechts beauftragt, „welches sich blos auf die Vernunft und Landesverfassungen gründet“. 1749 und 1751 lagen bereits die ersten Teilentwürfe vor. Der dritte Teil ist nie erschienen, weil Cocceji 1755 vor Abschluss der Kodifikationsarbeiten starb. Sein für den Gesamtstaat erarbeitetes sog. „Projekt des Corporis juris Fridericiani, d.i. Seiner Königl. Majestät in Preußen in der Vernunft und Landesverfassungen gegründetes Landrecht“ wurde zwar in einigen Landesteilen in Kraft gesetzt, war den Anforderungen seiner Zeit jedoch nicht mehr gewachsen. Das Reformwerk brachte ungeachtet der nach naturrechtlichen Prinzipien durchgeführten Grundlegung lediglich eine Darstellung des geltenden römischen Rechts (Personen- und Sachenrecht) in deutscher Übersetzung. Schließlich beendete der Siebenjährige Krieg (1756–1763) vollends alle bisherigen Ansätze zu Gesetzesreformen.

In diesem Stadium der Stagnation brachte ein an sich alltäglicher Rechtsfall die Justizreform wieder in Gang: der sog. „Müller-Arnold-Prozess". 1779 hatte sich der Müller Christian Arnold aus Pommerzig (Neumark) mit einer Bittschrift an den König gewandt und behauptet, ihm sei durch den Spruch des königlichen Kammergerichts Unrecht geschehen. In dem Rechtsstreit war es um die Frage gegangen, ob der adelige Nachbar des Müllers auf seinem oberhalb der Mühle gelegenen Gutshof durch Aufstauen eines Wasserlaufs Fischteiche anlegen dürfte, obwohl hierdurch der Mühle die notwendige Wasserkraft entzogen würde. Der Nachbar hatte dies für sich in Anspruch genommen, und zwar mit der Begründung, anderenfalls würde „die größte Ungerechtigkeit begangen und ihm sein offenbares Eigentum geraubt werden". Das Gericht hatte ihm Recht gegeben. Der König ergriff ohne nähere Prüfung des Sachverhaltes sofort Partei für Arnold. Er ordnete die Verhaftung, Amtsenthebung und Verurteilung der mit dem Fall befassten Richter zu Schadensersatz an. Der konservative Großkanzler *Carl Joseph Maximilian Freiherr von Fürst und Kupferberg* (1717–1790) konnte die von Cocceji begonnenen Reformen nicht zu Ende führen und hatte auch die vom schlesischen Justizminister *Johann Heinrich Casimir von Carmer* (1721–1801) ausgearbeiteten Projekte zur Justizreform zum Scheitern gebracht. Daraufhin fiel er in Ungnade und wurde 1779 entlassen. Zu seinem Nachfolger berief der König Carmer, kassierte das Kammergerichtsurteil und setzte an dessen Stelle seinen „Machtspruch" (1780). Großkanzler Carmer nahm 1780 aufgrund einer königlichen Kabinettsordre mit seinen Mitarbeitern, dem Breslauer Oberamtsregierungsrat *Carl Gottlieb Svarez* (1746–1798) und dem späteren Rechtslehrer in Halle *Ernst Ferdinand Klein* (1743–1810) umgehend die Reform des gesamten Rechtswesens und die Arbeiten an der Kodifikation in Angriff.

Schrifttum: *Kleinheyer/Schröder*, Juristen, 95ff. – *H. Conrad*, Rechtsstaatliche Bestrebungen im Absolutismus Preussens und Österreichs am Ende des 18. Jahrhunderts (1961) – *E. Bussi*, Zur Geschichte der Machtsprüche, in: FS E.C. Hellbling (1971), 51ff. – *W. Sellert*, Samuel von Cocceji, ein Rechtserneuerer Preußens, JuS 1979, 770ff. – *E. Schmidt*, Beiträge zur Geschichte des preußischen Rechtsstaates (1980), 65ff. – *M. Diesselhorst*, Die Prozesse des Müllers Arnold und das Eingreifen Friedrichs des Großen (1984) – *H. Sendler*, Friedrich der Große und der Müller Arnold, JuS 1986, 759ff. – *D. Merten*, Allgemeines Landrecht, in:

Preußens großer König, Leben und Werk Friedrichs des Großen, hg. v. W. Treue (1986), 56 ff. – *S. Salmonowicz*, Preußen: Geschichte von Staat und Gesellschaft (1995), 49 ff., 108 ff.

2. Allgemeines Landrecht v. 1794

Bereits zu Ausgang des 17. Jahrhunderts hatte *Christian Thomasius* gefordert, jede Umgestaltung des Staates und seines Rechtswesens im Geist der Aufklärung habe mit einer Reform des Zivilprozesses zu beginnen. Die friderizianischen Kodifikationsjuristen waren dem gefolgt. 1781 lag das „Corpus Juris Fridericianum", eine neue, konkreten naturrechtlichen Zielvorstellungen verpflichtete Prozessordnung vor. Sie setzte an die Stelle des alten, zeitraubenden Parteibetriebes (Eventualmaxime, Positional-, Artikelverfahren) das prozessbeschleunigende Prinzip der richterlichen Untersuchung des Tatsachenstoffes und der Wahrheitsfindung von Amts wegen, bestellte als Ersatz für die „gedungenen Advocaten" und Anwälte beamtete Justizkommissare und staatliche Assistenzräte, die in ihren Funktionen gewissermaßen als „Zwitter" (K. W. Nörr) auch zur Kontrolle der Richter verpflichtet waren. Diese Verteilung der Gerichtsaufgaben auf mehrere richterliche Personen sollte den Schutz der Parteien vor der Verfahrenswillkür sicherstellen, führte jedoch letztlich zu einer starken staatlichen Einflussnahme auf den freien Verfahrensablauf. Das Prozessgesetz wurde nach nochmaliger Überprüfung 1793 als „Revidierte Allgemeine Gerichtsordnung für die Preußischen Staaten" bestätigt. In ähnlicher Weise erfolgte 1783 die Neufassung der zu ihrer Zeit bahnbrechenden Hypothekenordnungen von 1722 und 1750. Sie gingen mit ihrem wesentlichen Inhalt in das spätere Allgemeine Landrecht ein und waren für die Entwicklung des Liegenschaftspfandrechts richtungweisend.

In den Jahren 1784 bis 1788 erarbeiteten die Reformer den Entwurf eines Gesetzbuches, der nach und nach in sechs Bänden veröffentlicht wurde. Darin war das gesamte Recht (Privatrecht, Öffentliches und Strafrecht) in einem neuartigen, den Methoden des Usus modernus wie dem Vernunftrecht verpflichteten System erfasst. Bemerkenswert ist der Stellenwert, der dem römischen Recht hierbei eingeräumt war. Ungeachtet aller Vorbehalte gegenüber dem Ius commune blieb das historisch legitimierte Recht des Corpus iuris in deutscher Übersetzung das Fundament auch dieser Kodifikation.

Der Entwurf war als „subsidiarisches Gesetzbuch“ (Kabinettsordre Friedrichs II. v. 27. Juli 1780) konzipiert. Es trat hinter die fortgeltenden landschaftlichen Statutarrechte zurück und sollte durch die Rechtsaufzeichnungen der einzelnen Provinzen ergänzt werden. Vor der Verkündung des Entwurfs als Gesetz wurde er der gesamten Öffentlichkeit zu kritischen Stellungnahmen vorgelegt. Nach Auswertung und Einarbeitung der zahlreich eingegangenen Vorschläge (*monita*) und Denkschriften (1789–1791) lag schließlich als Ergebnis das „Allgemeine Gesetzbuch für die Preußischen Staaten“ vor. Nach dem Publikationspatent vom 20. März 1791 sollte es am 1. Juni 1792 in Kraft treten. Jedoch wurde dieser Termin am 18. April 1792 auf Einspruch des schlesischen Justizministers *Danckelmann*, des Sprachrohrs des schlesischen Adels, auf unbestimmte Zeit verschoben.

Ursächlich für die Suspension waren der Druck der märkischen Provinzialstände und Intrigen konservativer und reaktionärer Kreise um *Friedrich Wilhelm II.* (1744–1797), dem Nachfolger und Neffen Friedrichs II. d. Großen. Der Adel sah seine Stellung durch das Gesetz bedroht und kämpfte um die Erhaltung des status quo. Er hielt auch im Hinblick auf den Ausbruch der Französischen Revolution (14. Juli 1789) einige Bestimmungen des Gesetzes für umstürzlerisch oder zu liberal (Gleichheitscodex). Erst der Erwerb Südpreußens und Neu-Ostpreußens in der zweiten polnischen Teilung (1793) machte dann die Einführung in diesen Gebieten notwendig. Nach einer erneuten, als „Schlußrevision“ bezeichneten Umarbeitung und Beseitigung der als anstößig empfundenen Stellen wurde das Gesetz am 5. Februar 1794 publiziert und unter der unverbindlicheren Bezeichnung „Allgemeines Landrecht“ (ALR) für das gesamte Staatsgebiet zum 1. Juni 1794 in Kraft gesetzt.

Schrifttum: *R. Koselleck*, Preußen zwischen Reform und Revolution (^{2}1975), 23 ff. – *K. W. Nörr*, Naturrecht und Zivilprozeß (1976), 24 ff. – *F. Ebel*, 200 Jahre preußischer Zivilprozeß. Das Corpus Juris Fridericianum vom Jahre 1781 (1982) – *H. Mohnhaupt*, Gesetzgebung und Gesetzgeber in Brandenburg-Preußen während des Ancien Régime, in: L`educazione giuridica V 2, Università di Perugia (1987), 362 ff. – *A. Schwennicke*, Zwischen Tradition und Fortschritt – Zum 200. Geburtstag des Preußischen Allgemeinen Landrechts v. 1794, JuS 1994, 456 ff. – *Chr. Grahl*, Die Abschaffung der Advokatur unter Friedrich dem Großen (1994) – *H. Hattenhauer*, Allgemeines Landrecht für die Preußischen Staaten von 1794 (^{2}1994), 1 ff. (Einführung) – *Th. Finkenauer*, Vom Allgemeinen Gesetzbuch zum ALR – preußische Gesetzgebung in der Krise, SZGerm 113 (1996), 40 ff. – *P. Krause*, Die Überforderung des aufgeklärten Absolutismus Preußens durch die

Gesetzgebung, in: Reformabsolutismus und ständische Gesellschaft, hgg. v. G. Birtsch u. D. Willoweit (1998), 131 ff. – *S. Busch*, Die Entstehung der Allgemeinen Gerichtsordnung für die Preußischen Staaten von 1793/95 (1999).

3. Würdigung

Das ALR ist „die Gesamtkodifikation des preußischen aufgeklärten Absolutismus" (Th. Ramm). Es gilt als das „Grundgesetz des friderizianischen Staates" (H. Conrad), das in Preußen „die gesetzliche Weiche zugunsten einer staatsbürgerlichen Eigentümergesellschaft" gestellt hat (R. Koselleck). Seine Ziele waren die Ablösung des Ius commune, die ausschließliche Geltung des neuen und Beseitigung des alten Rechts sowie die Neugestaltung der Gesellschaft nach den Grundsätzen einer bürgerlichen Ideologie im Sinne der rationalistischen Naturrechtsphilosophie.

Der Verzicht der Redaktoren auf hohe rechtssprachliche Abstraktionen und deren Ersatz durch eine allgemeinverständliche, anschauliche, fast volkstümliche – wenngleich weitschweifige und schwerfällige – Sprache haben der Popularität des Gesetzbuchs bei allen Schichten der Bevölkerung ungemein gedient. Die Hauptforderungen der Aufklärung, wie die Negation des Ständestaates und Verwirklichung der Rechtsgleichheit aller Mitglieder der Gesellschaft, konnte das ALR jedoch nicht einlösen. Es war für die Staatsform der aufgeklärten absoluten Monarchie, für ihre veraltete feudalständische Gesellschaftsordnung und damit für den typischen Polizei- und Wohlfahrtsstaat des ausgehenden 18. Jahrhunderts verfasst. Das Misstrauen der Reformer gegenüber der Eigenverantwortlichkeit des Untertanen als Staatsbürger äußerte sich in skurrilen, bevormundenden kasuistischen Einzelregelungen sämtlicher Lebensbereiche (z.B. II 2 §§ 67, 68: „Eine gesunde Mutter ist ihr Kind selbst zu säugen verpflichtet. Wie lange sie aber dem Kinde die Brust reichen solle, hängt von der Bestimmung des Vaters ab"). Ursächlich dafür war der Vernunftoptimismus der Aufklärer. Sie nahmen den Erziehungsauftrag ernst, der in der naturrechtlichen Pflichtenlehre Pufendorfs und Wolffs seine philosophische Grundlegung gefunden hatte.

Aufklärungsphilosophie und absolutistische Staatspraxis ließen das ALR zu einem Gesetzbuch der Kompromisse werden. Es hatte die emanzipatorischen Leitgrundsätze einer neuen Gesellschafts- und Rechtsordnung in ihren tatsächlichen Grenzen formuliert, die durch die ökonomische, politische und ständische Realität gezogen waren.

Die Reformer blieben an die dem preußischen Ständestaat eigene Staats- und Wirtschaftsordnung gebunden, in deren Rahmen sich Bauern, Bürger, Adel, Königtum und die besondere Gruppe der Beamtenschaft – streng voneinander getrennt – gegenüberstanden. Diese Faktoren haben entscheidend den Kompromisscharakter bestimmt. Die Kodifikatoren hatten auf eine Sonderung nach öffentlich- und privatrechtlichen Rechtsmaterien verzichtet. Von den durch den König 1798 angemahnten, eigentlich vor dem ALR zu erstellenden Provinzialgesetzbüchern kamen nur zwei zustande: 1801/02 das ostpreußische und 1844 das westpreußische. Deshalb wurde das ursprünglich als (im Verhältnis zu den Partikularrechten) „subsidiarisches Gesetzbuch" geplante ALR faktisch zur ausschließlichen Rechtsquelle.

Die Kodifikation gliedert den gesamten Stoff in zwei Teile. Im Aufbau folgt das ALR den bekannten naturrechtlichen, auf Pufendorf und Wolff zurückgehenden Systementwürfen. Ausgehend vom Recht des Individuums und seiner Beziehungen zu anderen werden über die engeren Vereinigungen (*consociationes*), wie Familie, Stände, Körperschaften und Anstalten, bis zum Staat alle nur denkbaren Rechtsfragen behandelt. Eine Einleitung über Gesetze, deren Auslegung, Anwendung und Geltung, sowie über Rechte und deren Ausübung, Übertragung und Verlust, ist vorangestellt („Einleitung von Gesetzen überhaupt", §§ 1–108). Das Privatrecht wird in Teil I in Anlehnung an das dreiteilige gaianische Institutionensystem behandelt: Dem Recht der Personen folgt das Recht der Sachen, rechtlicher Handlungen, Willenserklärungen, Verträge und der unerlaubten Handlungen. Gewahrsam, Besitz und Eigentum schließen sich an. Unter den Erwerbungsarten des Eigentums finden sich auch die meisten Schuldverhältnisse, das Erbrecht sowie – unter dem Gesichtspunkt des Eigentumserwerbs durch einen Dritten – die Vertretung (Mandat). Das Recht der Verbände (Ehe und Familien-, Familiengüter-, Gesinde- und Gesellschaftsrecht) ist in Teil II enthalten. Hier wird auch das Handelsrecht als Recht der Kaufleute unter dem Titel „Vom Bürgerstande" abgehandelt. Das (materielle) Strafrecht („Von den Verbrechen und deren Strafen", II 20 §§ 1–1577), in dem die Forderungen der Aufklärung weitgehend eingelöst waren, bildet den Abschluss. Das Strafprozessrecht regelte das ALR dagegen nicht. Erst die Criminalordnung von 1805 brachte auch auf diesem Rechtsgebiet eine Rechtsvereinheitlichung, die allerdings im Gegensatz zum materiellen Strafrecht kaum Spuren der Aufklärung trug. Übernommen wurden die alten Missstände z.B. des Inquisitionsprozesses, der Verdachtstrafe oder der Instanzentbindung (*absolutio ab instantia*). Eine politische Teilhabe der Staatsbürger an der Verwaltung des Staatswesens war nicht das Ziel des Gesetzbuchs. Dennoch wurde der Begriff des „gemeinen Wohles" zum Hebel im Kampf gegen den Ständestaat. Gleiches gilt für die Definition des Aufgabenbereichs der „Polizei" (II 17 § 10: „Die nötigen Anstalten zur Erhaltung der öffentlichen Ruhe, Sicherheit und Ordnung und zur Abwendung der dem Publico oder einzelnen Mitgliedern desselben bevorstehenden Gefahr zu treffen, ist das Amt der Polizey"). Sie wurde zum Leitprinzip der demokratischen Bewegung im 19. Jahrhundert. Beide haben das ALR überlebt.

Schrifttum: *H. Conrad*, Die geistigen Grundlagen des ALR für die preußischen Staaten von 1794 (1958) – *R. Koselleck*, Preußen zwischen Reform und Revolution ([2]1975), 143ff. – *G. Dilcher*, Die janusköpfige Kodifikation. Das preußische Allgemeine Landrecht (1794) und die europäische Rechtsgeschichte, Zeitschrift für Europäisches Privatrecht 2 (1994), 446ff. – *B. Dölemeyer/H. Mohnhaupt* (Hg.), 200 Jahre Allgemeines Landrecht für die preußischen Staaten. Wirkungsgeschichte und internationaler Kontext (1995) – *F. Ebel* (Hg.), Gemeinwohl–Freiheit–Vernunft–Rechtsstaat. 200 Jahre Allgemeines Landrecht für die Preußischen Staaten (1995) – *D. Merten/W. Schreckenberger* (Hg.), Kodifikation gestern und heute. Zum 200. Geburtstag des Allgemeinen Landrechts für die Preußischen Staaten (1995) – *J. Wolff* (Hrsg.), Das Preußische Allgemeine Landrecht (1995) – *Th. Ramm*, Zum freiheitlichen sozialen Rechtsstaat, Ausgewählte Schriften (1999), 531ff.

4. Geltungsgebiete

Das Gesetzbuch war schon bei seiner Inkraftsetzung veraltet. Zugeschnitten auf eine absolute Monarchie vom Typ des 18. Jahrhunderts passte das ALR keineswegs zu den Anschauungen und Anforderungen, die von der Französischen Revolution ausgelöst und von Napoleon über Europa getragen worden waren. Die „Stein-Hardenbergischen Reformen" (1808 Städteordnung, 1810/1811 Gewerbeordnung, 1811 Ablösung der Frondienste und Beseitigung der Erbuntertänigkeit durch das Regulierungsedikt) haben die Grundlagen der alten preußischen ständestaatlichen Monarchie (Merkantilismus, Polizeistaat) beseitigt und weite Teile des Gesetzes außer Kraft gesetzt.

Auch äußerlich beschränkten der Zusammenbruch des preußischen Staates nach dem Sieg Napoleons bei Jena und Auerstädt (1806) und der Frieden von Tilsit (1807) das ALR auf den verkleinerten Bereich der Monarchie östlich der Elbe. Selbst nachdem Preußen auf dem Wiener Kongress (1814/15) östlich der Elbe Posen und nordsächsische Gebietsteile, westlich der Elbe die Provinz Sachsen, Westfalen und die Rheinprovinz neu- bzw. wiedererwarb, wurde die Geltung des ALR nicht auf die ganze Monarchie ausgedehnt. Auf dem linken Rheinufer wollte man das dort zwischenzeitlich eingeführte französische (napoleonische) Recht nicht wieder beseitigen. Das ALR galt in den östlichen Provinzen der Monarchie (mit Ausnahme von Neuvorpommern und Rügen), in Westfalen, in den Kreisen Essen, Duisburg und Rees der Rheinprovinz sowie in den vor 1815 preußischen Teilen der Provinz Hannover (z.B. Ostfriesland) mit seinen wesentlichen privatrechtlichen und öffentlichrechtlichen Teilen bis zum 1. Januar 1900. Es blieb außerdem bis zur Einführung des Bürgerlichen Gesetzbuches auch in den 1791 an Preußen abgetretenen, 1806 bzw. 1810 an Bayern gefallenen fränkischen Fürstentümern Ansbach und Bayreuth erhalten.

Einer wissenschaftlichen Auseinandersetzung und Bearbeitung wurde das ALR erst relativ spät für wert befunden. Dies hatte mehrere Gründe. Zum einen war die umfassend bevormundende, sterile Kasuistik kaum dazu angetan, wissenschaftliches Interesse zu wecken. Zum anderen blieb die Wissenschaft durch das Gesetz selbst ausgesperrt. Dies wurde ausdrücklich durch das Verbot richterlicher Rechtsfortbildung verordnet. Bis 1798 war sogar die Auslegung durch Präjudizien und Kommentare untersagt. Das sog. Kommentierungsverbot des § 6 der Einleitung („Auf Meinungen der Rechtslehrer oder ältere Aussprüche der Richter soll bey künftigen Entscheidungen keine Rücksicht genommen werden“) war die Konsequenz des Lückenlosigkeitsprinzips als Wesenselement einer vernunftrechtlich-absolutistischen Kodifikation. *Friedrich Carl von Savigny* (1779–1861), dem führenden Zivilrechtslehrer dieser Zeit blieb es vorbehalten, das ALR vor der drohenden Isolierung zu bewahren. Derselbe Savigny, der noch 1816 (in einem Brief an seinen Schwager *Achim von Arnim*) die preußische Kodifikation als „in Form und Materie eine Sudeley“ bezeichnet hatte, begann im Wintersemester 1819/1820 erstmals an der Berliner Universität mit Vorlesungen über das ALR. Dadurch gewann das Gesetz wieder Anschluss an die zeitgenössische Wissenschaft. Seit 1826 wurde es an allen preußischen Universitäten gelehrt und zum Prüfungsfach erklärt. Damit begann eine wissenschaftlich außerordentlich fruchtbare Epoche. Sie erreichte in den monumentalen pandektistisch-systematischen Darstellungen des preußischen Privatrechts von *Franz August Alexander Foerster* (1819–1878) oder *Heinrich Dernburg* (1829–1907) ihre rechtsdogmatischen Höhepunkte.

Schrifttum: *H. Thieme*, Zum 175. Geburtstag des Allgemeinen Landrechts, JuS 1969, 359ff. – *W. Wagner*, Die Wissenschaft des gemeinen römischen Rechts und das ALR für die Preußischen Staaten, in: Wissenschaft und Kodifikation I, 119ff. – *G. Landwehr*, Das Allgemeine Landrecht in der Rechtspraxis seiner ersten Jahre, in: Das nachfriderizianische Preußen 1786–1806, hg. v. H. Hattenhauer u. G. Landwehr (1988), 67ff. – *W. Süss*, Heinrich Dernburg. Ein Spätpandektist im Kaiserreich (1991), 46ff.

IV. Frankreich

1. Zweigeteiltes Rechtsgebiet

Frankreich war bis zur napoleonischen Zeit kein einheitliches Rechtsgebiet. Es bestand aus zwei großen, historisch gewachsenen Rechtsprovinzen: Nord- und Zentralfrankreich als die „pays du droit coutumier", der Süden als die „pays du droit écrit". Die Grenze verlief etwa von der Gironde-Mündung bis Genf quer durch Frankreich.

Vermittelt durch die westgotisch-burgundischen Volksrechte, insbesondere das „Breviarium" Alarichs II., stand Südfrankreich bis in das 12. Jahrhundert hinein in der Tradition des spätantiken römischen Rechts, dessen Kenntnisse hier niemals völlig abgerissen waren. Seit der Rezeption des oströmischen Corpus iuris Justinians trafen deshalb die Lehren der Juristen an den Rechtsschulen von Toulouse und Montpellier auf ein starkes Interesse und konnten auf die Rechtsentwicklung der südlichen Provinzen unmittelbar einwirken. Begünstigt auch durch die Rechtsprechung bildete sich eine gefestigte gelehrte Praxis aus, die – bezogen auf die Schriftlichkeit der römischen Quellen – als gemeiner droit écrit die lokalen Rechtsgewohnheiten ergänzte.

Dagegen standen Nord- und Zentralfrankreich unter dem Einfluss der das römische Recht weitgehend verdrängenden Rechte der germanisch-fränkischen Staatsgründungen. Dort galten neben vereinzelten Rechtsaufzeichnungen, wie z.B. der „Lex Salica", vorwiegend die auf burgundische, fränkische und normannische Rechtsschichten zurückgehenden, lokalen Modifikationen unterworfenen mittelalterlichen Rechtsgewohnheiten. Diese sog. „Coutumes" (lat. *consuetudo* – Gewohnheit) gründeten sich auf jahrhundertelange mündliche Überlieferungen und waren kraft ihrer ununterbrochenen Anwendung geltendes Recht.

Der Gegensatz zwischen den Rechtsordnungen der beiden Rechtsgebiete war keineswegs so scharf, wie dies die Bezeichnungen droit écrit und droit coutumier zum Ausdruck bringen. Selbst im Norden kannte man – vermittelt durch die gelehrte ultramontane Jurisprudenz an der Universität Orléans – das römische Recht; es hatte auch dort als „raison écrit" eine gewisse Bedeutung erlangt. Im Ganzen hielten sich jedoch die Einwirkungen des römischen Rechts in Grenzen. Dazu hat entscheidend die Rechtsprechung des königlichen Pariser Gerichtshofs (*Parlement de Paris*) beigetragen. Seit dem 14. Jahrhundert als „Parlement de France" ständig tagend, mit einer eigenen Abteilung für den droit écrit, entwickelte es sich allmählich zu einem Obergericht für die provinziellen Gerichtshöfe. Damit war eine weitgehend einheitliche Rechtsfeststellung und -fortbildung unter der Kontrolle des Parlement gewährleistet.

Die französischen Könige haben diese Entwicklung gezielt gefördert. Schon 1454 hatte die von *Charles VII* (1422–1461) erlassene Ordonnance von Montils-les-Tours zur Herstellung einer „bon ordre de justice" den Landesherren die Aufzeichnung aller „coustumes, usages et stiles de tous le pays de nostre royaumes" zur Pflicht gemacht. Mit dieser Verfügung kam zugleich die Zeit der privaten Rechtsaufzeichnungen zum Abschluss. Zu den wichtigsten Arbeiten dieser sog. „coutumiers" (*livres de pratique*) gehören: das u.a. die „Coutumes von Orléans" behandelnde „Livre de Jostice et de Plet" (um 1260), die „Coutumes de Beauvaisis" (um 1238) von *Philippe de Beaumanoir*, die vom gelehrten Recht bereits beeinflusste „Somme rural" des königlichen Bailli (Richter) *Jehan le Boutillier* (um 1395) und der „Grand coutumier de France" des Bailli *Jacques d'Ableiges* (um 1388).

Die zu Ende des 14. Jahrhunderts einsetzenden wissenschaftlichen Bemühungen um die „coutumes" gaben Anstöße zu weiteren Fixierungen und Vereinheitlichungen der lokalen Rechtsgewohnheiten. Die 1510 amtlich redigierte „Coutume de Paris" wurde für die französische Rechtsentwicklung richtungweisend. Maßgeblichen Anteil daran hatte der Anwalt beim Gerichtshof von Paris (Parlement de Paris) *Charles Dumoulin (Molinaeus*, 1500–1566), der eine Zeit lang auch in Tübingen römisches Recht gelehrt hatte und ein gesuchter Rechtsgutachter war. Von im stammt der bedeutende wissenschaftliche Kommentar zur Pariser Coutume (1539), die erst 1580 unter dem Parlement-Präsidenten *Christofle de Thou* (1508–1582) abschließend reformiert wurde. Die Coutume wurde Grundlage des vom römischen Recht beeinflussten gemeinfranzösischen Gewohnheitsrechts (*droit commun coutumier*), das im Norden Frankreichs einheitlich galt. Das wachsende wissenschaftliche Interesse an dem droit coutumier rief unter dem Einfluss des procureur fiscal des Herzogs von Nevers *Guy Coquille* (Conchyleus, 1523–1603) und des Pariser Parlement-Advokaten und Cujas-Schülers *Antoine Loisel* (1536–1617) eine neue Richtung ins Leben. Ihr Ziel war die Vereinheitlichung der coutumes mittels der Methoden der humanistischen Jurisprudenz, um auf diesem Wege zu einem „droit commun français" in Konkurrenz zum römischen Recht zu gelangen.

Seit dem 16. Jahrhundert nahmen auch die französischen Könige, die ihre Souveränität gegenüber dem Reich und dem römischen Kaisertum zunehmend verfestigten, durch zahlreiche Gesetze und Verordnungen (*ordonnances*) Einfluss auf die Rechtsordnung im Sinne einer merkantilistischen Wirtschaftspolitik. Ursächlich dafür war die große Rechtszersplitterung der Coutumes und die dadurch bedingte allgemeine Rechtsunsicherheit. Eine umfassende Vereinheitlichung des gesamten französischen Rechts sollte Abhilfe schaffen. Zu diesem Zweck wurde 1667 unter *Louis XIV* durch die „Ordonnance civile von St. Germain-en-Laye" das Zivilprozessrecht redigiert – eine wichtige Voraussetzung für die Bereinigung des materiellen Rechts. 1670 folgte die „Ordonnance criminelle", die das Strafrecht und Strafprozessrecht einheitlich regelte. Die erste entscheidende Vorbereitung für ein einheitliches Handelsrecht traf 1673 die „Ordonnance du commerce" (*Code Marchand*). Sie wurde auch als „Code Savary" bekannt und erinnerte mit dieser Bezeichnung an den maßgebenden Einfluss des Pariser Kaufmanns *Jacques Savary* (1622–1690), den dieser als Kommissionsmitglied bei der Schaffung des Gesetzes genommen hatte. Mit der vom Fachwissen des Marineministers und Wirtschaftspolitikers *Jean-Baptiste Colbert* (1619–1683) geprägten „Ordonnance de la marine" wurde 1681 schließlich die Einheit des Handels- und (privaten wie öffentlichen) Seerechts vollendet. Beide Gesetze enthielten erstmals umfassende Regelungen eines eigenen, besonderen Rechtsgebietes. Die französische Handelsrechtswissenschaft nahm sie zum Anlass zahlreicher grundlegender, theorie- ebenso wie praxisbezogener Bearbeitungen und begründete auf diese Weise ihre spätere Führungsrolle in Europa. Dagegen konnte der von *Henri-François Daguesseau* (1668–1751), dem Kanzler Louis XV gefasste Plan einer einheitlichen Kodifikation des gesamten französischen Privatrechts aus politischen Gründen nicht verwirklicht werden. Er führte lediglich zu einer einheitlichen Teilgesetzgebung über Schenkungen, Testamente und fideikommissarische Substitutionen durch die Ordonnanzen von 1731, 1735 und 1748.

Nachhaltiger als das römische Recht wirkte das rationalistische Naturrecht auf das französische Recht ein. Herausragende Verfechter dieser Richtung waren *Jean Domat* (1625–1696) und *Robert-Joseph Pothier* (1699–1772). Beide haben das altfranzösische Recht vernunftrechtlich neu durchdacht und systematisch bearbeitet. Pothiers hauptsächlich dem Vertragsrecht gewidmete Arbeiten prägten maßgeblich die wissenschaftlichen Grundlagen der Kodifikation des Privatrechts im späteren Code civil. Seine Charakterisierung als „père du Code civil" trifft zwar zu, verdeckt allerdings den Anteil von Domat und Daguesseau.

Schrifttum: *Zweigert/Kötz*, Rechtsvergleichung, 73ff. – Handbuch II 2, 200ff. (*Dölemeyer*) – *D. Anex-Cabanis*, LexMA III (Coutume, Coutumier), 323ff. – *H. Mitteis*, Die germanischen Grundlagen des französischen Rechtes, SZGerm 63 (1943), 137ff. – *W. Wilhelm*, Gesetzgebung und Kodifikation in Frankreich im 17. und 18. Jahrhundert, Ius Commune I (1967), 241ff. – *J.L. Thireau*, Charles Du Moulin (1500–1566). Etude sur les sources, la méthode, les idées politiques et économiques d'un juriste de la Renaissance (1980), 23ff., 128ff. – *J.A. Carey*, Judicial reform in France before the revolution of 1789 (1981), 8ff. (49ff.) – *J. Gilissen*, La coutume (1982), 24ff., 55ff. – *J.-L. Halpérin*, L'impossible code civil (1992), 37ff. – *K. Luig*, Institutionenlehrbücher des nationalen Rechts im 17. und 18. Jahrhundert, in: Römisches Recht, Naturrecht, Nationales Recht (1998), 361*ff.

2. Revolutionsgesetzgebung

Die Französische Revolution hatte mit Beseitigung der Provinzen und Aufhebung der Universitäten nur vorübergehend diese Rechtsentwicklung unterbrochen. Theoretisch vorbereitet durch die Lehren von *Montesquieu* und *Voltaire* sowie die Enzyklopädisten um *Diderot* begann der neue Staat, auf den Überresten der alten Rechts- und Sozialordnung die radikalen Forderungen von Revolution und Aufklärung zu realisieren. Die Aufhebung der Feudalrechte erfolgte am

4. August 1789, der Adel wurde mit Dekret vom 9. Juni 1790 abgeschafft, die Vorrechte der Männer und Erstgeborenen fielen am 15. März 1790 sowie am 8. April 1791. Die Frage der Schaffung eines einheitlichen gemeinfranzösischen Zivilrechts wurde schon seit den sechziger Jahren des 18. Jahrhunderts öffentlich diskutiert (*Cahiers de doléance* von 1789, „Beschwerdehefte" der ständischen Wahlversammlungen). Die Revolution griff das Reformprojekt sofort auf und erklärte es zu einem nationalen Anliegen. Die Verfassunggebende Nationalversammlung verkündete in Artikel 1 der Verfassung vom 3. September 1791: „Es soll ein Zivilgesetzbuch für das gesamte Königreich geschaffen werden". Daraufhin setzte eine lebhafte Tätigkeit der gesetzgebenden Körperschaften ein, um dieses Programm zu verwirklichen.

Die Gesetze der Revolutionszeit waren Maßnahmegesetze und Spezialgesetzgebungsakte. Als solche wurden sie von den politischen Bedürfnissen des Tages diktiert. Aus dem Gesamtzusammenhang und System gerissen, standen sie weitgehend unverbunden neben den Resten des fortgeltenden feudalen Rechts. Dieses sog. „Zwischenrecht" (*droit intermédiaire*) war seit dem Zusammentritt der Verfassunggebenden Versammlung (1789) und der Machtübernahme Napoleons (Ende 1799) unaufhörlich produziert worden. Seine umfassende Vereinheitlichung erschien unabweisbar, scheiterte vorerst noch an den instabilen politischen Gegebenheiten. Drei in den Jahren 1793, 1794 und 1796 von *Jean-Jacques-Régis de Cambacérès* (1753–1824), Mitglied des Nationalkonvents und späterer Präsident des Wohlfahrtssauschusses, ausgearbeitete Entwürfe für einen Code civil wurden vom Konvent bzw. vom „Rat der Fünfhundert" verworfen. Ein weiterer im Conseil d'Etat unter Verantwortung des inzwischen zum Justizminister und Zweiten Konsul aufgestiegenen Cambacérès beratener Entwurf basierte auf seinen drei früheren Entwürfen und wurde später von Napoleons Kultusminister *Jean-Etienne-Marie Portalis* (1745–1807) als ein Meisterwerk der Methode und Gesetzestechnik bezeichnet.

Schrifttum: *Zweigert/Kötz*, Rechtsvergleichung, 80ff. – *A.J. Arnaud*, Les origines doctrinales du Code civil français (1969), 125ff., 141ff. – *J. Sandweg*, Rationales Naturrecht als revolutionäre Praxis (1972), 121ff. – *R. Badinter* (Hg.), Une autre justice: Contributions à l'histoire de la justice sous la Révolution française (1989) – *J.-L. Halpérin*, L'impossible code civil (1992), 77ff.

3. Code civil v. 1804

Erst unter dem Konsulat gelang auf der bereits durch das Direktorium geschaffenen Grundlage die Versöhnung der neuen Wirtschafts- und Eigentumsordnung mit der Gesellschaftsverfassung des Ancien Régime. Sie wurde durch eine Kodifikation bestätigt.

Diese Gesetzgebung basierte auf den wichtigen Vorarbeiten einer aus hohen Richtern und Verwaltungsbeamten bestehende Viererkommission, in der *Jean-Etienne-Marie Portalis* (neben *François Denis Tronchet*, *Felix Julien Jean Bigot-Préameneu* und *Jacques de Maleville*) eine bedeutende Stellung erlangte. Der nach vier Monaten bereits vorliegende Entwurf verband die Errungenschaften der Revolution, insbesondere das liberale Wirtschaftssystem und die Sicherung des in der Revolutionszeit erworbenen Eigentums mit den bewährten Rechtsprinzipien der französischen Jurisprudenz. Die im Conseil d'Etat unter dem Vorsitz eines Konsuls eingehend beratene Kodifikation verschmolz die mittelalterlichen Elemente der französischen Coutumes und Ordonnances des Ancien Régime (vor allem im Familien-, Sachen- und Erbrecht) mit den im droit écrit verarbeiteten Einflüssen des römischen Rechtsdenkens (vornehmlich im Obligationenrecht) und mit den Naturrechtsprinzipien (privatrechtliche Garantie der Grundrechte) zu einer neuen Einheit. Sie brachte eine Synthese zwischen dem droit coutumier und dem droit écrit. Im Gegensatz aber zu den ersten, auf Domat zurückgehenden Entwürfen dominierte in der letzten Phase der Gesetzgebung das klassische System des Romanisten Pothier. Die in langer Entwicklung gereiften Rechtsgedanken verbanden sich mit dem praktischen Blick für die Bedürfnisse des Lebens, der den Ersten Konsul *Napoléon Bonaparte* auszeichnete. Napoleon wirkte tatkräftig an den Beratungen mit. Von 102 Sitzungen des Conseil d'Etat hat er 59 als Vorsitzender geleitet. Am 21. März 1804 trat das Gesetzbuch als „Code civil des Français" in Kraft. Wenn es am 3. September 1807 durch Dekret offiziell als „Code Napoléon" neuverkündet wurde, unterstreicht auch dies den maßgebenden Anteil des Kaisers am Zustandekommen der Gesetzgebung.

Schrifttum: *Zweigert/Kötz*, Rechtsvergleichung, 82ff. – *Wieacker*, PGN, 341ff. – *Wesenberg/Wesener*, NPG, 160ff. – *F. Ewald* (Hg.), Naissance du Code Civil (1989) – *E.M. Theewen*, Napoléons Anteil am Code civil (1991), 34ff. – *M.A. Plesser*, Jean Etienne Marie Portalis und der Code civil (1997).

4. Würdigung

Sprache, Stil und Konsequenz im Sachlichen sicherten dem Gesetzbuch eine glänzende Aufnahme. Es war mit seinen 2281 knapp und einprägsam gefassten Artikeln hervorragend geeignet, die Ideen des rationalistischen Naturrechts und das politische Programm der Revolution weltweit zu verbreiten. Vorbilder für das klare und durchsichtige System des Code waren die dogmatischen Vorarbeiten der französischen „eleganten" Jurisprudenz. Der Aufbau orientiert sich an dem gaianisch-justinianischen Institutionengrundmuster des Personen-, des weitgefassten Sachen- und Obligationenrechts und bringt im *ersten* Buch – im Gegensatz zum preußischen ALR – das gesamte Familien-, Ehe- und Vormundschaftsrecht (Des Personnes). Das *zweite*, dem Sachenrecht gewidmete Buch regelt das Eigentum und die beschränkten dinglichen Nutzungsrechte an fremden Sachen (Des Biens et des différentes Modifications de la Propriété). Das weitgespannte *dritte* Buch behandelt unter den verschiedenen Eigentumserwerbsarten zunächst das Erbrecht. Es folgt das Vertragsrecht mit den verschiedenen schuldrechtlichen Rechtsgeschäften (Obligationen) einschließlich der güterrechtlichen Verträge, ferner Regeln über die Sicherung und Durchsetzung der Rechte, das Pfandrecht, die Hypotheken und die Verjährung. Der umfangreiche Abschnitt über die Verträge im allgemeinen enthält bereits generelle Regelungen für Willenserklärungen und Schuldverhältnisse (Des différentes Manières dont on acquiert la Propriété). Nach neuesten Forschungen kann an dem bislang geläufigen Bild vom Code civil als Denkmal eines triumphierenden Individualismus und Liberalismus sowie als demokratisches Werk nicht mehr festgehalten werden. In Wahrheit war das Gesetzbuch repressiv und weniger demokratisch als bürgerlich ausgefallen (P. Caroni) und wird gegenwärtig realistisch als Ausschnitt einer etatistischen, merkantilistisch geprägten Gesetzgebung identifiziert (A. Bürge).

Der ausschließlich das Privatrecht regelnde Code civil bildete nur den Auftakt zu weiteren vernunftrechtlichen Kodifikationen. Schon 1806 folgte der „Code de procédure civile" (Zivilprozessrecht), 1807 der „Code de commerce" (Handelsrecht), 1808 der „Code d'instruction criminelle" (Strafverfahrensrecht) und 1810 der „Code pénal" (Strafrecht). Mit dem Vorliegen dieser Gesetze („*les cinq codes*") war das napoleonische Kodifikationswerk im Wesentlichen abgeschlossen.

Das französische Privatrecht des Code wurde in der Folgezeit durch Lehre (*doctrine*) und Rechtsprechung (*jurisprudence*) erfolgreich fortentwickelt und an die geänderten Bedürfnisse des Rechtsverkehrs angepasst. Grundsätzliche und einschneidende Revisionen der Kodifikation waren deshalb entbehrlich. In der Rechtslehre haben dazu zwei methodisch gegensätzliche Richtungen entscheidend beigetragen. Seit 1830 war die positivistische, den Gesetzestext streng an Hand des Kodifikationsvorgangs und des Willens des Gesetzgebers interpretierende „Ecole de l'exégèse" herrschend (ihr Leitmotiv nach dem Pariser Professor J. Bugnet: „On parle du droit civil. Je ne connais pas le droit civil; je n'enseigne que le Code Napoléon"). Sie wurde 1880 durch die dogmatisch-systematische „Ecole de la libre recherche scientifique" abgelöst, die dem Richter eine freiere Stellung gegenüber dem Gesetzeswortlaut einräumte. Hauptgegner des französischen Rechtspositivismus waren die Zivilrechtslehrer *Raymond Saleilles* (1855–1912) in Paris und *François Gény* (1861–1959) in Nancy. Der Letztgenannte gab der Schulrichtung ihren Namen. Er wurde international bekannt durch sein Werk „Méthode d'interprétation et sources en droit privé positif" (1899), in dem er für eine freiere, gegebenenfalls auch Rechtsentscheidungen aus der „Natur der Sache" (la nature de choses) ableitende, wertorientierte und eigenverantwortliche richterliche Rechtsfindung eintrat. Die gegenwärtige Doktrin hat eine zwischen beiden Richtungen vermittelnde Stellung bezogen.

Schrifttum: Le Code civil (1804–1904) – Livre du Centenaire I (1904), 5ff. – *G.E. Hubrecht*, Das französische Zivilrecht: Eine Einführung (1974) – *K.H. Neumayer*, Die wissenschaftliche Behandlung des kodifizierten französischen Zivilrechts bis zur Dritten Republik, in: Wissenschaft und Kodifikation I, 173ff. – *J. Gilissen*, Introduction historique au droit (1979), 470ff. – *P. Caroni*, „Privatrecht" (1988), 80ff. – *A. Bürge*, Das französische Privatrecht im 19. Jahrhundert (1991) – *ders.*, Der Einfluß der Pandektenwissenschaft auf das französische Privatrecht im 19. Jahrhundert, in: Europäische Rechts- und Verfassungsgeschichte 3 (1991), 221ff. – *ders.*, Der Code de commerce in Frankreich – traditionaler Geist im liberalen Umbruch, ZHR-Beihefte 66 (1993), 119ff. – *P. Kayser,* La vie et l'oeuvre de François Gény, Quaderni Fiorentini 20 (1991), 53ff. – *J.-L. Halpérin*, Histoire du droit privé français depuis 1804 (1996) – *B.-R. Kern*, Die französische Gesetzgebung unter Napoleon, JuS 1997, 11ff.

5. Weltweite Rezeption des Code Napoléon

Die napoleonischen Kodifikationen wirkten unmittelbar oder als Vorbild für eine entsprechende nationale Gesetzgebung weit über die

Grenzen Frankreichs hinaus. Dafür waren zunächst politische Gründe maßgebend. Frankreich hatte sich unter Napoleon erheblich vergrößert und seine Grenzen bis an den Rhein, in Norddeutschland bis nach Hamburg und über ganz Westitalien ausgedehnt. Zudem drängte Napoleon seine Vasallenstaaten, die französische Gesetzgebung zu übernehmen.

In den linksrheinischen Gebieten Deutschlands, die 1801 nach dem Frieden von Lunéville an Frankreich abgetreten worden und Teile des französischen Staatsgebiets waren, trat der Code civil 1804 automatisch in Kraft. Nach der Gründung der Rheinbundes (1805) führte von den Rheinbundstaaten nur das Großherzogtum Baden 1810 den Code civil in einer amtlichen Übersetzung als „Badisches Landrecht" ein. Den Rechtsbesonderheiten des Landes wie der gemeinrechtlichen Rechtskultur trugen allerdings verschiedene Zugeständnisse Rechnung: rund 500 dem gemeinen und älteren badischen Landesrecht entlehnte Zusätze, der von der französischen Vorlage häufig abweichende deutsche Gesetzeswortlaut sowie das Subsidiaritätsgebot, das dem gemeinen Recht neben dem Code Fortgeltung garantierte. Andere Rheinbundstaaten – wie Württemberg und Bayern – hatten ähnliche Pläne, die aber nach dem Sturz Napoleons gegenstandslos wurden. Nach dem Zusammenschluss im Deutschen Bund (1815) blieb der Code civil linksrheinisch in Rheinpreußen, Rheinhessen und Rheinbayern in Kraft.

Die Geltung des französischen Rechts in Baden und im Rheinland (bis zum Inkrafttreten des Deutsche Bürgerlichen Gesetzbuchs am 1. Januar 1900) hatte notwendigerweise zur Folge, dass sich auch deutsche Juristen sowohl in der Wissenschaft wie in der Praxis eingehend mit dem Code civil beschäftigten mussten. Führend in der literarisch-dogmatischen Behandlung des französischen Rechts wurde der Heidelberger Zivilrechtslehrer *Carl Salomo Zachariä von Lingenthal* (1765–1843). Sein seit 1808 erschienenes „Handbuch des französischen Civilrechts" behandelte das französische Privatrecht systematisch und abgelöst von der Legalordnung des Gesetzes nach der wissenschaftlichen Methode der deutschen Zivilistik. Dieses auch von französischen Juristen anerkannte Werk hatte größten Einfluss auf die Rechtsprechung.

In Luxemburg und Belgien, die aus habsburgischer Herrschaft an Frankreich gefallen waren, sowie in dem (Belgien einschließenden)

Königreich der Vereinigten Niederlande blieb der Code civil zunächst in Kraft. Er wurde in Holland erst nach der Loslösung Belgiens (1830) durch ein nach seinem Muster (in weitgehend wortgetreuen Übersetzungen) in holländischer Sprache abgefasstes Zivilgesetzbuch (*Burgerlijk Wetboek*) ersetzt (1838). Dagegen galt er im 1830 selbständig gewordenen Belgien mit eigenständigen Fortbildungen und Ergänzungen (z.B. 1851 das Hypothekenrecht) in der französischen Fassung.

Die französischen Kodifikationen fanden auch ins Großherzogtum Warschau Eingang. Dort wurden sie nach den Freiheitskriegen jedoch nur in der preußisch gewordenen Provinz Posen zugunsten des ALR beseitigt. Dagegen galt auf dem Gebiet des Eherechts der Code civil in dem auf dem Wiener Kongress (1814/15) gebildeten Königreich Polen (sog. Kongresspolen), das in Personalunion mit Russland stand, bis nach dem Zweiten Weltkrieg.

Nach dem Vorbild oder im Gefolge der Verbreitung der französischen Kodifikation wurden ab Mitte des 19. Jahrhunderts in Rumänien (1863), Portugal (1867) und Spanien (1888/1889) Gesetzbücher in der Landessprache eingeführt. In der Einflusszone des Code civil nimmt Italien eine Sonderstellung ein. Während das Zivilgesetzbuch des (1861 ausgerufenen) Königreichs Italien von 1865 – wie die gesamte italienische Gesetzgebung – noch unter unmittelbarer Einwirkung der napoleonischen Kodifikation stand, nahm der „Codice civile" von 1942 eine Mittelstellung zwischen französischem Recht und eigenständigen, modernen Rechtsbildungen (z.B. Allgemeine Geschäftsbedingungen) ein, die das ältere deutsche wie französische Gesetzbuch noch nicht kannte.

Der Code civil war auch unmittelbares bzw. mittelbares Vorbild für die meisten Zivilrechtskodifikationen der lateinamerikanischen Staaten, die erst im 20. Jahrhundert teilweise neue Wege einzuschlagen begannen (z.B. Brasiliens [1916] und Perus [1936] auch vom Deutschen Bürgerlichen Gesetzbuch beeinflusster „Codigo civil"). Gleiches gilt für die Staaten des ehemaligen französischen Kolonialreichs im Nahen Orient (Ägypten, Syrien, Libanon), in Afrika und Ostasien (Indochina, Ozeanien), darüber hinaus auch für das Privatrechtsgesetzbuch des aus spanisch-französischer Herrschaft hervorgegangenen US-amerikanischen Bundesstaates Louisiana (1808) und der kanadischen Provinz Québec (1886).

Schrifttum: Handbuch III 1, 297ff. (*Ranieri*), 513ff., 737ff. (*Scholz*), 1089ff., 1171ff., 1223ff. (*Holthöfer*); III 2, 1440ff. (*Dölemeyer*) – Le Code Civil (1804–1904) – Livre du Centenaire II (1904), 587ff. – *Zweigert/Kötz*, Rechtsvergleichung, 96ff. – *E. Fehrenbach*, Traditionale Gesellschaft und revolutionäres Recht (1974) – *W. Schubert*, Französisches Recht in Deutschland zu Beginn des 19. Jahrhunderts (1977), 12ff., 70ff. – *ders.*, Das französische Recht in Deutschland zu Beginn der Restaurationszeit (1814–1820), SZGerm 94 (1977), 129ff. – *H.-J. Becker*, Das Rheinische Recht und seine Bedeutung für die Rechtsentwicklung in Deutschland im 19. Jahrhundert, JuS 1985, 338ff. – *ders.*, Die bayerische Rheinpfalz und das rheinische Recht, in: Philipp Jakob Siebenpfeiffer und seine Zeit im Blickfeld der Rechtsgeschichte, hg. v. E. Wadle (1991), 19ff. – *R. Schulze*, Rheinisches Recht und europäische Rechtsgeschichte (1998).

V. Österreich

1. Kodifikationspläne und Vorarbeiten

Schon unter *Leopold I.* (1658–1705) wurde 1671 eine gesamtstaatliche Vereinheitlichung des Rechts der Länder und Nationen der *Habsburger Monarchie* durch *Gottfried Wilhelm Leibniz* (1646–1716) angeregt (*Codex Leopoldinus*), der Mitglied des Reichshofrats in Wien war. Die österreichischen Kodifikationsbestrebungen förderte auch eine private Sammlung kaiserlicher Mandate und Dekrete im sog. *Codex Austriacus* (1704–1777). Die Arbeiten nahmen jedoch erst nach der Zentralisierung der Justizverwaltung der habsburgischen Erbländer in der 1749 in Wien errichteten Obersten Justizstelle konkrete Formen an.

1753 setzte *Maria Theresia* (1740–1780) eine Kompilationshofkommission ein, die das Privatrecht aller Erbländer (d.h. ausgenommen die italienischen und ungarischen Nebenländer) zu vereinheitlichen hatte (*jus privatum certum et universale*). Dabei sollte das geltende Landesrecht mit dem Naturrecht als dem „allgemeinen Recht der Vernunft" unter Beachtung des österreichischen Rechts des Usus modernus verbunden und zur Grundlage des Gesetzgebungswerks gemacht werden. Hauptreferent der Kommission war der Landesadvokat und spätere Professor der praktischen Rechtslehren an der Universität Prag *Joseph von Azzoni* (1712–1760).

Erst nach den schlesischen Kriegen und nach Azzonis Tod konnte sein Schüler, der Hofrat beim Directorium in Wien *Johann Bernhard (Ritter) von Zencker* (1785) als Referent die Arbeiten fortführen und 1766 einen aus sechs Foliobänden bestehenden Entwurf des sog.

„Codex Theresianus“ vorlegen. Dieser folgte im Aufbau dem gaianischen Institutionensystem, war entsprechend seinem Umfang eine wissenschaftliche Materialsammlung und hatte lehrbuchhaften Charakter. Nach dem Votum des österreichischen Staatsrats war der Codex als Gesetzbuch völlig ungeeignet. Maria Theresia schloss sich dem an, befahl 1772 Kürzungen und die Umarbeitung nach Maßgabe rechts- und gesetzgebungspolitisch bedeutsamer Richtlinien, so z.B. dass man „sich nicht an die Römischen Gesetze binden, sondern überall die natürliche Billigkeit“ zur Grundlage machen sollte. Ein daraufhin 1786 vom Hofrat *Johann Bernhard von Horten* (1735–1786), einem Schüler Martinis, für das Personen- und Familienpersonenrecht ausgearbeiteter Entwurf war radikal gekürzt und lediglich eine Teilkodifikation („Allgemeines bürgerliches Gesetzbuch I. Teil“. Er wurde zum 1. Januar 1787 durch *Joseph II.* (1765–1790) in den deutschen Erbländern als „Josephinisches Gesetzbuch“ probeweise in Kraft gesetzt. Die Kritik an diesem Gesetz war verheerend.

2. Allgemeines Bürgerliches Gesetzbuch v. 1811

Nach dem Tode Josephs II. (1790) beschäftigte sich eine neue, von seinem Bruder und Nachfolger *Leopold II.* (1790–1792) eingesetzte Kommission mit der kodifikatorischen Bearbeitung der noch ausstehenden Teile des Codex Theresianus. Die Leitung hatte der Justizpolitiker und Professor für Naturrecht, Institutionen und Geschichte des Römischen Rechts an der Universität Wien *Carl Anton von Martini* (1726–1800). Für die österreichische Zivilgesetzgebung bedeutete dies einen Wendepunkt. Das Naturrecht begann die gemeinrechtlichen Grundlagen, die für die Vorentwürfe charakteristisch waren, zu verdrängen. 1796 lag ein neuer sog. „Urentwurf“ vor. Darin waren das ältere Naturrecht und das römische Recht kritisch verwertet, der Entwurf Hortens sowie das preußische ALR berücksichtigt. Der Urentwurf wurde 1797 im annektierten Westgalizien, dem jüngsten Erbland der Monarchie, als „Bürgerliches Gesetzbuch für Westgalizien“ eingeführt, jedoch nicht primär probeweise, vielmehr weil dort die Rechtssituation mit einer Vielzahl selbständiger Gerichtsbezirke mit eigenem Recht unübersichtlich und unhaltbar geworden war. Nach neueren Forschungen trat das Gesetzbuch auch in Ostgalizien sowie in der Bukowina in Kraft (1. Januar 1798) und galt deshalb – entgegen der üblichen (irreführenden) Bezeichnung „Westgalizisches Gesetzbuch“ – in ganz Galizien (W. Brauneder).

Eine 1797 eingesetzte Gesetzgebungskommission führte die Kodifikationsarbeiten weiter. Die Hauptlast trug als ständiger Referent der Wiener Professor *Franz Anton Felix von Zeiller* (1751–1828), Schüler und Nachfolger Martinis auf der Naturrechtslehrkanzel. Lehrer und Schüler gelten beide als die eigentlichen Schöpfer der Kodifikation. Diese war nach drei Lesungen (1801–1806, 1807–1808, 1809–1810) fertiggestellt und wurde am 1. Juni 1811 als „Allgemeines Bürgerliches Gesetzbuch für die gesamten Deutschen Erbländer der Österreichischen Monarchie" (ABGB) verkündet. Am 1. Januar 1812 trat das Gesetz in dem damals erheblich verkleinerten Staatsgebiet (außer Ungarn) in Kraft und ersetzte das gemeine römische Recht, das Josephinische (1787) sowie das Westgalizische Gesetzbuch (1797).

Schrifttum: *Wieacker*, PGN, 335ff. – *Brauneder*, Juristen, 73ff., 77ff., 97ff. – *H. Conrad*, Rechtsstaatliche Bestrebungen im Absolutismus Preussens und Österreichs am Ende des 18. Jahrhunderts (1961), 27ff. – *H. Strakosch*, Privatrechtskodifikation und Staatsbildung in Österreich (1753–1811), (1976), 26ff., 38ff., 72ff. – *G. Kocher*, Höchstgerichtsbarkeit und Privatrechtskodifikation (1979), 78ff. – *W. Brauneder*, Das ABGB von 1811, Gutenberg-Jahrbuch 1987 (1987), 205ff. *ders.*, Das Galizische Bürgerliche Gesetzbuch, in: Naturrecht und Privatrechtskodifikation, hg.v.H. Barta u.a. (1999), 303ff. – *M. Hebeis*, K.A. von Martini (1726–1800). Leben und Werk (1996) – *G. Wesener*, Die Rolle des Usus modernus pandectarum im Entwurf des Codex Theresianus, in: FS K. Kroeschell (1997), 1363ff.

3. Würdigung

Das ABGB ist – nach modernen Maßstäben – ein hervorragendes Gesetz. Schon der erste Entwurf eines bürgerlichen Gesetzbuches für das Königreich Sachsen von 1853 hatte es zum Vorbild genommen. Die vernunftrechtliche Konzeption nimmt eine Mittelstellung zwischen den privatrechtlichen Teilen des ALR und dem Code civil ein. In ursprünglich 1502 Paragrafen bringt es nach einer Einleitung (Von den bürgerlichen Gesetzen überhaupt, §§ 1–14) in drei Teilen das Personenrecht einschließlich des Familienrechts, das Sachenrecht (in einem weiteren Sinne) und schließlich die dem Personen- und Sachenrecht gemeinsamen Bestimmungen über die Befestigung, Umänderung sowie Aufhebung der Rechte und Verbindlichkeiten, über Verjährung und Ersitzung. Der umfangreichste zweite Teil ist wiederum in zwei Unterabteilungen gegliedert. Die erste behandelt die dinglichen Rechte einschließlich ihrer Erwerbsgründe, insbesondere des

Erbrechts als Recht auf den Nachlass. Die zweite regelt unter der Bezeichnung „persönliche Sachenrechte" die Schuldverhältnisse, soweit sie nicht, wie Bürgschaft und gewisse allgemeine Lehren des Schuldrechts, dem dritten, gemeinschaftliche Bestimmungen berührenden Teil vorbehalten sind.

Das ABGB ist maßgeblich durch den Vernunftrechtler und Kantianer *Franz von Zeiller* beeinflusst. Der Name des von seinen Zeitgenossen als „Nestor der österreichischen Rechtswissenschaft" Gefeierten ist symbolhaft mit dem ABGB verknüpft. Auch dies unterstreicht seinen Anteil am Zustandekommen des Gesetzes. Nach seiner Berufung in die Gesetzgebungskommission wurden von ihm alle Entwürfe kritisch überprüft und im Sinne einiger Grundthesen Kants umgearbeitet. Unmittelbar auf ihn gehen zahlreiche Detailregelungen, die Einteilung des Gesetzes und das Ausscheiden nichtprivatrechtlicher Vorschriften zurück. Ihm verdankt das ABGB die Lebens- und Praxisnähe als durchgehende Tendenz anstelle übersteigerter vernunftrechtlicher Programmsätze. Allerdings fehlen auch nicht lehrbuchförmige Naturrechtsmaximen, wie etwa: „Jeder Mensch hat angeborne, schon durch die Vernunft einleuchtende Rechte, und ist daher als eine Person zu betrachten" (§ 16). Insgesamt zeigen sich die naturrechtlichen Einflüsse im Wesentlichen im Formalen, etwa in der sprachlichen oder technischen Fassung der Rechtsnormen. Ob das ABGB mit dem Attribut „neuständische Kodifikation" (W. Brauneder) zutreffend charakterisiert ist, ist allerdings nicht unbestritten.

Als reines Privatrechtsgesetzbuch ist das ABGB mit dem Preußischen ALR strukturell nur eingeschränkt vergleichbar. Deutliche Unterschiede zeigen sich in der Gesetzestechnik. Das Rechtssätze des ALR sind überwiegend kasuistisch formuliert. Demgegenüber bevorzugt das ABGB eine ansprechendere und klarere Form der Ausdrucksweise, vor allem eine zur Abstraktheit neigende Kürze und Beschränkung auf flexible allgemeine Grundsätze. In diesem „Sich-Offen-Halten" hat das österreichische Gesetz die bevormundende Kasuistik des ALR überwunden und spätere Rechtsfortbildungen durch Rechtsprechung oder Wissenschaft ermöglicht. Die ideologischen Grundlagen des Gesetzbuchs waren die josephinische Aufklärung und das rationalistische Naturrecht der letzten Phase.

Schrifttum: *Zweigert/Kötz*, Rechtsvergleichung, 156ff. – *U. Floßmann*, HRG (Zeiller) 1637ff. – *Wesenberg/Wesener*, NPG, 163ff. – Forschungsband Franz von Zeiller, hg. v. W. Selb u. H. Hofmeister (1980) – *A. Figal/W. Ellerbrock*, Das Österreichische ABGB vom 1.6.1811, JuS 1988, 519ff. – *P. Caroni*, „Privatrecht" (1988), 86ff. – *W. Brauneder*, Das österreichische ABGB: Eine neuständische Kodifikation, in: FS G. Wesener (1992), 67ff.

4. Wissenschaftliche Bearbeitung und Außenwirkung

Die österreichische Zivilistik und die pandektistische deutsche Wissenschaft bewerteten die wissenschaftliche Dignität des ABGB unterschiedlich. Savigny hatte der Kodifikation mangelnde Wissenschaftlichkeit attestiert und dieses Verdikt hatte Folgen. Noch bis zur Jahrhundertmitte verwaltete die sog. exegetische österreichische Zivilrechtsschule das Gesetzbuch. Ihr war das ABGB „juridisches Evangelium".

Eine folgenreiche wissenschaftspolitische Neuorientierung leitete 1852 der Unterrichtsminister *Leo Graf Thun-Hohenstein* ein. In bewusster Abkehr von Josephinismus und Naturrecht forderte er in seiner berühmten „Schmährede" auf das ABGB die Eingliederung der österreichischen Zivilistik in die deutsche, von der Historischen Schule bestimmte Pandektenwissenschaft. Der zunächst an der Universität Prag (1853) und später in Wien (ab 1856) lehrende Professor *Joseph Unger* (1828–1913) förderte maßgebend diese Hinwendung der österreichischen Zivilistik zur deutschen Historischen Rechtsschule. In seinem dreibändigen Werk „System des österreichischen allgemeinen Privatrechts" (1856 –59) gelang ihm die „Historisierung" bzw. „Pandektisierung" der österreichischen Zivilrechtswissenschaft. Ziele der neuen österreichischen Historischen Schule waren wissenschaftliche Kritik und Interpretation des ABGB nach Maßgabe der historisch-systematischen Methode der deutschen Pandektistik.

Die Ergebnisse dieser nicht am positiven Recht, sondern am römischen Pandektenrecht orientierten begriffsjuristischen Betrachtung werden von der Forschung unterschiedlich bewertet. Die gegenwärtig wohl herrschende Meinung sieht die Folgen der wissenschaftlichen Auseinandersetzung zwischen exegetischer und historischer Schule in einer durchaus günstigen „Verwissenschaftlichung des österreichischen bürgerlichen Rechts" (W. Ogris). Neuere Arbeiten haben aber auch das Klischee von der trockenen exegetischen Jurisprudenz Österreichs als nicht repräsentativ widerlegt und im positiven Sinne korrigiert (W. Brauneder).

Die Versöhnung zwischen Gesetz und Doktrin ermöglichte weitreichende, wenn auch nicht immer systemkonforme Revisionen. Nachdem er von seiner Forderung nach einer Totalrevision des ABGB Abstand genommen hatte, initiierte Joseph Unger punktuelle Revisionen des Gesetzbuchs, die es auch an das gerade erlassene Deutsche Bürgerliche Gesetzbuch anpassen sollten. Das Ergebnis waren schließlich die kriegsbedingt verzögerten „drei Teilnovellen" der Jahre 1914–1916 zum Personen-, Schuld-, Sachen-, Familien-, Vormundschafts- und Erbrecht. Die drei kaiserlichen Notverordnungen erfassten rund 18 % des Regelungsbestandes. Insgesamt haben sie das ABGB keineswegs radikal verändert, vielmehr eher „kosmetisch-systematisch" (E. A. Kramer) dem BGB angeglichen.

Weiterbildungen des ABGB vollzog die neue Gesetzgebung der Nachfolgestaaten der österreichisch-ungarischen Monarchie nach deren Zerfall. Über den Bereich der deutschen Erbländer der Habsburger Monarchie hinaus galt das Gesetzbuch in den ehemaligen österreichischen Landesteilen der früheren Tschechoslowakei, in Galizien, dem ehemals ungarischen Burgenland, bis 1866 in der Lombardei, bis 1871 in Venetien, seit 1852/1853 vorübergehend (bis 1861) im eigentlichen Königreich Ungarn, länger in den ungarischen Nebenländern Siebenbürgen, Kroatien-Slawonien und nur teilweise bzw. subsidiär oder modifiziert in Bosnien und der Herzegowina. Außerhalb Österreichs gilt es (seit 1812) noch im Fürstentum Liechtenstein. Dieses seit 1719 reichsunmittelbare Territorium war nicht Bestandteil der österreichisch-ungarischen Monarchie und hatte umfassend österreichisches Recht rezipiert. Erst nach dem Ersten Weltkrieg (1918) wandte sich Liechtenstein weitgehend schweizerischen und deutschen Vorbildern zu (1923 im Sachenrecht, 1926 im Personen- und Gesellschaftsrecht). Vom ABGB gelten gegenwärtig nur noch das Ehe-, Kindschafts- und Erbrecht.

Mit dieser letzten großen Kodifikation der dritten mitteleuropäischen Großmacht des ausgehenden 18. Jahrhunderts fanden die Gesetzgebungsaktivitäten der Epoche des rationalistischen Naturrechts ihren Abschluss. In der Folgezeit erstarrte das Vernunftrecht. Es zerbrach schließlich mit seinem überzeitlichen Geltungsanspruch an einem gewandelten, neuen Verständnis, dem Historismus. Der Glaube an die gegenwartsgestaltende Kraft der Geschichte führte zu einer Neubestimmung des Rechts als eines historisch legitimierten, den Zeitbedürfnissen ständig unterliegenden gesellschaftlichen Phänomens. Das neue Geschichtsverständnis diskreditierte die naturrechtlichen Kodifikationen endgültig als ahistorische, spekulative, künstliche und unorganische Produkte einer vergangenen Zeit.

Schrifttum: Handbuch III 2, 1775ff. (*Dölemeyer*), 1827ff. (*Kundert*) – *W. Ogris*, Die Wissenschaft des gemeinen römischen Rechts und das österreichische Allgemeine bürgerliche Gesetzbuch, in: Wissenschaft und Kodifikation I, 153ff. – *ders.*, Der Entwicklungsgang der österreichischen Privatrechtswissenschaft im 19. Jahrhundert (1968) – *ders.*, Die historische Schule der österreichischen Zivilistik, in: FS H. Lentze (1969), 449ff. – *H. Slapnicka*, Österreichisches Recht außerhalb Österreichs (1973) – *L. Carlen*, Österreichische Einflüsse auf das Recht in der Schweiz (1977), 10ff. (15ff.) – *B. Dölemeyer*, Die Revision des ABGB durch die drei Teilnovellen von 1914, 1915 und 1916, Ius Commune VI (1977), 274ff. – *dies.*, Die Teilnovellen zum ABGB, in: Kodifikation als Mittel der Politik, hg. v. H. Hofmeister (1986), 49ff. – *dies.*, Die gegenseitige Beeinflussung deutscher und österreichischer Kodifikationen im 19. und 20. Jahrhundert, in: Deutsche in der Habsburger Monarchie, hg. v. H. Rothe (1989), 57ff. – *P. Caroni*, Der unverstandene Meister? Savignys Bemerkungen zum österreichischen ABGB, in: FS H. Baltl (1978), 107ff. – *W. Brauneder,* Privatrechtsfortbildung durch Juristenrecht in Exegetik und Pandektistik in Österreich, ZNR 5 (1983), 22ff. – *E.A. Kramer*, Der Einfluss des BGB auf das schweizerische und österreichische Privatrecht, AcP 200 (2000), 385ff.

§ 6 Die Historische Schule der Rechtswissenschaft

I. Der Kodifikationsstreit zwischen Thibaut und Savigny

Die Kodifikationsbewegung auf den Grundlagen des rationalistischen Naturrechts der Aufklärung fand in Deutschland nach den Freiheitskriegen, mit Beginn der Restauration und der Gründung des Deutschen Bundes (1815) ein vorläufiges Ende. Eine andere leitende Idee trat in den Vordergrund: die politische Forderung nach Einheit und Freiheit der deutschen Nation. Eng mit dem verfassungsrechtlichen Problem verbunden war die Frage der Rechtseinheit. Über das Ziel, die politische Einheit durch eine Vereinheitlichung des Rechtswesens zu vollenden, bestand Konsens. Heftig umstritten blieb jedoch das Verfahren. Auf dem schwierigen Weg zur Privatrechtseinheit dienten die naturrechtlichen europäischen Kodifikationen als natürliche Vorbilder.

Die Forderung nach Schaffung eines allgemeinen Privatrechtsgesetzbuches für Deutschland erhob erstmals publizistisch der Heidelberger Zivilrechtslehrer *Anton Friedrich Justus Thibaut* (1772–1840). In seiner vielbeachteten, Aufsehen erregenden Schrift „Über die Nothwendigkeit eines allgemeinen bürgerlichen Rechts für Deutschland" legte er 1814 die für eine nationale, im Sinne der Aufklärung „weise" Gesetzgebung maßgeblichen Gründe dar. Thibaut argumentierte primär politisch. Die Ideen des gemäßigt Liberalen zur Frage einer Gesetzgebung wurzelten im Rationalismus der Aufklärung im Sinne von *Jean-Jacques Rousseau* (1712–1778). In der Herstellung der staatlichen Einheit Deutschlands sah er die politisch unverzichtbare Vorbedingung für eine ihr notwendigerweise folgende Rechtseinheit. Seine unverhohlen geäußerten Sympathien galten der Französischen Revolution und der napoleonischen Gesetzgebung. In einer Öffentlichkeit, deren neues nationales Bewusstsein aus dem Erlebnis der Befreiungskriege starke Impulse erhielt, fanden seine Forderungen begeisterte Aufnahme.

Mit seinem politischen Postulat hatte Thibaut den damals führenden Zivilrechtslehrer *Friedrich Carl von Savigny* (1779–1861) in Berlin zum Widerspruch provoziert. Dessen Reaktion erfolgte noch im selben Jahre 1814 in einer ebenso berühmt gewordenen Gegenschrift „Vom Beruf unsrer Zeit für Gesetzgebung und Rechtswissenschaft". Darin lehnte Savigny kategorisch das statisch-systematische, materiale Naturrechtsdenken Wolff'scher Prägung ab und damit auch jede Kodifikation als typische rechtspolitische Konkretisierung des unhistorischen Vernunftrechts.

Grundsätzlich war auch Savigny nicht gegen eine Vereinheitlichung des Privatrechts. Im Unterschied zu Thibaut argumentierte er jedoch juristisch-methodisch und attestierte seiner Zeit (noch) mangelnde Reife, die Rechtseinheit durch eine Kodifikation herzustellen. Konsequent setzte er gegen das gekünstelte, geschichtsabgewandte, vom Zweckmäßigkeitsdenken bestimmte Kodifikationsprogramm Thibauts die „Geschichtlichkeit" als Kriterium für ein neues Recht. Die Rechtswissenschaft hielt er für berufen, auf eine künftige Gesetzgebung, wie er sie verstand, vermittelt durch das „geschichtliche Recht" vorzubereiten. Das Vorbild dafür erkannte er im römischen Recht. Zum Medium für die sichere Erkenntnis des richtigen Rechts aus dem historischen erklärte er den sog. „Volksgeist". Savigny beabsichtigte, die geltenden, zersplitterten Privatrechte des Ius proprium behutsam auf der Grundlage des Lehrgebäudes des Ius commune für eine geschichtlich legitimierte, einheitliche Kodifikation vorzubereiten. Nachdem *Immanuel Kant* (1724–1804) die Vorstellung des rationalistischen Naturrechts von der Existenz eines überpositiven Rechts *ohne* geschichtliche Grundlagen spektakulär und überzeugend widerlegt hatte, suchte Savigny die Erneuerung der Jurisprudenz als Wissenschaft wieder in der Geschichtswissenschaft. Geschichte wurde für ihn zum einzigen Weg „zur wahren Erkenntnis unseres eigenen Zustandes", zum entscheidenden, das Wesen der Gegenwart umgreifenden und das gesamte Rechtsleben konstituierenden, es gestaltenden Element.

Schrifttum: *H. Kiefner*, HRG (Savigny), 1313ff. – *Stolleis*, Juristen, 540ff., 610ff. – *H. Kiefner*, Der Einfluß Kants auf Theorie und Praxis des Zivilrechts im 19. Jahrhundert, in: Philosophie und Rechtswissenschaft, hg. v. J. Blühdorn u. J. Ritter (1969), 3ff. – *ders.*, Thibaut und Savigny. Bemerkungen zum Kodifikationsstreit, in: FS R. Gmür (1983), 53ff. – *H. Hattenhauer*, Thibaut und Savigny (1973), 10ff., 20ff. – *ders.*, A. F. J. Thibaut und die Reinheit der Jurisprudenz, Heidelberger Jahrbücher 34 (1990), 20ff. – *H. P. Benöhr*, Politik und Rechtstheorie: Die Kontroverse Thibaut – Savigny vor 160 Jahren, JuS 1974, 681ff. – *H. Coing*, Friedrich Carl von Savigny (1779–1861), JuS 1979, 86ff. – *W. Brugger*, Grundlinien der Kantischen Rechtsphilosophie, JZ 1991, 893ff. – *D. Klippel*, Die Historisierung des Naturrechts, in: Recht zwischen Natur und Geschichte, hg. v. F. Kervégan u. H. Mohnhaupt (1997), 103ff.

II. Die Entstehung der Historischen Rechtsschule

1. Historismus anstelle Vernunftoptimismus

Den Niedergang des Vernunftrechts und der Kodifikationsidee hatten zu Ausgang des 18. Jahrhunderts neue geistige Strömungen vorbereitet. Sie entdeckten elementare und irrationale Kräfte des menschlichen Lebens und beschäftigen sich vorrangig mit Begriffen, wie Volkstum, Seele, Gefühl, Empfindung, Entwicklung, die sie in die nationale Geschichte projizierten. In der Literatur wurde diese Bewegung unter dem Namen „Romantik" herrschend (Clemens und Bettina Brentano, Achim von Arnim, Novalis). Vor diesem neuen intellektuellen Hintergrund entstand der „Historismus".

Diese seit dem 19. Jahrhundert vor allem in Deutschland dominant gewordene Richtung sah die geistig-kulturellen Schöpfungen des Menschen in ihrer geschichtlichen Bedingtheit und individuellen Einmaligkeit im historischen Entwicklungsgang. Alles Geschehene wurde als genetisch, organisch gewachsenes, „gewordenes" Produkt einer komplexen Evolution verstanden und auf seine Zeit bezogen (Relativität). Dieser Betrachtung entsprach als allein gemäße Methode die besondere, historisch-hermeneutische. Mit dieser Ausrichtung stand der Historismus zu allen Philosophien in Widerspruch, die auf das überzeitlich Richtige, Wahre, Absolute, Allgemeine, eben auf die Vernunftwahrheiten des rationalistischen Naturrechts abstellten.

Wegbereiter des Historismus war – neben anderen – der italienische Geschichts- und Rechtsphilosoph *Giambattista Vico* (1668–1744). Als einer der Ersten proklamierte er das Primat der Geschichtswissenschaften vor dem Rationalismus des Vernunftrechts und sprach der geometrischen Methode jede Leistungsfähigkeit ab. Vico entwickelte eine „organische" Geschichtsauffassung. Nach ihr wurde die Geschichte zum eigentlichen Gegenstand der Erkenntnis. Im Mittelpunkt stand der historisch-verstehend zu interpretierende, „organisch" wirkende Entwicklungsgedanke. Vicos Einfluss auf das europäische Denken war sehr groß.
Vorreiter eines frühen, im Vergleich zu Vico weniger dicht entwickelten Historismus in Deutschland war *Johann Schilter* (1632–1705). Er

lehrte in Frankfurt a. Main und zuletzt in Straßburg. Als bedeutender Vertreter des späten Usus modernus hat er mit seinen Arbeiten zum Lehens- und Privatrecht in der ersten Hälfte des 18. Jahrhunderts auch maßgeblich zur Ausbildung allgemeiner Lehren eines deutschen Privatrechts beigetragen. In ähnlicher Weise wirkte *Justus Möser* (1720–1794). Als juristischer Praktiker und Staatsmann in Diensten des Fürstbistums Osnabrück hat er durch seine ständisch-konservative, historische Rechtslehre insbesondere in Göttingen den wohl berühmtesten Vertreter des Reichsstaatsrechts *Johann Stephan Pütter* (1725–1807) beeinflusst.

Zu Ausgang des 18. Jahrhunderts erhielt die neue Art des geschichtlichen Denkens stilprägende Impulse vor allem durch *Johann Gottfried Herder* (1744–1803). In seinem vierbändigen Werk „Ideen zur Philosophie der Geschichte der Menschheit" (1784–91) hatte er überzeugend gezeigt, dass der Mensch als Individuum in einem organischen Entwicklungsprozess zur Humanität fortschreitet. Herders Kulturphilosophie verstand den gemeinsamen Kulturbesitz, bestehend aus Dichtkunst, Sprache, Sitte, Gewohnheit und anderen Kulturerscheinungen (darunter auch das Recht), nicht als Produkt abstrakter Vernunft, vielmehr als von allen Völkern „geschichtlich gewordene und ständig sich wandelnde Wesenheiten". Die Vorstellung, das Historische könnte „organisch" das Wesen der Gegenwart konstituieren, wurde auf diese Weise zum Kriterium, nach dem eine neue Gesellschaft und Rechtsordnung nach Maßgabe des Prinzips der historischen Veränderlichkeit geformt werden sollte. Der Rechtswissenschaft war damit eine neue Richtung gewiesen.

2. Savigny und Eichhorn als Schulgründer

Zwei Juristen hatten die Zeichen der Zeit erkannt. Sie sahen die Zukunft der Rechtswissenschaft allein in ihrer Erneuerung im Geist der Geschichte. Beide lehrten an der Universität Berlin: *Karl Friedrich Eichhorn* (1781–1854), Professor für Verfassungsgeschichte und Deutsches Privatrecht, sowie *Friedrich Carl von Savigny* (1779–1861), Professor für Römisches Recht und Zivilrecht. In bewusster Abkehr vom Vernunftrechtsdenken der Aufklärung gründeten sie die „Historische Rechtsschule".

Savigny besaß größtes Ansehen nicht nur in der deutschen Zivilrechtswissenschaft. Er hatte schon früh durch seine wissenschaftlichen Leistungen die Aufmerksamkeit der Fachwelt auf sich gelenkt. Nach einer akademischen Lehrtätigkeit in Marburg (1800–1804), die er zu Studienzwecken unterbrach, und einer nur zweijährigen Professur in Landshut (1808–1810) war er an die neu gegründete Reformuniversität Berlin berufen worden. In seiner Entgegnung auf Thibauts Kodifikationsforderung (1814) hatte er bereits die leitenden Gedanken der Historischen Schule entwickelt. Die Schrift wurde zum „Grundkodex" der Bewegung. Im Jahre 1815 gab er zusammen mit Eichhorn die programmatische „Zeitschrift für geschichtliche Rechtswissenschaft" (Vorläuferin der heutigen Savigny-Zeitschrift) heraus und machte sie damit zum Organ und „Punkt der Vereinigung". In dem Einleitungsaufsatz präzisierte er das wissenschaftliche und rechtspolitische Konzept. Während sich Eichhorn der deutschen Verfassungsgeschichte zuwendete, wurde Savigny zum Wortführer und Lehrmeister der am klassisch-römischen Recht orientierten sog. „Romanistik", in der die Historische Rechtsschule später aufging.

III. Die Rechtslehre Savignys

Nicht zufällig fiel die Schulgründung zeitlich mit der Hochblüte von Romantik und Klassik zusammen, den „beiden größten Tendenzen der zeitgenössischen Kultur" (F. Wieacker). Deren Vorstellungen von der Geschichtlichkeit der eigenen Existenz (Historismus) stand Savigny nahe: dem Kreis der (jüngeren) Romantiker durch seine Heirat mit Kunigunde Brentano (1804), der Schwester von Clemens und Bettina Brentano, dem Klassizismus durch seine humanistische Grundhaltung. Jedoch sollte der Anteil der Romantik an Savignys Programm nicht überbewertet werden. Ungeachtet dessen befähigten ihn gerade diese Strömungen zur Entwicklung einer Rechtslehre aus dem römischen Recht als Emanation der organisch wirkenden Geschichte.

1. Rechtsentstehung und Volksgeist

In seiner Rechtslehre griff Savigny auf *Johann Gottfried Herders* Vorstellungen vom gemeinsamen Kulturbesitz (Sprache, Literatur, Religion) einer Nation zurück, durch den das „Volk" erst seine Individualität erhielt und aus dem auch das Recht als Teil der nationalen Gesamtkultur „still" wuchs. Vor dieser organischen Einheit von Recht und geschichtlich legitimiertem Volkscharakter ließen sich die künstlichen, durch verstandesmäßige Abstraktionen gewonnenen Systeme der Vernunftrechtler oder die Befehle eines Gesetzgebers nicht mehr als Recht begreifen. Recht war vielmehr naturnotwendiger Bestandteil der Volkskultur und damit des Volksganzen. Wie die nationale Kultur wuchs es unsichtbar, natürlich und *organisch* aus dem „gemeinsamen Bewußtsein des Volkes" (Savigny, Beruf, 11), aus dem „Volksgeist". Recht war die Emanation des „in allen Einzelnen gemeinschaftlich lebenden und wirkenden Volksgeistes" (Savigny, System des heutigen Römischen Rechts I, 14), mithin „wirkliches Recht". Dieser allein, und nicht der Wille des Gesetzgebers verlieh ihm Geltung durch geschichtliche Rechtfertigung.

Diese Grundauffassung von der Entstehung des Rechts aus dem historisch gewachsenen Wesen und Charakter des Volkes entsprach der Zeit der politischen Restauration, die den Staat und die Gesellschaft erfasst hatte. Für Savigny hatte Gewohnheitsrecht Vorrang vor dem Gesetzesrecht. Die Gesetzgebung war allein „als ergänzende Nachhülfe für das positive Recht" oder „als Unterstützung seines allmäligen Fortschreitens" (Savigny, System I, 40) denkbar. Gesetztes Recht konnte bestenfalls das in einer Kodifikation redigierte Gewohnheitsrecht sein, das seine Kraft und Geltung allein durch das rechtsschöpferische Bewusstsein der Beteiligten erhielt. Insoweit war Savigny konsequenterweise grundsätzlich gegen eine Kodifikation. Diese Einstellung hat er auch als preußischer Minister und Leiter der zur (restaurativen) „Revision des ALR" geschaffenen „Gesetzkommission" nicht aufgegeben (1842–1848). Als Nachfolger des als reaktionär geltenden *Karl Albert von Kamptz* (1769–1849) widersetzte er sich jeder Überarbeitung des ALR und entfaltete getreu der Konzeption der Historischen Schule seine legislatorischen Bemühungen auf Teilgebieten der Rechtsordnung (z.B. Reform des preußischen Strafrechts). Eine das gesamte Recht bindende Kodifikation erschien ihm geradezu schädlich, weil sie zugleich die natürliche Fortentwicklung des Rechts, sein „organisches Wachstum" hemmte. Vom geschichtlichen Standpunkt aus konnte der Gesetzgebung allenfalls eine vorübergehende Bedeutung zukommen, da sie insoweit lediglich eine bestimmte Entwicklungsstufe in der natürlichen Weiterbildung des Rechts festschrieb.

2. Die historische Methode der Rechtswissenschaft

Savigny hielt allein die „strenge historische Methode" für geeignet, die Brauchbarkeit des geltenden gemeinen römischen Rechts und der

Partikularrechte wiederherzustellen. Nach seiner Überzeugung erlaubte allein sie es, „jeden gegebenen Stoff bis zu seiner Wurzel zu verfolgen und so ein organisches Princip zu entdecken, wodurch sich von selbst das, was noch Leben hat, von demjenigen absondern muß, was schon abgestorben ist und nur noch der Geschichte angehört" (Savigny, Beruf, 117f.).

Damit waren Arbeitsrahmen und Ziel der Historischen Schule genau festgelegt: Erneuerung des wissenschaftlichen Charakters des geltenden Rechts durch das Medium der geschichtlich gewachsenen Stoffmassen des gemeinen Rechts. Dabei sah Savigny den „gegebenen Stoff" nicht primär in dem älteren germanisch-deutschen Recht. Als ungeeignet für seine Ziele erklärte er auch das rezipierte mittelalterliche römische Recht. Nach seiner Meinung war es durch Glossatoren, Kommentatoren und später vor allem durch den bereits naturrechtlich orientierten Usus modernus entstellt worden. Das allein tragfähige Fundament für eine neue, die unhistorisch arbeitende Jurisprudenz verdrängende, empirisch-historische Rechtswissenschaft sah er vielmehr im antiken römischen Recht. Dessen Rezeption fand er in Deutschland als einen geschichtlichen Vorgang gerechtfertigt. In der hochstehenden Argumentationskunst der römischen Juristen, wie sie vor allem die justinianischen Digesten überlieferten, vermeinte er die schlechthin vollkommene Rechtstechnik wiederzuerkennen. Sie und die durch den Niedergang des Imperium Romanum unterbrochene Tätigkeit der römischen Rechtsklassiker wollte er „in gewissem Sinn" fortsetzen.

Savigny konnte dabei in mancher Hinsicht an den Göttinger Professor *Gustav Hugo* (1764–1844) anknüpfen. Dieser gilt nämlich als der eigentliche Begründer einer historisch orientierten Zivilrechtswissenschaft. Hugo war Kritiker sowohl des unhistorischen Naturrechts als Rechtsquelle wie auch des unkritischen Usus modernus, der die römischen Rechtssätze unreflektiert, ohne Rücksicht auf ihre geschichtlichen Wurzeln und Zusammenhänge für den modernen Gerichtsgebrauch lehrte. Mit seiner Arbeitsweise, die nach dogmatischer, philosophischer und historischer Bearbeitung des Rechts unterschied, hat Hugo im Grundansatz die historisch-hermeneutische Methode der Historischen Schule vorweggenommen. Darin lag wohl seine eigentliche wissenschaftliche Bedeutung.

3. Verbindung der historischen mit der systematischen Methode

Savignys frühe Arbeiten sind ausschließlich dem römischen Recht gewidmet. Das gilt bereits für seine dogmatisch-historische, Aufsehen erregende Jugendarbeit über „Das Recht des Besitzes" (1803). Mit ihr wollte er die Effizienz der historischen Methode der Rechtsforschung sowie die Verbindlichkeit des römischen Rechts für die Gegenwart aufzeigen. Die Besitzmonographie hat seinen Ruhm als Zivilrechtsdogmatiker begründet. Sein rechtshistorisches Hauptwerk ist die „Geschichte des Römischen Rechts im Mittelalter" (1815–1831). Ursprünglich als eine reine „Literargeschichte" geplant, war ihr Ziel, das Fortleben des römischen Rechts auch nach dem Ende Westroms bis zu seiner wissenschaftlichen Bearbeitung durch die Bologneser Schule nachzuweisen. Gleichzeitig wollte Savigny die Quellenwidrigkeit des mittelalterlichen Glossatorenrechts und damit seine Denaturierung in der mittelalterlichen Überlieferung belegen. Sein zivilistisches Hauptwerk ist das „System des heutigen Römischen Rechts" (1840–1849). Es enthält die Gesamtheit der allgemeinen privatrechtlichen Lehren einschließlich Methoden- und Rechtsquellenfragen. Viele der dort behandelten Rechtsinstitute, wie etwa gegenseitiger Vertrag, Irrtum oder Selbständigkeit des Erfüllungsgeschäfts (dinglicher Vertrag, Trennungs-, Abstraktionsprinzip), waren unmittelbares Vorbild für die moderne Zivilrechtsdogmatik. Der letzte (achte) Band wurde durch die Grundlegung des modernen internationalen Privatrechts berühmt. Savigny vollzog im „System" die folgenreiche Verbindung der historischen mit der systematischen Methode. Mit ihrer Hilfe sollte das historisch gewachsene Recht in eine formale Einheit und Ordnung gebracht werden. Erst das „System" als wissenschaftlich adäquate Form des geschichtlich Gegebenen erhob die Jurisprudenz zu einer wirklich positiven Rechtswissenschaft im Sinne der zeitgenössischen Philosophie des deutschen Idealismus. Die Forschung versucht Savignys besonderes Verständnis von der Geschichtlichkeit im Dienst des Positiven mit seiner „historisch-philosophischen Doppelorientierung zu erklären" (J. Rückert).

Schrifttum: *Kleinheyer/Schröder*, Juristen, 207ff. – *Stolleis*, 303ff., 540ff. – *W. Wilhelm*, Zur juristischen Methodenlehre im 19. Jahrhundert (1958), 19ff. – *F. Wieacker*, Wandlungen im Bilde der historischen Rechtsschule (1967) – *Th. Viehweg*, Einige Bemerkungen zu Gustav Hugos Rechtsphilosophie, in: FS K. Engisch (1969), 80ff. – *H. U. Stühler*, Die Diskussion um die Erneuerung der Rechtswissenschaft von 1780–1815 (1978), 22ff. – *H. Coing*, Savigny und die deutsche Privatrechtswissenschaft, NJW 1979, 2018ff. – Vorträge zum 200. Geburtstag von

F.C.v. Savigny, Ius Commune VIII (1979), – Su Federico Carlo di Savigny, Quaderni Fiorentini 9 (1980) – *H.H. Jakobs*, Wissenschaft und Gesetzgebung im bürgerlichen Recht nach der Rechtsquellenlehre des 19. Jahrhunderts (1983), 25ff. – *H. Hammen*, Die Bedeutung Friedrich Carl v. Savignys für die allgemeinen dogmatischen Grundlagen des Deutschen Bürgerlichen Gesetzbuches (1983), 24ff. – *J. Rückert,* Idealismus, Jurisprudenz und Politik bei F.C.v. Savigny (1984), 150ff. – *O. Behrends*, Geschichte, Politik und Jurisprudenz in F.C.v. Savignys System des heutigen römischen Rechts, in: Römisches Recht in der europäischen Tradition, hg.v.O. Behrends u.a. (1985), 257ff. – *J. Rückert*, „ … daß dies nicht das Feld war, auf dem er seine Rosen pflücken konnte …“? Gustav Hugos Beitrag zur juristisch-philosophischen Grundlagendiskussion nach 1789, in: Rechtspositivismus und Wertbezug des Rechts, hg.v.R. Dreier (1990), 94ff. – *E. Wadle*, Friedrich Carl von Savignys Beitrag zum Urheberrecht (1992) – *A. Mazzacane*, in: F.C.v. Savigny, Vorlesungen über juristische Methodologie 1802–1842, hgg.u. eingeleitet v.A. Mazzacane, Ius Commune-Sonderhefte 63/2 (1993), 30ff. – *G. Vico*, Die neue Wissenschaft über die gemeinschaftliche Natur der Völker (2000), 25ff.

IV. Entstehung und Wirkungen der Pandektenwissenschaft

1. Neuer Wissenschaftsstil

In der Anfangszeit seines wissenschaftlichen Wirkens überwog bei Savigny die historische Bestandssichtung und rezeptive Erforschung des tradierten Ius commune in seiner Verflechtung mit dem Ius proprium. Dabei wollte er dem römischen Recht keineswegs eine „übermäßige, ungebührliche Herrschaft über uns zuwenden“ (Savigny, System I, Vorrede XV f.). Obwohl er „zu keiner Zeit die dogmatische Aufgabe der Jurisprudenz durch rechtsgeschichtliche Erkenntnis ersetzen wollte“ (F. Wieacker), war es dabei letztlich doch unvermeidlich, dass rechtshistorisches Arbeiten am Vorbild des römischen Rechts dennoch zur dominierenden wissenschaftlichen Tätigkeit der Juristen wurde. Savignys besonderer Zugang zum geltenden positiven Recht bestand im Wesentlichen in einer kritischen Analyse des justinianischen römischen Rechts, um es als Medium für ein künftig erneuertes und in einer Kodifikation zusammengeführtes einheitliches Privatrecht zu nutzen. Sein Stil wurde vorbildlich und zur herrschenden Methode. Ihr folgten im 19. Jahrhundert die deutschen Juristen, wenn sie sich kritisch mit dem geltenden Privatrecht beschäftigten.

Diese umfassende Historisierung des Rechts als neuer Weg und eigener Wissenschaftsstil wird herkömmlicherweise mit der Bezeichnung „Pandektenwissenschaft“ (auch *Pandektistik*) charakterisiert. Ihr theoretisches Fundament bildete die historisch-systematische Methode. Die sozialethische Basis wurde durch die kantische Pflicht- und Freiheitslehre definiert. Der diese Wissenschaftsrichtung kennzeichnende Kernbegriff „Pandekten" (auch *Digesten* genannt und Hauptstück der justinianischen Kodifikation) gibt bereits äußerlich Aufschluss über den Arbeitsgegenstand und damit auch über die ideologische Verankerung. Ziel der Pandektisten war es, durch Interpretation (*Exegese*) der justinianischen Pandekten als überpositive Legitimationsgrundlage (K. Luig) ein dogmatisch widerspruchsfreies, positives Rechtssystem zu formen (sog. „Pandektenharmonistik" der Pandektenlehrbücher). Es sollte vollkommen den rechtspolitischen Programmen und Bedürfnissen der Gesellschafts- und Wirtschaftsordnung des 19. Jahrhunderts entsprechen. Die Entwicklung einer pandektistischen Rechtsdogmatik, die Unterschiedlichkeiten in den partikularen Rechten überbrückte, blieb keineswegs auf die deutsche Zivilrechtwissenschaft beschränkt. Sie hatte vielmehr Auswirkungen auch auf das Rechtsdenken des Auslandes, insbesondere in der Schweiz, Österreich, Italien und England.

Bei allen Leistungen der Pandektenwissenschaft war nicht zu übersehen, dass eine solche Art der wissenschaftlichen Auseinandersetzung und des Zugehens auf das positive Recht, die sich letztlich in einer breiten Exegese des Corpus juris erschöpfte, kaum geeignet war, das Recht zeitgemäß fortzubilden. Der Übertragung der auf diesem Weg gewonnen Ergebnisse auf die Praxis waren von der historischen Genese der Vorlagen notwendigerweise enge Grenzen gesetzt. Die Zivilrechtswissenschaft war dabei, sich von der Praxis zu entfernen.

2. Praxisferne Pandektistik

Für die Ausbildung der Juristen blieb dies nicht ohne Folgen. Das römische Recht in der Form, wie es von den Vertretern der Historischen Schule an den Universitäten gelehrt wurde, entsprach den Anforderungen der Praxis nur bedingt. Mit dem Studium der Rechtstechnik und Dogmatik an Beispielen der römischen Quellen allein war der Jurist nicht in der Lage, auch Rechtsprobleme der Partikularrechte sachgerecht zu lösen.

Der Gegensatz zwischen dem akademischen Rechtsunterricht und den Anliegen der partikularrechtlichen Rechtspflege wirkt bis in die Gegenwart nach. Letztlich beruhen die heutigen Standortbestimmungen der Zivilrechtswissenschaft immer noch weitgehend auf dem Wissenschaftsbild Savignys. Sein erklärter Kampf gegen das als traditionsfeindlich, unkritisch und unhistorisch bezeichnete Naturrecht hatte die Rechtswissenschaft in eine Isolation geführt. Andererseits hat aber auch sein Bestreben, die Jurisprudenz aus dem partikularen Provinzialismus zu befreien und sie auf das neue Fundament einer zeitübergreifenden wissenschaftlichen Geschichtlichkeit zu stellen, diese Disziplin zu einer wirklich gemeinrechtlichen, wenngleich auch das Rechtswesen vorerst nur theoretisch integrierenden Wissenschaft umgestaltet. Erst in seinem 1840 erschienenen „System des heutigen Römischen Rechts" hatte Savigny in der Synthese von System und Geschichtlichkeit den tatsächlichen Umfang der Leistungsfähigkeit der historischen Methode für das geltende Recht und dessen Dogmatik verdeutlicht.

Das Ergebnis war die Grundlegung einer allgemeinen Rechtstheorie. Damit hatte Savigny eingelöst, was bereits vor 1800 hauptsächlich von *Daniel Nettelbladt* (1719–1791), Schüler von Christian Wolff und Professor in Halle, sowie von *Gustav Hugo* in Göttingen gefordert, aber nicht durchgesetzt worden war. Im Grunde bewirkte Savigny durch die Vereinigung von historischer und systematischer Methode nur eine Erneuerung der naturrechtlichen Begriffsschärfe und Systematik. Die Historische Schule erreichte hierdurch eine Art „Positivierung des Naturrechts" (F. Wieacker), zu dessen Überwindung sie eigentlich angetreten war.

Schrifttum: *K. Luig*, HRG (Pandektenwissenschaft), 1422ff. – *Wieacker*, PGN, 353ff. – *W. Kunkel*, Savignys Bedeutung für die deutsche Rechtswissenschaft und das deutsche Recht, JZ 1962, 457ff. – E. W. Böckenförde, Die Historische Rechtsschule und das Problem der Geschichtlichkeit des Rechts, in: FS J. Ritter (1965), 9ff. (19ff.) – *P. Caroni*, Savigny und die Kodifikation, SZGerm 86 (1969), 97ff. – *J. Rückert*, Savignys Einfluß auf die Jurisprudenz in Deutschland nach 1900, in: Rechtsgeschichte in den beiden deutschen Staaten, hg. v. H. Mohnhaupt (1991), 34ff. (Kurzfassung in: JuS 1991, 624ff.) – *ders.*, Savignys Konzeption von Jurisprudenz und Recht, ihre Folgen und ihre Bedeutung bis heute, TRG 61 (1993), 65ff. – *P. G. Stein*, Römisches Recht und Europa (1996), 189ff., 194ff.

V. Die Pandektenwissenschaft der Nachfolger Savignys

In den Werken der Schüler und Nachfolger Savignys bahnte sich ein grundlegender Wandel an. Ihm hatte Savigny durch die Verbindung der historischen mit der systematischen, die innere „Vernünftigkeit" des Rechtsstoffes konstituierenden Methode bereits in gewisser Weise vorgearbeitet. Die noch für ihn selbstverständliche Einheit zwischen historischen und pandektistischen Studien erwies sich zunehmend als problematisch. Immer stärker setzte sich die Einsicht durch, dass ein römisches Recht, wie es noch Savigny verstanden hatte, den Anforderungen einer aufstrebenden Industriegesellschaft und den Wertvorstellungen einer bürgerlichen Gesellschaft nicht mehr gerecht werden konnte. Die im Verlaufe der Umformung der Ständegesellschaft zu einer Industrie- und Wirtschaftsgesellschaft entstehenden neuen Rechtsfragen waren allein durch die Entfaltung des Recht erzeugenden „wissenschaftlichen Geistes" im Sinne Savignys nicht zu bewältigen. Dem Rechtsnotstand, mit dem sich eine auf den fragwürdigen Fundamenten des Rechtspartikularismus nur unsicher fußende Rechtswissenschaft konfrontiert sah, hatte der gesetzgeberische „Quietismus" Savignys nicht abzuhelfen vermocht.

1. Hierarchie der Begriffe

Die neue Pandektenwissenschaft erkannte als ihr neues Arbeitsprogramm die Erneuerung der durch die (ältere) Historische Schule gewonnenen Erkenntnisse. Die Professoren sahen sich vor die aktuelle Aufgabe gestellt, einen Vorrat an materiellen wie methodischen Grundsätzen zu erarbeiten und bereitzustellen, der als Grundlage für ein neues bürgerliches Recht, möglicherweise sogar für eine Kodifikation Verwendung finden konnte. Die Pandektisten glaubten, ihrer Pflicht zur historischen Legitimierung des künftigen neuen Rechts dadurch nachzukommen, dass sie diese „zweite Rezeption" des römischen Rechts durch eine formal-begriffliche, systematisch-konstruktive Methode begleiteten. Nach ihren Vorstellungen sollte ein hochentwickelter „juristischer Formalismus" die Gewinnung nicht nur eines zeitgemäßen, sondern auch richtigen Rechts sicherstellen.

Der neue pandektistische Stil versprach pragmatische Lösungen sowohl für die Gegenwart wie auch in Blickrichtung auf eine künftige Kodifikation. Die nur mehr schwer überschaubaren Stoffmassen des gemeinen Rechts erschienen allein durch ein kunstvolles, nach den Regeln der formalen Logik gebildetes System besonderer, materiell bedeutsamer Begriffe beherrschbar. Seine Erstellung auf der Grundlage der vernunftrechtlichen „Begriffspyramide" Christian Wolffs wurde deshalb zur zentralen Aufgabe der Juristen. Das Ergebnis waren in Genealogien und Hierarchien verbundene Rechtsbegriffe, aus denen logisch-deduktiv oder durch Analogieschlüsse wiederum neue Rechtssätze und Grundregeln abgeleitet wurden. Durch weitergehende Abstrahierungen konnte schließlich auch ein Bestand an allgemeinen Lehren gewonnen werden. Als „Allgemeiner Teil" bildeten sie fortan das Kernstück eines neuen, den Gliederungsentwürfen der akademischen Pandektenvorlesung entnommenen modernen Zivilrechtssystems. Das fünfteilige „Pandektensystem" hatte erstmals der Göttinger Pandektist *Georg Arnold Heise* (1778–1851) für seine Vorlesung entworfen („Grundriß eines Systems des gemeinen Civilrechts zum Behufe von Pandectenvorlesungen", 1807). Auf ihn geht die 5-Bücher-Gliederung des späteren Deutschen Bürgerlichen Gesetzbuches (BGB) zurück.

2. Begriffsjuristisches Rechtsdenken (Puchta)

Einer der bedeutendsten Dogmatiker und Rechtstheoretiker der Pandektenwissenschaft war *Georg Friedrich Puchta* (1798–1846), Savignys Schüler und ab 1842 sein Nachfolger in Berlin. Er wurde zum Repräsentanten der jüngeren Historischen Rechtsschule und bekannt vor allem durch seine Lehre vom Gewohnheitsrecht und vom Recht der Wissenschaft. In beiden ging er weit über die Erkenntnisse der älteren Historischen Schule hinaus.

Seine Auffassung vom gewohnheitlichen Gerichtsgebrauch nicht als Entstehungsgrund, sondern als reiner Erkenntnisquelle des bestehenden Rechts, der vom Richter von Amts wegen festgestellt werden musste und der nicht von der Partei, die sich darauf berief, zu beweisen war, ist noch heute verbindlich. Seine Theorie vom Recht der Wissenschaft auf der Grundlage begrifflich-dogmatischer Konstruktionen und Verfolgung von Begriffsgenealogien bis zu ihren Prinzipen in den feinsten Verästelungen hat wesentlich die Rechtsfortbildung durch die Rechtsprechung begünstigt. Puchtas formal-begriffliche Methode hat aber auch dazu beigetragen, dass er nach einer inzwischen weitverbreiteten Auffassung als „Begründer der klassischen Begriffsjurisprudenz des 19. Jahrhunderts" gilt (F. Wieacker). Scharfe Kritik an Puchtas von der Lebenswirklichkeit entfernter Begriffsjurisprudenz hatte bereits 1861 *Rudolph von Jhering* (1818–1892) in den (anonym veröffentlichten) sechs „Vertraulichen Briefen über die heutige Jurisprudenz" geübt. Nach dem Aufkommen von Freirechtsbewegung und Interessenjurisprudenz sollten sich diese Vorwürfe noch verschärfen.

Puchtas teilweise Verächtlichmachung als Begriffsjurist ist allerdings nur eingeschränkt sachlich gerechtfertigt, da stark überzeichnet. Nach neueren Forschungen (z.B. R. Ogorek) wird dabei das für die Rechtswissenschaft unentbehrliche Arbeiten mit ausdifferenzierten Begriffen zu Unrecht und in überzogener Weise als Wesensmerkmal Puchtas Methode interpretiert.

3. Ausklänge

Das von der Pandektenwissenschaft entwickelte abstrakt-begriffliche System und formallogische Denken hat in der zweiten Hälfte des 19. Jahrhunderts die Zivilrechtsdogmatik nachhaltig bestimmt. Gleichzeitig wurden aber auch die der Rechtswissenschaft dadurch gezogenen Grenzen deutlich sichtbar. Durch die wachsende Vergeistigung der Rechtsbegriffe hatte sich das Rechtssystem immer weiter von der Lebenswirklichkeit entfernt. Stärker noch als in der Zeit des Vernunftrechts war das Recht zum Lehrstoff und damit vorzugsweise ein Gegenstand des akademischen Rechtsunterrichts geworden. Bezeichnend für diese Ausrichtung wurde das Lehrbuch, eine wegen seines enzyklopädischen Anspruchs im 19. Jahrhundert typische Gattung der Rechtsliteratur. Die Rechtswirklichkeit wurde nicht mehr als Ganzes gesehen, sondern nur noch als Reflexion künstlicher Unterscheidungskriterien der abstrakten Rechtsnormen wahrgenommen. Dadurch erhielt das aus der Geschichte legitimierte Recht einen internationalen, in gewisser Weise zeitlosen Charakter. Vielleicht erklärt dies das starke Echo, das die Pandektistik im Ausland hervorrief.

Die Generation der Pandektisten nach Puchta beherrschte den begriffsjuristischen Formalismus in vollendeter Form. Ihre Repräsentanten zeichneten sich durch klare, dogmatisch scharfsinnige, „Pandekten" genannte Systementwürfe des gemeinen römischen Zivilrechts aus. Die Hauptvertreter waren die Professoren *Karl Adolf von Vangerow* (1808–1870) in Heidelberg, *Karl Ludwig von Arndts* (1803–1878) zuletzt in Wien, *Alois von Brinz* (1820–1887) in München, *Ernst Immanuel Bekker* (1827–1916) zuletzt in Heidelberg und *Ferdinand Regelsberger* (1831–1911) in Göttingen. Mit *Bernhard Windscheid* (1817–1892) in Leipzig und *Heinrich Dernburg* (1829–1907) in Berlin fand die Epoche der deutschen Pandektistik ihren glanzvollen Abschluss und die Rechtswissenschaft zugleich Anschluss an die Redaktionsarbeiten am Bürgerlichen Gesetzbuch für das Deutsche Reich (BGB). Windscheid nahm bereits als Mitglied der Ersten Kommission für die Ausarbeitung des Entwurfs des BGB (1880–83) beträchtlichen Einfluss auf diese Kodifikation. Dagegen war Dernburg an den Vorarbeiten zum BGB offiziell nicht beteiligt und stand dem gesamten Vorhaben zunächst ablehnend gegenüber. Diese Meinung änderte er später und begleitete seit 1896 das BGB in den letzten Jahren vor seinem Inkrafttreten mit engagierter, „an den Bedürfnissen des Lebens" orientierter, Verbesserungen einfordernder konstruktiver Kritik. Windscheid und Dernburg zählen zu den bedeutendsten Systematikern der Spätzeit der Pandektenwissenschaft.

Schrifttum: *Kleinheyer/Schröder*, Juristen, 327ff., 442ff. – *W. Wilhelm*, Zur juristischen Methodenlehre im 19. Jahrhundert (1958), 70ff. – *A. B. Schwarz*, Zur Entstehung des modernen Pandektensystems, in: Rechtsgeschichte und Gegenwart, hg. v. H. Thieme u. F. Wieacker (1960), 1ff. – *ders.*, Einflüsse deutscher Zivilistik im Auslande, in: Rechtsgeschichte und Gegenwart, hg. v. H. Thieme u. F. Wieacker (1960), 26ff. – *J. Bohnert*, Über die Rechtslehre Georg Friedrich Puchtas (1975) – *H. Hübner*, Kodifikation und Entscheidungsfreiheit des Richters in der Geschichte des Privatrechts (1980), 45ff. – *M. Herberger*, Dogmatik. Zur Geschichte von Begriff und Methode in Medizin und Jurisprudenz (1981), 345ff. – *R. Ogorek*, Richterkönig oder Subsumtionsautomat? (1986), 198ff. – *W. Süss*, Heinrich Dernburg. Ein Spätpandektist im Kaiserreich (1991), 143ff., 163ff. – *P. Landau*, Puchta und Aristoteles. Überlegungen zu den philosophischen Grundlagen der historischen Schule und zur Methode Puchtas als Zivilrechtsdogmatiker, SZRom 109 (1992), 1ff. – *K. Luig*, Heinrich Dernburg (1829–1907). Ein „Fürst" der Spätpandektistik und des preußischen Privatrechts, in: Deutsche Juristen jüdischer Herkunft, hg. v. H. Heinrichs u. a. (1993), 231ff. – *M. Reimann*, Historische Schule und Common Law. Die deutsche Rechtswissenschaft des 19. Jahrhunderts im amerikanischen Rechtsdenken (1993) – *A. Bürge*, Ausstrahlungen der historischen Rechtsschule in Frankreich, ZEuP 1997, 643ff.

VI. Die Historische Rechtsschule der Germanisten

Die Ablehnung der Kodifikation durch Savigny und die von ihm begründete Historische Schule hatte zur Folge, dass in Deutschland römisches Recht weiterhin geltendes Recht blieb. In den Ländern mit Kodifikationen, wie Baden, Bayern oder Preußen, war es in erster Linie Gegenstand der Wissenschaft und des akademischen Rechtsunterrichts. Es stellte in der Regel die theoretisch-wissenschaftliche Klammer dar, die als „Überbau" die Normen der territorialen Rechtsordnungen mit solchen des Ius commune verband. Die Pandektistik hatte das römische Recht wegen seiner historischen Dignität und Legitimation in den Rang einer allgemeinen Rechtstheorie erhoben.

Diese universelle Rechtsordnung des Pandektenrechts entsprach ihrem Inhalt nach vollkommen den liberalen Vorstellungen des 19. Jahrhunderts. Mit der „Industriellen Revolution", d.h. mit dem Einbruch der Großerzeugung in eine bis dahin vorwiegend agrarische und handwerkliche Wirtschaftsordnung, war die altständische Sozial- und Wirtschaftsverfassung in ihren Grundfesten erschüttert worden. Fortan repräsentierte das über Besitz und Bildung verfügende Bürgertum die Nation. Seinen Forderungen nach größtmöglicher Vertrags- und Verkehrsfreiheit bei gleichzeitiger Betonung des unumschränkten Eigentums kam das frühkapitalistische, individualistisch-liberale Privatrecht der klassischen römischen Rechtsquellen entgegen.

Die Pandektisten erarbeiteten auf diesen Grundlagen ein nach ihrem Verständnis liberales Verkehrsrecht. Dieses hatte nur einen gewichtigen Nachteil. Es war für eine Gemeinschaft freier Individuen konzipiert, die nur auf die Sicherung ihrer auf Eigentum gegründeten wirtschaftlichen Freiheiten Wert legten, ohne zugleich auch politische, demokratische Mitspracherechte zu fordern. Konsequenterweise ließ dieses pandektistische Privatrecht die Bedürfnisse der neuen Klasse der Lohn- und Industriearbeiter außer Betracht. In der Industriegesellschaft zeigten sich bald schon die Grenzen seines Sozialmodells. Vor allem auf den Schlüsselgebieten der neuen Wirtschaftsgesellschaft, dem Arbeits-, Handels- und Gesellschaftsrecht, versagte das Pandektenrecht, weil sein Instrumentarium unzeitgemäß und deshalb ungeeignet war, die aus der veränderten sozialen Realität entstandenen Probleme rechtlich und praktisch angemessen zu lösen.

Antworten auf diese rechtspolitisch brisanten, drängenden Fragen hatte jedoch eine Richtung der Rechtswissenschaft gefunden, die ursprünglich als Schwesterdisziplin der Historischen Rechtsschule von Savigny und Eichhorn gegründet worden war. Während sich der eine Zweig der Schule unter Führung von *Savigny* hauptsächlich mit dem römischen Recht beschäftigte und sich deshalb „Romanistik" nannte, widmete sich der andere Flügel nach dem Vorbild von *Eichhorn* der Pflege und Erforschung der germanisch-deutschen Kulturelemente des Rechts und führte deshalb die Bezeichnung „Germanistik". Für sie war das römische Recht fremdes Recht, das die als rein gedachten nationalen Rechte infiziert und verdorben hatte. Mit der Romanistik teilte sie allein das Selbstverständnis als geschichtliche Wissenschaft.

1. Germanistischer Historismus

Die Germanistik verstand sich anfänglich als vollkommen gleichberechtigter Wissenschaftszweig der Romanistik, mit der sie durch das Element des Historismus verbunden war. Unterschiedliche Auffassungen bestanden allerdings bei der inhaltlichen Bestimmung des Geschichtlichen. Die nationalstaatsbewusste, politische Bewegung lenkte im 19. Jahrhundert den Blick der Germanisten auf die vermeintlich als typisch germanisch erkannte mittelalterliche Tradition. Dies führte schließlich zum Bruch der Einheit mit den Romanisten.

Savignys methodischem Ansatz von der organischen Bildung des Rechts aus der Volksüberzeugung entsprach die Beschäftigung mit dem älteren germanischen und mittelalterlich-deutschen Recht eigentlich noch vollkommener als die Erforschung des klassischen römischen Rechts. In vieler Hinsicht war die Germanistik besser auf die Gegenstände ihres durchaus auch praktischen Interesses vorbereitet als die Romanistik. Vor allem in der Epoche des späten Naturrechts bewirkte die verstärkte Hinwendung zu den Kulturelementen der nationalen Rechtsordnung eine intensive Beschäftigung mit der Rechts- und Verfassungsgeschichte des Mittelalters.

Diese besondere Art historischer „deutschrechtlicher“ Forschung lenkte zwangsläufig das Interesse auf die Sichtung und Edition der ältesten deutschen Rechtsquellen (Volksrechte, Kapitularien, Stadtrechte, Rechtsbücher, Urkunden). Sie erst boten die Voraussetzung für die Isolierung *vermeintlich* originärer, allgemeiner, über die lokalen Besonderheiten ausgreifender, grundlegender Rechtsideen und Rechtsinstitutionen. Von nationalem Pathos beflügelt nahmen sich die Germanisten begeistert dieses in den partikularen Rechten wiedergefundenen, *angeblich* rein deutschen, vom Ius commune unbeeinflusst gebliebenen Rechts an. Ihr Ziel war die Rekonstruktion eines sog. „Gemeinen deutschen Privatrechts“ auf wissenschaftlicher Grundlage und in Konkurrenz zum Ius commune.

2. Germanistische Entwürfe eines „Gemeinen deutschen Privatrechts“

Die Anfänge der Germanistik als Wissenschaft des Deutschen Privatrechts und der Deutschen Rechtsgeschichte reichen zurück auf *Hermann Conring* (1606–1681), *Johann Schilter* (1632–1705), *Chris-*

tian Thomasius (1655–1728) und seinen Schüler *Georg Beyer* (1665–1714). Sie alle haben sich teils gegen erhebliche Widerstände der „Traditionalisten" schon früh um eigene wissenschaftliche Bearbeitungen des nationalen Rechts und seiner Geschichte bemüht.

Nach dem Vorbild seines Lehrers hielt der im übrigen weniger bedeutende, in Göttingen als Professor wirkende Beyer erstmals selbstständige Vorlesungen über deutsches Recht. Sie erschienen 1718 als Nachschriften (Kollegienhefte) unter dem Titel „Specimen (Delineatio) iuris Germanici" und wurden für die neue Richtung wegweisend. Seitdem stieg die Zahl der Germanisten, die sich der Gewinnung eines nationalen allgemeinen Privatrechts und seiner Formung zu einem geschlossenen wissenschaftlichen System widmeten, das dem gemeinen römischen Recht ebenbürtig sein sollte.

Bereits 1735/36 legte der zuletzt in Halle lehrende Professor *Johann Gottlieb Heineccius* (Heinecke, 1681–1741) in den „Elementa iuris Germanici" die erste selbständige, geschlossene Darstellung des deutschen Privatrechts vor. In Göttingen beschritt *Justus Friedrich Runde* (1741–1807) mit seiner Rechtsgewinnung aus der „gesunden Vernunft" und aus der „Natur der Sache" methodisch neue Wege. An der Bestimmung der wissenschaftlichen Prinzipien eines deutschen Privatrechts im Sinne der Historischen Schule versuchten sich in Göttingen *Karl Friedrich Eichhorn* (1781–1854) und in Heidelberg *Karl Joseph Anton Mittermaier* (1787–1867). Wie Runde gehörte auch *Eichhorn* zu den bedeutenden Vertretern der Germanistik im Umkreis der „Göttinger Schule" des Frühhistorismus. Gemeinsam mit Savigny hatte er die noch beide Wissenschaftszweige vereinende Historische Rechtsschule begründet. In seinem Hauptwerk „Deutsche Staats- und Rechtsgeschichte" (4 Bde., 1808–1823) versuchte er, für das geltende Recht eine sichere geschichtliche Grundlage im Gesamtrahmen der politischen Entwicklung, die den Schwerpunkt der Darstellung bildete, zu erarbeiten (synchronistische Methode). *Mittermaier*, der sich selbst der Historischen Schule zurechnete, ging einen von der herrschenden Germanistik grundsätzlich abweichenden Weg. Pragmatisch sah er auf die aktuellen Bedürfnisse der Praxis und forderte ein neues Recht, das aus einer sinnvollen Verschmelzung der Quellen und Doktrin des Ius Commune mit Rechtsprinzipien des Ius proprium herzustellen war. Weitere bedeutsame privatrechtliche Systementwürfe stammen von *Karl Friedrich Wilhelm Gerber* (1823–1891), *August Ludwig Reyscher* (1802–1880), *Georg Beseler* (1809–

1888) und *Otto v. Gierke* (1841–1921), der schließlich die Summe aus diesen Arbeiten zog.

Inhalte, Geltung und Darstellungsprinzipien dieses auf methodisch höchst problematischen Wegen durch die germanistische Wissenschaft gewonnenen nationalen Privatrechts waren seit Anbeginn umstritten. Nach neueren Forschungen war die Existenz eines allgemeinen deutschen Privatrechts ein Produkt der Wunschvorstellungen der Germanisten, die diesem Mythos nachjagten. Die Ergebnisse dieser mit großem intellektuellem Aufwand betriebenen Forschungen hielten sich in Grenzen. In der Rückkehr der germanistischen Autoren zum Pandektenschema (5-Bücher-Grundriss) gegen Ende des 19. Jahrhunderts, das sie ihren deutschprivatrechtlichen „Systemen" als Gliederungsgerüst zugrunde legten, kündigte sich bereits die Vergeblichkeit und das endgültige Scheitern dieses Bemühens an. Am Ende der großartigen Forschungen stand eine „deutschrechtliche Pandektistik" (O. v. Gierke), die für sich und die Hilflosigkeit ihrer Erfinder spricht.
Erfolgreich arbeitete die Germanistik dagegen auf dem Gebiet der Edition nationaler Rechtsquellen. Das Fehlen entsprechender, durch geschichtliche Kontinuität legitimierter Sammlungen unterschied die Germanisten grundlegend von den Romanisten und deren zum „Juristenevangelium" stilisiertes justinianisches Corpus iuris. Was lag näher, als dieses Quellendefizit als vorrangige wissenschaftliche Aufgabe zu korrigieren. Die von Germanisten besorgten Editionen fanden in der „Monumenta Germaniae Historica" ihren Mittelpunkt, einer 1819 von *Karl Freiherr vom Stein* (1757–1831) begründeten, groß angelegten und mustergültigen Sammlung der bedeutendsten älteren deutschen Geschichtsquellen. Die Edition der germanischen Volksrechte sowie der hochmittelalterlichen Rechtsquellen und Kaiserurkunden (Diplomata) war im Übrigen mitursächlich für das große Engagement der Forschung für die deutsche Rechtsgeschichte.

Nicht minder einflussreich für die Beschäftigung mit dem deutschen Privatrecht waren die Arbeiten von *Jacob Grimm* (1785–1863), dem älteren der Brüder Grimm. Er war Schüler Savignys und wurde neben Eichhorn zu einem der bedeutendsten Vertreter der germanistischen Historischen Schule. Aus Savignys Volksgeistlehre übernahm er den romantischen Anteil und wandte sein Interesse konsequent den geschichtlich gewordenen, ständig sich wandelnden Bestandteilen der germanisch-deutschen Volkskultur zu, wie z.B. der Dichtkunst, den

Sagen, Mythen oder Märchen. Sein wichtigstes Werk sind die „Deutschen Rechtsalterthümer" (1828). Der Philologe Grimm – er hatte sein Rechtsstudium abgebrochen – verstand sie als Stoffsammlung zu den germanischen Rechtseinrichtungen von der Frühzeit bis zum Mittelalter. Ihr Wert besteht in dem gelungenen Nachweis eines gemeinsamen Zusammenhangs der germanischen Rechte aus ihren – poetisch verklärten – historischen Grundlagen heraus („Von der Poesie im Recht", 1816). Auf diese Weise trug er zur Begründung einer historischen Rechtsvergleichung bei. Öffentlich bekannt wurde Grimm durch seine Beteiligung an der politischen Demonstration der „Göttinger Sieben", einer Professorengruppe, die 1837 gegen die Aufhebung der liberalen Hannoverschen Verfassung durch den erzkonservativen König protestiert und ihre Ämter verloren hatte.

Schrifttum: *Kleinheyer/Schröder*, Juristen, 119ff., 168ff., 273ff. – *K. Kroeschell*, Zielsetzung und Arbeitsweise der Wissenschaft vom gemeinen deutschen Privatrecht, in: Wissenschaft und Kodifikation I, 249ff. – *Th. Schuler*, Jacob Grimm und Savigny, SZGerm 80 (1963), 197ff. – *W. Ebel*, Jacob Grimm und die deutsche Rechtswissenschaft (1963) – *ders.*, Der Göttinger Professor Johann Stephan Pütter aus Iserlohn (1975), 85ff. – *H. Thieme*, Savigny und das deutsche Recht, SZGerm 80 (1963), 1ff. – *ders.*, Über Zweck und Mittel der Germanischen Rechtsgeschichte, JZ 1975, 725ff. – *ders.*, Le „droit commun germanique" du moyen-age. Fantaisie des professeurs du XIXe siècle ou réalite?, in: FS J. Yver (1976), 663ff. – *W. Sellert*, Karl Friedrich Eichhorn – „Vater der deutschen Rechtsgeschichte", JuS 1981, 799ff. – *H. Schlosser*, Das „wissenschaftliche Prinzip" der germanistischen Privatrechtssysteme, in: Gedächtnisschrift H. Conrad (1979), 491ff. – *ders.*, K.J.A. Mittermaier als Germanist, in: C.J.A. Mittermaier Symposium 1987, hg.v.W. Küper (1988), 21ff. – *G. Dilcher*, Jacob Grimm als Jurist, JuS 1985, 931ff. – *W. Ogris*, Jacob Grimm: ein politisches Gelehrtenleben (1990) – *K. Luig*, Die Anfänge der Wissenschaft vom deutschen Privatrecht, in: Römisches Recht, Naturrecht, Nationales Recht (1998), 395*ff. – *K.v. Lewinski*, Deutschrechtliche Systembildung im 19. Jahrhundert (2001).

3. Spaltung der Historischen Rechtsschule

Um 1840 leitete eine Gruppe um den nationalliberalen *Georg Beseler* (1809–1888) und den radikalliberalen *August Ludwig Reyscher* (1802–1880) die Trennung der Germanistik von der Romanistik ein. Die beiden „politischen Professoren" wurden zu Wortführern bei der Auseinandersetzung mit den Romanisten, denen mangelndes Eintreten für nationalpolitische Anliegen vorgeworfen wurde.

Die Spaltung der ursprünglich unter dem gemeinsamen Dach der Geschichtlichkeit vereinigten Romanisten und Germanisten wurde auch durch die unterschiedliche Bewertung der Rezeption des römischen Rechts ausgelöst. Savigny und der romanistische Flügel, später unter Führung Puchtas, sahen sie keineswegs als Bruch und Zäsur in der Tradition des nationalen Rechts, vielmehr als Konsequenz einer Entwicklung, die sich mit innerer Notwendigkeit vollzogen hatte. Dagegen bewertete vor allem Savignys Antipode Georg Beseler in seinem Werk „Volksrecht und Juristenrecht“ (1843) die Rezeption als „nationales Unglück“ oder „Entartung unserer Jurisprudenz“ und das römische Recht als „Juristenrecht“. Ihm stellte er das nationale, aus „der breiten, natürlichen Basis des Volkslebens“ erwachsene „Volksrecht“ gegenüber. Beseler vertiefte damit die Kluft, die eigentlich schon seit Schulgründung zwischen den beiden rivalisierenden Richtungen bestand, nunmehr aber öffentlich sichtbar gemacht worden war.

Die Gegensätze veranlassten schließlich die Germanisten, sich enger zusammenzuschließen. Die vormärzlichen „Germanistenversammlungen“ von 1846 in Frankfurt am Main (unter Vorsitz von Jacob Grimm) und 1847 in Lübeck wurden zu einem öffentlichen Podium, auf dem die Kontroversen ausgetragen wurden. Sie gewannen auch politische Bedeutung für die nationalen Bestrebungen der Paulskirchenversammlung (1848), der Beseler, Mittermaier und Jacob Grimm als Abgeordnete angehörten.

Rückblickend ist der Streit zwischen Germanisten und Romanisten, insbesondere die Heftigkeit, mit der er geführt wurde, nur schwer nachvollziehbar. Das Geschehen wird verständlich, sieht man es vor dem geistigen und politischen Hintergrund der deutschen Einigungsbewegung. Die Reichsgründung von 1871 hatte die Vorbedingungen für eine Rechtseinheit geschaffen. Mit Blick auf dieses nationale Ziel fanden Romanisten und Germanisten auf den „Deutschen Juristentagen“ – seit 1860 Nachfolgeorganisation der Germanistenversammlungen – wieder zusammen. Konkrete Formen nahm die neue Zusammenarbeit bei der Teilnahme der Romanisten (Windscheid) an den Kodifikationsarbeiten zum Bürgerlichen Gesetzbuchs (BGB) an.

Die neuere Germanistik hatte vor allem durch stärkere Berücksichtigung wirtschaftlicher, geographischer Bedingungen und rechtsvergleichender Zusammenhänge ihren Standort neu bestimmt und das Forschungsgebiet erweitert. Hauptvertreter dieser Richtung waren vor allem der Berliner Historiker der germanischen und fränkischen Rechtsgeschichte *Heinrich Brunner* (1840–1915) sowie der Münchner Rechtshistoriker *Karl v. Amira* (1848–1930), zu dessen Hauptarbeitsgebieten die nordgermanische Rechtsgeschichte und die Rechtsarchäologie gehörten. Hierzu rechnete aber auch der Berliner Rechtshistoriker und Zivilrechtslehrer *Otto v. Gierke* (1841–1921), ein Schüler des Germanisten Georg Beseler. Er zählte zu den letzten großen Germanisten der Historischen Schule. Mit seinem gewaltigen wissenschaftlichen Werk zur Rechtsgeschichte, Rechtsphilosophie, Rechtsdogmatik und Rechtspolitik hat er die moderne Zivilrechtswissenschaft des 20. Jahrhunderts entscheidend mitgeprägt. Einer breiten deutschen Öffentlichkeit wurde Gierke durch seine originelle Kritik am Ersten Entwurf des BGB (1887) bekannt.

Schrifttum: *Kleinheyer/Schröder*, Juristen, 146ff. – *H. Conradi*, Der Deutsche Juristentag 1860–1960, in: FS zum Hundertjährigen Bestehen des Deutschen Juristentages 1860–1960 (1960), 1ff. – *H.-G. Mertens*, Otto von Gierke, JuS 1971, 508ff. – J. Rückert, August Ludwig Reyschers Leben und Rechtstheorie: 1802–1880 (1974) – *G. Dilcher*, Der rechtswissenschaftliche Positivismus, ARSP 61 (1975), 497ff. (512ff.) – *G. Dilcher/B.-R. Kern*, Die juristische Germanistik des 19. Jahrhunderts und die Fachtradition der Deutschen Rechtsgeschichte, SZGerm 101 (1984), 1ff. – *P. Landau/H. Nehlsen/M. Schmoeckel*, Karl von Amira zum Gedächtnis (1999).

4. Romanistisch-germanistische Rechtsfortbildungen

Während sich die frühe Germanistik bevorzugt der antiquarischen Quellensammlung widmete, führte sie später ihr Pragmatismus unmittelbar an die aktuellen, rechtspolitisch bedeutsamen Probleme der Industriegesellschaft heran. Zu ihren Hauptarbeitsgebieten wurden das Handels-, Unternehmens-, Wertpapier-, Seehandels-, Gewerbe-, Berg- und Privatversicherungsrecht.

Die Pandektenwissenschaft hatte an der Weiterentwicklung dieser Rechtsmaterien so gut wie keinen Anteil. Die Gründe dafür sind vielschichtig. Einmal verengten bereits Begrifflichkeit, fehlende römische Überlieferung und strenge Bindung an die Quellen des Corpus iuris erheblich die Möglichkeiten einer Rechtsneubildung. Zum anderen bewirkte auch der rechtspolitisch weitgehend neutrale Ansatz der Pandektistik, dass sie sich von diesen neuen, als partikularistisch verstandenen Sonderrechtsgebieten des Privatrechts fernhielt. Diesen seinerzeit als *modernes Recht* bezeichneten Bereichen wandte sich erfolgreich die Germanistik zu.

In ihrer Haltung gegenüber den Rechtsquellen ungebundener als die Romanisten entdeckten die Germanisten vor allem das aus den Bedürfnissen des mittelalterlichen Kaufmanns- und Wirtschaftsrechts gewohnheitlich erwachsene Handels- und Gesellschaftsrecht als eigenständige Rechtsgebiete. Für diese nahmen sie eine durch Tradition begründete, originäre Zuständigkeit in Anspruch. Dies führte schließlich zu einer Identifizierung der Germanistik mit der Handelsrechtswissenschaft. Demgegenüber blieb das klassische Zivilrecht überwiegend in der Verantwortung der Pandektistik. Die weitere Folge dessen war allerdings, dass wegen der komplexen Verknüpfung der handelsrechtlichen Geschäfte mit dem allgemeinen Privatrecht eine wissenschaftliche Erfassung dieser Sonderrechtsgebiete nicht ohne gleichzeitige Anleihen bei Methode und System der Pandektenwissenschaft erfolgen konnte.

Die erste 1841 erschienene germanistische Darstellung des Handelsrechts auf der Grundlage romanistischer Begrifflichkeit und Dogmatik (übernommen wurde Puchtas Lehre von den Rechtsquellen) stammte von dem Göttinger Professor *Johann Heinrich Thöl* (1807–1884). Ihr folgte 1864 das historisch fundierte Handelsrechtslehrbuch des Berliner Romanisten *Levin Goldschmidt* (1829–1897), des ersten Inhabers eines Lehrstuhls für Handelsrecht in Deutschland. Thöl und Goldschmidt gelten als Begründer der modernen Handelsrechtswissenschaft. Handelsrechtliche Sätze wurden aus neuen Quellen abgeleitet, so etwa aus der Natur der Sache (d.h. aus den faktischen Verhältnissen und Rechtsinstituten selbst), oder aus dem Wesen des Handelsverkehrs gewonnen. Dank der bewährten pandektistischen Methode und Darstellungsprinzipien wurde die Handelsrechtswissenschaft zu einer ebenbürtigen juristischen Disziplin.

Nicht selten verband sich auch die antiquarisch sammelnde Richtung der Germanistik mit ihrem pragmatischen, am „modernen" partikularen Recht arbeitenden Nebenzweig. Ihrer politischen Ausrichtung nach waren beide nationalkonservativ oder nationaldemokratisch. Dennoch wiesen sie trotz Savignys ablehnender Haltung gegenüber Kodifikationen den Weg zur Gesetzgebung. Maßgebenden Anteil daran hatte der Schweizer *Johann Caspar Bluntschli* (1808–1881), Schüler Savignys, Professor in Zürich, München und Heidelberg. Durch seine nach Eichhorns Methode verfasste „Staats- und Rechtsgeschichte der Stadt und Landschaft Zürich" (1838/1839) hat er die Grundlagen für das später von ihm verfasste „Privatrechtliche Gesetzbuch für den Kanton Zürich" (1853–1855) geschaffen. Die in dieser „ersten deutschrechtlichen einzig und einmaligen Kodifikation" (P. Liver) geglückte Synthese von gelehrtem römischem Recht und partikularen schweizerischen Rechten verlieh dem Gesetzgebungswerk den Charakter einer modernen, Tradition und Fortschritt verbindenden Kodifikation. Sie wurde zum Vorbild des späteren einheitlichen schweizerischen Zivilgesetzbuches. Die Arbeiten Bluntschlis haben der schweizerischen rechtshistorischen Forschung maßgebliche Impulse gegeben. Sein (ambivalentes) Rechtsdenken bewertet die moderne Forschung nunmehr allerdings differenzierter und kritischer (M. Senn).

Ähnlich wie Bluntschli hat auch *Friedrich Georg von Bunge* (1802–1897) durch seine Arbeiten zur Geschichte des Provinzialrechts in den drei Ostseeprovinzen Liv-, Est- und Kurland (1845–1862) die Erforschung des baltischen Rechts im Sinne der Historischen Rechtsschule begründet. Das von ihm in deutscher Sprache redigierte „Liv-, Est- und Kurländische Privatrechtsgesetzbuch" (1864) galt bis 1937 in Lettland und bis 1945 in Estland als Zivilgesetzbuch fort.

Schrifttum: Handbuch II 1, 797 ff., 938 ff. (*Scherner*), II 2, 545 ff. (*Wagner*); III 2, 2076 ff. (*Dölemeyer*) – *H. Blaese*, Bedeutung und Geltung des römischen Privatrechts in den baltischen Gebieten (1936), 70 ff. – *ders.*, Einflüsse des römischen Rechts in den baltischen Gebieten, IRMAE V 9 (1962) – *G. Köbler*, Die Wissenschaft des gemeinen deutschen Handelsrechts, in: Wissenschaft und Kodifikation I, 277 ff. – *P. Raisch*, Die Abgrenzung des Handelsrechts vom Bürgerlichen Recht als Kodifikationsproblem im 19. Jahrhundert (1962), 13 ff., 17 ff. – *H. Krause*, Der deutschrechtliche Anteil an der heutigen Privatrechtsordnung, JuS 1970, 313 ff. – *K. O. Scherner*, Anfänge einer deutschen Handelsrechtswissenschaft im 18. Jahrhundert, ZHR 136 (1972), 465 ff. – *F. Wieacker*, Industriegesellschaft und Privatrechtsordnung (1974), 55 ff. – *F. Elsener*, Die Schweizer Rechtsschulen vom 16. bis zum 19. Jahrhundert (1975), 381 ff., 394 ff. – *F. Ebel*, Die Anfänge der rechtswissenschaftlichen Behandlung der Versicherung, Zs. f. d. gesamte Versicherungswissenschaft 1980, 7 ff. – *W. Hochuli*, Johann Caspar Bluntschli (1808–1881), Zs. f. Schweizerisches Recht NF 101 I (1982), 87 ff. – *M. Senn*, Rassistische und antisemitische Elemente im Rechtsdenken von Johann Caspar Bluntschli, SavZRG GA 110 (1993), 372 ff. – *G. Dilcher*, Von der geschichtlichen Rechtswissenschaft zur Geschichte des Rechts, Norm und Tradition (1998), 109 ff.

VII. Kritik an der Begriffsjurisprudenz

Eine neue Epoche der Rechtswissenschaft beginnt in der zweiten Hälfte des 19. Jahrhunderts mit der Kritik am begriffsjuristischen Positivismus, zu dem vor allem Puchtas Methode den Weg gewiesen hatte. Seinem Schüler *Karl Friedrich Gerber* (1823–1891) war es gelungen, das romanistisch geprägte Systemdenken in vollendeter Form erstmals auf das deutsche Privatrecht zu übertragen. Verstärkte Hinwendung zu einem naturalistischen Pragmatismus, zu den sozialen Funktionen des Rechts waren die neue Alternativen. Den Umbruch leiteten zwei Juristen ein, beide Exponenten des romanistischen und des germanistischen Flügels der Historischen Schule: *Rudolph von Jhering* und *Otto von Gierke*.

1. Zwecke als Schöpfer des Rechts (Jhering)

Historische Rechtsschule und pandektistische Begriffsjurisprudenz wurden durch einen ihrer Hauptvertreter überwunden: den Romanisten und zuletzt in Göttingen lehrenden *Rudolph von Jhering* (1818–1892). Der vormalige Vollender der wohl extremsten Position der Pandektistik in der Form der *Begriffs-* oder *Konstruktionsjurisprudenz* hat als erster mit schonungsloser Offenheit die Sterilität des pandektistischen „Begriffsplatonismus“ (R. Ogorek) angeprangert und zugleich auf die Aufgaben einer erneuerten produktiven, soziologisch gestaltenden Rechtswissenschaft hingewiesen.

In den ersten zwei Bänden seines Werkes vom „Geist des römischen Rechts auf den verschiedenen Stufen seiner Entwicklung“ (3 Bde., 1852–1865) hatte Jhering das in Deutschland geltende gemeine römische Recht als Vorbild einer Rechtsordnung auf seine innere Vernünftigkeit hin kritisch überprüft. Davon ausgehend wollte er paradigmatisch eine allgemeingültige „Naturlehre des Rechts auf rechtsphilosophischem und empirisch-comparativem Wege“ entwickeln. Die kritische Analyse des römischen Rechts sollte seine symptomatischen Zwecktendenzen auf den verschiedensten Entwicklungsstufen aufzeigen und damit „empirisch-comparativ“ die Natur und Erscheinungsformen des *geltenden* Rechts durchsichtig machen. Das übergeordnete Ziel war, durch drei „Fundamentaloperationen der juristischen Technik“ das geltende Recht zu einem System zu gestalten (*Konstruktion*), und zwar nach einer Reduktion der komplexen Rechtsverhältnisse auf ihre einfachsten Bestandteile (*Analyse*, das Rechtsalphabet) sowie nach der Zurückführung auf die gesetzgeberischen Rechtsprinzipien (*Konzentration*). Das so konstruktiv gewonnene Arsenal von Rechtssätzen, -grundsätzen, -instituten und -begriffen sollte ein Höchstmaß an Verdichtung und Präzisierung ermöglichen, die ihrerseits wiederum gleichsam auf naturwissenschaftlichem

Weg kombinatorisch die freie Schaffung neuer Rechtsbegriffe zuließen (*naturhistorische Methode*). Hauptzweck dieser bestechenden, wenn auch nicht immer widerspruchsfreien Rechtstheorie war die Vervollkommnung der begriffsjuristischen Technik. Ihr Nachteil bestand in der Distanz, die zwischen der Konstruktionsmethode und der Lebenswirklichkeit lag.

Die Abkehr Jherings von diesem als „höhere Jurisprudenz" (im Gegensatz zum „niederen" interpretierenden) bezeichneten konstruktivistischen Denken (*Konstruktionsjurisprudenz*) kündigte sich in seinem dritten, unvollendet gebliebenen Band vom „Geist des römischen Rechts" (1865) an. Mitverursacher dieses Umschwungs war der englische Rechtstheoretiker *Jeremy Bentham* (1748–1832) und die von ihm entwickelte utilitaristische Rechtsbetrachtung. Nach ihr hatte das Recht nicht einer abstrakten Rechtsidee zu dienen, sondern den konkreten Interessen der am Rechtsverkehr Beteiligten. Konsequent setzte Jhering deshalb an die Stelle der systematischen Betrachtungsweise und Rechtstechnik soziologische Aspekte, soziale Zwecke, Funktionen, den Nutzen, Wert und die rechtlich geschützten Interessen. Eine Rechtsproduktion allein durch juristische Konstruktion erschien ihm nun als „absolut niedrigste Stufe aller wissenschaftlicher Thätigkeit".

Anzeichen für Jherings oft diskutierte „Bekehrung" enthält seine vielbeachtete Schrift „Der Kampf ums Recht" (1872). In dieser aus einer Rede hervorgegangenen Studie zeichnete er die Konturen einer naturalistischen Wertlehre nach. Die Kausalfaktoren Macht und Kampf bestimmen die Entstehung und Verwirklichung des Rechts: Kampf als Wesensmerkmal jeder Rechtsdurchsetzung, Rechtsentstehung im Kampf realer Interessen. Die auf dieser – naturhafter Mechanik folgenden – Grundlage vorzunehmende Wertung widerstreitender gesellschaftsbezogener „Interessen" ermöglichte die Definierung der „Zwecke" als Schöpfer des Rechts. Die Antwort auf die Frage, welchen Zwecken das objektive Recht konkret zu dienen hatte, gab Jhering in seinem zweibändigen Werk „Der Zweck im Recht" (2 Bde., 1877–1883). Darin löste er das Problem nicht aus dem Begriff der Rechtsnorm, sondern nach dem Zweck, d.h. aus dem gesetzgeberischen Motiv und der Funktion, die der Rechtssatz im kohärenten Rechtsganzen als Mittel der Interessendurchsetzung und Befriedung hat. Die Interpretation der Normen hatte deshalb stets teleologisch (griech. *telos* – Zweck, Ziel) zu erfolgen. Damit war letztlich an die

Stelle des sterilen begrifflichen Dogmatismus das funktionale Verständnis der Rechtsnormen (*ratio legis*) getreten.

Die moderne Zivilrechtsdogmatik verdankt Jhering die „Entdeckung" inzwischen unverzichtbarer Rechtsinstitute. Dazu zählen seine Begründung der Lehre von der vorvertraglichen Haftung aus „culpa in contrahendo", die Unterscheidungen zwischen Botenschaft und Stellvertretung sowie objektiver Rechtswidrigkeit und Schuld, die Kennzeichnung der juristischen Person als Sondervermögen ihrer Mitglieder und schließlich seine Bestimmung der soziales Dasein gestaltenden Funktionen der Rechtssätze. Durch seine Hinwendung zur pragmatischen Jurisprudenz wurde er zum Wegbereiter der radikalen Freirechtsbewegung und späteren gemäßigten Interessenjurisprudenz. Ohne Jhering ist auch das Verständnis von der Rechtswissenschaft als Wertjurisprudenz nicht denkbar und darstellbar.

Schrifttum: *F. Wieacker*, Rudolph von Jhering, SZRom 86 (1969), 1ff. – *H. Coing*, Der juristische Systembegriff bei Rudolph von Jhering, in: Philosophie und Rechtswissenschaft, hg. v. J. Blühdorn/J. Ritter (1969), 149ff. (157ff.) – *H. Schelsky*, Das Jhering-Modell des sozialen Wandels durch Recht, Jahrbuch f. Rechtssoziologie u. Rechtstheorie III (1972), 47ff. – *W. Wilhelm*, Zur Theorie des abstrakten Privatrechts, in: Studien zur europäischen Rechtsgeschichte, hg. v. W. Wilhelm (1972), 265ff. – *F. Wieacker*, Jhering und der „Darwinismus", in: FS K. Larenz (1973), 63ff. – *E. Schanze*, Culpa in contrahendo bei Jhering, Ius Commune VII (1978), 326ff. – *F. Wieacker/Chr. Wollschläger*, Jherings Erbe (1979) – *W. Pleister*, Persönlichkeit, Wille und Freiheit im Werke Jherings (1982) – *Y. Ben-Dror*, The perennial ambiguity of culpa in contrahendo, The American Journal of Legal History 27 (1983), 142ff. – *R. Ogorek*, Richterkönig oder Subsumtionsautomat? (1986), 221ff. – *A. Gromitsaris*, Theorie der Rechtsnorm bei Rudolph von Jhering (1989), 62ff. – *O. Behrends* (Hg.), Jherings Rechtsdenken (1996).

2. Genossenschaftlich-soziales Privatrecht (Gierke)

Der Berliner Professor *Otto von Gierke* (1841–1921) gehörte zu den bedeutendsten Vertretern der jüngeren Germanistik. Er zählte sich zwar selbst der Historischen Schule zu, unterschied sich aber von ihr durch die Betonung der nationalen Elemente bei der Entstehung von Recht. Insoweit stand er dem Germanisten Georg Beseler (1809–1888), dessen Schüler er war, näher als Savigny. Gierkes Verdienst ist u.a., der Rechtswissenschaft ihre sozialen Aufgaben bewusst gemacht zu haben. Er sah in ihnen die aktuellen Alternativen zu der „atomisierenden und individualisierenden Grundhaltung" der (romanistischen) Pandektistik.

Gierkes Bedeutung für die Rechtsgeschichte ebenso wie für die moderne Zivilrechtdogmatik angemessen zu würdigen, fällt nicht leicht. Zu breit ist das Spektrum der Forschungsgegenstände, denen sein wissenschaftliches Interesse galt und über die er geschrieben hat. Ein zum Lebenswerk gewordener Schwerpunkt war das Genossenschaftsrecht. Gierke griff den erstmals von Beseler juristisch präzisierten Begriff „Genossenschaft" als auf freier Vereinigung beruhende (deutschrechtliche) Körperschaft auf und entwickelte davon ausgehend eine Korporationslehre, die bis heute als politische Theorie für den Verbandspluralismus Aktualität besitzt. In seinem vierbändigen monumentalen Werk über „Das deutsche Genossenschaftsrecht" (1868–1881) und in der Schrift „Die Genossenschaftstheorie und die deutsche Rechtsprechung" (1887) versucht er, die „Gemeinschaften" von der Gesamthandsgemeinschaft bis zur Körperschaft und bis zum Staat im Spannungsfeld von Privatrecht und Öffentlichem Recht in einer politisch-juristischen Darstellung zu erfassen. Im Gegensatz zu der aus dem späteren Naturrecht überlieferten individualistischen privatrechtlichen Lehre sah er im Anschluss an die mittelalterliche Auffassung in der Genossenschaft eine natürliche Ganzheit mit besonderen „sozialrechtlichen" Strukturen: Juristische Person als „reale Verbandspersönlichkeit" im Gegensatz zur rezipierten gelehrten Fiktionstheorie, die sie lediglich als handlungsunfähige und deshalb fiktive Person verstand. Von diesem Standpunkt aus begriff er die Genossenschaft als eine zentrale Rechtsfigur. Als solche erschien sie auch hervorragend geeignet, der im Gefolge der Industriellen Revolution eingetretenen ständisch-gesellschaftlichen Bindungslosigkeit der besitzlosen Klassen wirksam zu begegnen. Ein Teil seiner Lehren wurde durch das 1868 erlassene Gesetz des Norddeutschen Bundes über die Erwerbs- und Wirtschaftsgenossenschaften verwirklicht.

Vielleicht noch bedeutsamer wurden Gierkes Lehren für das moderne Arbeitsrecht. In der Erfassung des Unternehmens als „Wirtschaftsorganismus", als verbandsrechtlich „organisierte Einheit" nahm er Ansätze zum Betriebsverfassungsrecht vorweg. Entsprechend seiner Auffassung von der Fortbildung des liberalen, den Warencharakter der Arbeit betonenden „freien Arbeitsvertrages" im sozial-ausgleichenden Sinne qualifizierte er den Arbeitsvertrag als Treudienstvertrag. Damit hat er wohl als einer der ersten die personenrechtlichen Elemente erkannt und als Gegensatz zu der herkömmlichen, rein schuldrechtlich-dienstrechtlichen Seite herausgearbeitet. Selbst der

Tarifvertrag lässt sich nach seiner Theorie von der genossenschaftlichen Autonomie funktionsgerecht als Rechtsquelle erfassen. Diese Gedanken dienten in erster Linie der Überwindung von Unzulänglichkeiten, die aus der Überschneidung von öffentlichem Recht und liberalem Privatrecht resultierten. Sie hatten ihren Ursprung in jener Ungleichheit, die sich aus dem Grundsatz formaler Vertragsfreiheit bei gleichzeitiger faktischer sozialer Abhängigkeit notwendigerweise ergeben musste.

Bei der Redaktion des Deutschen Bürgerlichen Gesetzbuchs (BGB) war er zwar nicht persönlich beteiligt, was ihn gekränkt hatte. Gleichwohl erhob er publizistisch lautstark seine Stimme. Seine berühmte Kritik am einseitig individualistischen, romanistisch befrachteten Ersten Entwurf des BGB von 1887 erregte großes Aufsehen und zeigte Wirkungen weit über die eigentlich juristische Öffentlichkeit hinaus. Allerdings hatte sie in nur begrenztem Umfang auch den weiteren Fortgang der Kodifikationsarbeiten beeinflusst. Modern und aktuell geblieben ist seine Forderung nach Berücksichtigung der „sozialen Aufgaben des Privatrechts". Auch in seinen zivilrechtsdogmatischen Beiträgen hat er viele Entwicklungen vorbereitet, die später von der Rechtsprechung und Lehre aufgegriffen wurden. Dazu zählen die Funktion der Generalklauseln, die sozialen Gedanken im Dienst- und Mietvertragsrecht oder die Rechtsfiguren der Dauerschuldverhältnisse und der Sozialbindung des Eigentums. Auf ihn, der ab 1872 dem „Verein für Socialpolitik", einem Zentrum sozialreformerischer deutscher Nationalökonomen angehörte, geht der Begriff *„Sozialrecht"* zurück.

Schrifttum: *H.-J. Teuteberg*, Die Doktrin des ökonomischen Liberalismus und ihre Gegner, in: Wissenschaft und Kodifikation II, 47ff. – *H.G. Isele*, Die Bedeutung O.v. Gierkes für das moderne Arbeitsrecht, in: Eranion Maridakis II (1963), 285ff. – *A. Laufs*, Genossenschaftsdoktrin und Genossenschaftsgesetzgebung vor hundert Jahren, JuS 1968, 311ff. – *H. Krause*, Der deutschrechtliche Anteil an der heutigen Privatrechtsordnung, JuS 1970, 315ff. – *A. Söllner*, Der industrielle Arbeitsvertrag in der deutschen Rechtswissenschaft des 19. Jahrhunderts, in: Studien zur europäischen Rechtsgeschichte, hg.v.W. Wilhelm (1972), 288ff. – *G. Dilcher*, Genossenschaftstheorie und Sozialrecht: ein „Juristensozialismus" Otto v. Gierkes?, Quaderni Fiorentini 3/4 I (1974/75), 319ff. -*S. Pfeiffer-Munz*, Soziales Recht ist deutsches Recht (1979), 22ff., 32ff. – *H. Spindler*, Von der Genossenschaft zur Betriebsgemeinschaft (1982), 64ff. – *K. Schmidt*, Einhundert Jahre Verbandstheorie im Privatrecht – aktuelle Betrachtungen zur Wirkungsgeschichte von Otto v. Gierkes Genossenschaftstheroie (1987) – *J. Rückert*, „Frei" und „sozial": Arbeitsvertragskonzeptionen um 1900 zwischen Liberalismus und Sozialismus,

Zeitschrift für Arbeitsrecht 1992, 225 ff. (269 ff.) – *H. Schlosser*, Das janusköpfige Bürgerliche Gesetzbuch, in: H. Schlosser (Hrsg.), Bürgerliches Gesetzbuch 1896–1996 (1997), 13 ff.

§ 7 Die Kodifikation des Privatrechts in Deutschland

I. Wege zur Rechtseinheit

Bereits im Kodifikationsstreit zwischen Thibaut und Savigny (1814) stand die Überwindung der Rechtszersplitterung in Deutschland als übergeordnetes Ziel im Vordergrund. Umstritten war lediglich, ob dies kurzfristig durch eine Gesetzgebung erreicht oder ob die Rechtseinheit erst nach umfangreichen Vorarbeiten der Rechtswissenschaft herbeigeführt werden sollte. Nach den Befreiungskriegen (1813–1815) verstärkten sich die Rufe nach einem Einheitsrecht. Die Vorbedingungen dafür waren an sich günstig. Die wirtschaftliche Situation, in der sich Deutschland in der ersten Hälfte des 19. Jahrhunderts befand, drängte förmlich nach einer Krönung der erstrebten politischen, verfassungsrechtlichen Einheit des Staatsgebietes durch eine einheitliche Kodifikation des gesamten Rechts.

Die Gründung des Deutschen Zollvereins im Jahre 1834 bedeutete einen wichtigen Schritt in diese Richtung. Das neu geschaffene einheitliche Wirtschaftsgebiet umfasste zwar nicht alle Territorien, wohl aber die einflussreichsten. Dazu gehörten Preußen, Rheinhessen, Kurhessen, Sachsen, Thüringen, Württemberg und Bayern. Mit dem wirtschaftlichen Zusammenwachsen begann schrittweise die Vollendung der politischen Einheit. In diesem komplexen, keineswegs geradlinig verlaufenden Prozess übernahmen die Germanisten aufgrund ihres bereits historischen nationalen Engagements und ihrer Hinwendung zu dem neuen Wirtschaftsrecht eine führende Rolle.

Schrifttum: *H. Getz*, Die deutsche Rechtseinheit im 19. Jahrhundert als rechtspolitisches Problem (1966) – *F. Wieacker*, Industriegesellschaft und Privatrechtsordnung (1974), 79ff. – *E. Wadle*, Der Deutsche Zollverein, JuS 1984, 586ff. (591f.) – *ders.*, Der Zollverein und die deutsche Rechtseinheit, SZGerm 102 (1985), 99ff. – *D. Grimm*, Historische Erfahrungen mit Rechtsvereinheitlichung – das frühe 19. Jahrhundert in Deutschland, RabelsZ 50 (1986), 61ff. – *M. Stolleis*, „Innere Reichsgründung" durch Rechtsvereinheitlichung 1866 – 1880, in: Rechtsvereinheitlichung durch Gesetz, hg. v. Chr. Starck (1992), 15ff.

1. Allgemeine Deutsche Wechselordnung v. 1848

Auf die mit der Gründung des Zollvereins beginnende Phase wirtschaftlicher Expansion folgte seit der Reichsgründung im Jahre 1871 die der Konsolidierung und Konzentration. Staat und Wirtschaft hatten sich zu einer gemeinsamen Ordnung zusammengeschlossen. Erste rechtliche Maßnahmen wurden 1836 anlässlich der ersten Generalkonferenz der Zollvereinsstaaten in München beschlossen. Eine möglichst einheitliche, wenn auch partikuläre Handelsgesetzgebung sollte eingeleitet werden.

Hinzu kam die Abschaffung der Binnenzölle im Gebiet des preußisch-deutschen Zollvereins. Sie hatte einen Aufschwung des Binnenhandels zur Folge. Dessen ungeachtet wurde der handels- und wirtschaftsrechtliche Rechtsverkehr weiterhin durch veraltete partikulare Wechselgesetze und durch das Fehlen einer einheitlichen Geldordnung behindert. Im Jahre 1843 galten 56 deutsche Wechselordnungen nebeneinander. Die Schaffung eines gemeinsamen Wechselrechts hatte oberste Priorität. Deshalb beschäftigte sich 1846 auf der Generalkonferenz in Berlin auf Anregung Württembergs der Deutsche Zollverein mit der Vereinheitlichung des Wechselrechts, für das die preußische Regierung 1845 einen Entwurf vorgelegt hatte. Auf die Initiative Preußens wurden 1847 nicht nur die Zollvereinsstaaten, sondern auch die übrigen Staaten des Deutschen Bundes zu einer Konferenz nach Leipzig eingeladen. Das Ergebnis der Beratungen war die Verabschiedung des „Entwurfs einer Allgemeinen Deutschen Wechselordnung“, der von Anhalt-Dessau, Sachsen-Meiningen und Nassau sofort als Landesgesetz in Kraft gesetzt wurde.

Auch die Frankfurter Nationalversammlung befasste sich nach ihrer Konstituierung mit dem Leipziger Konferenzentwurf, übernahm ihn unverändert und publizierte ihn am 27. November 1848 im Reichsgesetzblatt als „Allgemeine Deutsche Wechselordnung“ (ADWO). Am 1. Mai 1849 trat die ADWO in allen Bundesstaaten – mit Ausnahme Österreichs – in Kraft, jedoch wurde die Rechtmäßigkeit ihres Zustandekommens angezweifelt. Der Nationalversammlung warf man Überschreiten ihrer Gesetzgebungskompetenzen vor. Die Folge war, dass nur einige Länder die Wechselordnung unmittelbar als Reichsgesetz übernahmen, die meisten sie jedoch im Wege einer Parallelgesetzgebung als Landesrecht verkündeten. Als nach dem Scheitern der Einigungsbewegung die vorläufige Reichsverfassung außer Kraft trat, galt die ADWO als Partikularrecht fort. Die ADWO hatte das Wechselrecht aus dem allgemeinen Kaufmannsrecht der älteren Kodifikationen herausgenommen. Wechselfähig war, wer nach dem allgemeinen Privatrecht die Geschäftsfähigkeit besaß.

Im Jahre 1908 wurde die ADWO abgeändert und schlicht als „Wechselordnung" verkündet. Ihre endgültige Ablösung erfolgte am 21. Juni 1933 durch ein neues Wechselgesetz und am 14. August 1933 durch ein Scheckgesetz. Auch andere europäische Staaten nahmen die ADWO zum Vorbild ihrer Gesetzgebung. In Österreich, das dieses Gesetz 1850 übernommen hatte, blieb es bis 1938 in Kraft.

Schrifttum: *H.-P. Benöhr*, Wirtschaftsliberalismus und Gesetzgebung am Ende des 19. Jahrhunderts, Zeitschrift für Arbeitsrecht 1977, 187ff. – *U. Huber*, Das Reichsgesetz über die Einführung einer allgemeinen Wechselordnung für Deutschland vom 26.11.1848, JZ 1978, 785ff. – *H. Pohl* (Hg.), Sozialgeschichtliche Probleme in der Zeit der Hochindustrialisierung (1870–1914), (1979), 13ff. – *K. v. Pannwitz*, Die Entstehung der Allgemeinen Wechselordnung (1999).

2. Allgemeines Deutsches Handelsgesetzbuch v. 1861

Die Frankfurter Nationalversammlung hatte auf Anregung Württembergs über das Wechselrecht hinaus auch die Vereinheitlichung des Handelsrechts ins Auge gefasst und zu diesem Zweck 1848 einen Gesetzgebungsausschuss eingesetzt. Ihm gehörte auch der Göttinger Handelsrechtler *Johann Heinrich Thöl* (1807–1884), Mitglied der Nationalversammlung, an. Die Kommission sollte den Entwurf eines allgemeinen Handelsgesetzbuches für ganz Deutschland abfassen. Die Arbeiten kamen jedoch infolge der politischen Geschehnisse nicht voran. Immerhin sprach sich der Ausschuss dafür aus, bei den Beratungen den französischen Code de commerce von 1807 zu berücksichtigen. Diese in jeder Hinsicht vorzügliche Handelsrechtskodifikation galt im Übrigen bereits in Deutschland. Sie war seit der Übernahme der napoleonischen „cinq codes" auch nach den Befreiungskriegen (1813–1815) geltendes Recht z.B. in der preußischen Rheinprovinz, der Rheinpfalz, in Rheinhessen, Elsass-Lothringen sowie im Großherzogtum Baden (bis etwa Mitte des 19. Jahrhunderts). Mit diesem Gesetz hatte die französische Handelsrechtswissenschaft ihre führende Stellung in Europa auf Dauer gefestigt.

Erst in dem nach 1848/50 erneuerten Deutschen Bund wurde auf eine Initiative der bayerischen Regierung 1856 von der Bundesversammlung eine „Commission zur Entwerfung und Vorlage eines allgemeinen Handelsgesetzbuchs für die Deutschen Bundesstaaten“ eingesetzt. Diese trat 1857 zusammen und tagte abwechselnd in Nürnberg und (bei der Diskussion des Seehandelsrechts) in Hamburg. Nach ausgiebigen Beratungen stellte die Kommission ausgehend von einer durch Preußen seit 1850 vorbereiteten und 1856 abgeschlossenen Vorlage sowie unter Berücksichtigung österreichischer Vorentwürfe (von 1842, 1853 und 1857) am 12. März 1861 den „Entwurf eines Allgemeinen Deutschen Handelsgesetzbuches“ fertig und überreichte ihn am 16. März 1861 der Bundesversammlung. Diese nahm ihn unverändert an und empfahl mit Beschluss vom 31. Mai 1861 allen Regierungen der Bundesstaaten seine Einführung. Daraufhin wurde der Entwurf von 1861 bis 1866 durch fast alle Bundesstaaten als „Allgemeines Deutsches Handelsgesetzbuch“ (ADHGB) zum Gesetz erhoben. Nur die Staaten Holstein-Lauenburg, Limburg, Luxemburg und Schaumburg-Lippe verzichteten auf die Einführung. In Österreich wurde das ADHGB – mit Ausnahme des Seerechts – als „Allgemeines Handelsgesetzbuch“ (AHGB) 1862 eingeführt und erst 1938 durch das deutsche Handelsgesetzbuch (HGB) von 1897/1900 abgelöst.

Das ADHGB hatte allerdings im Gegensatz zum Code de commerce von 1807 das – im preußischen Entwurf noch enthaltene – Versicherungsrecht (mit Ausnahme des Seeversicherungsrechts), das Wechsel- und Konkursrecht sowie die Handelsgerichtsbarkeit ausgeklammert. An Umfang und technischer Qualität übertraf das Gesetzbuch jedoch das französische Vorbild. Systematisch knüpfte es die Geltung handelsrechtlicher Normen sowohl an bestimmte Voraussetzungen in der Person der beteiligten Rechtssubjekte (Art. 4: Kaufmannseigenschaft – *„subjektives System“*), wie auch an das Vorliegen besonders gestalteter Sachverhalte (Art. 271, 307: Grundhandelsgeschäfte – *„objektives System“*). Das auf die Natur des betreffenden Rechtsgeschäfts abstellende objektive System wurde von *Levin Goldschmidt* (1829–1897), dem Begründer der modernen Handelsrechtswissenschaft, nach dem Vorbild des Code de commerce („acte de commerce“) entwickelt und favorisiert. Demgegenüber propagierte vor allem *Johann Heinrich Thöl* (1807–1884), eine Autorität auf dem Gebiet des Handels- und Wechselrechts, das subjektive System, wie es im Ansatz bereits 1794 das ALR kodifiziert hatte (Handelsrecht als besonderes Standesrecht für Kaufleute).

Schon bald nach der Einführung der ADWO durch die Bundesstaaten erwies sich das Wechselrecht novellierungsbedürftig. Daraufhin betraute die Bundesversammlung 1857 die in Nürnberg zusammengetretene Handelsgesetzgebungskommission auch mit der Behandlung bedeutsamer wechselrechtlicher, in der Theorie wie in der einzelstaatlichen Praxis aufgetretener Rechtskontroversen. Nach eingehenden Beratungen schlug die Kommission acht Zusätze zur ADWO vor. Diese wurden als sog. „Nürnberger Novellen" den Bundesstaaten zur Einführung empfohlen und von den meisten (mit Ausnahme Österreichs) landesgesetzlich (zuletzt 1856) in Kraft gesetzt.

Die zwischenzeitliche Bildung des Norddeutschen Bundes (1866) führte schließlich zu weiteren intensiven Bemühungen um die Rechtsvereinheitlichung. Die ADWO mit den „Nürnberger Novellen" und das ADHGB wurden am 1. Januar 1870 im Bundesgebiet als gemeines Recht in Kraft gesetzt. Nach der Reichsgründung (1871) galten die Gesetze als Reichsrecht (1872). Die Wahrung der mühsam errungenen Rechtseinheit sollte ein Obergericht für Handelssachen garantieren. Einen gemeinsamen obersten Gerichtshof hatten bereits 1861 *Levin Goldschmidt* gefordert und der Heidelberger Allgemeine Handelstag der Bundesregierung empfohlen. Doch erst im Jahre 1869 wurde die Sache spruchreif. Das Gericht erhielt den Namen „Bundes-Oberhandelsgericht" und wurde 1870 durch seinen ersten Präsidenten *Heinrich Eduard Pape* (1816–1888), dem späteren Präsidenten der Ersten BGB-Kommission, feierlich an seinem künftigen Sitz in Leipzig eröffnet. 1871 nahm der Gerichtshof die Bezeichnung „Reichsoberhandelsgericht" an und ging schließlich am 1. Oktober 1879 im „Reichsgericht" auf.

Die Ablehnung der Kodifikation durch die Historische Rechtsschule hatte noch zu Beginn des 19. Jahrhunderts umfassende rechtsvereinheitlichende Gesetzgebungen verhindert. Die erfolgreich in Deutschland hergestellte, auch im Ausland viel beachtete handelsrechtliche Rechtseinheit hatte die gesetzgebungsfeindlichen Vorbehalte jedoch endgültig widerlegt. Im Gebiet des Norddeutschen Bundes (1866–1871) und (seit 1871) des Deutschen Reiches kam es zu einer Flut von Einzel- bzw. Sondergesetzen. Mit Rücksicht auf das politisch wie rechtlich vereinheitlichte Wirtschaftsgebiet wurde es unumgänglich, auch das Post-, Telegrafen-, Münz-, Maß- und Gewichtswesen, das Gewerbe-, Aktien- und Genossenschaftsrecht anzugleichen.

Insgesamt folgte diese Gesetzgebung den kodifikationstheoretischen Prinzipien, die im Kern bereits den europäischen Kodifikationen des ausgehenden 18. und des beginnenden 19. Jahrhunderts zugrunde lagen. Dies erklärt ihre nachhaltige Wirkung als Vorbild für das Handelsrecht vieler außerdeutscher Staaten.

Schrifttum: *P. Raisch*, Geschichtliche Voraussetzungen, dogmatische Grundlagen und Sinnwandlung des Handelsrechts (1965), 47 ff. – *F. Laufke*, Der Deutsche Bund und die Zivilgesetzgebung, in: FS H. Nottarp (1961), 8 ff. – *A. Laufs*, Die Anfänge einheitlicher höchster Gerichtsbarkeit in Deutschland, JuS 1969, 256 ff. – *A. Buschmann*, 100 Jahre Gründungstag des Reichsgerichts, NJW 1979, 1966 ff. – *E. Wadle*, Das Reichsgericht im Widerschein denkwürdiger Tage, JuS 1979, 841 ff. – *R. Schulz*, Die Entstehung des Seerechts des ADHGB (1987), 25 ff. – *Chr. Bergfeld*, Preußen und das ADHGB, Ius Commune XIV (1987), 101 ff. – *D. Bühler*, Die Entstehung der allgemeinen Vertragsschluss-Vorschriften im Allgemeinen Deutschen Handelsgesetzbuch (ADHGB) von 1861 (1991), 15 ff., 31 ff. – *K. Schmidt*, Levin Goldschmidt. Der Begründer der modernen Handelsrechtswissenschaft, in: Deutsche Juristen jüdischer Herkunft, hg. v. H. Heinrichs u. a. (1993), 222 ff. – *K. O. Scherner*, Modernisierung d. HR i. 19. Jht, ZHR-Beiheft 66 (1993).

3. Handelsgesetzbuch für das Deutsche Reich v. 1897

Die nach der Reichsgründung (1871) begonnene Kodifizierung eines allgemeinen bürgerlichen Rechts lenkte den Blick auf zwangsläufig notwendig werdende Angleichungen auch des Handelsrechts. Da im ADHGB für dieses Rechtsgebiet eine bereits bewährte Kodifikation vorlag, konnten die handelsrechtlichen Revisionsarbeiten noch vor der Fertigstellung bzw. Verkündung des Bürgerlichen Gesetzbuchs (BGB – 18. August 1896) beginnen.

Bereits 1895 wurde dem Reichsjustizamt ein aus 414 Paragrafen bestehender Entwurf zugeleitet. An seiner Erarbeitung war eine aus Juristen, Kaufleuten und Industriellen zusammengesetzte Kommission beteiligt. Eines ihrer prominenten Mitglieder war der Germanist und Zivilrechtsdogmatiker *Otto v. Gierke* (1841–1912), ihr Vorsitzender der Staatssekretär des Reichsjustizamtes *Arnold Nieberding* (1838–1912), dem das spätere BGB die Überwindung größter politischer Hürden vor allem bei den Beratungen im Reichstag verdankte. Der umgearbeitete Entwurf wurde schließlich 1897 dem Reichstag zugeleitet und nach drei Lesungen als „Handelsgesetzbuch für das Deutsche Reich" (HGB) am 7. April 1897 einstimmig angenommen. Seine Verkündung erfolgte am 10. Mai 1897.

Der Gesetzgeber hatte sich dieses Mal gegen das Mischsystem des ADHGB entschieden und zum Anknüpfungsmerkmal das subjektive System erklärt. Im Verhältnis zum BGB ist das HGB ein Sonderprivatrecht. Als lex specialis ist es aber in der Regel für sich allein nicht anwendbar. Vielmehr ändert und ergänzt es gemäß Art. 2 EGHGB das allgemeine bürgerliche Recht nach Maßgabe der besonderen Anforderungen des Handelsrechtsverkehrs (z.B. Prokura, Handelskauf, Kommissions-, Speditions- und Frachtgeschäft).

Das HGB trat zusammen mit dem BGB am 1. Januar 1900 in Kraft. Es wurde in Österreich 1938 nach der nationalsozialistischen Eingliederung in das Deutsche Reich mit Modifikationen eingeführt, wo es seitdem gilt. Die ehemalige DDR hatte das HGB zwar nicht förmlich aufgehoben, jedoch war das Gesetzbuch nur noch für das Speditions- und Frachtrecht bedeutsam. Grundlegende handelsrechtliche Regelungen im Sinne der sozialistischen Planwirtschaft hatte bereits 1965 das sog. „Vertragsgesetz" getroffen.

In der jüngeren und gegenwärtigen Rechtsentwicklung verschmilzt das Handelsrecht als besonderes Privatrecht der Kaufleute weitgehend mit dem allgemeinen Zivilrecht. Das zeitgenössische Schlagwort von der „Kommerzialisierung des Zivilrechts" hatte bereits Levin Goldschmidt in seiner „Theorie vom relativen Handelsrecht" konkretisiert. Er sah im Handelsrecht die Quelle für neue Rechtsgrundsätze. Einmal entstanden, wechselten diese rasch, einer immanenten natürlichen Gesetzlichkeit folgend, in das allgemeine Privatrecht über, fanden dort allgemeine Anerkennung und wurden so zu Schrittmachern der Rechtsentwicklung. Beispielhaft unterstreichen diese Pionierfunktion des Handelsrechts die Lehren von der Verpflichtungswirkung des Rechtsscheins, vom Vertrauensschutz und von der faktischen Gesellschaft. Auch die Rechtsfigur der Prokura wurde aus der Praxis des Handelrechtsverkehrs geschaffen und bedeutete eine Absage an das aus dem römischen Recht stammende, gemeinrechtliche Stellvertretungsverbot des *„alteri stipulari nemo potest"* (Corpus iuris, Digesten 45, 1, 38, 17).

Bei der Schaffung des HGB wurde auch schon die grundsätzliche gesetzgebungstechnische Frage diskutiert, ob es zweckmäßig sei, das Handelsrecht getrennt vom allgemeinen Privatrecht zu kodifizieren, und kontrovers beantwortet, bis man schließlich der gesonderten Kodifikation den Vorzug gab. Für eine Einbeziehung handelsrechtlicher

Materien *in* die Kodifikationen des Zivilrechts haben sich die Schweiz (Obligationenrecht von 1881/1911) und später Italien (Codice civile von 1942 übernahm den Codice di commercio von 1882) entschieden. Auch in den Niederlanden wurde die auf den französischen Code de commerce von 1807 zurückgehende Trennung des Zivilrechts vom Handelsrecht (Wetboek van Koophandel von 1838) aufgegeben. Das Nieuw Burgerlijk Wetboek hat das Handelsrecht stufenweise in Kraft gesetzt: z.B. 1976 handelsrechtliche Verträge, Versicherung, Wertpapierrecht im 2. Buch, 1991 das gesamte Transportrecht im 8. Buch.

Schrifttum: *B. Grossfeld*, Die rechtspolitische Beurteilung der Aktiengesellschaft im 19. Jahrhundert, und *K.J. Hopt*, Ideelle und wirtschaftliche Grundlagen der Aktien-, Bank- und Börsenrechtsentwicklung im 19. Jahrhundert, beide in: Wissenschaft und Kodifikation IV, 236ff.u. V, 128ff. – *P. Raisch*, Die Abgrenzung des Handelsrechts vom Bürgerlichen Recht als Kodifikationsproblem im 19. Jahrhundert (1962), 13ff., 55ff., 71ff., 116ff. – *N. Reich,* Die Entwicklung des deutschen Aktienrechtes im 19. Jahrhundert, Ius Commune II (1969), 239ff. – *K. Schmidt*, Das HGB und die Gegenwartsaufgaben des Handelsrechts (1983), 24ff. – *A.S. Hartkamp*, Einführung in das Neue Niederländische Schuldrecht, in: Renaissance der Idee der Kodifikation, hg.v.F. Bydlinski u.a. (1991), 85ff. – *K. Schmidt*, Levin Goldschmidt (1829–1897). Der Begründer der modernen Handelsrechtswissenschaft, in: Deutsche Juristen jüdischer Herkunft, hg.v.H. Heinrichs u.a. (1993), 215ff. – *K.O. Scherner*, Das HGB – Monument oder Reformgesetz?, ZNR 2000, 358ff.

II. Vorläufer der Privatrechtseinheit

1. Bürgerliches Gesetzbuch für das Königreich Sachsen v. 1865

Die erfolgreich verlaufenen Bemühungen um eine Kodifikation des Wirtschaftsrechts hatten bei den deutschen Mittelstaaten den Wunsch nach einer umfassenden Bereinigung ihrer Landesprivatrechte verstärkt. Hier galt nämlich neben dem Partikularrecht immer noch das gemeine römische Privatrecht als Ius commune, das jedoch den Bedürfnissen einer aufstrebenden Industriegesellschaft kaum mehr entsprach. Zu bedeutsameren Teilentwürfen kam es in Preußen 1841/1842, in Hessen-Darmstadt 1842/1847 und in Bayern 1861/1864. Sie alle wurden jedoch nicht Gesetz.

Einen wichtigen Erfolg erzielte der partikuläre Kodifikationsgedanke im Königreich Sachsen. Pläne zu einem privatrechtlichen Gesetzbuch reichen in die Zeit des Kurfürstentums zurück (1763), blieben aber erfolglos. Erst ein Dekret der sächsischen Landesregierung brachte 1834 die Gesetzgebungsarbeiten wieder in Gang. 1852 lag ein erster vollständiger Entwurf vor und wurde publiziert. Sein Verfasser war der ehemalige Justizminister *Gustav Friedrich Held* (1804–1857). Der Gesetzesentwurf orientierte sich vorwiegend am österreichischen ABGB, gliederte erstmals nach dem – auf *Georg Arnold Heise* (1778–1851) zurückgehenden – Pandektensystem (5-Bücher-Schema), war aber auch durchaus eigenständig und trug den besonderen sächsischen Rechtsverhältnissen Rechnung. Überraschenderweise fand der Entwurf nicht ungeteilte Zustimmung. Einer der heftigsten Kritiker war der früher in Tübingen und seit 1852 in Leipzig lehrende Rechtsprofessor *Carl Georg v. Wächter* (1797–1880), der großes Ansehen in der Fachwelt genoss. Daraufhin zog das Justizministerium den Entwurf zurück.

1860/1861 lag ein zweiter, von einer mit hochrangigen Juristen besetzten Revisionskommission erarbeiteter Entwurf vor. Seinen Inhalt haben Vorlagen des späteren Vizepräsidenten des Appellationsgerichts Dresden *Eduard Siebenhaar* (1806–1893) sowie des Jenaer Professors und Präsidenten des thüringischen Oberappellationsgerichts *Friedrich Otto Ortloff* (1797–1868) maßgeblich bestimmt. Ursprünglich lediglich als Korrektur des Held-Entwurfes gedacht, war die Revision tatsächlich eine völlig neue Kodifikation des in Sachsen geltenden Rechts, der Landesgesetze, des gemeinen Sachsenrechts (Recht der mittelalterlichen Rechtsbücher) und des gemeinen römischen Rechts. Der Entwurf wurde mit den Motiven dem Landtag zur Beratung und Beschlussfassung zugeleitet, trotz grundsätzlicher Bedenken vor allem von wissenschaftlicher Seite – namentlich Kritik des bekannten österreichischen Zivilrechtlers *Joseph Unger* (1828–1913) – in (mehrfach) abgeänderter Form angenommen, am 2. Januar 1863 als „Bürgerliches Gesetzbuch für das Königreich Sachsen" verkündet und mit Wirkung zum 1. März 1865 in Kraft gesetzt.

Kodifikationsgeschichtlich ist das Sächsische Bürgerliche Gesetzbuch eine Besonderheit. Es war die letzte geschlossene territoriale Normenordnung unmittelbar vor dem reichseinheitlichen Deutschen Bürgerlichen Gesetzbuch (BGB). In der Strukturierung und Gliederung der Rechtsmaterien sowie gesetzestechnisch wies es in die Zukunft. Ausgeschieden bzw. Spezialgesetzen vorbehalten waren – entsprechend dem späteren BGB – die auf bestimmte Personengruppen, Sachen und Rechtsverhältnisse bezogenen Rechtssätze, wie z.B. die bäuerlichen Rechtsverhältnisse, das Jagd-, Fischerei- und Wasserrecht, das Lehensrecht, die Berggesetzgebung, das Handels- und Wechselrecht sowie das literarische und künstlerische Urheberrecht. Die im eigentlichen Sinne privatrechtlichen Materien wurden unter Zugrundelegung des Pandektenschemas geordnet. Gesonderte Regelungen ergingen für die Rechtssubjekte (natürliche und juristische Personen), die Rechtsobjekte (Sachen und die daran möglichen Rechte) sowie die Rechtsbeziehungen verschiedener Personen (Schuldverhältnisse). Gemäß der zeitgenössischen pandektistischen Doktrin kannte das Gesetzbuch einen Allgemeinen Teil. Dieser enthielt neben den Lehren von den bürgerlichen Gesetzen allgemeine Vorschriften über Rechtsgeschäfte, unerlaubte Handlungen sowie übergreifende, das Personenrecht einschließende Rechtsgrundsätze. Familien- und Erbrecht ließen sich dagegen nur schwer in das pandektistische Dispositionssystem einfügen. Wie im späteren BGB wurden diese Rechtsgebiete in besonderen Büchern erfasst. Mit dieser Einteilung folgte das Gesetzbuch dem „Fünfbücherschema", nach dem das Sachenrecht dem Schuldrecht voranging.

Die sächsische Kodifikation orientierte sich an der pandektistischen Zivilrechtsdogmatik. „Eine etwas verspätete Frucht des deutschen Rechtspartikularismus" (Enneccerus-Nipperdey, Allgemeiner Teil des Bürgerlichen Rechts, § 9V) war sie jedoch keineswegs. Das Gesetzbuch hat sich in der Praxis bewährt und fand sehr bald über seinen unmittelbaren Geltungsbereich hinaus große Beachtung als Musterrechtsordnung. Größte Bedeutung gewann es als Vorbild bei der Redaktion des BGB, dessen Inkrafttreten am 1. Januar 1900 die Geltung des sächsischen Gesetzes beendete. Im Ganzen hat es die Rechtswissenschaft der Verwirklichung einer deutschen Privatrechtseinheit entscheidend näher gebracht. Innerhalb der zersplitterten und unüberschaubar gewordenen Rechtslandschaften zählt das Gesetz zu den letzten großen Leistungen der Gemeinrechtswissenschaft. Für diese Bewertung hat erst die neuere rechtshistorische Forschung überzeugende Nachweise erbracht. Die wenigen nach Inkrafttreten des BGB gemäß Art. 3 EGBGB als Landesrecht noch fortgeltenden sächsischen Nachbarrechtsbestimmungen hatte erst das Zivilgesetzbuch der vormaligen DDR am 1. Januar 1976 gegenstandslos werden lassen.

Schrifttum: Handbuch III 2, 1472ff. (*Dölemeyer*) – *A. Buschmann*, HRG (Sächsisches Bürgerliches Gesetzbuch), 1242ff. – *ders.*, Das Sächsische Bürgerliche

Gesetzbuch von 1863/65, JuS 1980, 553ff. – *S. Leitel*, 125 Jahre Sächsisches Bürgerliches Gesetzbuch, Staat und Recht 1988, 323ff. – *Chr. Ahcin*, Zur Entstehung des bürgerlichen Gesetzbuchs für das Königreich Sachsen von 1863/65 (1996).

2. Dresdener Entwurf v. 1866

Die territoriale Rechtsvielfalt legte es nahe, entsprechend der handelsrechtlichen Einheit die Vereinheitlichung des Rechts der Schuldverhältnisse als für das Wirtschaftsleben vordringliches Ziel zu fordern. Die gelungene sächsische Gesetzgebung hatte überdies die mögliche Realisierung eines derartigen Vorhabens sichtbar unter Beweis gestellt. Deshalb wurde auf Veranlassung von zehn deutschen Mittel- und Kleinstaaten (u.a. Bayern, Württemberg, Sachsen, Kurhessen und Nassau) noch vom Deutschen Bund nach dreijährigen Beratungen (1859–1862) der Bundesversammlung die Schaffung eines allgemeinen Obligationenrechts beschlossen. Eine Kommission zur Ausarbeitung eines entsprechenden Entwurfs wurde 1862 eingesetzt und nahm 1863 in Dresden ihre Beratungen auf. Ihr gehörten die Vertreter der Regierungen von Österreich, Württemberg, Bayern, Hannover, Hessen-Darmstadt, Frankfurt und Sachsen an. Die Einbeziehung des Familien- und Erbrechts wurde mit der Begründung abgelehnt, eine einheitliche Gesetzgebung würde in unzumutbarer und unerträglicher Weise in Sitte und Gewohnheiten eingreifen, die immer noch vorwiegend das eheliche Güterrecht bestimmten.

Allein Preußen protestierte dagegen aus politischen Gründen und wollte die Verhandlungen außerhalb des Bundes führen. Ursächlich dafür waren wohl die Pläne des preußischen Ministerpräsidenten und Außenministers *Otto v. Bismarck* (1815–1898), die Bundesverfassung zu ändern und die Gesetzgebungskompetenzen des Bundes zu beschneiden. Ungeachtet dessen konnte die Dresdener Kommission 1866 der Bundesversammlung den „Entwurf eines allgemeinen deutschen Gesetzes über Schuldverhältnisse" (sog. *Dresdener Entwurf*) zuleiten. Eine Beratung fand nicht statt. Den Fortgang der Kodifikationsarbeiten und damit auch die Bemühungen um die deutsche Rechtseinheit beendeten im gleichen Jahr der preußisch-österreichische Krieg und die Auflösung des Deutschen Bundes. Der Dresdener Entwurf hat den Allgemeinen Teil (Willenserklärung, Stellvertretung) und das Schuldrecht des späteren BGB entscheidend beeinflusst. Auch ausländische Rechtsordnungen, wie etwa das Schweizerische Obligationenrecht von 1881, nahmen ihn zum Vorbild.

Schrifttum: Handbuch III 2, 1562ff. (*Dölemeyer*) – *J. W. Hedemann*, Der Dresdner Entwurf von 1866 (1935) – *A. Laufs*, Rechtsentwicklungen in Deutschland ([5]1996), 229f.

III. Deutsches Bürgerliches Gesetzbuch v. 1896/1900

1. „Vorkommission" und Erster Entwurf

Die Verfassung des Norddeutschen Bundes von 1867 und die Reichsverfassung von 1871 hatten das Gesetzgebungsrecht des Bundes bzw. des Reichs auf Teilgebiete beschränkt (Obligationenrecht, Handels- und Wechselrecht, allgemeine Bestimmungen über das Bankwesen, Erfinderpatentrecht und Schutz des geistigen Eigentums). Die Kompetenz des Bundes zur Gesetzgebung auf dem Gebiet des gesamten bürgerlichen Rechts hatte erstmals 1867 der unitarische nationalliberale Abgeordnete *Johannes v. Miquel* (1828–1901) gefordert, war aber an der (norddeutschen) Reichstagsmehrheit gescheitert. Darauf hin versuchte er es mit Unterstützung seines Kollegen, des ebenfalls Nationalliberalen *Eduard Lasker* (1829–1884) noch fünfmal, bis schließlich 1873 die Verfassungsänderung gelang. Ein mit großer Mehrheit des Reichstags und nach Zustimmung auch des Bundesrats erlassenes verfassungsänderndes Reichsgesetz vom 20. Dezember 1873 (Lex Miquel-Lasker) übertrug dem Reich das Recht zur Gesetzgebung für „das gesamte Bürgerliche Recht, das Strafrecht und das gerichtliche Verfahren". Die Arbeiten an der Kodifizierung des bürgerlichen Rechts konnten beginnen.

Schon am 28. Februar 1874 setzte der Bundesrat eine Kommission ein, die gutachtliche Vorschläge zu Plan und Methode bei der Erstellung des Entwurfs eines bürgerlichen Gesetzbuches erarbeiten sollte. Die fünf Mitglieder dieser sog. „Vorkommission" waren hohe Richter, die Präsidenten der obersten Gerichte von Preußen, Sachsen, Württemberg und Bayern, sowie als einziger Theoretiker der Handelsrechtler *Levin Goldschmidt*. Ihr Gutachten riet im Wesentlichen zu einer wissenschaftlichen und kompilatorischen Kodifizierung des vorhandenen Rechtszustandes und fand die Billigung des Bundesrats.

Der weitere Fortgang der Gesetzgebungsarbeiten wurde durch vier sog. „Reichsjustizgesetze" von 1877 (in Kraft getreten am 1.10.1879) begünstigt. Sie haben auf den Gebieten der Gerichtsverfassung (GVG), des Konkursrechts (KO), des Straf- (StPO) und des

Zivilprozesses (ZPO) eine Rechtseinheit und „mehr als alle anderen Gesetze des 19. Jahrhunderts eine Tradition von Rechtsstaatsprinzipien in Deutschland begründet" (P. Landau). Die Praxis hatte damit bereits entscheidende Schritte zu einer Rechtsvereinheitlichung getan.

Im Wesentlichen nach den Vorschlägen der „Vorkommission" beschloss der Bundesrat am 22. Juni 1874, mit der Ausarbeitung des Entwurfs eines bürgerlichen Gesetzbuchs eine Kommission von elf Mitgliedern zu betrauen. Diese sog. „Erste Kommission" setzte sich aus sechs Richtern, drei Ministerialbeamten und zwei Professoren zusammen. Die Wissenschaft vertraten der in Leipzig lehrende Romanist *Bernhard Windscheid* (1817–1892) und der Münchener Germanist *Paul v. Roth* (1820–1892). Alle Mitglieder wurden streng nach Länderproporz berufen. Den Vorsitz führte der Präsident des Reichsoberhandelsgerichts *Heinrich Eduard Pape* (1816–1888). Den maßgebenden Einfluss hatte der auch als „Ziehvater des BGB" genannte *Gottlieb Karl Georg Planck* (1824–1910), Richter und Honorarprofessor in Göttingen. Im Unterschied zu den Vorarbeiten zum ADHGB wurden dagegen weder Repräsentanten der Wirtschaft noch der Anwaltschaft in den Ausschuss berufen. Es fehlten auch die in der zeitgenössischen Zivilrechtswissenschaft führenden Professoren *Rudolph v. Jhering* (1818–1892) und *Heinrich Dernburg* (1829–1907).

Die Kommission legte in Anlehnung an das Sächsische Bürgerliche Gesetzbuch das Fünfbüchersystem fest. Für jedes Buch wurde einem Mitglied die Redaktion eines Teilentwurfs übertragen. Ab 1881 versuchte man, die einzelnen Teile zu vereinheitlichen. Der Teilentwurf für das Recht der Schuldverhältnisse blieb infolge des Todes seines Redaktors (*Franz v. Kübel*) unvollendet und wurde durch das Obligationenrecht des Dresdener Entwurfs von 1866 ergänzt. Die Gesamtkommission legte nach gründlichen (unveröffentlichten) Verhandlungen 1887 dem Reichskanzler den Gesamtentwurf vor. Dieser wurde 1888 als „Erster Entwurf" zusammen mit den „Motiven" (fünf Bände) zu den einzelnen Büchern veröffentlicht, die nach den Materialien erstellt worden waren, für die aber die Kommission keine Verantwortung übernahm.

Der Erste Entwurf entfachte in der Öffentlichkeit eine sehr lebhafte, zum Teil scharfe Kritik. Die Kommission hatte in völliger Selbstisolation, ohne Verbindungen zu Kreisen der Wirtschaft oder zu anderen juristischen Fachverbänden aufzunehmen, gearbeitet. Eine vom Reichsjustizamt erstellte Sammlung kritischer Äußerungen umfasste allein sechs Bände, hinzu kamen drei weitere amtliche Stellungnahmen. Anerkannt wurde zwar im allgemeinen die große technische Leistung, auf Ablehnung stieß jedoch das Ergebnis. Der Entwurf war hyperromanistisch, doktrinär und enthielt zahlreiche, das Verständnis erschwerende Verweisungen.

Am bedeutsamsten war die Ablehnung des Gesetzbuchs durch *Otto v. Gierke* (1841–1921), der praktisch einen Gegenentwurf verfasst hatte („Der Entwurf eines Bürgerlichen Gesetzbuches und das Deutsche Recht", 1888/1889). Er monierte mangelnde soziale Tendenzen, vor allem aber die pandektistische Schrankenlosigkeit der privatrechtlichen Befugnisse des Inhabers, ohne gleichzeitig ihre soziale Pflichtbindung zu sichern, und beklagte das Fehlen des inzwischen legendären „Tropfens sozialistischen Öles". Dabei forderte Gierke keineswegs ein wirklich modernes Gesetzbuch. Vielmehr hatte er im Kern einen „Rechtskatechismus" vor Augen, in dem u.a. pseudogermanisches Freiheits- und Genossenschaftsdenken, somit weithin mittelalterliche Werthaltungen konserviert waren. Für das Familienrecht propagierte er beispielsweise den deutschrechtlichen Gemeinschaftsgedanken als einzige Alternative zum Individualismus des römischen Rechts. Folgerichtig trat er für die Rückstufung der Rechtsstellung der Frau auf die Ebene einer Minderjährigen mit beschränkter Geschäftsfähigkeit ein, verbunden mit der Ablehnung jeglicher selbständigen, eigenverantworteten Handlungs- und Verwaltungsrechte. Gemeinschaft vertrug nach germanistischer Auffassung eben keine individuelle Ausgestaltung.

Ähnlich grundsätzlich, wenn auch rigoroser fiel die Abrechnung des österreichischen Professors für Zivilprozessrecht *Anton Menger* (1841–1906) aus. Er gehörte den sog. „Kathedersozialisten" an, einer politischen, den Manchesterliberalismus kritisierenden sozialreformerischen Gruppierung der deutschen Nationalökonomie. In seiner Schrift „Das bürgerliche Recht und die besitzlosen Volksklassen" (1890, 4. Aufl. 1908) prangerte er engagiert den „individuellen Egoismus" an, der den Entwurf als durchgehend leitendes, sozial-bürgerliche Forderungen missachtendes rechtspolitisches Prinzip charakterisierte. Das Produkt der Ersten Kommission bewertete er abschließend als „ein der Form nach abschreckendes, dem Inhalte nach völlig ideenloses, in Paragraphen gebrachtes Pandektenkompendium". Aber auch Menger war keineswegs in allen Punkten ein Fortschrittsprediger und „Stimme der enterbten besitzlosen Volksklassen", zu der er sich selbst stilisiert hatte. So befand er ebenfalls für das streng patriarchalisch strukturierte Familienrecht, anstatt eine eklatante Diskriminierung der Frau festzustellen, das Recht der Ehe sei im Entwurf durchaus „in gerechter und unparteiischer Weise geordnet".

Insgesamt war die Kritik sachlich berechtigt. Die Mitglieder der Ersten Kommission hatten in erster Linie ein wissenschaftliches, für Fachjuristen bestimmtes Gesetz erarbeitet, aktuelle sozialpolitische Forderungen dagegen eher sehr zurückhaltend berücksichtigt. Die an der nationalen Einigung auch auf dem Gebiet des Rechts interessierte Bevölkerung hatte aber mehr erwartet und war vom Ergebnis enttäuscht. Die Ursachen dafür waren vielschichtig. Sie lagen weniger in der übersteigerten individualistischen Privatrechtstheorie der späten Pandektistik, die eindeutig den Entwurf prägte. Der Reichsgerichtsrat *Otto Bähr* (1817–1895), Autor eines Gegenentwurfs, hatte den Entwurf „*kleiner Windscheid*" genannt, „der sich von dem großen nur dadurch unterscheidet, daß dieser bisher noch der freien wissenschaftlichen Thätigkeit und Forschung neben sich Raum ließ, während jener mit seinen Paragraphen die Wissenschaft ein für alle Mal abschließt" (O. Bähr, „Zur Beurtheilung des Entwurfs eines bürgerlichen Gesetzbuchs für das Deutsche Reich", 1888, 7). Verantwortlich war vielmehr die vom rechtswissenschaftlichen Positivismus der Pandektenwissenschaft bestimmte Grundeinstellung der Redaktoren. Diese herrschende juristische Denkhaltung, für die allerdings Bernhard Windscheid nach neueren Forschungen nicht mehr uneingeschränkt als Symbolfigur bemüht werden kann (W. Schubert, U. Falk, J. Rückert), ließ als Gegenstand der Rechtswissenschaft nur das gesetzte positive Recht als wirkliches Recht gelten. Unausweichlich blieben hierbei die tieferen, komplexen sozialpolitischen Grundlagen des Rechts und der bürgerlichen Gesellschaft ausgespart.

Ungeachtet der Mängel beharrten bedeutsame kritische Stimmen jedoch auf dem Fortgang der kodifikatorischen Bemühungen im Interesse der nationalen Einigung. Man entschloss sich zu einem Verfahren, das die Vermeidung der bisherigen Fehler sicherstellen sollte. Der „Vorkommission" war nämlich angelastet worden, durch übereilte, verfehlte Vorschläge und die Überbewertung der juristischen Technik zu Lasten der Volkstümlichkeit den hohen pandektistischen

Abstraktionsgrad und damit die Welt- und Lebensferne des Entwurfs mitverursacht zu haben.

Schrifttum: Handbuch III 2, 1572ff. (*Dölemeyer*) – *Brauneder*, Juristen, 212ff. (Menger) – *Stolleis,* Juristen, *422f., 489f.* – *W. Sellert*, HRG (Reichsjustizgesetze), 651ff. – *ders.*, Die Reichsjustizgesetze von 1877 – ein gedenkwürdiges Ereignis?, JuS 1977, 781ff. – *A. Laufs*, Die Begründung der Reichskompetenz für das gesamte bürgerliche Recht, JuS 1973, 740ff. – *ders.*, Eduard Lasker. Ein Leben für den Rechtsstaat, in: Deutsche Juristen jüdischer Herkunft, in: H. Heinrichs u.a. (1993), 262ff. – *K.-P. Schröder*, Anton Menger. Jurist und Sozialphilosoph, JuS 1975, 678ff. – *W. Schubert,* Preußens Pläne zur Vereinheitlichung des Zivilrechts nach der Reichsgründung, SZGerm 96 (1979), 243 ff – *H.-P. Benöhr*, Die Grundlage des BGB – Das Gutachten der Vorkommission von 1874, JuS 1977, 79ff. – *P. Landau,* Die Reichsjustizgesetze von 1879 und die deutsche Rechtseinheit, in: FS Vom Reichsjustizamt zum Bundesministerium der Justiz (1977), 161ff. – *U. Falk*, Ein Gelehrter wie Windscheid. Erkundungen auf den Feldern der sog. Begriffsjurisprudenz (1989), 6ff. – *J. Rückert,* Bernhard Windscheid und seine Jurisprudenz „als solche" im liberalen Rechtsstaat (1817 – 1892), JuS 1992, 902ff. – *K.-H. Fezer*, Wider eine neopositivistische Begrifflichkeit im Recht – Zur Wiederbelebung von Windscheids Begriffsjurisprudenz als liberalem Rechtsstaatsdenken im Neopositivismus, JuS 1993, 103ff. – *K. Luig*, Heinrich Dernburg. Ein „Fürst" der Spätpandektistik und des preußischen Privatrechts, in: Deutsche Juristen jüdischer Herkunft (1993), 236ff. – *K.-P. Schroeder*, Gottlieb Planck (1825–1910) – „Ziehvater des BGB", JuS 2000, 1046ff.

2. Zweiter Entwurf

Der Bundesrat beschloss am 4. Dezember 1890, mit der Umarbeitung des Ersten Entwurfs eine neu zu berufende sog. „Zweite Kommission" zu betrauen. Sie bestand aus zehn (später elf) ständigen und zwölf (später dreizehn) nichtständigen Mitgliedern, unter letzteren nunmehr auch Vertreter wirtschaftlicher Interessen (Rittergutsbesitzer, Bankdirektor) sowie Angehörige nichtjuristischer Berufsgruppen (Nationalökonom, Bergrat, Oberforstmeister). Generalreferent wurde Planck, der in der Ersten Kommission Redaktor des Familienrechts war. Insgesamt hielt sich die Reformfreudigkeit der Kommission in Grenzen. So wurden beispielsweise im Familienrecht (eheliches Güterrecht, Vormundschaftsrecht) die beanstandeten Mängel des Ersten Entwurfs, wie übertriebene Rechts- und Verweisungstechnik, kaum beseitigt. Auch fand Mengers Verdikt bei den Beratungen nicht die Beachtung, die es an sich verdient hätte. Die Kommission tagte aber nunmehr öffentlich und publizierte laufend die von ihr geänderten Teilentwürfe der einzelnen Bücher, später auch die sog. „Protokolle". Die technisch wie substantiell an sich wertvolle Grundlage des Ersten

Entwurfs blieb im Wesentlichen erhalten. Die zahlreichen Anregungen der Kritik wurden weitgehend berücksichtigt. Der „Zweite Entwurf" gewann an Klarheit und Einfachheit der Sprache. Er wurde im Vergleich zum Ersten Entwurf auch insgesamt den wirtschaftlichen wie sozialen Anforderungen der Zeit gerechter.

Ein von der Kommission angefügtes sechstes Buch behandelte das zwischenstaatliche, sog. Internationale Privatrecht (IPR). Auf Einspruch des Auswärtigen Amtes wurden die kollisionsrechtlichen Normen später in das Einführungsgesetz zum BGB (EGBGB) aufgenommen und das sechste Buch gestrichen. Der nach einer Schlussrevision und rund fünfjährigen Arbeit schließlich am 24. Oktober 1895 dem Bundesrat zugeleitete Zweite Entwurf wich von den bereits vorher veröffentlichten verbesserten Teilentwürfen der Bücher materiell nur geringfügig ab.

3. Dritter Entwurf (Reichstagsvorlage) und Verkündung

Der Bundesrat verwies den Zweiten Entwurf an den Justizausschuss, der Abänderungen vornahm. Den geänderten Entwurf zusammen mit einer Denkschrift des Reichsjustizamtes („Dritter Entwurf" oder sog. *Reichstagsvorlage*) erhielt der Reichstag am 17. Januar 1896. Dieser überwies nach einer Plenardebatte in der ersten Lesung den Entwurf einer Kommission von 21 Reichstagsmitgliedern, unter ihnen wiederum überwiegend Juristen (u.a. *Ludwig Enneccerus*, 1843–1928, Professor für römisches Recht in Marburg/Lahn, der Referent der ersten zwei Bücher des Entwurfs). Die Veränderungen, die in 53 Sitzungen vorgenommen wurden, waren erheblich. Allerdings erwiesen sie sich nicht alle auch wirklich als Verbesserungen.

Bei der zweiten und dritten Lesung im Reichstag standen überwiegend innenpolitisch motivierte Fragen im Vordergrund. In dieser Schlussphase der Gesetzgebung wurde der Reichsjustizamts-Staatssekretär *Arnold Nieberding*, seit 1893 Mitglied der Zweiten Kommission, zur Schlüsselfigur. Er, der politisch außerordentlich Gewandte, den *August Bebel*, Vorsitzender der sozialdemokratischen Reichstagsfraktion, den „offiziellen Interpreten des Bürgerlichen Gesetzbuchs" bezeichnet hatte, rettete das Gesetz mehrere Male vor dem Scheitern in der Auseinandersetzung der politischen Parteien. Im Übrigen haben neuere Forschungen gezeigt, dass das Reichsjustizamt als oberste

Justizbehörde des Reichs großen Einfluss auf die Lösung insbesondere gesellschaftspolitisch brisanter Fragen genommen hatte (H. Schulte-Nölke).

In diesem Zusammenhang zählte zu den besonderen politischen Problemfeldern das Vereinsrecht. In der Zweiten Kommission war nämlich die Entscheidung zwischen dem „Normativsystem", das bei Idealvereinen eine freie Vereinsbildung ermöglichte, und dem „Konzessionssystem", das dem Staat bei wirtschaftlichen Vereinen ein Prüfungs- und Einspruchsrecht gab, zugunsten eines Mischsystems gefallen. In der parlamentarischen Beratung opponierten dagegen in seltener Koalition das Zentrum und linke Parteien. Die einen befürchteten eine Einschränkung der freien Vereinsgründungen. Die anderen wollten Vereine mit politischem, sozialpolitischem oder religiösem Zweck, die sie für „gemeinschädlich wirkende Verbindungen" hielten (Motive, I 90), der Kontrolle der Verwaltungsbehörde unterwerfen. Das ganze Gesetz schien gefährdet zu sein. Die Lösung wurde schließlich im „nichtrechtsfähigen Verein" gefunden, der als bewusste Fehlregelung des Gesetzgebers auf die Beteiligten Druck ausüben wollte, sich um die Erlangung der Rechtsfähigkeit zu bemühen.

Im Eherecht, dem anderen Problemfeld, geriet die obligatorische Zivilehe zu einem echten Stolperstein. Das Zentrum, eine vor allem die katholische Bevölkerung repräsentierende Partei, forderte die gesetzliche Anerkennung der fakultativen, vor einem Geistlichen vorgenommenen kirchlichen Trauung neben der Zivilehe. Wiederum rettete ein Kompromiss das Gesetz. Die Zentrumspartei erhielt für die Tolerierung der obligatorischen Zivilehe mit § 1588 BGB eine Garantie der für Kirchenangehörige verbindlichen „kirchlichen Verpflichtungen in Ansehung der Ehe". Völligen Schiffbruch erlitt die gut organisierte, publizistisch aktiv in der Öffentlichkeit wirkende Frauenbewegung mit ihren Reformforderungen. Die von engagierten Juristinnen, wie *Sera Proelß*, *Marie Raschke* oder *Emilie Kempin*, angemahnte Gleichberechtigung wurde ebenso sachlich unqualifiziert und unsubstantiiert abgelehnt, wie die Rufe nach einem anderen Güter-, Kindschafts- oder Scheidungsrecht. Die „querelle des femmes" war vergeblich geblieben.

Geradezu anachronistisch wurden die Rechtsverhältnisse der sog. Dienstboten in Privathaushalten (Köchinnen, Hausmädchen) und der Vielzahl auf dem Lande in bäuerlich-landwirtschaftlichen Betrieben tätigen Knechte und Mägde geregelt. Die Qualität ihrer „Dienste" befand man für so minderwertig, dass man sie sogar vom neuen unsozialen BGB-Dienstvertragsrecht ausnahm und weiterhin den bestehenden mittelalterlichen „Gesindeordnungen“ der Landesrechte und damit einem im Prinzip gemilderten Leibeigenenrecht überließ. Die Sozialdemokraten waren vergeblich gegen diese skurrile Regelungssituation angerannt, nach der „feudales“ Gesinderecht neben dem „bürgerlichen“ Dienstvertragsrecht weiterexistieren sollte.

Die dritte Lesung wurde mit einer namentlichen Abstimmung geschlossen. Die sozialdemokratischen Abgeordneten hatten mit Nachdruck zur Ergänzung des unzureichenden Dienstvertragsrechts ein besonderes Arbeitsvertragsgesetz gefordert. Nachdem dies nicht durchzusetzen war, stimmten alle 42 Sozialdemokraten, 3 Konservative und 3 föderalistisch gesinnte Abgeordnete gegen das Gesetz. Von den 288 anwesenden Abgeordneten – über 100 waren überhaupt nicht erschienen – wurde das Gesetzbuch mit der Mehrheit der Nationalliberalen und des Zentrums – mit 222 Stimmen bei 18 Enthaltungen und im ganzen 393 Sitzen im Reichstag – angenommen.

Der Bundesrat erteilte am 14. Juli 1896 seine Zustimmung zu den vom Reichstag beschlossenen Abänderungen. Kaiser Wilhelm II. fertigte am 18. August 1896 das Gesetz aus. In der am 24. August 1896 ausgegebenen Nummer 21 des Reichsgesetzblattes wurde es verkündet und trat am 1. Januar 1900 als „Bürgerliches Gesetzbuch für das Deutsche Reich“ (BGB) in Kraft. In der Zeit zwischen Verkündung und Geltung sollte sich die Praxis mit dem neuen Recht vertraut machen. Auch waren im partikularrechtlich zersplitterten Reich die durch das Einheitsgesetzbuch notwendig gewordenen Ausführungsgesetze und Übergangsvorschriften zu erlassen. Eine Flut von Publikationen und Kommentierungen von Juristen und Nichtjuristen bereitete das In-Kraft-Treten vor. Diese Literatur ist bislang nur ansatzweise wissenschaftlich angemessen erschlossen.

Gleichzeitig mit dem BGB wurde ein eigenes Einführungsgesetz (EGBGB) verabschiedet. Es enthielt sog. Kollisionsnormen, die für Sachverhalte mit Auslandsberührung auf jene Privatrechtsordnung verwiesen, die für den konkreten Fall als maßgebliche zur Anwendung kam (Art. 7 ff. alte Fassung; geändert durch Gesetz vom 25. 7. 1986 – *Internationales Privatrecht*). Daneben behandelte es das Verhältnis des BGB zu den Reichsgesetzen und regelte schließlich praxiswichtige Geltungsfragen, die sich aus dem Nebeneinander von neuem Gesetzbuch und fortgeltenden alten privatrechtlichen Landesgesetzen ergaben.

Die bei In-Kraft-Treten des BGB vorhandenen Reichsgesetze wurden grundsätzlich aufrechterhalten, mussten aber dem Einheitsgesetzbuch angepasst werden. Das geschah nur in einfacheren Fällen durch das EGBGB. Bei den 1877 geschaffenen Reichsjustizgesetzen (GVG, ZPO, KO) sowie bei dem Gesetz über die Zwangsversteigerung und Zwangsverwaltung (1897), bei der Grundbuchordnung (1897) und beim Gesetz über die Angelegenheiten der freiwilligen Gerichtsbarkeit (1898), auch „Nebengesetze" des BGB genannt, wurde eine umfangreiche Neuredaktion notwendig. Soweit Novellierungen (z.B. des Urheberrechts) nicht termingerecht vorlagen, wurden diese Gesetze erst später in Kraft gesetzt. Dagegen konnte das neue Handelsrecht schon während der BGB-Redaktion harmonisiert werden. Es trat am 1. Januar 1900 als „Handelsgesetzbuch" (HGB) gleichzeitig mit dem BGB in Kraft.

Um das Verhältnis des BGB zum (geltenden bzw. fortgeltenden) Landesprivatrecht zu bestimmen, wurde das sog. Kodifikationsprinzip zugrunde gelegt. Es besagt, dass die Kodifikation eines Rechtsgebietes diese Materien erschöpfend regelt und die Landesgesetzgebung von jedweder Betätigung auf diesem Gebiet ausschließt. Gemäß Art. 55 EGBGB traten deshalb landesprivatrechtliche Normen grundsätzlich in ihrer Gesamtheit außer Kraft, soweit nicht durch BGB oder EGBGB Abweichendes bestimmt wurde. Fortgeltung garantierte Art. 73 EGBGB z.B. für historisch gewachsene sog. „Regalien", wie Schatz (Baden-Württemberg) oder Perlfischerei (Bayern). Diese Vorbehalte des Einführungsgesetzes vornehmlich zugunsten partikularistischer oder feudalistischer Sonderinteressen wurden in den Reichstagsverhandlungen von den Unitariern als „Verlustliste des deutschen Einheitsgedankens" bezeichnet.

Schrifttum: *W. Schubert*, Materialien zur Entstehungsgeschichte des BGB (1978), 27ff. – *ders.*, Das Bürgerliche Gesetzbuch von 1896, in: Kodifikation als Mittel der Politik, hg. v. H. Hofmeister (1986), 11ff. – *T. Vormbaum* (Hg.), Politik und Gesinderecht im 19. Jahrhundert (1980), 288ff. – *ders.*, Die Sozialdemokratie und die Entstehung des Bürgerlichen Gesetzbuchs (1997) –*Chr. Berneike*, Die Frauenfrage ist Rechtsfrage (1995) – *H. Schulte-Nölke*, Das Reichsjustizamt und die Entstehung des Bürgerlichen Gesetzbuchs (1995) – *ders.*, Die schwere Geburt des BGB, NJW 1996, 1705ff. – *H. Schlosser*, Zivilrecht für 100 Jahre – Das janusköpfige BGB, in: H. Schlosser (Hg.), Bürgerliches Gesetzbuch 1896–1996 (1997),

5ff. – *U. Gerhard*, Frauen in der Geschichte des Rechts (1997) – *D. Schwab*, Das BGB und seine Kritiker, ZNR 22 (2000), 325ff.

4. Stil und „Sozialmodell“ des Gesetzes

Das BGB gehört zum Nachlass spätpandektistischer Normierungskunst. Das Gesetz verfügt über eine klare Systematik, verbunden mit kasuistischer Gründlichkeit, Abstraktheit und hoher dogmatischer Regelungsperfektion. Seine Beherrschung setzt die Kenntnis einer ausgefeilten Begrifflichkeit sowie ein hohes Maß an Abstraktionsvermögen voraus. Die Folge davon ist, dass dem Gesetzbuch lebensnahe Anschaulichkeit, „Volkstümlichkeit“ fehlt. Studienanfänger finden nur schwer Zugang zu den Grundstrukturen des Gesetzes und seiner komplizierten Regelungstechnik. Für Nichtjuristen bildet bereits die Fachsprache eine schwer überwindbare Barriere (z.B. §§ 137, 932 Abs.1 S.1 oder 1138).

Ungeachtet dessen stand das BGB seit Anbeginn jenseits seines unmittelbaren Geltungsbereiches, im Ausland in hohem Ansehen. Dabei waren es weniger Einflüsse durch unmittelbare Übernahmen gesetzlicher Regelungen. Weit mehr hat dem BGB das Phänomen der sog. „circolazione di modelli“ (R. Sacco) eine Modellfunktion verliehen. Darunter versteht die Rechtsvergleichung das Zirkulieren dogmatischer Grundsätze oder Theorien zwischen verschiedenen Rechtsordnungen, die im Gesetzestext keine unmittelbare Stütze haben, wie etwa culpa in contrahendo, clausula rebus sic stantibus, faktische Vertragsverhältnisse. In diesem Sinne hat das BGB das Zivilrecht der Schweiz (1907/1912), Griechenlands (1930/1946), Japans (1898), Brasiliens (1916), Thailands (1925) und Perus (1936) beeinflusst. Auch das Bürgerliche Gesetzbuch der Republik China von 1929–1931 hat – neben Anleihen beim japanischen Rechtswesen als maßgebendem Vorbild – in vielen Bereichen das deutsche bürgerliche Recht als Modell berücksichtigt. Das Gesetz wurde im Jahr 1949 nach der Gründung der Volksrepublik China abgeschafft.

Das BGB spiegelt die politischen, sozialen und ökonomischen Verhältnisse seiner Entstehungszeit wider. Mit allen Kodifikationen teilt es das Schicksal des Unvollkommenen und Veralteten bereits im Zeitpunkt des In-Kraft-Tretens. Der Entwicklungsprogress der Industriegesellschaft seit dem Beginn des 20. Jahrhunderts beschleunigte das Abrücken der sozialen Realität von der durch die Gesetzgebung festgeschriebenen Rechtsordnung. In der Beurteilung des Gesetzbuches als „spätgeborenes Kind des klassischen Liberalismus und Frucht der Pandektenwissenschaft" (F. Wieacker), als „Kompromiss zwischen dem 1848 politisch gescheiterten Bürgertum einerseits und Krone und Adel andererseits" oder als „verspätetes Gesetzbuch einer verspäteten Nation" (T. Ramm) werden zielgenau die typischen Grundlinien seines Sozialmodells angesprochen.

Repräsentanten der formalen Rechtsordnung des BGB zu Ausgang des 19. Jahrhunderts waren der besitzende Bürger, der kleine Landwirt und der mittelständische Unternehmer. Den Idealen dieser *bürgerlichen* Gesellschaft entsprach der liberale Grundgedanke von der (privatautonomen) Selbstgestaltung des eigenen Lebensbereiches, juristisch konkretisiert in der schuldrechtlichen Vertrags- (Form- und Inhalts-) freiheit, der Freiheit des (Grund-) Eigentums und der Testierfreiheit. Die Möglichkeiten staatlicher Eingriffe in diese Freiheitsräume wurden an Tatbestände der Beeinträchtigung allgemeiner Interessen gebunden (§§ 138, 157, 242, 903). Ein vorausblickend konzipiertes Netz allgemeiner, weitgefasster ausfüllungsbedürftiger Grundregeln (*Generalklauseln*) sicherte die Offenheit des Rechtssystems gegenüber den wechselnden Anforderungen des Rechtsverkehrs, erlaubte die Einbringung neuer Werthaltungen in das Privatrecht.

Gegenwärtig sieht sich die durch das Prinzip der Privatautonomie nur formal ausbalancierte bürgerliche Rechtsordnung mit elementaren Problemen der modernen Massen- und Wirtschaftsgesellschaft konfrontiert: Verflechtung und wirtschaftliche Machtstellung des marktbeherrschenden Großunternehmertums, Bodenknappheit, unsichere Wirtschaftslage und Arbeitslosigkeit. Ihre Lösung kann mit den Regelungsvorgaben des Gesetzes nicht immer zufriedenstellend gelingen, weil sich in den Rahmenbedingungen der Kodifikation ein grundlegender Strukturwandel vollzogen hat. Es ist deshalb Aufgabe der Rechtsprechung als genuines Medium der Rechtsfortbildung, mit den Mitteln der Rechtsdogmatik nach einer Neubestimmung der Privatrechtsnormen zu suchen, um den sozialpolitischen Forderungen einer nicht mehr am individualistischen, sondern kollektivistischen Liberalismus orientierten freiheitlichen, pluralistischen Gesellschaft gerecht zu werden.

Schrifttum: *Zweigert-Kötz*, Rechtsvergleichung, 141ff. – *D. Reuter*, Die ethischen Grundlagen des Privatrechts – formale Freiheitsethik oder materiale Verantwortungsethik, AcP 189 (1989), 199ff. – *R. Knieper*, Gesetz und Geschichte (1996) – *M. Schmoeckel*, 100 Jahre BGB, NJW 1996, 1697ff. – *R. Stürner*, Der hundertste Geburtstag des BGB – nationale Kodifikation im Greisenalter?, JZ 1996, 741ff. – *T. Ramm*, Zum freiheitlichen sozialen Rechtsstaat. Ausgewählte Aufsätze (1999), 505ff. –*Jiandong Shao*, Die Rezeption des deutschen Zivilrechts im alten China, JZ 1999, 80ff. – *N. Horn*, Ein Jahrhundert Bürgerliches Gesetzbuch, NJW 2000, 40ff. – *U. Falk/H. Mohnhaupt* (Hg.), Das BGB und seine Richter (2000) – *A. Georgiades*, Der Einfluss des deutschen BGB auf das griechische Zivilrecht, AcP 200 (2000), 493ff.

IV. Novellierungen und Zerstörung des Bürgerlichen Rechts durch den Nationalsozialismus

1. Bürgerliches Recht zwischen Monarchie und Republik

Die Distanz der Kodifikation zur Rechtswirklichkeit ist seit seinem In-Kraft-Treten gewachsen. Novellierungen, Nebengesetze, Rechtsprechung und Wissenschaft haben das Privatrecht den veränderten Verhältnissen angepasst. Der Umfang einer derartigen Rechtsfortbildung nahm zu, je größer der zeitliche Abstand zu den „Motiven" und sonstigen Materialien der Gesetzgebung („Protokolle") wurde. Rückgriffe auf den Willen des Gesetzgebers (im Sinne der subjektiven Auslegungstheorie) wurden immer fragwürdiger, eine authentische Interpretation aus der Entstehungsgeschichte des BGB zunehmend problematischer.

Die ersten beiden Jahrzehnte der Geltung des BGB waren noch weitgehend von der pandektistischen Zivilrechtsdogmatik und vom Gesetzespositivismus der Reichsgerichtspraxis geprägt. Bald wurde jedoch deutlich, dass auch das BGB dem Kodifikationsideal der Regelungsvollständigkeit nicht entsprach. Viele Rechtsfragen ließen sich aus dem Gesetzeswortlaut allein nicht beantworten. Lösungen versuchten deshalb zwei sog. „soziologische" Richtungen: „Freirechtslehre" und „Interessenjurisprudenz". Für das Schließen festgestellter Gesetzes- bzw. Rechtslücken forderten beide Rechtsanwendungslehren die Gleichsetzung von Recht und gesellschaftlicher Ordnung, ein freieres Verhältnis des Richters zum Gesetz, mehr Lebensnähe sowie die Verwirklichung der Einzelfall- bzw. Interessengerechtigkeit auf der Grundlage gesellschaftlich legitimierter Rechtsvorstellungen. Dabei erlangten die in den Generalklauseln enthaltenen auslegungsbedürftigen unbestimmten Rechtsbegriffe, wie etwa gute Sitten, Treu und Glauben (§§ 138, 157, 242), eine überragende Bedeutung. Aufgrund ihrer verstärkten Heranziehung durch die Rechtsprechung, vor deren großzügiger Handhabung das Schlagwort „Flucht in die Generalklauseln" warnte, konnte das BGB in seinem scharfen individualistischen Profil vielfach korrigiert und gleichzeitig gegenüber den neuen Anforderungen des Rechtslebens (*Interessen*) offengehalten werden. Diese „Öffnungsfunktion" besitzen die Generalklauseln auch heute. Allerdings hatte ihre missbräuchliche Verwendung durch eine nationalsozialistisch gelenkte Judikatur zugleich die Gefahren und Grenzen ihrer Leistungsfähigkeit für die Rechtsfortbildung sichtbar gemacht.

Bis zum Ersten Weltkrieg stellte sich kaum die Frage nach Novellierungen des BGB. Geradezu rührend erscheint deshalb aus heutiger Sicht die Korrektur des § 833 BGB, der ursprünglich für alle Tierhalter eine Gefährdungshaftung vorsah. Jedoch verlangten die Interessen der Landwirtschaft nach einer Ausnahmeregelung für die Nutztiere (Zugtiere). Der Gesetzgeber entsprach 1908 der Forderung durch Einfügen des Satzes 2. Fortan waren die Halter von Nutztieren der Verschuldenshaftung mit Beweislastumkehr unterworfen, während es für die Halter sog. Luxustiere bei der Gefährdungshaftung blieb.

Nach dem Ersten Weltkrieg brachte die „Verordnung über das Erbbaurecht" vom 15.1.1919 einen ersten wirklich bedeutsamen Eingriff in den Normenbestand des BGB (§§ 1012–1017). Das Gesetz verfolgte das Ziel, finanziell schwächeren Bevölkerungsschichten Bauvorhaben zu ermöglichen, die regelmäßig an hohen Grundstückskosten zu scheitern drohten. Für den Grundstückseigentümer ist das Erbbaurecht ein sein Grundstück belastendes, beschränkt dingliches Recht. Zugunsten des Erbbauberechtigten wird es wie ein „grundstücksgleiches" Eigentum am Erbbauwerk behandelt. Das in Ausübung dieses Rechts genutzte Gebäude ist wesentlicher Bestandteil des Erbbaurechts und nicht des Grundeigentums. Die Spezialgesetzgebung war notwendig geworden, weil nach einem sachenrechtlichen Prinzip des BGB das Eigentum am Gebäude zwingend dem Grundstückseigentum folgt (§§ 94, 95). Diese Konstruktion verhinderte die Schaffung von Sondereigentum am Bauwerk. Im Grunde genommen bewirkte die Erbbaurechtsverordnung eine Rückkehr zur Figur des geteilten Eigentums. Das Erbbaurecht ist in der Praxis gängige Rechtsform der städtischen Siedlung und erfüllt auch heute noch wichtige wohnungspolitische Aufgaben. Gegenwärtig wird diese Rechtsfigur von Kommunen bei der Ausgabe gemeindeeigener Liegenschaften zur Ansiedlung von Industrie bevorzugt.

Auch die katastrophale Wohnungsnot erforderte gesetzliche Maßnahmen zur Wohnraumbewirtschaftung. Zum Schutze der Mieter ergingen 1920 das Wohnraummangelgesetz, 1922 das Reichsmietengesetz und 1923 das Mieterschutzgesetz.

Schrifttum: *J. W. Hedemann*, Die Flucht in die Generalklauseln (1933) – *H. Hübner*, Kodifikation und Entscheidungsfreiheit des Richters in der Geschichte des Privatrechts (1980), 55 ff. – *F. Börner*, Die Bedeutung der Generalklauseln für die Umgestaltung der Rechtsordnung in der nationalsozialistischen Zeit (1989), 25 ff. – *J.-U. Petersen*, Die Vorgeschichte und die Entstehung des Mieterschutzgesetzes von 1923 (1991), 25 ff. – *R. Weber*, Entwicklung und Ausdehnung des § 242 BGB zum „königlichen Paragraphen", JuS 1992, 631 ff. – *B. Rüthers*, Die unbegrenzte Auslegung ([5]1997), 213 ff.

2. „Völkisches" Privatrecht des Nationalsozialismus

Das BGB war vom politischen Systemmodell des Liberalismus beeinflusst. Liberales Denken garantierte dem Individuum die freie Entfaltung seiner Persönlichkeit, freies Eigentum, freie wirtschaftliche Betätigung und individuelle Rechtsgleichheit. Im Widerspruch zu dieser freiheitlichen Konzeption der bürgerlichen Rechtsordnung stand die Auffassung des totalitären NS-Staates von den Funktionen des Rechts in der typischen Ausprägung des „völkischen" Rechtsdenkens.

Aufgabe eines völkischen Rechts war die Erneuerung der gesamten Rechtsordnung im Sinne der NS-Ideologie allein zum Zwecke der Erhaltung und Verfestigung der uneingeschränkten Macht. Dem Begriff des „Völkischen" lag die Vorstellung vom Recht als „Rassenlehre" zugrunde. Sie wurde instrumentalisiert und rücksichtslos zur Sicherung der Vorherrschaft der sog. „nordischen" Rasse als „Herrenrasse" insbesondere gegenüber „dem Juden" als „Todfeind" des deutschen Volkes eingesetzt. Die „Rasse" war Quelle und Ziel all dessen, was als „Recht" ausgegeben wurde, sich in Wahrheit jedoch als unverblümter Anschlag auf alle politischen wie zivilisatorischen Werte darstellte. Allein über die Rasse wurde das bürgerliche in ein völkisches, letztlich pervertiertes „Recht" umgedeutet. Völkisches Recht hatte und kannte keine allgemeine Rechtstheorie. Es bestand aus einer Ansammlung unterschiedlichster, an substantieller Beliebigkeit kaum mehr zu übertreffender sog. Grundsätze, die sich in „Kampfparolen", wie Volksgebundenheit, Artgleichheit, Gleichschaltung oder Führerwille erschöpften. Der Unrechtsstaat unterwarf alle „artreinen rassegleichen arischen Volksgenossen" auf der Grundlage eines primitiven Sozialdarwinismus ausnahmslos einer inhaltlich diffusen „völkischen, ganzheitlichen" Zwangsordnung. Mit dem Völkischen sollte die Würde und Individualität der menschlichen Existenz als Subjekt von Rechten und Adressat von Rechtspflichten durch die bedingungslose Unterwerfung unter eine irrationale Volksgemeinschaft vernichtet werden. Die „gliedhafte Rechtsstellung des Volksgenossen in der Gemeinschaft" (K. Larenz) bedeutete Gleichschaltung und totale Entrechtung als Persönlichkeit. Mit sozialverbrämten Devisen, wie „Du bist nichts, Dein Volk ist alles" oder „Gemeinnutz geht vor Eigennutz" wurde die Entpersönlichung des Menschen bemäntelt. Das völkische Rechtsdenken machte die Menschen für die Machthaber uneingeschränkt verfügbar und erniedrigte sie zum Objekt schrankenloser ideologischer Manipulation und Willkür.

Ein derart pervertiertes Rechtsdenken musste die Rechtsordnung des Bürgerlichen Gesetzbuchs als Produkt eines normativistischen und damit sterilen, volksschädlichen Positivismus und Dogmatismus verwerfen. Gegen den als materialistisch erkannten Positivismus hatte bereits das nationalsozialistische Parteiprogramm von 1920 polemisiert und seinen angeblich verderbten fremdvölkischen Vorbildern – dem „römischen Rezeptionsrecht" und dem „Typus des rezeptionsrechtlich geprägten Juristen" – den Kampf angesagt. Punkt 19 des Parteiprogramms forderte „Ersatz für das der materialistischen Weltordnung dienende römische Recht durch ein deutsches Gemeinrecht". Der Rechts- und Staatstheoretiker *Carl Schmitt* (1888–1985), einer der umstrittensten Vordenker des Nationalsozialismus, erhob diesen Satz zur „verfassungsrechtlichen Bestimmung ersten Ranges".

Das völkische Rechtsdenken beanspruchte absolute Geltung. Die sog. „Kieler Schule", ein Zusammenschluss junger Rechtslehrer, wie *Karl Larenz*, *Wolgang Siebert* oder *Franz Wieacker*, wurde zur Speerspitze der Rechtserneuerung, die sich in einer wahren Literaturoffensive artikulierte. Ihre Vorkämpfer versuchten, die neue Gemeinschaftsordnung durch plakative Leerformeln mit Rechtsquellencharakter, wie „Volksanschauung, Rechtsgewissen des Volkes, gesundes Volksempfinden" zu konkretisieren. Das alte Bürgerliche Gesetzbuch erschien vor dem Hintergrund nebulöser völkischer Ideale dafür ungeeignet. Uneinigkeit herrschte vorerst jedoch bei der Frage, ob dem neuen „rasserechtlich" orientierten Denken durch Einzelgesetze oder durch ein völlig neues „völkisches" Privatrechtsgesetzbuch Rechnung getragen werden sollte. Noch im Jahre 1937 hatte das Reichsjustizministerium die Zerschlagung des BGB in Einzelgesetze favorisiert. Erste Ergebnisse dieser Novellengesetzgebung waren im Jahre 1938 das „Testamentsgesetz" sowie das durch den „Anschluss" Österreichs notwendig gewordene „Ehegesetz". Am 13. Mai 1939 wurde jedoch der Plan zur Kodifikation des völkischen Rechts in einem „großen Gesetz für alle Volksgenossen" (H. Lange) der Öffentlichkeit verkündet. Ein vielbeachteter, propagandawirksamer Vortrag, den der Staatssekretär im Reichsjustizministerium *Franz Schlegelberger* (1876–1972) im Jahre 1937 mit dem Titel „Abschied vom BGB" auf Einladung der Universität Heidelberg gehalten hatte, gab den letzten Anstoß dazu. Mit der Realisierung des Vorhabens wurde die im Oktober 1933 in München gegründete „Akademie für Deutsches Recht" betraut. Aufgabe dieser Institution war es, „die Erneuerung des Deutschen Rechts im Sinne der nationalsozialistischen Weltanschauung nach den Grundsätzen strenger wissenschaftlicher Methode vorzubereiten" (Jahrbuch d. Akademie 1933/34, 7).

Die Liquidierung des Bürgerlichen Rechts begann 1939 unter dem ersten Präsidenten der Akademie *Hans Frank* (1900–1946/Hinrichtung als Kriegsverbrecher in Nürnberg), Reichskommissar für die Gleichschaltung der Justiz in den Ländern und die Erneuerung der Rechtsordnung und seit 1939 „Generalgouverneur für die besetzten polnischen Gebiete". Die Demontage wurde mit Nachdruck unter seinem Nachfolger, dem wohl rigorosesten Prediger des völkischen Rechts *Heinrich Lange* (1900–1977) fortgesetzt. Die Elite deutscher Rechtswissenschaftler, unter ihnen *Gustav Boehmer*, *Alfred Hueck*, *Justus W. Hedemann*, *Hans Carl Nipperdey*, *Arthur Nikisch* oder *Eugen Ulmer*, hatte ein sog. „Volksgesetzbuch" zu erarbeiten. In ihm sollte die Ganzheit des völkischen, blutgebundenen und rassegemäßen Volksbürgerrechts als Magna Charta des neuen völkischen Privatrechts (in acht Büchern) niedergelegt werden. Das Gesetzbuch war als Ersatz des volksfremden BGB geplant. Eingeleitet wurde es von 25 sog. „Grundregeln", die nach eigenem Verständnis „mehr sein (wollten) als eine bloße ‚Präambel'": Sie waren ihrem eigenen Anspruch nach echte „Rechtssätze" und dem nationalsozialistischen Parteiprogramm von 1920 „als Hilfsmittel auf einem Sondergebiet völkischen Daseins, nämlich auf dem Gebiet des Volksgesetzbuches, unterstellt" (*Hedemann* u.a., Volksgesetzbuch, 38). Den „Grundregeln" sollten die Bücher „Der Volksgenosse" (I), „Die Familie" (II),

„Das Erbe" (III), „Vertrags- und Haftungsordnung" (IV), „Die Eigentumsordnung" (V), „Die Arbeit" (VI), „Unternehmen" (VII) und „Die Vereinigungen" (VIII) folgen.

Der Verzicht auf bewährte Elemente jeder Kodifikation, wie z.B. auf einen Allgemeinen Teil, sowie die Vermengung des Unternehmensrechts mit dem Handels- und Arbeitsrecht stellte die Redaktoren schon bald vor grundsätzliche Probleme. Schließlich verhinderte der Zusammenbruch des Regimes die Fertigstellung. Die Arbeiten wurden im August 1944 eingestellt (Teilentwürfe von 1942). Damit endete zugleich ein dunkles Kapitel deutscher Rechtsgeschichte, an deren Ende die totale „Perversion der Rechtsordnung" (F.v. Hippel) stand. Demgegenüber erhob sich nach 1945 das alte, verächtlich gemachte BGB wie ein Phönix aus der Asche und wurde wieder zum festen Mittelpunkt eines von den NS-Machthabern ins Chaos getriebenen Landes.

Schrifttum: *Wieacker*, PGN, 514 Fn.2 – *M. Stolleis*, HRG (Volksgesetzbuch), 990ff. – *C. Schmitt*, Aufgabe und Notwendigkeit des deutschen Rechtsstandes, Deutsches Recht 6 (1936), 181ff. – *J.W. Hedemann/H. Lehmann/W. Siebert*, Volksgesetzbuch – Grundregeln und Buch I (1942) – *F.v. Hippel*, Die Perversion von Rechtsordnungen (1955) – *H. Weinkauff*, Die deutsche Justiz und der Nationalsozialismus I (1968), 40ff. – *J. Gernhuber*, Das völkische Recht, in: Tübinger FS E. Kern (1968), 167ff. – *K. Anderbrügge*, Völkisches Rechtsdenken (1978), 47ff., 58ff., 92ff., 106ff., 132ff. – *A. G.v. Olenhusen*, Zur Entwicklung völkischen Rechtsdenkens, in: FS M. Hirsch (1981), 77ff. – *H. Hattenhauer*, Die Akademie für Deutsches Recht (1933–1944), JuS 1986, 680ff. – *D. Majer,* Grundlagen des nationalsozialistischen Rechtssystems (1987), 37ff., 117ff. – *G. Otte*, Die zivilrechtliche Gesetzgebung im „Dritten Reich", NJW 1988, 2836ff. – *W. Schubert* (Hg.), Volksgesetzbuch (1988) – *M. Stolleis/D. Simon* (Hg.), Rechtsgeschichte und Nationalsozialismus (1989) – *G. Brüggemeier*, Oberstes Gesetz ist das Wohl des deutschen Volkes. Das Projekt des „Volksgesetzbuches", JZ 1990, 24ff. – *L. Gruchmann*, Justiz im Dritten Reich 1933–1940 (^{2}1990), 925ff. – *F.J. Säcker* (Hg.), Recht und Rechtslehre im Nationalsozialismus (1992) – *R. Dreier*, Karl Larenz über seine Haltung im „Dritten Reich", JZ 1993, 454ff. – *H.H. Jakobs*, Karl Larenz und der Nationalsozialismus, JZ 1993, 805 ff – *P. Landau*, Die deutschen Juristen und der nationalsozialistische Deutsche Juristentag in Leipzig 1933, ZNR 1994, 373ff.– *H. Nehlsen/G. Brun* (Hg.), Münchener rechtshistorische Studien zum Nationalsozialismus (1996) – *B. Rüthers*, Die unbegrenzte Auslegung (^{5}1997) – *R. Frassek*, Karl Larenz (1903–1993) – Privatrechtler im Nationalsozialismus und im Nachkriegsdeutschland, JuS 1998, 296ff. – *W. Wolf*, Vom alten zum neuen Privatrecht. Das Konzept der normgestützten Kollektivierung in den zivilrechtlichen Arbeiten Heinrich Langes (1900–1977), 1998.

V. Entwicklung des Privatrechts in der Bonner Republik

1. „Entnazifizierung“ des Privatrechts und Auseinandersetzung mit den „Erblasten“

Nach der Übernahme der obersten Regierungsgewalt über Deutschland durch die Besatzungsmächte wurden aus dem Privatrecht die typisch nationalsozialistischen Rechtsvorstellungen entfernt. Die Beseitigung der unvereinbaren Normen erfolgte im Wege der ausdrücklichen oder allgemeinen Aufhebung. Radikale Eingriffe wurden für das Ehe-, Familien- und Erbrecht notwendig. Das 1938 verselbständigte, von nationalsozialistischen rassistischen Leitbildern geprägte Ehegesetz musste 1946 durch den von den Siegermächten eingesetzten Kontrollrat als Kontrollratsgesetz Nr.16 vom 20. Februar 1946, d.h. als bereinigtes („entnazifiziertes“) „Ehegesetz 1946“ neu erlassen werden. Für den Bereich des bäuerlichen Erbrechts beseitigte das Kontrollratsgesetz Nr.45 vom 20. Februar 1947 das nationalsozialistische „Reichserbhofgesetz“ von 1933 mit seinen Ausführungsbestimmungen. Das „Testamentsgesetz“ von 1938 wurde nur teilweise außer Kraft gesetzt. Privatrechtliche Einzelbereinigungen betrafen das Adoptionsrecht. Die demokratisch verfasste Bundesrepublik Deutschland hatte 1949 das BGB gemäß Art. 123 Abs.1 und Art. 125 GG als Bundesrecht in Kraft gesetzt.

Eine nach dem Kriegsende zunächst sehr zögerlich und in neuerer Zeit – nicht zuletzt als Folge des Beitritts der ehemaligen DDR zur Bundesrepublik – wieder neu aufgeworfene Frage betrifft die eigentlichen Ursachen, die für die Zerstörung der Rechtsordnung durch den Nationalsozialismus bestimmend geworden waren. Umstritten war das tatsächliche Gewicht eines weitgehend blinden Gesetzesgehorsams der Juristen. Unbefriedigend bewertet wurden auch Rolle und Anteil der Universitäten im Dienste einer grundlegenden „Rechtserneuerung“ im Geiste des „Dritten Reiches“ sowie der konkrete Umfang individueller Schuld ihrer aktiv an der Zerstörung der Rechtsordnung arbeitenden Mitglieder. Auch aus der zeitlichen Distanz von über 50 Jahren gibt es darauf immer noch keine eindeutigen, wissenschaftlich zureichenden Antworten.

Einen ersten Erklärungsversuch unternahm die neu belebte Naturrechtsbewegung der Nachkriegsjahre. Sie verstand sich als einzig überzeugende, in die Zukunft weisende Alternative zu der durch den Unrechtsstaat pervertierten Rechtswerteordnung und machte den allgemein herrschenden extremen, selbst die Geltung moralwidriger Normen anerkennenden Rechts- bzw. Gesetzespositivismus verantwortlich für den weitgehend kritiklosen, formalrechtlichen Vollzug der Gesetze der Diktatur durch die Richterschaft (H. Weinkauff). Das nationalsozialistische Recht erklärte sie als einen Exzess des Positivismus. Demgegenüber stellte eine andere Ansicht auf die zentrale Legitimationsfunktion des rassistisch-nationalistischen Naturrechts ab, das durch die NS-Gesetzgebung konkretisiert wurde. Danach waren es hauptsächlich die antiliberal und antidemokratisch gesinnten Justizjuristen, die im obrigkeitsstaatlichen Denken der wilhelminischen Zeit gefangen, gefügig-willfährig diese Gesetze vollzogen, sowie die bedingungslose, vielfach von beflissen-vorauseilendem Gehorsam begleitete ideologische Verfügbarkeit einer deutlichen Mehrheit deutscher Rechtslehrer, die beide eine Hauptverantwortung an der Rechtszersetzung tragen (E. Franssen).

Für Generationen, die den Unrechtsstaat nicht miterlebt haben, ist es schwer, diesem oder jenem Argument die größere Überzeugungskraft zuzusprechen. Jedenfalls hatte der Nationalsozialismus das Rechtsbewusstsein vollständig korrumpiert. Dass dies in dem bekannten Umfang überhaupt geschehen konnte, ist eine der tragischsten und bittersten Erfahrungen der neueren deutschen Rechtsgeschichte.

Schrifttum: *E. Franssen*, Positivismus als juristische Strategie, JZ 1969, 766ff. – *H. Weinkauff*, Was heißt das: „Positivismus als juristische Strategie?“, JZ 1970, 54ff. – *B. Diestelkamp*, Rechts- und verfassungsgeschichtliche Probleme zur Frühgeschichte der Bundesrepublik Deutschland, JuS 1980, 401ff., 481ff., 790ff.; JuS 1981, 96ff., 409ff., 488 ff – *R. Schröder*, „... aber im Zivilrecht sind die Richter standhaft geblieben!“ (1988) – *ders.*, Rechtsgeschichte der Nachkriegszeit, JuS 1993, 617ff. – *M. Stolleis/D. Simon* (Hg.), Rechtsgeschichte im Nationalsozialismus (1989) – *R. Dreier/W. Sellert* (Hg.),: Recht und Justiz im „Dritten Reich (1989) – *H. Dilcher*, Bürgerliches Recht in den Westzonen 1945–1949. Ein Beitrag zur Privatrechtsgeschichte der Nachkriegszeit, in: FS P. Mikat (1989), 221ff. – *J. Schliepkorte*, Entwicklungen des Erbrechts zwischen 1933 und 1953 (1989), 68ff. – *J. Rückert*, Abbau und Aufbau der Rechtswissenschaft nach 1945, NJW 1995, 1251ff. – *B. Rüthers*, Kontinuitäten. Zur Wirkungsgeschichte von Carl Schmitt in der Bundesrepublik Deutschland, Rechtshistorisches Journal 1994, 142ff. – *ders.*, Wende-Experten (1995) – *W. Wilhelm*, Zivilrechtswissenschaft ohne Larenz. Die Positionierung des Privatrechts zwischen 1945 und 1953, KritVj (1997), 400ff.

2. Ehe- und Familienrecht

Eine weitere entscheidende Reformphase leiteten das „Gleichberechtigungsgesetz" 1957 und das „Familienrechtsänderungsgesetz" 1961 ein. Für die Verwirklichung des Gleichberechtigungsgebotes des Art. 3 Abs. 2 GG von 1949 im Familienrecht benötigte der Deutsche Bundestag zwei Legislaturperioden: 1949 bis 1953 sowie 1953 bis 1957. Das Parlament wurde zum Austragungsort tiefer weltanschaulicher Auseinandersetzungen. Im Mittelpunkt der Familienrechtsreform der 50er Jahre standen die Vorschriften des persönlichen Eherechts der §§ 1354 und 1356 sowie das Kindschaftsrecht (§§ 1626ff.) in der Fassung des Gesetzes von 1896 bzw. 1900. Besonders von den beiden Kirchen, extrem dabei die massiven Interventionen der katholischen Bischofskonferenz unter dem Kölner Kardinal Frings, wurde die Gleichberechtigung mit Berufung auf das göttliche Recht und Naturrecht verhindert. Die hierarchische Eheordnung basierend auf dem Vorrang des (von Gott zuerst erschaffenen) Mannes (sog. Ursprungshierarchie) wurde aus der Schöpfungsgeschichte der Bibel (Genesis 2, 7, 18–24) abgeleitet. Deren Eheauffassung als Offenbarungsgut sollte selbst der Änderung durch den staatlichen Gesetzgeber unzugänglich sein. Die Regierungsparteien, voran CDU/CSU, beugten sich dieser archaischen Argumentation. Am Ende der deprimierenden Debatten standen als gesetzlicher Güterstand die Zugewinngemeinschaft sowie teils groteske, teils wieder nur ansatzweise dem Gleichberechtigungsgebot des Grundgesetzes entsprechende rechtliche „Gleichstellungen" der Frau.

Ähnlich unvertretbar verzögert wurde die Verwirklichung des Verfassungsgebots des Art. 6 Abs. 5 GG, der 1949 den Gesetzgeber verpflichtet hatte, die nichtehelichen den ehelichen Kindern gleichzustellen. Erst nach Anmahnung durch das Bundesverfassungsgericht wurde 1969 das „Nichtehelichengesetz" erlassen, das jedoch nur Teilreformen brachte (u.a. sog. Erbersatzanspruch, §§ 1934a ff.). Erst die seit 1. Juli 1998 in Kraft getretenen „Kindschaftsrechtsreformgesetze" beseitigten alle bislang bestehenden, die Nichtehelichen diskriminierenden Bestimmungen in den Bereichen der elterlichen Sorge, des Abstammungs-, Namens-, Adoptions-, Unterhalts- und Erbrechts.

Einschneidende, an die Rechtssubstanzen des BGB-Familienrechts rührende Bereinigungen vollzogen im Jahre 1976 das Erste Gesetz zur Reform des Ehe- und Familienrechts („1. Eherechtsreformgesetz“), ferner das Gesetz über die Annahme als Kind („Adoptionsgesetz“) und 1979 das Gesetz zur Neuregelung des Rechts der elterlichen Sorge („Sorgerechtsgesetz“). Diese seit der Geltung des BGB umfassendste Korrektur des materiellen Familienrechts, die auch das Gerichtsverfassungs- und Verfahrensrecht (Familiengerichte) tiefgreifend umgestaltete, beendete eine in der Bundesrepublik seit Jahren geführte rechtspolitische Diskussion. Abkehr vom Leitbild der Hausfrauenehe, Ehename, Übergang vom Verschuldensprinzip zum „Zerrüttungsprinzip“ im Scheidungsrecht, neue dogmatische Wege im Scheidungsfolgenrecht („Versorgungsausgleich“), weitgehende Staatseinflüsse im Bereich der elterlichen Sorge sowie „Volladoption“ und „Dekretsystem“ (statt des rein privatrechtlichen Adoptionsvertrages) sind die herausragenden neuen Lösungen. Das Reformwerk war und ist bis heute umstritten. Die Kritik bewertete das neue Recht als „unruhiges Recht“, das im Formgefüge des BGB einen erratischen Block darstellt, und als hochkompliziertes „Juristenrecht“, das sich dem Verständnis des Laien als Adressaten weitgehend entzieht. Die nach der Vereinigung der beiden deutschen Staaten notwendig gewordenen Angleichungen hatten auch für das Familienrecht Auswirkungen. Im Zuge dieser Reformen ergingen 1992 das „Betreuungsgesetz“ betreffend die Vormundschaft und Pflegschaft für Volljährige, 1993 das „Familiennamensrechtsgesetz“, 1997 das (bereits erwähnte) „Kindschaftsreformgesetz“ sowie schließlich 1998 das „Eheschließungsrechtsgesetz“, seit dem alle Rechtsnormen des materiellen Familienrechts wieder im BGB enthalten sind.

Schrifttum: *J. Gernhuber*, Neues Familienrecht (1977) – *T. Ramm*, Familienrecht. Verfassung – Geschichte – Reform (1996) – *ders.*, Zum freiheitlichen sozialen Rechtsstaat. Ausgewählte Aufsätze (1999), 245 ff. – *R. Frank*, 100 Jahre BGB – Familienrecht zwischen Rechtspolitik, Verfassung und Dogmatik, AcP 200 (2000), 401 ff.

3. Mieter- und Verbraucherschutzrecht

Der katastrophale Wohnungsmangel nach dem Zweiten Weltkrieg führte zu einschneidenden Änderungen des Mietrechts. Staatliche Eingriffe in die Privatautonomie waren die notwendige Folge. Dazu gehörten die weitgehende Herausnahme der Raummiete aus dem auf dem Grundsatz der Vertragsfreiheit konzipierten BGB-Mietrecht, ferner die Beseitigung des prinzipiell freien Vermieterkündigungsrechts, eine Höchstmietenregelung sowie die Wohnraumbewirtschaftung mit Abschlusszwang. Mit dem aus dem Jahre 1923 stammenden und 1946 novellierten „Mieterschutzgesetz", dem „Wohnungsgesetz" aus dem gleichen Jahr und dem „Wohnraumbewirtschaftungsgesetz" von 1953 wurde die Wohnungszwangswirtschaft begründet. Eine neue Mietrechtsära begann 1960 mit dem „Gesetz über den Abbau der Wohnungszwangswirtschaft und über ein soziales Miet- und Wohnrecht". Das Ziel dieser alsbald erneut umfangreichen Gesetzgebung war der schrittweise Abbau des Wohnungsnotrechts, die Wiederherstellung der Vertragsfreiheit und die soziale Umgestaltung des Mietvertragsrechts. Aus der Vielzahl entsprechender Sondergesetze gilt heute noch das sog. „Zweite Wohnraumkündigungsschutzgesetz" von 1974. Es garantiert dem Mieter für befristete Mietverträge einen Fortsetzungsanspruch und verbietet die sog. Änderungskündigung zum Zweck der Mieterhöhung.

Die Fortentwicklung insbesondere des Verbraucherschutzrechts wird gegenwärtig zunehmend durch das Europäische Gemeinschaftsrecht bestimmt. Die Europäische Union (EU) verfolgt als Ziel die Angleichung der innerstaatlichen Vorschriften an die Erfordernisse des Gemeinsamen Marktes. Dieser Prozess wird durch das Instrument der „Richtlinie" gesteuert. Sie ist von den Mitgliedstaaten der EU in nationales Recht umzusetzen. Daneben existiert als weiteres Mittel der Rechtsangleichung die „Verordnung", die unmittelbare Wirkungen in den Mitgliedstaaten zeitigt. Auf solche Richtlinien gehen zurück das „Produkthaftungsgesetz" von 1988, das den Verschuldensgrundsatz durch eine verschuldensunabhängige sog. Gefährdungs- oder Kausalhaftung des Herstellers für fehlerhafte Produkte ersetzte, ferner das „Verbraucherkreditgesetz" von 1990, das an die Stelle des aus dem Jahr 1894 stammenden Gesetzes betreffend die Abzahlungsgeschäfte getreten ist. Diese Sondergesetze hatte vor allem der Schutz des Verbrauchers vor mangelhaften oder gefährlichen Produkten notwendig werden lassen. Zwar versuchte die Judikatur im Wege der Rechtsfortbildung die Unzulänglichkeiten der BGB-Regelung zu korrigieren (z.B. durch Beweislastumkehr zugunsten des Verbrauchers oder Informations-, Produktbeobachtungs- und Rückrufpflichten), doch erwiesen sich diese Maßnahmen letztlich als nicht zureichend. Auf Richtlinien beruhen ferner das „Haustürwiderrufsgesetz" von 1986, das den Käufer durch Gewährung eines Widerrufsrechts vor einem Vertragsschluss am Arbeitsplatz, im Bereich seiner Privatwohnung, bei Freizeitveranstaltungen oder durch überraschendes Ansprechen in Verkehrsmitteln oder auf öffentlichen Verkehrswegen schützt, sowie Änderungen des „Gesetzes zur Regelung der Allgemeinen Geschäftsbedingungen“ von 1976 (z.B. für Verbraucherverträge seit 1996).

4. Dienstvertrags- und Arbeitsrecht

Schon bald nach dem Inkrafttreten des BGB hat sich das „Arbeitsrecht“ als eigenes Rechtsgebiet mit eigener Gerichtsbarkeit außerhalb des Gesetzbuchs entwickelt. Die arbeitsrechtlichen Normen für die unselbständig Tätigen gehören zum Sonderrecht, ähnlich wie das Handels-, Gesellschafts- und Wertpapierrecht. Sie mussten sich außerhalb des BGB entwickeln, weil die BGB-Gesetzgeber bewusst von einer Regelung des Arbeitsvertrages abgesehen hat, obwohl dies die sozialdemokratische Reichstagsfraktion wiederholte Male gefordert hatte. Ursächlich für die Sonderbildung waren zum einen die staatliche Sozialpolitik des 19. Jahrhunderts. Auf den zunehmenden Druck der Forderungen der Arbeiterschaft antwortete der Bismarck-Staat mit der Einführung der gesetzlichen Kranken- (1883), Unfall- (1884), Alters- und Invaliditätsversicherung (1889) sowie mit dem Arbeiterschutzgesetz (1891), das die Höchstarbeitsdauer für Frauen und Kinder regelte. Hinzu kam der durch die rasche Industrialisierung bewirkte Wandel des ökonomischen Unterbaus der Gesellschaft.

Deshalb war bereits bei Inkrafttreten des BGB die Fortbildung und Ergänzung der im Zivilgesetzbuch enthaltenen, eigentlich arbeitsrechtlichen Normen (§§ 611–630) durch Sondergesetze und Rechtsprechung unausweichlich. Die bedeutendsten und richtungweisenden Gesetze und Verordnungen wurden in der Weimarer Zeit erlassen (Tarifverordnung von 1918, Betriebsrätegesetz von 1920). Der NS-Staat hatte durch das Führerprinzip, das an die Stelle der Arbeitnehmermitbestimmung trat, und durch intensive staatliche Betriebskontrollen (Treuhänder der Arbeit) das Arbeitsrecht denaturiert (Gesetz zur Ordnung der nationalen Arbeit von 1934). Nach 1945 begann die Phase des Wiederaufbaus eines neuen demokratischen Arbeitsrechts, wiederum außerhalb des kodifizierten bürgerlichen Rechts. Ungeachtet der durch Richterrecht und Sondergesetze geförderten selbständigen Entwicklung dieses Rechtsgebietes vor allem in den Bereichen des „kollektiven“ Arbeitsrechts (Tarifvertrag, Betriebsvereinbarung, Gewerkschaften, Arbeitgeberverbände, Streik und Aussperrung) regeln die BGB-Normen des Dienstvertragsrechts weiterhin Grundfragen des Arbeitsverhältnisses und bilden die Grundlage des „individualrechtlichen“ Teiles des Arbeitsrechts. Wirtschafts- und gesellschaftspolitische Neuorientierungen der jüngeren Vergangenheit haben wichtige Novellierungen notwendig werden lassen, wie etwa die Harmonisierungen 1969 durch das „Erste Arbeitsrechtsbereinigungsgesetz“ (z.B. §§ 620, 621, 622, 626 und 627), die 1972 erfolgte Einfügung des arbeitsmarktpolitisch weitreichenden § 613a oder die 1975 im Hinblick auf Sterilisation und Schwangerschaftsabbruch vorgenommenen Korrekturen des § 616 Abs. 2 und 3. Damit stehen spezifisch arbeitsrechtliche Rechtsnormen nun auch im BGB, ohne allerdings eine systematische Ordnung zu bilden.

Schrifttum: *A. Söllner*, Entwicklungslinien im Recht der Arbeitsverhältnisse, in: NS-Recht in historischer Perspektive (1981), 135ff. – *K. Deventer*, Arbeitsrecht im Nationalsozialismus, JuS 1988, 13ff. – *T. Weiß*, Die Entwicklung des Arbeitsvertragsrechts und das BGB (1991) – *J. Rückert*, „Frei“ und „sozial“: Arbeitsvertrags-Konzeptionen um 1900 zwischen Liberalismus und Sozialismus, Zeitschrift für Arbeitsrecht 1992, 225ff. – *G. Graf*, Das Arbeitsgerichtsgesetz von 1926. Weimarer Verfassungsvollzug auf justizpolitischen Irrwegen des Kaiserreichs? (1993), 95ff. – *K. Adomeit*, Dienstvertrag des BGB und Entwicklung zum Arbeitsrecht, NJW 1996, 1710ff. – *B.-R. Kern*, Neuere Entwicklungen im Bürgerlichen Recht, JuS 1996, 1ff. – *M. Kaltenborn*, Die Sozialgesetzgebung des Reichskanzlers Fürst Otto von Bismarck, JZ 1998, 770ff. – *H. Vaupel*, Die Familienrechtsreform in den fünfziger Jahren im Zeichen widerstreitender Weltanschauungen (1998).

5. Zwischenbilanz

Diese nur in ihren Grundlinien skizzierten Fortentwicklungstendenzen des bürgerlichen Rechts lassen erkennen, dass die dogmatische Geschlossenheit, Systemperfektion und Universalität des BGB Gefahr läuft, einer Polypragmasie der Gesetzgebung der demokratisch verfassten Industriegesellschaft geopfert zu werden. Beispielhaft dafür steht das Reisevertragsgesetz von 1979 (§§ 651a – k), dessen Notwendigkeit und Zweckmäßigkeit – es gilt nur für die Pauschalreise – vom Schrifttum sehr kontrovers bewertet wird. Den Isolierungsprozess unterstreicht ferner das 1976 in Kraft getretene Gesetz zur Regelung des Rechts der Allgemeinen Geschäftsbedingungen (AGB-Gesetz), dessen Erlass u.a. auch eine entsprechende Regelungsabstinenz des BGB notwendig gemacht hatte. Ob eine solche Entwicklung zwingend einen Qualitätsverlust des BGB nach sich zieht oder aber schlicht der Normalität einer pluralistischen Gesellschaft entspricht, ist eine zentrale rechtspolitische und keineswegs nur akademische Frage. Die anlässlich des einhundertsten Geburtstags des BGB publizierten lobenden, kritischen oder resignierenden Bilanzierungen haben auch darauf Antworten zu geben versucht.

§ 8 Neuere Privatrechtskodifikationen in Europa

I. Theorie der Rechtskreise

Gesetze sind der verhaltene Atem des Lebens, die Magna Charta einer Gesellschaft in ihrer historischen Identität, mit ihren sozialethischen Wertvorstellungen. Diese Verflechtung der Kodifikation mit der geschichtlichen Entwicklung einer Rechtsordnung, mit der vorherrschenden juristischen Denkweise und der zugrundeliegenden weltanschaulich-ideologischen Orientierung erlaubt es, die Rechtssysteme des europäischen Kontinents besonderen, „Rechtskreise" genannten Rechtsgruppen zuzuordnen. Die von der Rechtsvergleichung entwickelte Theorie der Rechtskreise gliedert die aus der Kodifikationsbewegung des 18. und 19. Jahrhunderts hervorgegangenen Zivilrechtsgesetze nach „stilprägenden Faktoren" (*Zweigert/Kötz*). Entscheidendes Zuordnungskriterium ist u.a. die historische Herkunft und Art der Rechtsquellen.

Unter Zugrundelegung der von dieser Theorie entwickelten stilprägenden Kriterien existieren in Europa gegenwärtig zwei große Rechtskreise nebeneinander. Einheitliches Merkmal der Rechtsordnungen Kontinentaleuropas ist das kodifizierte, das sog. Gesetzesrecht. Von ihm unterscheidet sich grundlegend der Rechtskreis des englischen oder „angelsächsischen" Rechts. Dessen allgemeines Wesensmerkmal ist das ungeschriebene Recht, das aus der Rechtsprechung als Fallrecht („case law") oder Richterrecht („judge made law") hervorgegangen ist und in seiner Gesamtheit mit dem Begriff „Common Law" bezeichnet wird. Die Übernahme des Common Law durch die Vereinigten Staaten von Nordamerika trotz der Unabhängigkeitserklärung der britischen Kolonien im Jahre 1766 erweiterte diesen ursprünglich auf England beschränkten Rechtskreis nicht nur geographisch. Die gegenwärtig insbesondere vom US-amerikanischen Recht ausgehenden Impulse zu einer Rechtsfortbildung des Common Law entsprechend den völlig neuen Anforderungen der vom technologischen Progress geprägten Informationsgesellschaft erinnern in ihrem Umfang an vergleichbare Rezeptionsbewegungen in Europa während des Mittelalters (W. Wiegand). Dies rechtfertigt nicht nur die Zusammenfassung der Common-Law-Rechtsordnungen in einem besonderen „angloamerikanischen" Rechtskreis, sondern auch seine vom europäischen Gesetzesrechtskreis abgesonderte Behandlung.

Schrifttum: *David/Grasmann*, Einführung, 46ff. – *Zweigert/Kötz*, Rechtsvergleichung, 62ff. – *W. Wiegand*, The Reception of the American Law in Europe, The American Journal of Comparative Law 39 (1991), 229ff.

II. Mitteleuropäischer Rechtskreis – deutschsprachige Rechtsgruppe

Innerhalb des mitteleuropäischen Rechtskreises gehören zur deutschsprachigen Rechtsgruppe die Privatrechtskodifikationen Österreichs, Deutschlands und der Schweiz. Hinzu kommen alle jene Länder, in denen entweder infolge geographischer Nachbarschaft, politischer Rechtsnachfolgeschaft oder im Wege einer gezielten Rezeption die Rechtssysteme dieser drei Staaten eingeführt wurden oder als Modelle für eigenständige Kodifikationen dienten. In der Regel markieren diese Gesetzgebungsakte den Beginn einer modernen nationalstaatlichen Rechtsordnung.

1. Schweizerische Zivilgesetzgebung

Nach Österreich und Deutschland realisierte die Schweiz die Kodifikationsidee durch eine nationale Zivilgesetzgebung. Die politischen Rahmenbedingungen waren mit den deutschen, vor der durch HGB und BGB geschaffenen Rechtseinheit bestehenden Verhältnissen vergleichbar. Die verfassungsrechtlichen Voraussetzungen für eine einheitliche eidgenössische Zivilgesetzgebung fehlten jedoch. Erst der Sturz Napoleons machte den Weg zu einer begrenzten nationalen Rechtsvereinheitlichung frei und ermöglichte den Anschluss an die europäische Privatrechtswissenschaft.

a) Kantonale Zivilgesetze

Beeinflusst durch die europäische Kodifikationsbewegung begannen fast alle Kantone – 25 wurden gesetzgeberisch tätig – mit der Schaffung eigener Gesetzbücher. Das Privatrecht war noch eine Angelegenheit der Kantone. Die Gesetzgebung kennzeichnet eine gelungene Verschmelzung einheimischer Rechtstradition mit den naturrechtlichen Modellen des Auslands. Nach der jeweiligen Intensität der Anlehnung an ausländische Kodifikationen können die kantonalen Privatrechtsgesetzbücher drei Gruppen zugeordnet werden.

Die erste Gruppe in der West- und Südschweiz folgte dem französischen *Code civil*. Dazu gehörten Waadt (1819), Tessin (1837), Wallis (1853/1854) und Neuenburg (1854/1855).

Die zweite Gruppe der mittelschweizerischen Kantone legte ihren Arbeiten das österreichische *ABGB* zugrunde. Zu ihr rechneten: Bern (1824/1830, Redaktor *Samuel Ludwig Schnell* [1775–1849]), Luzern (1831/1839, Redaktor *Kasimir Pfyffer* [1794–1875]), Solothurn (1841/1847, Redaktor *Johann Bapt. Reinert* [1790–1853]), Aargau (1847/1855, Redaktoren *Johann Jakob Rudolf Feer* [1788–1840] und *Franz Waller* [1803–1879]) und Thurgau (1858/1860).

Die dritte Gruppe orientierte sich an dem herausragenden *Zürcher Privatrechtlichen Gesetzbuch* (1853/1855). Dieses Gesetz war von dem in Zürich lehrenden, als Vertreter der Historischen Rechtsschule in der Schweiz geltenden Professor *Friedrich Ludwig Keller* (1799–1860) begonnen worden. Es hatte die Ideen dieser Schule verarbeitet, wurde aber von dem Zürcher Professor *Johann Caspar Bluntschli* (1808–1881) fertiggestellt. Von diesem Gesetz beeinflusst waren z.B. das Privatrechtliche Gesetzbuch von Schaffhausen (1864/1865) und das Glarnerische Bürgerliche Gesetzbuch (1869/1874, Redaktor *Johann Jakob Blumer* [1819–1875]). Eine Sonderstellung nahm das von *Peter Conradin von Planta* (1815–1902) geschaffene Zivilgesetzbuch von Graubünden (1862) ein. Es berücksichtigte das Zürcher Privatrecht, zugleich aber auch die preußische, französische und österreichische Gesetzgebung.

Schrifttum: *F. Elsener*, Die Schweizer Rechtsschulen vom 16. bis zum 19. Jahrhundert (1975), 277ff. – *L. Carlen*, Österreichische Einflüsse auf das Recht in der Schweiz (1977), 15ff. – *P. Caroni*, Die Schweizer Romanistik im 19. Jahrhundert, ZNR 1994, 246ff.

b) Schweizerisches Obligationenrecht v. 1881

Mitte des 19. Jahrhunderts begann die Diskussion über die Zuständigkeit des Bundes zum Erlass von Privatrecht. Im Jahre 1874 beendete die *Totalrevision der Bundesverfassung* förmlich die Ära der partikularen kantonalen Zivilgesetze. Der Bund erhielt die Gesetzgebungskompetenz „über alle auf den Handel und Mobiliarverkehr bezüglichen Rechtsverhältnisse (Obligationenrecht mit Inbegriff des Handels- und Wechselrechtes)“, ferner über die persönliche Handlungsfähigkeit, das Urheberrecht, das Beitreibungsverfahren und das Konkursrecht (Art. 64). Das Recht zur Gesetzgebung für alle übrigen

Gebiete des Zivilrechts, die ein Verfassungsentwurf schon 1872 gefordert hatte, blieb dem Bund jedoch weiterhin versagt.

Auf der Grundlage der Verfassungsänderung von 1874 wurden zwei wichtige Einzelgesetze des Bundes verabschiedet: das die bürgerliche Eheschließung und Ehescheidung regelnde Zivilstands- und Ehegesetz von 1874 sowie das „Bundesgesetz über das Obligationenrecht" von 1881 (OR), das am 1. Januar 1883 in Kraft trat.

Das Obligationenrecht von 1881 enthielt – ebenso wie das revidierte Obligationenrecht von 1911/1937 – Bestimmungen über das allgemeine und besondere Schuldrecht, behandelte die dinglichen Rechte an beweglichen Sachen und regelte das gesamte Handels- und Wertpapierrecht. Mit der Einbeziehung der handelsrechtlichen Materien in das allgemeine Zivilrecht war damit auch für die Schweiz die Entscheidung für den „Code unique" und gegen eine besondere Handelsrechtskodifikation gefallen. Der Bundesrat betraute mit der Redaktion den Berner Professor *Walther Munzinger* (1830–1873), der bereits 1865 mit dem Entwurf eines Handelsgesetzbuchs bekannt geworden war. Munzingers 1871 vorgelegter Entwurf orientiert sich vorwiegend an Bluntschlis Zürcher Privatrechtlichem Gesetzbuch, an dem französischen Code civil, dem österreichischen ABGB, dem deutschen ADHGB von 1861 sowie an dem Dresdener Entwurf von 1866. Das Ergebnis war ein Gesetz, das – nach Munzingers Tod stark verändert – seine Bewährung bestand. Zwar erreichte es in gesetzestechnischer Hinsicht noch nicht das Niveau des späteren Zivilgesetzbuches. Doch bedeutete die Schaffung und Inkraftsetzung des Obligationenrechts einen ersten und bedeutsamen Schritt auf dem Weg zur Vereinheitlichung des übrigen Privatrechts.

Schrifttum: *Zweigert/Kötz*, Rechtsvergleichung, 166ff. – *Stolleis*, Juristen (Munzinger), 446f. – *H. Merz*, Die Quellen des schweizerischen Obligationenrechts von 1881, in: FS K. Zweigert (1981), 667ff. – *ders.*, Das schweizerische Obligationenrecht von 1881, sowie *H.-P. Benöhr*, Der Dresdner Entwurf von 1866 und das Schweizerische Obligationenrecht von 1881, beide in: Hundert Jahre Schweizerisches Obligationenrecht, hg. v. H. Peter/E. W. Stark/P. Tercier (1982), 3ff., 57ff. – *E. Bucher*, Der Einfluss des französischen Code civil auf das Obligationenrecht, in: Das Obligationenrecht 1883–1983, hg. v. P. Caroni (1984), 139ff. – *P. Caroni*, Rechtseinheit in der Schweiz, in: Kodifikation als Mittel der Politik, hg. v. H. Hofmeister (1986), 29ff. – *M. Wittibschlager*, Einführung in das schweizereische Recht (2000), 44ff.

c) Schweizerisches Zivilgesetzbuch v. 1907/1912

Bereits 1884 entschied der (1861 gegründete) *Schweizerische Juristenverein*, zur Vorbereitung der Rechtseinheit eine rechtsvergleichende Darstellung aller geltenden kantonalen Zivilrechtssysteme erstellen zu lassen, „um vermittelnd in das Rechtsleben des Volkes und auf ein harmonisches Ganzes hinwirken zu können". Diese Aufgabe übernahm der vielseitige *Eugen Huber* (1849–1923). Er war Präsident des Juristenvereins, Landespolitiker, Publizist und als Professor in Basel Vertreter der Historischen Schule germanistischer Richtung. Später folgte er einer Berufung nach Bern. Die Ergebnisse seiner Arbeiten legte er nach nur neun Jahren in dem vierbändigen Werk „System und Geschichte des Schweizerischen Privatrechts" (1886–1893) nieder. Daraufhin (1892) wurde er vom Eidgenössischen Justiz- und Polizeidepartement mit der Ausarbeitung eines Entwurfs zum Zivilgesetzbuch beauftragt. In den Jahren 1893, 1895 und 1898 legte er drei Teilentwürfe für das Personen-, Familien-, Sachen- und Erbrecht vor. Sie sollten auch die Machbarkeit einer Kodifikation unter Beweis stellen, wurden von kleinen Expertengremien beraten und nach einer Neuredaktion des deutschen und französischen Textes am 15. November 1900 als Vorentwurf veröffentlicht. Alle „Landesgegenden und Berufskreise" waren zu konstruktiver Kritik aufgerufen.

Nachdem inzwischen durch Verfassungsänderung von 1898 die ausschließliche Bundeskompetenz auf das gesamte Zivilrecht erweitert worden war, wurde der Vorentwurf von 1900 in den Jahren 1901 bis 1903 von einer großen Expertenkommission, in der Eugen Huber als Referent wirkte, beraten und 1904 der schweizerischen Bundesversammlung zugeleitet. Diese nahm nach parlamentarischen Beratungen (1904–1907) den Vorentwurf von 1903 ohne große Änderungen an. Den deutschen, französischen und italienischen Text stellte eine Redaktionskommission verbindlich fest. Nachträglich erfolgte eine Übersetzung in die rätoromanische Nationalsprache. Die beiden eidgenössischen Kammern (Nationalrat und Ständerat) nahmen den Entwurf am 10. Dezember 1907 einstimmig als „Schweizerisches Zivilgesetzbuch" (ZGB) an; es trat am 1. Januar 1912 in Kraft. Von einer Inkorporierung des Obligationenrecht von 1881 in das ZGB wurde abgesehen.

Das ZGB hat vier Teile: Personen- und Familienrecht (I–II), Erbrecht (III) und Sachenrecht (IV) sowie die aus zehn Artikeln bestehende

Einleitung. Es gilt als ein in der neueren Kodifikationsgeschichte „atypisches Gesetzbuch", als „eigenwillige, selbstbewusste Kodifikation" (P. Caroni), weil es grundsätzlich auf ausländische und historische Vorbilder verzichtet und selbst schwierige Rechtsfragen nach der Nützlichkeit und Machbarkeit der Lösungen entschieden hat. Das ZGB ist ein inhaltlich wie formell volkstümliches Gesetzbuch. Dieses Kriterium entspricht der demokratisch-republikanischen Tradition der Schweiz. Bereits durch die allgemeinverständliche, anschauliche Sprache, die weitgehend Fachausdrücke vermeidet, unterscheidet es sich von der abstrakten Technik und Begrifflichkeit des deutschen BGB. Das ZGB verzichtet auf ein durchgehend straffes System und kennt keinen Allgemeinen Teil. Es beschränkt sich auf die Fixierung allgemeiner Regeln und die Verkündung leitender Rechtsprinzipien. Auch darin weicht es vom BGB ab, das Vollständigkeit, Lückenlosigkeit und Systemperfektion anstrebt. Der schweizerische Gesetzgeber überlässt der rechtsschöpferischen Verantwortlichkeit des Richters die Feststellung und Konkretisierung von Ausnahmen. Das Lückenhaftigkeit bewusst in Kauf nehmende elastische, „offene System" des Gesetzes garantiert der bekannte Art.1 Absatz 2 und 3. Danach hat der Richter Gesetzes- und Rechtslücken nach der Regel zu schließen, die er als Gesetzgeber – unter Befolgung bewährter Lehre und Überlieferung – aufstellen würde.

Schrifttum: *Zweigert/Kötz*, Rechtsvergleichung, 167ff. – *P. Liver*, Das schweizerische Zivilgesetzbuch. Kodifikation und Rechtswissenschaft, Zs.f. Schweizerisches Recht N.F. 80 II (1961), 193ff. – *ders.*, Das Schweizerische Zivilgesetzbuch. Entstehung und Bewährung. 1. Teil Entstehung, Zs.f. Schweizerisches Recht N.F. 81 I (1962), 9ff. – *ders.*, in: Berner Kommentar I, hg.v. A. Meier-Hayoz (1966), 8ff. (32ff.) – *H. Merz*, Fünfzig Jahre Schweizerisches ZGB, JZ 1962, 585ff. – *ders.*, Das schweizerische ZGB. Entstehung und Bewährung. 2. Teil, Zs.f. Schweizerisches Recht N.F. 81 I (1962), 30ff. – *C. Schott*, „Rechtsgrundsätze" und Gesetzeskorrektur (1975), 13f., 81ff., 92ff. – *P. Caroni*, Das „demokratische Privatrecht" des Zivilgesetzbuches, in: FS H. Deschenaux (1977), 37ff. – *ders.*, „Privatrecht" (1988), 90ff. – *ders.*, Il mito svelato: Eugen Huber, Zs.f. Schweizerisches Recht N.F. 110 (1991), 381ff. – *ders.*, Einleitungstitel des Zivilgesetzbuches (1996), 22ff. – *E.A. Kramer*, Der Einfluss des BGB auf das schweizerische und österreichische Privatrecht, AcP 200 (2000), 371ff.

d) Revision und Anpassung des Obligationenrechts v. 1911/1937

Eugen Huber hatte in einem Memorial vom Jahre 1893 die Frage aufgeworfen, ob das bereits als Bundesgesetz in Kraft befindliche Obligationenrecht von 1881 – einschließlich der Bundesgesetze über Eheschließung, Zivilstand (1874) sowie die persönliche Handlungsfreiheit (1882) – als Sondergesetz fortgelten oder revidiert und angepasst in das zu erwartende ZGB aufgenommen werden sollte. Eine vom Justiz- und Polizeidepartement 1901 eingesetzte Spezialkommission (nach dem Tagungsort „Langenthaler Kommission" genannt) entschied sich für die Anpassung, empfahl jedoch, lediglich das Wechsel-, Aktien- und Genossenschaftsrecht auszugliedern und durch Spezialgesetze zu regeln.

Das Ergebnis wurde 1905 der Bundesversammlung als Gesetzentwurf zugeleitet. Der Vorschlag fand jedoch keine Billigung. Stände- und Nationalrat sprachen sich vielmehr dafür aus, die Revision des Obligationenrechts bis zum Abschluss der Beratungen des ZGB zu verschieben. Erst danach sollte eine Kommission die Anpassung vornehmen. Die 1908 berufene große Expertenkommission für die Revision des Obligationenrechts, in der wiederum Eugen Huber als Referent wirkte, legte das Ergebnis ihrer Arbeit 1909 in einem Gesetzentwurf vor. Dort waren lediglich die Titel 1–23 des Obligationenrechts (allgemeines Vertragsrecht, Delikts-, Bereicherungsrecht, Recht der einzelnen Vertragstypen) einer Revision und Angleichung an das ZGB unterzogen worden. Die Titel 24–33 (handelsrechtliche Normen des Obligationenrechts) blieben mit dem Aktien-, Genossenschafts- und Wechselrecht ausgeklammert und aus Termingründen einer späteren Revision vorbehalten. Am 30. März 1911 akzeptierte die Bundesversammlung dieses Vorgehen. Das „Bundesgesetz betreffend die revidierten Titel 1–23 des Obligationenrechts" wurde am 1. Januar 1912 als Ergänzung zugleich mit dem ZGB (Obligationenrecht als Teil V) in Kraft gesetzt. Die gesonderte Artikelzählung wurde beibehalten.

Mit der aufgeschobenen Revision der Titel 24–33 des Obligationenrechts wurde 1911 erneut Eugen Huber betraut. Der Ausbruch des Ersten Weltkrieges (1914), der Tod Hubers (1923) und die gewandelte politische Situation behinderten jedoch eine zügige Fertigstellung. Erst 1923 konnte *Arthur Hoffmann* (1857–1927), der nach der Erkrankung Hubers die Revisionsarbeiten fortführte, den umgearbeiteten Entwurf eines „Bundesgesetzes über die Revision der Titel XXIV–XXXIII des schweizerischen Obligationenrechts" mit Erläuterungen vorlegen. Nach Beratung durch eine Expertenkommission (1924/1925) und Behandlung als Bundesratsvorlage (1928) durch Stände- und Nationalrat (1931–1934) wurde die von der Redaktionskommission festgestellte endgültige Fassung am 18. Dezember 1936 angenommen. Sie trat am 1. Juli 1937 als Bundesgesetz in Kraft.

Die beiden das Obligationenrecht von 1881 revidierenden und an das ZGB anpassenden Bundesgesetze von 1911 und 1937 werden heute als „Schweizerisches Obligationenrecht" zitiert.

Schrifttum: Zweigert/Kötz, Rechtsvergleichung, 169ff. – *G. Sturm*, HRG (Zivilgesetzbuch/Schweiz), 1735ff. – *R. Gmür*, Das Schweizerische Zivilgesetzbuch verglichen mit dem Deutschen Bürgerlichen Gesetzbuch (1965), 152ff., 179ff. – *E.A. Kramer*, Die Lebenskraft des schweizerischen Obligationenrechts, Zs.f. Schweizerisches Recht N.F. 102 I (1983), 241ff. – *E. Bucher*, Hundert Jahre schweizerisches Obligationenrecht, Zs.f. Schweizerisches Recht N.F. 102 II (1983), 257ff. – *R. Steppacher*, Die Berücksichtigung der bäuerlichen Postulate bei der Entstehung des ZGB und der Revision des OR (1992), 50ff.

2. Fernwirkungen und Rezeption des Schweizerischen Privatrechts durch die Türkei

Der Einfluss der schweizerischen Kodifikation auf Staaten, die fortschrittliche, zeitgemäße Rechtsreformen anstrebten, war sehr groß. Die Anziehungskraft des ZGB als Modell einer modernen Privatrechtsordnung wird durch seine Elastizität erhöht. Sie ermöglicht Anpassungen an wechselnde Bedürfnisse des Zivilrechtsverkehrs, ohne gleichzeitig systematische Grundentscheidungen in Frage stellen zu müssen. Auch dies erklärt die starke Ausstrahlung der Gesetzgebung auf das Ausland.

Unmittelbar beeinflusst wurden zahlreiche kontinentale und überseeische Privatrechtsordnungen, z.B. das Zivilgesetzbuch des Fürstentums Liechtenstein (ab 1926–1928 nach dem wirtschaftlichen auch gesetzgeberischer Anschluss an die Schweiz), der italienische Codice civile von 1942, ferner die Privatrechtsordnungen von Österreich, Griechenland, Ungarn, Jugoslawien, Bulgarien, Polen, Tschechoslowakei, Sowjetunion, Peru, Siam und die Republik China (bis 1949).

Zu einer nur scheinbar exotischen und an sich unverständlichen Rezeption des ZGB kam es in der Türkei. Modernität und Qualität des schweizerischen Privatrechts haben im Jahre 1923 die unter dem Staatspräsidenten *Mustafa Kemal* (Atatürk, 1881–1938) zu einem laizistischen Nationalstaat westeuropäischer Prägung reformierte Türkei zur Übernahme der schweizerischen Rechtsordnung veranlasst. Nach dem Ende des Ersten Weltkrieges hatten die Siegermächte im Friedensvertrag von Lausanne (1923), der die Auflösung des osmanischen Reiches rechtlich besiegelte, den Reststaat „Türkische Republik" völkerrechtlich zur Reorganisation auch des traditionsreichen Rechts- und Justizwesens verpflichtet. Ursächlich dafür war die Uneinheitlichkeit des osmanischen Gerichtswesens: Christen und Juden durften interne Streitigkeiten vor ihren Autoritäten regeln, die Ausländer waren exemt und einer eigenen, durch zwischenstaatliche Verträge („Kapitulationen") geschaffenen „Konsulargerichtsbarkeit" unterworfen. Um dieser Verpflichtung möglichst rasch nachzukommen, entschied sich die politische Führung für eine globale Rezeption des Schweizer Zivilgesetzbuchs und Obligationenrechts. Nach Verabschiedung durch die Große Türkische Nationalversammlung wurden am 4. Oktober 1926 das „Türkische Zivilgesetzbuch" und das „Türkische Obligationengesetzbuch" in Kraft gesetzt. Beide stellen heute eine teilweise sehr freie Übersetzung der französischsprachigen Fassungen von ZGB und revidiertem Obligationenrecht dar.

Mit der Inkraftsetzung des laizistischen Zivilrechts, die einer „rechtlichen Revolution" (E. Özsunay) gleichkam, verließ die Türkei endgültig den islamischen Rechtskreis. Die Einführung des schweizerischen Rechts war für das türkische Rechtswesen jedoch weder außergewöhnlich, noch erfolgte sie völlig überraschend. Schon während des 18. Jahrhunderts hatte sich das osmanische Reich wirtschaftlich den europäischen Staaten gegenüber geöffnet. Der Ausbau der Handelsbeziehungen mit dem Westen ließ eine Modernisierung der zahlreichen alten, vornehmlich aus dem Koran abgeleiteten Rechtsregeln und Rechtsgutachten („Fetvas") geboten erscheinen. In der Zeit von 1839 bis zur Gründung der Türkischen Republik 1923 wurden deshalb nach dem Vorbild der französischen Gesetzgebung das Handels- und Strafrecht sowie eine Zivil- und Strafprozessordnung kodifiziert. Die Einbeziehung des Privatrechts in die Kodifikationsarbeiten scheiterte jedoch am Widerspruch der Konservativen. Die Zivilrechtsreform erschöpfte sich in einer lediglich bereinigenden Zusammenfassung des unübersichtlichen islamischen Fallrechts in dem „Medjelle" genannten Privatrechtsgesetzbuch (1870–1877). Ungeachtet des Bruches mit der osmanisch-islamischen Rechtstradition konnte sich das auf schweizerisches Recht gegründete türkische Zivilrecht in seiner Gesamtheit zu einem durchaus selbständigen Rechtssystem entwickeln. Allerdings blieb das Kindschafts- und Eherecht des ZGB totes Recht. Es brach in grundlegende Sozialstrukturen der islamischen

Tradition ein. Die so entstandene Lücke wurde durch Sondergesetze geschlossen (sog. Amnestiegesetze, zuletzt 1981). Die Veröffentlichung von vorbereitenden Entwürfen zu einem neuen Privatrechtsgesetzbuch (vorwiegend zum Personen- und Familienrecht) in den Jahren 1971 und 1984 unterstreicht die langfristigen Reformziele der türkischen Gesetzgebungspolitik.

Gleichzeitig mit den Zivilgesetzbüchern trat das „Türkische Handelsgesetzbuch" in Kraft. Es regelte im ersten Buch das Landhandelsrecht einschließlich des Wechsel-, Scheck- und Versicherungsrechts und folgte dem deutschen HGB von 1897/1900, dem deutschen Wechsel- und Scheckrecht sowie dem italienischen Codice di commercio von 1882, der seinerseits eine Nachbildung des französischen Rechts war. Das zweite Buch über den Seehandel wurde erst 1929 in Kraft gesetzt. Es bestand aus einer Übersetzung der seehandelsrechtlichen Bestimmungen des deutschen HGB von 1897 und trat an die Stelle des osmanischen Seehandelsgesetzbuches von 1864, dessen Vorbild wiederum das zweite Buch des französischen Code de commerce von 1807 war. Die mangelnde Abstimmung des Türkischen Handelsgesetzbuches mit den beiden Zivilgesetzbüchern, vor allem aber die Diskrepanz zwischen rechtlicher Regelung und den Besonderheiten der türkischen Gesellschaftsordnung sowie des Wirtschaftssystems machten grundlegende Reformen notwendig. Die Arbeiten wurden 1956 durch den Erlass eines neuen, das gesamte Handelsrecht regelnden Handelsgesetzbuches beendet.

Schrifttum: Handbuch III 2, 2001ff. (*Dölemeyer*) – *E.E. Hirsch*, Das Schweizerische Zivilgesetzbuch in der Türkei, Schweizerische JZ 1954, 337ff. – *ders.*, Das neue Türkische Handelsgesetzbuch, ZHR 119 (1956), 157ff. – *ders.*, Das Recht im sozialen Ordnungsgefüge (1966), 89ff. – *ders.*, Vom schweizerischen Gesetz zum türkischen Recht, Zs.f. Schweizerisches Recht N.F. 95 I (1976), 223ff. – *ders.*, Rezeption als sozialer Prozess (1981), 29ff., 44ff., 90ff. – *H.V. Velidedeoglu*, Erfahrungen mit dem schweizerischen Zivilgesetzbuch in der Türkei, Zs.f. Schweizerisches Recht N.F. 81 I (1962), 51ff. – *Z. Gören-Ataysoy*, Die Fortbildung rezipierten Rechts, Zs.f. Schweizerisches Recht N.F. 95 I (1976), 265ff. – J.G. Jonas, Ein zeitgenössischer Rezeptionsprozeß am Beispiel des türkischen Zivilrechts, JuS 1987, 266ff. – *E. Özsunay*, Some remarks on the amendments proposed by the preliminary draft of the Turkish Civil Code, in: Liber Memorialis F. Laurent 1810–1887, hg.v. J. Erauw u.a. (1989), 605ff. – *H. Scholler*, VI. Fachgruppe für Rechtsgeschichte, orientalische Rechte und Rechtsethnologie (Westliches Recht in der Republik Türkei), JZ 1997, 30.

III. Romanischer Rechtskreis

Vorbild für die Privatrechtsordnungen des romanischen Rechtskreises ist die napoleonische Gesetzgebung. Durch die außerordentliche Verbreitung insbesondere des Code civil wurde diese Rechtsgruppe zu einer der größten in Europa. Allerdings waren bereits Mitte der 40er und Anfang der 50er Jahre des 20. Jahrhunderts bei einigen europäischen Staaten Tendenzen sichtbar, die sich seit den 70er Jahren noch verstärkten und darauf abzielten, bei der Neukodifikation des Privatrechts materiell wie formell Grundsätze zugrunde zu legen, die sich keinem der stilprägenden Kriterien der alten Rechtskreise eindeutig zuordnen lassen. Diese Staaten haben ihre Zivilgesetzbücher an die politischen, sozialethischen und sozioökonomischen Vorgaben expandierender Massen- und Industriegesellschaften in einem politisch zusammenwachsenden Europa angeglichen. Der dadurch kreierte neue Rechtsstil ist ein gemeineuropäischer, der durchaus für ein künftig zu schaffendes „Europäisches Privatrecht" Modell sein könnte. Zu dieser sich neu formierenden, eigenen Rechtgruppe gehören gegenwärtig Italien und die Niederlande.

1. Italienischer Codice civile v. 1942

Die historischen Wurzeln des heute geltenden Codice civile von 1942 reichen in die Zeit des Königreichs Italien zurück. Die nationale Einigungsbewegung des „Risorgimento" hatte 1861 mit der Gründung des „Regno d'Italia" und der Proklamation von *Vittorio Emanuele II* aus dem piemontesischen Königshaus Savoyen durch das erste Parlament zum König ihr Ziel erreicht. Mit der Herstellung der politischen Einheit wurde der Ruf auch nach einer einheitlichen Zivilrechtskodifikation laut. Zu ihrer Verwirklichung boten sich vier Möglichkeiten an: Übernahme des Code Napoléon, Rückkehr zum nicht-kodifizierten Ius commune vergleichbar dem Postulat Savignys und seiner Historischen Schule, Erhebung der Privatrechtsgesetzgebung eines der präunitarischen, vor der Gründung des Königreichs bestehenden (italienischen) Staaten zum Nationalgesetzbuch oder die Schaffung einer völlig neuen Kodifikation des nun gesamtitalienischen „ius patrium". Die Regierung entschloss sich zunächst für den einfachsten Weg. Es sollte der piemontesische, 1837 von König *Carlo Alberto* erlassene „Codice (civile) Albertino" als Einheitsgesetzbuch eingeführt werden, mit dessen grundlegender Revision bereits 1849 begonnen worden war. Da jedoch die seit 1860 fertige, novellierte Fassung des Codice Albertino am Widerspruch des Parlaments scheiterte, wurde das Vorhaben aufgegeben und die neue Kodifikation eines gesamtitalienischen Privatrechts beschlossen. Nach längeren vorbereitenden Kommissionsarbeiten gelang schließlich 1863 dem neuen Justizminister *Giuseppe Pisanelli* (1812–1879) der Durchbruch. Nahezu im Alleingang erarbeitete er aus Vorentwürfen und kritischen Stellungnahmen der Praxis ein Zivilgesetzbuch, das am 25. Juni 1865 verkündet werden und zum 1. Januar 1866 in Kraft treten konnte.

Der aus einem Einführungstitel und drei Büchern bestehende „Codice civile del Regno d'Italia" folgte in seinem Aufbau und Sozialmodell weitgehend dem französischen Code civil. Er war ein überwiegend konservatives Gesetzbuch des gehobenen Bürgertums und der wirtschaftlich privilegierten Gesellschaftsgruppen, zugleich aber auch ein wirksames Instrument der Zentralisierungspolitik, von der die ersten Jahre des neuen Königreichs geprägt wurden. Weil die Gesetzgebung dem Wandel Italiens von einem Agrarland zu einem Industriestaat nicht Rechnung getragen hatte, war sie bereits bei ihrem Erlass veraltet. Sie zog massive Kritik von Seiten der aufgeklärten Liberalen, der herrschenden italienischen Rechtsschule des „socialismo giuridico" sowie von Anhängern der neuen christlichen Soziallehren auf sich. Sie alle traten für eine gesellschafts- und wirtschaftskonforme Reformierung des Codice civile ein. Nach vergeblichen Anläufen (1906 Einsetzung einer Kommission im Justizministerium, doch schon 1909 ihre Auflösung) kam es gegen Ende des Ersten Weltkriegs zu ersten wirklichen Reformen.

Das Signal dazu gab *Vittorio Scialoja* (1856–1933), amtierender Justizminister Italiens und ein Bewunderer Savignys sowie der deutschen Pandektistik. Schon als Professor in Rom war er für eine praktische Verwirklichung der Rechtseinheit zwischen Italien und Frankreich eingetreten. Im Jahre 1917 griff Frankreich sofort die Aufforderung zu einer Zivilrechtsreform auf. Je eine französische und italienische Kommission nahmen ihre Beratungen auf. Das Ergebnis dieser Zusammenarbeit war ein international vielbeachteter, von der Wissenschaft später unterschiedlich bewerteter Entwurf für ein Obligationenrecht von 1927 („Codice italo-francese delle obbligazioni e dei contratti"). Das Reformprojekt wurde jedoch 1939 allein aus politischen Gründen abgebrochen: Der „Duce del Fascismo" *Benito Mussolini* (1883–1945) geriet immer stärker in die Abhängigkeit vom Hitler-Faschismus.

Parallel zu den italienisch-französischen Reformarbeiten wurde in Italien schon seit 1921 die Notwendigkeit einer modernen nationalen Privatrechtskodifikation diskutiert. 1923 setzte schließlich die Regierung offiziell eine Kommission ein, die ihre Arbeiten 1924 aufnahm. Ein zentrales Problem war, ob die historische, auf das französische Vorbild zurückgehende Trennung des Handelsrechts (diritto commerciale) vom übrigen Privatrecht (diritto civile) beibehalten werden sollte. 1865 war nämlich mit dem Codice civile gleichzeitig ein eigenes Handelsgesetzbuch in Kraft gesetzt worden, das 1882 ein neuer „Codice di commercio" abgelöst hatte. Für die Beibehaltung der Trennung der Materien sprach unter anderem auch die deutsche Gesetzgebung. Dagegen legte eine Vereinheitlichung des Privatrechts in einem „Codice unico" das schweizerische Vorbild nahe, dem die Kommission letztlich auch folgte. Im Jahre 1939 traten die Kodifikationsarbeiten in die entscheidende Phase. 1940 wurde die Vereinheitlichung des gesamten Privatrechts förmlich beschlossen; der Einheitskodex sollte auch das gesamte Handels-, Gesellschafts- und Unternehmensrecht enthalten. Ab 1941 wurden die (insgesamt sechs) Bücher zunächst getrennt in Kraft gesetzt und am 21. April 1942 in ihrer endgültigen Fassung im neuen „Codice civile" vereinigt. Ein (auch das private Seerecht regelndes) Schiffahrtsgesetzbuch vom 27. Januar 1941 („Codice della navigazione") ergänzte das Gesetzeswerk.

Der Codice civile von 1942 nahm – ungeachtet fortbestehender Anleihen beim Code Napoléon – sowohl nach Inhalt (insbesondere Schuldrecht), wie auch in System und Methode das schweizerische Zivilrecht zum Vorbild. Bereits dadurch entfernte er sich vom Modell des romanischen Rechtskreises. Anstelle eines Allgemeinen Teiles ist eine knappe Grundsatzregelung vorangestellt. Hinzu kommt, dass das Gesetzbuch mitten im Kriege und in den letzten Jahren einer Diktatur entstand, als sich bereits die Katastrophe abzuzeichnen begann. Es war insoweit natürlich von der faschistischen Ideologie beeinflusst. Das autoritäre Regime hatte schon 1927 in der „Carta del lavoro", einem Parteiprogramm mit leitenden allgemeinen, auch die Justiz bindenden Grundsätzen („principi generali dell'ordinamento giuridico dello Stato"), massiv auf das Rechtswesen Einfluss genommen. Die Gründung von Staat, Politik, Gesellschaft und Wirtschaft auf sog. korporativistische Strukturen sollte die überfällige Versöhnung der Klassen in einer neuen Ordnung sicherstellen („ordine corporativo").

Der Codice civile hatte die Aufgabe, staatliche Eingriffe in die Privatautonomie sowie (mittelbar oder unmittelbar) in den Produktionsprozess im Geiste der korporativistischen Ideologie zu ermöglichen und zu legitimieren.

Nach dem Zweiten Weltkrieg erfolgte die Reinigung des Gesetzbuches („defascistizzazione") von Relikten der faschistischen Rassenpolitik (z.B. auf dem Gebiet der Rechtsfähigkeit Schlechterstellung der Nicht-„ariani") sowie der korporativistischen Ökonomie (insbesondere im Arbeits- und Wirtschaftsrecht). Eine Säkularisierung betraf auch das vom katholischen Kirchenrecht (Konkordat/Lateranverträge von 1929: katholische Religion als „*sola religione dello Stato*") bestimmte Eherecht. Gegen massive Proteste des Vatikan und gewisser Teile der italienischen Öffentlichkeit erlaubte 1970 ein Gesetz die zivilrechtliche Ehescheidung, im Wesentlichen auf der Grundlage des Zerrüttungsprinzips. In einer Zeit allgemein zu beobachtender „Dekodifikation" (N. Irti) hat gegenwärtig auch der Codice civile seine ursprüngliche Zentralität zugunsten einer Flut privatrechtlicher Einzel- und Sondergesetze eingebüßt. Dies muss nicht zwangsläufig einen Qualitätsverlust nach sich ziehen, kann vielmehr zu einer durchaus zeitgemäßen Erneuerung der Kodifikation auch im Sinne der veränderten politischen, europäischen Rahmenbedingungen beitragen.

Schrifttum: Handbuch III 1, 297ff. (*Ranieri*), III 3, 3231ff. (*Padoa Schioppa*) – *Zweigert/Kötz*, Rechtsvergleichung, 102ff. – *M. Rotondi*, Die italienische Rechtswissenschaft der letzten hundert Jahre, RabelsZ 30 (1966), 105ff. – *ders.*, Entstehung und Niedergang des autonomen Handelsrechts in Italien, AcP 167 (1967), 29ff. – *C. Ghisalberti*, L'influsso della Francia napoleonica sul sistema giuridico ed amministrativo dell'Italia, Rivista di Storia del Diritto Italiano 48 (1975), 5ff. – *ders.*, La codificazione del diritto in Italia 1865–1942 (1985) – *ders.*, Unità nazionale e unificazione giuridica in Italia (^{3}1989) – *R. Bonini*, Disegno storico del diritto privato italiano – dal codice civile del 1865 al codice civile del 1942 (1980) – *N. Irti*, L'età della decodificazione (^{3}1989) – *C. Salvi*, La giusprivatistica fra codice e scienza, in: A. Schiavone (Hg.), Stato e cultura giuridica in Italia dall'unità alla repubblica (1990), 233ff. – *P. Rescigno*, Introduzione al codice civile (1991), 5ff. – *P. Kindler*, Einführung in das italienische Recht (1993), 74ff. – *G. Cian*, Fünfzig Jahre italienischer Codice civile, Zeitschrift f. Europäisches Privatrecht 1 (1993), 120ff. – *F. Galgano*, Lex mercatoria. Storia del diritto commerciale (1993) – *C. Moos*, Die „guten" Italiener und die Zeitgeschichte, HZ 259 (1994), 671ff. (674ff.).

2. Niederländisches Burgerlijk Wetboek

In der neueren Geschichte der Zivilrechtsgesetzgebung der Niederlande ist das mit seinen zentralen Teilen am 1. Januar 1992 in Kraft gesetzte, gegenwärtig geltende „Burgerlijk Wetboek" die erste Kodifikation, die sich nicht mehr einseitig am französischen Code civil von 1804 orientiert. In der Reihe der Vorläufer war das erstmals stark vom Code civil beeinflusste „Wetboek Napoleon ingerigt voor het Koningrijk Holland" im Jahre 1809 von König Louis Napoléon, einem Bruder des Kaisers, verabschiedet worden. Nach der Annexion der Niederlande durch Frankreich (1810) wurde es 1811 vollständig durch den Code Napoléon ersetzt. Unmittelbar nach der Befreiung von der französischen Herrschaft (1813) begannen Arbeiten an einem eigenen nationalen Gesetzbuch. Ihr Ergebnis war das „Burgerlijk Wetboek" von 1838, eine wiederum weitgehend, teilweise bis zu 70% wörtlich (insbesondere das Schuldrecht) auf dem Code civil beruhende und nur in geringem Umfang auch Normen des römisch-holländischen Rechts (Roman-Dutch-Law) enthaltende Gesetzgebung. Nach allgemeiner Einschätzung war es qualitativ ein nur mäßiges Gesetz. Gleichzeitig trat ein gesondertes Handelsgesetzbuch in Kraft. Überlegungen zur Novellierung des Wetboek scheiterten in der Folgezeit an der Inaktivität des Gesetzgebers. Statt dessen propagierten Rechtsprechung und Doktrin eine eng am Wortlaut sich orientierende Auslegung und standen selbst unter starkem Einfluss der französischen Judikatur und Lehre.

Erst Anfang des 20. Jahrhunderts endete die Phase der legislatorischen Abstinenz. Auch unter dem Einfluss der schweizerischen und deutschen Kodifikationen wurden (seit 1907) neue Vorschriften insbesondere zum Arbeitsvertragsrechts (1909), zum Abzahlungskauf, zum Kindschafts-, Miet- und Pachtrecht erlassen. Die Frage nach der Notwendigkeit einer neuen Kodifizierung des gesamten Privatrechts bejahte schließlich ein Regierungsbeschluss und beendete damit eine lange, lebhaft geführte Diskussion. Durch königliches Dekret vom 25. April 1947 wurde *Eduard Maurits Meijers* (1880–1954), Professor für Zivilrecht und internationales Privatrecht an der Universität Leiden, ein international bekannter Jurist, der als Jude von der deutschen Besatzungsmacht entlassen worden war und drei Jahre in deutschen Konzentrationslagern verbringen musste, mit dieser Aufgabe betraut. Meijers war schon vor dem Zweiten Weltkrieg für eine Neukodifikation des Privatrechts eingetreten. Bis zu seinem Tod lagen die ersten vier Bücher und ein Einführungstitel vor. Danach setzten Kommissionen und Ausschüsse die Arbeiten fort.

Das „Nieuw Burgerlijk Wetboek" besteht aus 8 Büchern. Von ihnen wurden bereits 1970 das Personen- und Familienrecht (1971 Novellierung des Ehescheidungsrechts) und 1976 das Rechtspersonenrecht (Juristische Personen) in Kraft gesetzt. Zum 1. Januar und 1. April 1992 traten die übrigen Teile (Allgemeiner Teil des Vermögensrechts, Sachenrecht, Allgemeiner Teil des Obligationenrechts, Besondere Verträge, Verkehrsmittel- und [See-]Transportrecht) in Kraft. Das dem Erbrecht vorbehaltene Buch 4 ist schon seit 1969 fertig. Jedoch wurde sein Inkrafttreten durch eine rechtspolitisch zwischen dem Justizministerium und den Notaren umstrittene Regelung des gesetzlichen Erbrechts des überlebenden Ehegatten und der gemeinsamen Kinder verhindert. Inzwischen wurde der Konflikt 1998 beigelegt; der Inkraftsetzung steht nichts mehr im Wege. Weiterhin fehlen noch das 9. (Recht des gewerblichen Rechtsschutzes) sowie das 10. Buch (Internationales Privatrecht).

Das Wetboek verwirklicht den Grundsatz der Gleichberechtigung der Geschlechter, berücksichtigt den Einfluss der Menschenrechte auf das Privatrecht, den Verbraucherschutz, nimmt für das Recht der Willensmängel Anleihen beim angloamerikanischen Common Law und realisiert die Theorie der ökonomischen Analyse des Rechts (economic analysis of law). Hervorzuheben ist, dass die niederländische Gesetzgebung das internationale Einheitsrecht (internationales Kaufrechtsübereinkommen 1964/1980) in einem Umfang berücksichtigt hat, der für andere europäischen Staaten vorbildlich werden könnte. Beachtung verdient ferner, dass sich der Gesetzgeber für die Integration des Handelsrechts in das Zivilrecht entschieden hat. Für die niederländische Rechtswissenschaft war dies nichts Außergewöhnliches, zumal eine solche Einheit schon seit 1838 angestrebt wurde. Das gegenwärtige Zivilgesetzbuch der Niederlande gehört nicht mehr der französischen Rechtsfamilie an, sondern einer neuen Rechtsgruppe, deren stilprägende Grundlage ein modernes europäisches Ius commune ist.

Schrifttum: Handbuch III 1, 1295ff. (*Holthöfer*) – *P. Gerbenzon/B.S. Hempenius-van Dijk*, HRG (Niederländisches Recht), 998ff. – *Stolleis*, Juristen, 420f. – *E. Hondius*, Das neue Niederländische Zivilgesetzbuch, AcP 191 (1991), 378ff. – *F. Bydlinski* u.a. (Hg.), Renaissance der Idee der Kodifikation. Das Neue Niederländische Bürgerliche Gesetzbuch von 1992 (1992) – *A.S. Hartkamp*, Das neue niederländische Bürgerliche Gesetzbuch aus europäischer Sicht, RabelsZ 57 (1993), 664ff. – *O. Moorman van Kappen*, Zum Einfluß des Code civil in den Niederlanden, in: Französisches Zivilrecht in Europa während des 19. Jahrhunderts, hg.v. R. Schulze (1994), 177ff. – *E. Schrage*, Das System des neuen niederländischen Zivilgesetzbuches, Juristische Blätter 1994, 501ff. – *H. Ankum*, Römisches Recht im neuen niederländischen Bürgerlichen Gesetzbuch, in: Rechtsgeschichte u. Privatrechtsdogmatik, hg.v. R. Zimmermann u.a. (1999), 101ff.

IV. Nordischer Rechtskreis

Die Zuordnung der skandinavischen oder (besser) nordischen Rechte zu einer eigenen Gruppe rechtfertigt ihre besondere Entwicklungsgeschichte, die sich von der kontinentaleuropäischen grundlegend unterscheidet. Die nordischen Reiche Dänemark, Schweden und Norwegen lagen außerhalb der Gebietsgrenzen des Heiligen Römischen Reiches. Wie auch England gehörten sie niemals zu den Ländern des Ius commune. Die Grundbedingungen ihrer politischen Geschichte waren in den Wesenszügen gleichförmig, die kulturellen Beziehungen eng und intensiv. Die Kernländer Schweden-Finnland bildeten bis 1809, Dänemark-Norwegen mit Island bis 1814 eine politische und rechtliche Union. Inhaltlich lässt sich das nordische Recht seiner historischen Herkunft nach weder dem mittelalterlichen englischen Common Law noch einem anderen Rechtskreis zuordnen. Mit dem Typus des kontinentaleuropäischen Rechts teilt es allerdings seit dem 13. Jahrhundert das Merkmal des Gesetzesrechts.

Die Entwicklungsgeschichte des nordisch-skandinavischen Rechts kennzeichnet vor allem eine auffallende Zurückhaltung der Justiz gegenüber dem gelehrten Recht, die notwendigerweise spezifisch nationale Rechtsbildungen zur Folge hatte. Eine Rezeption des römisch-kanonischen als unmittelbar geltendes Ius commune in dem Umfang, wie sie in Zentraleuropa erfolgt war, fand im nordische Rechtswesen keine Entsprechung. Allerdings widerspräche es der historischen Realität, wollte man daraus schließen, das nordische Recht habe sich während des Mittelalters auf Dauer frei von fremden Einflüssen bewahren können. Neuere Forschungen haben vielmehr auf die wichtige Funktion der römischen Kirche als Vermittlerin des kanonischen Rechts aufmerksam gemacht. Nachdem insbesondere die Gebiete des Ehe- und Erbrechts der kirchlichen Jurisdiktion als „causae spirituales" unterworfen worden waren, fand das kanonische Recht um 1250 über das Eheschließungs-, Testamentsrechts sowie das Strafrecht Eingang in das nordische Rechtsleben.

Eine grundlegende Erneuerung des nordischen Rechts, begleitet von einer gezielten Rezeption des römischen Rechts und der Literatur des Usus modernus, setzte jedoch mit dem Siegeszug der absolutistischen Staatsidee im 17. Jahrhundert ein. Der Anspruch des Absolutismus auf das Gesetzgebungsmonopol löste in Skandinavien eine Kodifikationsbewegung aus, deren Ergebnisse der kontinentaleuropäischen in nichts nachstehen.

1. Mittelalterliche Provinzialrechte

Während in Süd- und Mitteleuropa die Zeit von etwa 1150 bis 1250 als „Juristisches Jahrhundert" und Epoche der Renaissance des römischen Rechts bekannt ist, verlief zur gleichen Zeit die Rechtsentwicklung in Skandinavien völlig anders. Charakteristisch für das nordische Rechtswesen dieser Zeit ist das Festhalten an den überkommenen altskandinavischen Provinzialrechten, die seit Ausgang des 12. Jahrhunderts galten. Die ältesten Rechtquellen entstammen den vier norwegischen Juridiktionsgebieten (Thingverbänden): Frostating, Gulating, Eidsivating und Bogarting.

Seit dem Ende des 13. Jahrhunderts gab es allerdings immer wieder Anläufe zur Vereinheitlichung dieser städtischen und ländlichen Rechtsgewohnheiten in privaten Sammlungen (Rechtsbücher – *logbok*) oder offiziellen Gesetzen. Zu den ersten Kodifikationen von Landschaftsrechten gehören in Dänemark der um 1200 entstandene „Liber legis Scaniae" des Erzbischofs *Anders Sunesen* (1201–1224) von Lund, in Norwegen das Landrecht (Landslag) von *Magnus VI. Hakonsson* (1263–1280, genannt *Lagabötar* – „Gesetzesverbesserer"), von 1274, in Schweden das Land- (Landslag) und Stadtrecht (Stadslag) von *Magnus VII. Eriksson* (1319–1363) von 1350 sowie das Landslag *Christoffers III. von Bayern* (1440–1448) von 1442.

Die römische Kirche hatte sich bereits während des 12. Jahrhunderts auf die Seite des erstarkenden Königtums gestellt. Grundsätze des kanonischen Rechts fanden Verwendung zur Legitimierung und Festigung der königlichen Herrschaft. Das Ausgreifen des kirchlichen Rechts auch auf privatrechtliche Materien war unausbleiblich. Die geistliche Gerichtsbarkeit (Offizialate) fasste im Familien- und Erbrecht Fuß. Entgegen den auf traditionellen Bindungen des Familienverbandes (Sippe) basierenden Rechtsgrundsätzen wurden letztwillige Verfügungen (mortis causa) erlaubt und auch das Eheschließungsrecht im kirchlichen Sinne umgestaltet. Erst die Reformation (Schweden 1527, Dänemark 1536, Norwegen 1537) setzte der Geltung des kanonischen Rechts ein Ende.

Junge Juristen hatten anfänglich keine Möglichkeit, in ihrer Heimat römisch-kanonisches Recht zu studieren. Seit dem 12. und 13. Jahrhundert mussten sie entsprechende Kenntnisse an den italienischen Universitäten erwerben. Zurückgekehrt fanden sie Verwendung hauptsächlich bei der Kirche. Nur selten standen sie in Diensten des Königs. Regelmäßig waren sie aber nicht bei den weltlichen Gerichten tätig. Die Rechtsprechung lag hier traditionsgemäß in den Händen von Laien. Dies änderte sich mit der Gründung der ersten nordischen Universitäten, 1477 in Uppsala und 1479 in Kopenhagen. Die ursprünglich für Kleriker vorgesehenen Ausbildungsstätten hatten gemäß der mittelalterlichen Tradition auch eine juristische Fakultät. Gegenstand des Unterrichts war kanonisches und wahrscheinlich auch römisches Recht (Institutionen), selbst wenn sein Zuschnitt (Elementarunterricht – *studium generale*) noch nicht an zeitgenössischen zentraleuropäischen Maßstäben gemessen werden konnte. Bevorzugtes Tätigkeitsfeld der an diesen Universitäten geschulten Juristen waren anfangs die geistlichen Gerichte. Bischof *Knud Mikkelsen* von Viborg († 1480) hatte als einer der ersten eine gelehrte Glosse zum Jütischen Recht in lateinischer Sprache verfasst, die in der Praxis weit verbreitet war. Eine vom römischen Recht stärker beeinflusste Rechtskultur entstand allerdings erst nach 1500.

2. Kodifikationen

Um die Wende vom 17. zum 18. Jahrhundert beginnt mit dem Vordringen des Absolutismus eine neue Phase in der Geschichte der nordischen Rechtswissenschaft. Der absolutistische Staat war ein Gesetzgebungsstaat. Das Monopol für Gesetzgebung im umfassendsten Sinne brachte die staatliche Souveränität am sichtbarsten zum Ausdruck. Folgerichtig setzte in den nordischen Ländern mit dem Übergang zu absolutistischen Regierungsformen eine allgemeine Revision des alten Rechts ein. Sie verfolgte als Ziel die Schaffung einer verbindlichen Sammlung des geltenden Rechts.

Die juristische Theorie, bis dahin eher von untergeordneter praktischer Bedeutung, erhielt vor allem durch das Naturrecht neuen Auftrieb. Mit der Rezeption der Naturrechts-, Souveränitäts- und Gesetzgebungslehren von Jean Bodin, Thomas Hobbes, Hugo Grotius, Montesquieu, Samuel Pufendorf (1670 Professor in Lund, 1677 am Hof in Stockholm) und Christian Wolff begann sich ab dem 18. Jahrhundert die nordische Jurisprudenz zu einer Wissenschaft vom Recht zu wandeln. Mit der Einführung des juristischen Staatsexamens (1736 in Dänemark und Norwegen) wurden dänisches, schwedisches, römisches Recht und Naturrecht zu Lehrfächern. Damit waren die allgemeinen Voraussetzungen für die Bildung einer eigenständigen nordischen Rechtstheorie gegeben.

In der zweiten Hälfte des 19. Jahrhunderts kam die nordische Rechtswissenschaft auch mit der Konstruktionsjurisprudenz der deutschen Pandektistik und ihrer Methode in Berührung. Tief beeinflusst von (dem fast gleichaltrigen) Savigny und den Ideen der deutschen Historischen Rechtsschule, ohne deren Anhänger zu werden, brach der Däne *Anders Sandøe Ørsted* (1778–1860), Richter am obersten Gerichtshof und Politiker, mit dem rationalistischen überpositiven Naturrechtssystem. Er wurde „Vater der dänischen Rechtswissenschaft" genannt und begründete eine praxisnahe realistische, als analytisch-deskriptiv bezeichnete neue Methode der nordischen Rechtswissenschaft.

a) Dänemark

Dänemark, in dem 1660 die absolutistische Regierungsform eingeführt worden war, erreichte als erstes Land in Europa das Ideal einer vollständigen Kodifikation seines Rechts unter *Christian V.* (1646–1699). Im Jahr 1683 trat das Dänische Gesetzbuch („Danske Lov") in Kraft. Als Ergebnis des politischen Wandels wollte es das Landesrecht vereinheitlichen, beseitigte die Trennung von Stadt- und Landrecht und erklärte alle bisherigen Gesetze, Ordonnanzen, Rezesse und Verordnungen, soweit sie nicht Aufnahme gefunden hatten oder dem Gesetzbuch entgegenstanden, für aufgehoben. So gesehen war es kein eigentliches Reformgesetz. Die Grundlage bildeten die dänischen, insbesondere die jütischen Provinzialrechte. Der eigentliche Autor des Dänischen Gesetzbuchs war der Professor für Geschichte und Griechisch an der Universität Kopenhagen *Rasmus Vinding*. Er besaß nur mäßige rechtstheoretische Kenntnisse, hatte jedoch als Assessor an der königlichen Kanzlei und am Obersten Gerichtshof praktische Rechtserfahrungen gesammelt. Ungeachtet seiner technisch-systematischen Unvollkommenheit war das eher volkstümliche

Danske Lov eine beachtliche gesetzgeberische Leistung. Es wurde ins Englische, Deutsche und Lateinische übersetzt. Obwohl im Laufe der Zeit durch zahlreiche Einzelgesetze ergänzt, bildet es bis heute in gewissem Sinne immer noch die Grundlage des dänischen Rechts.

b) Norwegen

Schon im 16. Jahrhundert waren vereinzelte Versuche, das norwegische Recht zu vereinheitlichen, letztlich unbefriedigend geblieben. Erst unter dem dänischen Unionskönig *Christian V.* gelang eine dauerhafte allgemeine Kodifikation. Das im Jahr 1687 erlassene Norwegische Gesetzbuch („Norske Lov") enthielt jedoch keine Zusammenfassung des Provinzialrechts. Es war vielmehr weitgehend eine Übernahme des Danske Lov von 1683, das an die norwegischen Verhältnisse angepasst worden war. Obwohl auch das Norske Lov durch Einzelgesetze auf weite Strecken hin überholt ist, stellt es noch heute die Grundlage des norwegischen Rechts dar.

c) Schweden, Finnland

Trotz verschiedener Teilreformen im 16. und 17. Jahrhundert wurde in Schweden eine umfassende Revision des Rechts erst Mitte des 18. Jahrhunderts in Angriff genommen. Im Jahr 1734 verabschiedete der Reichstag ein allgemeines, alle Rechtsgebiete regelndes Gesetzbuch („Sveriges Rikes Lag"), das 1736 in Kraft trat. Gesetzestechnisch steht es im Vergleich zum Danske Lov auf einer höheren Stilstufe und berücksichtigt in stärkerem Maße das Naturrecht. Das heutige schwedische Reichsgesetzbuch hat jedoch mit dem von 1734 nur noch Titel und Grundeinteilung gemeinsam.

Finnland, mit Schweden bis 1809 vereinigt, hatte das schwedische Gesetzbuch übernommen; es gilt bis heute fort. Zwischenzeitlich erfolgte Änderungen fallen im Gegensatz zu den am schwedischen Gesetz vorgenommenen kaum ins Gewicht.

3. Interskandinavische Gesetzgebung

Seit dem Ende des 19. Jahrhunderts führte die natürliche Gemeinschaft und Gleichartigkeit der Interessen der Staaten Dänemark, Norwegen und Schweden (seit 1918 auch Finnland) dazu, dass in immer größerer Zahl nicht nur im Bereich des Wechsel-, Scheck- und Urheberrechts, sondern auch auf einzelnen Gebieten des Vermögens-, Handels- und Seerechts sachlich übereinstimmende interskandinavische Gesetze erlassen wurden: Nordisches Kaufgesetz (1905 in Schweden, 1906 in Dänemark, 1907 in Norwegen, 1922 in Island in Kraft getreten) und Vertragsgesetz (1915 in Schweden, 1917 in Dänemark, 1918 in Norwegen, 1929 in Finnland in Kraft getreten). Aber auch über diese Rechtseinheit hinaus haben sich die skandinavischen Länder in steigendem Maß gegenseitig beeinflusst. Da die Einzelgesetzgebung (z.B. bei den allgemeinen Regeln des Vertrags- und Schuldrechts) naturgemäß unvollständig ist und Lücken durch die Rechtsprechung geschlossen werden, der Einfluss der sehr hochstehenden wissenschaftlichen Theorie dagegen begrenzt bleibt, entsteht eine – nach mitteleuropäischen Vorstellungen – außerordentliche Offenheit des Rechtssystems vor allem gegenüber sozialen Fragen und rechtspolitisch brisanten Problemen. Dies zeigt sich z.B. auf dem Gebiet des Verbraucherschutzrechts (Gesetze von 1973, 1979 und 1981) sowie im Familienrecht (Eheschließungs-, Ehescheidungs- und Adoptionsrecht zwischen 1915 und 1922). Gerade hier wurde die Gleichberechtigung der Geschlechter, die Gleichstellung der nichtehelichen mit den ehelichen Kindern oder die Verbesserung der erbrechtlichen Stellung des überlebenden Ehegatten beträchtlich früher verwirklicht als auf dem Kontinent.

Schrifttum: Handbuch I, 307ff. (Horn), 762ff. (Wolf), II 2, (505ff.), III 4, 6ff. (*Tamm*), 32ff. (*Dübeck*), 179ff. (*Tamm*), 235ff. (*Regner*), 375ff. (*Sandvik*), 485ff. (*Godenhielm*) – *Zweigert/Kötz*, Rechtsvergleichung, 270ff. – *Stolleis*, Juristen, 466ff. – *F. Korkisch*, Einführung in das Privatrecht der nordischen Länder I (1977), 3ff. (13f.) – *O. Fenger*, L'influence du droit romain dans la Scandinavie médiévale, IRMAE V 14 (1981) – *H.T. Klami*, The Legalists. Finnish legal science in the period of autonomy – 1809–1917 (1981), 27ff., 121ff. – *L. Björne*, Nordische Rechtssysteme (1987) – *W. Wagner*, Zur 300-Jahr-Feier des Dänischen Gesetzbuches König Christians V., Der Staat 23 (1984), 106ff. – *ders.* (Hg.), Das schwedische Reichsgesetzbuch (Sveriges Rikes Lag) von 1734 (1986) – *ders.*, Jütlands Verfassung im Mittelalter und die Entwicklung des Jütschen Rechts, Zeitschrift der Gesellschaft für Schleswig-Holsteinische Geschichte 117 (1992), 1ff. – *D. Tamm*, Roman law and European legal history (1997), 216ff.

V. Sozialistischer Rechtskreis

Der Zusammenbruch der kommunistischen Sowjetunion (UdSSR) hatte das Verschwinden auch des gesamten sozialistischen Rechts in Europa zur Folge. Führende Lehr- und Handbücher der Rechtsvergleichung nahmen dies zum Anlass einer Art „damnatio memoriae“. Der sozialistische Rechtskreis wurde ersatzlos gestrichen und auch in seiner geschichtlichen Entstehung nicht mehr behandelt (z.B. Zweigert/Kötz). Eine primär der *historischen* Rechtsvergleichung verpflichtete Darstellung kann auf die Einbeziehung der sozialistischen Rechtsfamilie nicht verzichten. Dies nicht zuletzt auch deshalb, wenn, wie in der Bundsrepublik Deutschland, neben dem bürgerlichen Recht des einen demokratischen deutschen Staates fast 25 Jahre ein sozialistisches Zivilrecht des anderen kommunistischen deutschen Staates gegolten hatte und partiell noch in Kraft ist. Mit dem Beitritt der DDR zur Bundesrepublik ist am 3. Oktober 1990 das sozialistische Zivilgesetzbuch von 1976 zwar entfallen, gilt aber für eine Übergangszeit für bestimmte Rechtsgebiete weiterhin neben dem bürgerlichen Recht des BGB.

1. Die stilbildenden Elemente des sozialistischen Rechts

Zur sozialistischen Rechtsgruppe zählten in Europa die Zivilrechtsordnungen der bis 1990/1991 der UdSSR als Hegemonialmacht angehörenden Satellitenstaaten des ehemaligen sog. Ostblocks: Bulgarien, CSSR, DDR, Polen, Rumänien und Ungarn. Hinzu kamen das kommunistische, blockfreie einstige Jugoslawien und stalinistische Albanien. Die Rechtsfamilie dieser Staaten kennzeichnete eine bemerkenswert anmaßende ideologische Selbsteinschätzung. Das sozialistisch-kommunistische Recht war qualitativ höherwertig und progressiv, da es – in den Dienst der Entwicklung der Gesellschaft gestellt – eine „höhere“ Stufe der Rechtsentwicklung beinhaltete. Demgegenüber erschien jedes nichtkommunistische, spätkapitalistische „bürgerliche Recht und Rechtdenken“ als reine „juristische Illusion“ und rückschrittlich, weil es Geltung ohne Beachtung der ökonomischen Substrukturen verlangte.

Wesen und besondere Funktionen des Rechts auf der ideologischen Grundlage der Theorie des historischen und dialektischen Materialismus rechtfertigen die Zuordnung der darauf gegründeten Rechtssysteme der ehemaligen kommunistisch-sozialistischen Staaten und sog. Volksdemokratien zu einem eigenen „sozialistischen“ Rechtskreis. Im sozialistischen, allgemeinen Volksstaat hatte das Recht nach marxistisch-leninistischer Lehre zwei grundlegende, ausschließlich gesellschaftlich-politische Funktionen. Sie waren die „dialektischen“ Konsequenzen der Grundthese, wonach jede historisch gewachsene Rechtsordnung als klassenbezogen, d.h. als Spiegelbild einer bestimmten Gesellschafts- und Wirtschaftsordnung galt, und das Recht als ideologisch-institutionelle Erscheinung dem sog. „Überbau" zugeordnet blieb.

Versehen mit dieser Klassennatur besaß das Recht eine ökonomisch-organisatorische *sowie* edukatorische Funktion. Auf der Grundlage sozialistischer Grundsätze griff es lenkend in den Produktionsprozess ein, organisierte die Produktionskräfte und hatte jedem die Wirtschaftsgüter nach seinen Bedürfnissen zu vermitteln. Zugleich erzog es die Menschen zu einer sozialistischen Verantwortlichkeit im Geiste der neuen Gesellschaftsordnung und kommunistischen Bewegung. In diesen beiden Grundfunktionen entfaltete sich der sog. „Instrumentalcharakter" des sozialistischen Rechts. Er diente der Durchsetzung der Politik (nach „sozialistischer Gesetzlichkeit") unter Führung der kommunistischen Partei als Garantin der marxistisch-leninistischen Bewegung und der wahren Interessen des gesamten Volkes.

Innerhalb der sozialistischen Rechtsfamilie war die Sowjetunion (seit 1917) die diktatorisch-totalitär agierende Führungsmacht. Nach herrschender Ansicht der kommunistischen Rechtslehre hatte die von der UdSSR gesteuerte Rechtsentwicklung auf den Grundlagen des Marxismus-Leninismus zwei Phasen durchlaufen: (1) Die Periode des sozialistischen Aufbaues vom Beginn der proletarischen Revolution von 1917 bis zur Stalin-Verfassung von 1936 und daran anschließend (2) die Zeit des Aufbaues einer klassenlosen kommunistischen Gesellschaft, der durch das Ende der Sowjetunion gegenstandslos geworden war.

Der zeitliche Rahmen dieser privatrechtshistorischen Darstellung legt es nahe, sich auf eine gedrängte Behandlung der wichtigsten Epochen in der russischen Privatrechtsentwicklung zu beschränken. Mit einem Ausblick auf die Grundlagen des sozialistischen Zivilrechts der ehemaligen DDR, des in der deutschen Geschichte ersten kommunistischen Staates, sowie auf einige Probleme als Folgen der weitgehend übergangslosen Wiedereinführung des freiheitlich-demokratischen bürgerlichen Rechts des BGB soll der Aufriss enden.

Schrifttum: Handbuch II 2, 551ff. (*Pauli*); III 2, 2099ff. (*Pauli*), 2141ff. (*Zlinszky*) – *David/Grasmann*, Einführung, 226ff., 235ff. – *A. Csizmadia/K. Kovacs* (Hg.), Die Entwicklung des Zivilrechts in Mitteleuropa (1848–1944), (1970), mit wichtigen Beiträgen zur Privatrechtsentwicklung in *Ungarn, Polen* und in der *CSSR* – *N. Reich*, Recht und Politik im sowjetischen Sozialismus, Zeitschrift für Rechtspolitik 1970, 278ff. – *ders.*, Marxistische und sozialistische Rechtstheorie (1972) – *ders.*, Sozialismus und Zivilrecht (1972) – *P. Landau*, Karl Marx und die

Rechtsgeschichte, TRG 41 (1973), 361ff. – *N. Reich/H.C. Reichel*, Einführung in das sozialistische Recht (1975) – *D. Kühne*, Der marxistisch-sozialistische Rechtsbegriff (1985), 39ff. – *T. Giaro*, Aufstieg und Niedergang des sozialistischen Zivilrechts, in: Recht im Sozialismus I, hg.v. G. Bender/U. Falk (1999), 217ff.

2. Sowjetrussische Privatrechtsentwicklung

Das Rechtswesen der Sowjetunion hat sich völlig eigenständig entwickelt. Die despotische Regierungsform der Zaren kannte kein System der Gewaltenteilung und damit auch keine scharfe Trennung zwischen privatem und öffentlichem Recht. Dem russischen Justizwesen war der Begriff des Gesetzesrechts im west- und mitteleuropäischen Sinne fremd. Noch zu Beginn des 19. Jahrhunderts bestand das russische „Zivilrecht" im Wesentlichen aus dem Recht des Adelsstandes.

a) Vorrevolutionäre Gesetzgebung des Svod Zakonov

Modernisierungen des Rechtswesens nach westlichen Vorbildern, initiiert schon durch *Peter I.d. Großen* (1689–1725), betrafen lediglich die Verwaltung sowie das Militär- und Bildungswesen, ohne auf das Privatrecht auszustrahlen. Zu Plänen, die bestehende Rechtsunsicherheit durch eine einheitliche Gesetzgebung westeuropäischen Stils zu beseitigen, hatten die westlichen Naturrechtslehren und die französische Gesetzgebung zwar angeregt. Jedoch scheiterten die unter *Alexander I.* (1801–1825) begonnenen Reformbemühungen nach dem Sieg über Napoleon endgültig. Davon betroffen waren Teilkodifikationen, die der Berater des Zaren *Graf Michail M. Speranskij* (1772–1839) in engster Anlehnung an den Code civil veranlasst hatte. Es begann eine Periode der Reaktion. Der als frankophil geltende Speranskij wurde nach Sibirien verbannt.

Liberale Rechts- und Verwaltungsreformen kamen erst wieder unter *Nikolaus I.* (1825–1855) und unter der maßgeblichen Mitwirkung des inzwischen rehabilitierten Speranskij in dem 15bändigen „Svod Zakonov Rossijskoj Imperii" von 1833 zu greifbaren Ergebnissen. Dieses umfangreiche Werk russischer Rechtserneuerungsbewegung war jedoch nicht mehr als eine systematische Zusammenfassung der bestehenden nationalen, feudalständischen Rechte, ohne diese auch inhaltlich zu verändern. Der Svod diente primär dem Behördengebrauch. Er enthielt auch das Zivilrecht (Familien-, Sachen-, Schuld-, Erbrecht), wurde jedoch ständig durch die Gerichtspraxis überholt und musste durch die Rechtsprechung des Obersten Gerichts (sog. Dirigierender Senat) ergänzt und erneuert werden. Die Gesetzessammlung galt bis zur Oktoberrevolution von 1917.

Zu weiteren liberalen, autokratisch von oben vorangetriebenen Reformen kam es erst wieder unter *Alexander II.* (1855–1881). 1861 wurde die Leibeigenschaft der russischen Bauern für „immer und ewig" abgeschafft und 1864 das Justizwesen erneuert. 1882 begann eine auf Veranlassung *Alexanders III.* (1881–1894) eingesetzte Kommission mit Arbeiten an einem einheitlichen Zivilgesetzbuch. Die privatrechtlichen (und handelsrechtlichen) Teile des Svod waren inzwischen völlig überholt. 1899 und 1903 wurden Entwürfe vorgelegt, die sich an den europäischen Kodifikationen (z.B. Fünf-Bücher-System) orientierten. Vorbild für das Schuldrecht war das deutsche BGB. Die Revolutionen von 1905/1906 und 1917 setzten den Arbeiten ein Ende. Nur das fünfte Buch des Obligationenrechts fand bei der ersten sowjetischen Zivilrechtskodifikation (1922) Beachtung.

b) Sowjetisches Zivilgesetzbuch v. 1922 und 1964

Die Revolution von 1917 hatte die zaristische Gesetzgebung vollständig beseitigt. Mit der Abschaffung des bürgerlichen oder feudalen Privateigentums an Grund und Boden, des Erbrechts, der Schenkungen, des Geldes sowie mit der Verstaatlichung der Industrie war dem Zivilrecht die Grundlage entzogen. Aus ideologischen Gründen wurden durch je ein besonderes revolutionäres Gesetzbuch Ehe-, Familien- und Vormundschaftsrecht (16. September 1918) sowie das Arbeitsrecht (22. Oktober/4. November 1918) geregelt und damit vom Zivilrecht abgetrennt. Über diese Gesetze ist in der Zwischenzeit die Entwicklung hinweggegangen.

Die Ära des Bürgerkrieges zwischen „Roten" und „Weißen" (1918–1920) und einer völlig zerrütteten Wirtschaft (sog. Kriegskommunismus) wurde 1921 durch die „revolutionäre Gesetzlichkeit" der sog. „Neuen Ökonomischen Politik" (NEP) abgelöst. Diese beließ zwar die Hauptproduktionsmittel und die auf ihnen aufgebaute Wirtschaft in den Händen des Staates (Staatskapitalismus), gestattete dem einzelnen aber wieder in gewissen Grenzen eine eigene privatwirtschaftliche, unternehmerische Tätigkeit. Eine besondere Deklaration vom 22. Mai 1922 über die Grundsätze des Vermögensrechts erlaubte in bestimmtem Umfang privatkapitalistische Verhältnisse. Die privatwirtschaftliche Betätigung der Bürger hatte sich allerdings im Rahmen der kommunistischen Wirtschaftsauffassung zu halten.

Die Verwirklichung der durch die NEP proklamierten Ziele setzte eine Rückkehr zur Gesetzmäßigkeit voraus und erforderte entsprechende rechtliche Regelungen. Die Zuständigkeit zu deren Erlass besaßen ursprünglich die einzelnen Sowjetrepubliken. Ihnen stellte die Union (UdSSR) nur allgemeine, teilweise allerdings weit in Einzelheiten gehende Rechtsgrundsätze zur Verfügung. Tatsächlich wurde aber fast überall das „Zivilgesetzbuch der Russischen Sozialistischen Föderativen Sowjetrepublik" vom 31. November 1922 als maßgebendes Gesetz übernommen. Es berücksichtigte neben Entwürfen der vorrevolutionären letzten Zarenepoche (Obligationenrecht des Entwurfs von 1903/13) auch westeuropäische Gesetzbücher (u.a. das deutsche BGB). Insgesamt war es eher von bürgerlichem Gedankengut bestimmt und regelte nur das Recht des beweglichen Vermögens, nachdem die Bereiche des Arbeits-, Ehe- und Familienrechts bereits durch Sondergesetze aus dem Zivilrecht ausgeklammert worden (1918) und private Eigentumsrechte an Grund und Boden nicht zulässig waren.

Die „Stalin-Verfassung" vom 5. Dezember 1936 hatte der Union u.a. die alleinige Kompetenz zur Schaffung eines Zivilgesetzbuches übertragen. Es gelang jedoch nicht, einen solchen Entwurf vorzulegen. Im Zuge des Abbaues der Zentralisation nach dem Tode Stalins (1953) legte deshalb die Verfassungsänderung von 1957 in die Zuständigkeit der Union wiederum lediglich den Erlass allgemeiner Rechtsgrundsätze, auf deren Grundlage die einzelnen Sowjetrepubliken ihre Gesetze zu erstellen hatten. Diese sog. „Grundlagengesetze" waren in der Geschichte der sowjetischen Zivilgesetzgebung eine Besonderheit. Keineswegs handelte es sich hierbei um Rahmengesetze, die lediglich Grundsätze fixierten und den einzelnen Republiken die Ausfüllung überließen. In der Rechtswirklichkeit enthielten die Grundlagengesetze abschließende Regelungen nahezu sämtlicher Materien eines bestimmten Rechtsgebietes. Sie konnten zwar theoretisch durch die Republikgesetzgebung den besonderen Gegebenheiten angepasst werden, wurden aber tatsächlich schlicht en bloc übernommen.

Für das Zivilprozess- und Zivilrecht ergingen am 8. Dezember 1961 entsprechende umfassende Prinzipien der Union. Am 11. Juni 1964 erließ die Russische Sowjetrepublik (RSFSR) ein 458 Artikel umfassendes Zivilgesetzbuch und eine Zivilprozessordnung. Bis zum Ende der UdSSR besaßen alle 15 Sowjetrepubliken neue Zivilgesetze, die weitgehend einander angeglichen waren und die Unionsgrundsätze wiederholten. 1968 ergingen Grundlagengesetze für eine moderne sozialistische Ehe- und Familiengesetzgebung, 1970 zum Arbeitsrecht. Auf ihnen beruhten die bis zuletzt maßgeblichen Kodifikationen der Sowjetrepubliken, so auch die des Familienrechts vom 30. Juli 1969 und des Arbeitsrechts der RSFSR vom 9. Dezember 1971.

Schrifttum: *David/Grasmann*, Einführung, 284ff. – Handbuch III 2, 2281ff. (*Reich*) – *E. Völkl*, Die Rechtsentwicklung in Rußland und der Sowjetunion, in: Entstehung, 729ff. – *N. Reich*, Kodifikation und Reform des Russischen Zivilrechts im 19. Jahrhundert bis zum Erlaß des Svod Zakonov (1833), Ius Commune III (1970), 152ff. – *F.B. Kaiser*, Die russische Justizreform von 1864 (1972), 133ff. – *A.M. Kleimola*, Justice in medieval Russia, Transactions of the american philosophical society, NS 65/6 (1975), 5ff. – *V. Petev*, Sozialistisches Zivilrecht (1975), 29ff. – *R.S. Wortman*, The development of a russian legal consciousness (1976), 9ff., 35ff. – *D.H. Kaiser*, The growth of the law in medieval Russia (1980), 18ff. – *G. Geilke*, Einführung in das Sowjetrecht (^{2}1983), 34ff., 59ff. – *J. Baberowski*, Das Justizwesen im späten Zarenreich 1864–1914, ZNR 1991, 156ff.

3. DDR-Zivilgesetzbuch v. 1976

a) Sozialistisches Rumpfzivilrecht

In der DDR galt bis zur Herstellung der Einheit Deutschlands (3. Oktober 1990) das BGB formell bis zum 31. Dezember 1975 fort. Allerdings war es nur partiell Grundlage des Zivilrechts. Aus grundsätzlichen ideologischen Gründen wurden als erste Rechtsmaterien das Arbeits- und Familienrecht aus dem typischen zivilrechtlichen Regelungsbereich herausgenommen. Bereits 1961 traten ein „Arbeitsgesetzbuch" (novelliert 1963, 1966, 1977) und am 20. Dezember 1965 ein „Familiengesetzbuch" in Kraft. Im gleichen Jahr 1965 wurde auch das Vertragsrecht („Gesetz über das Vertragssystem in der sozialistischen Wirtschaft"), soweit es die Kooperationsbeziehungen der sozialistischen Betriebe, insbesondere Wirtschaftsverträge für Produktion und Handel zum Gegenstand hatte, ausgliedert. Rechtsbeziehungen der nationalisierten Wirtschaft regelten ferner das Gesetz über die landwirtschaftlichen Produktionsgenossenschaften von 1959 und die Verordnung über die Arbeiterwohnungsbaugenossenschaften von 1973. Das Gesetz über die Verleihung von Nutzungsrechten an volkseigenen Grundstücken von 1970 schuf die Möglichkeit, kleine Bodenflächen, z.B. zum Bau eines Eigenheims, zu nutzen.

Neben der neuen Form des ausschließlich der Planvorbereitung und -konkretisierung dienenden Wirtschaftsvertrages besaß der den Bürgern verbliebene und nach BGB-Recht zu beurteilende Privatvertrag im praktischen Rechtsleben einer autoritären Gesellschaftsordnung eine untergeordnete Bedeutung. Die Funktionen des klassischen Vertrages als Ordnungsinstrument des Wirtschaftsverkehrs in einem freiheitlichen, demokratischen Rechtsstaat hatte im sog. realexistierenden Sozialismus der „Plan" übernommen. Das sozialistische Zivilrecht war in die staatliche Planwirtschaft voll integriert.

Mit dem Zivilgesetzbuch von 1976 begann ein neuer Abschnitt der sozialistischen Zivilrechtswissenschaft. Über den Gang der Gesetzgebungsarbeiten war bis zur Vereinigung der beiden deutschen Staaten nur Weniges bekannt. Erst nach dem möglich gewordenen Zugang zu den Archiven konnte die Entstehungsgeschichte der Gesetzes von ihren Anfängen bis zur Verkündung des Gesetzes wirklichkeitsgetreu rekonstruiert werden.

Die Propaganda der DDR hatte nämlich unterschlagen, dass die Arbeiten an einer sozialistischen Zivilrechtskodifikation bereits im Jahre 1952 begonnen wurden, aber nach drei weiteren Unterbrechungen (1958, 1963 und 1967) erst 1975 zu Ende geführt werden konnten. Ursächlich für die Verzögerungen waren politische Richtungsänderungen in der DDR-Rechts- und Wirtschaftspolitik. Sie hatten entscheidende Auswirkungen sowohl auf den Inhalt, wie auch auf die jeweils konkreten ideologischen Zielvorgaben der Gesetzgebung. Das Spektrum der Leitentscheidungen, die im Laufe der rund 25 Jahre währenden Redaktion von der Parteiführung vorgegeben und von den wechselnden Kommissionen umgesetzt wurden, ist außerordentlich breit. Dazu gehörten Fragen, wie Einheit oder Trennung von Zivil- und Wirtschaftsrecht, ferner Übernahme oder Ablehnung des traditionellen pandektistischen Aufbaus zugunsten einer Regelungskonzeption nach sozialen Tatbeständen. Nach eingehenden Diskussionen sowohl in der juristischen wie auch interessierten nichtjuristischen Öffentlichkeit wurde das Gesetz am 19. Juni 1975 ohne Kritik und einstimmig in der Volkskammer angenommen. Als „Zivilgesetzbuch" trat es am 1. Januar 1976 in Kraft.

Das Gesetz bestand aus sieben Teilen und erfasste in seinem sachlich sehr eingeschränkten Geltungsbereich nur die Rechtsbeziehungen, „die von den Bürgern zur Befriedigung ihrer materiellen und kulturellen Bedürfnisse mit Betrieben sowie untereinander eingegangen werden" (§ 1 Abs.2). Hierzu rechneten insbesondere Beziehungen, die von den Bürgern auf den Gebieten des Wohnens und der Versorgung mit Konsumgütern und Dienstleistungen begründet wurden (Präambel). Ausgenommen und einem besonderen planwirtschaftlichen Reglement unterstellt waren demnach alle zwischenbetrieblichen Rechtsbeziehungen, d.h. die wichtigsten Rechtsverhältnisse des allgemeinen Wirtschaftsverkehrs nach freiheitlich marktwirtschaftlichem Verständnis. Von einer einheitlichen Regelung des Privatrechts wurde aus ideologischen Gründen Abstand genommen. Zudem überlagerte eine Vielzahl inhaltlich zu Leerformeln verkommener ideologischer Phrasen, Vorgaben und Anweisungen für den realsozialistischen Alltag sowie für die politische Erziehung eines „neuen Menschen" die echten Rechtsnormen und überfrachtete das Gesetzbuch in einer nur schwer erträglichen Weise. Für den Aufbau und die Stoffgliederung hatte der sozialistische Gesetzgeber auf das deutschen Kodifikationen bislang vertraute Pandektenschema (5-Bücher-System) bewusst verzichtet. Im Interesse einer der klassenlosen Gesellschaft gemäßen Volksnähe und Volkstümlichkeit regelte das Gesetz die Materien nach dem übergeordneten Gesichtspunkt sozial kohärenter Lebenssachverhalte. Eine nach internationalen Maßstäben vergleichbar kritische, dogmatische Fortschritte und Weiterentwicklungen markierende wissenschaftliche Auseinandersetzung mit dem DDR-Zivilrecht fand jedoch kaum statt.

b) Rechtsangleichung an die Privatrechtsordnung der Bundesrepublik Deutschland

Nach der Außerkraftsetzung des ZGB wurde auch die Frage diskutiert, ob es rechtspolitisch richtig war, das Gesetzbuch durch Übertragung der bürgerlichen Rechtsordnung der Bundesrepublik von einem Tag auf den anderen zu ersetzen. Gerade im Hinblick auf das Rechtsempfinden der Bürgerinnen und Bürger der ehemaligen DDR erschien dieser Weg äußerst fragwürdig. In diesem Zusammenhang wurde auch die materielle Verwertbarkeit des ZGB für die Erarbeitung eines neuen bürgerlichen Rechts für die vereinigte Bundesrepublik diskutiert und, wenn nicht negativ, so doch überwiegend zurückhaltend beantwortet. Die Haupthindernisse sah man in der konsequent die sozialistische Ideologie umsetzenden Eigentumsordnung, ferner in dem ausschließlich dem Warenkauf des Bürgers vorbehaltenen Kaufrecht und in dem insgesamt ebenfalls aus ideologischen Gründen einschneidend begrenzten Geltungsbereich des ZGB für Alltagsverhältnisse. Diese und andere Gesichtspunkte ließen das ZGB für jeden normalen und größeren Wirtschaftsverkehr als unbrauchbar erscheinen. Möglicherweise wird das Gesetzbuch im Rahmen einer allgemeinen nationalen oder europäischen Neuordnung des Zivilrechts Berücksichtigung finden, wenn auch nur als eine Art „Steinbruch" (T. Ramm).

Das gegenwärtige Nebeneinander zweier Rechtsordnungen hatte das von den gesetzgebenden Körperschaften der beiden deutschen Staaten bestätigte „Einigungsvertragsgesetz" vom 31. August 1990 ermöglicht. Nach Maßgabe der Artikel 8 und 9 trat mit dem Wirksamwerden des Beitritts (3. Oktober 1990) in den fünf neuen Bundesländern Brandenburg, Mecklenburg-Vorpommern, Sachsen, Sachsen-Anhalt und Thüringen das gesamte Bundesrecht in Kraft, mithin auch das BGB und alle privatrechtlichen Nebengesetze. Das alte Recht der DDR sollte grundsätzlich nur dann als Landesrecht weitergelten, soweit es nach der Kompetenzordnung des Grundgesetzes Landesrecht wäre und im übrigen mit dem Grundgesetz sowie mit dem unmittelbar fortgeltenden Recht der Europäischen Gemeinschaften vereinbar ist (Anlagen I und II). Mit dieser Maßgabe bleibt das ZGB 1976 (i.d. Fassung d. Änderungen v. 28. Juni u. 22. Juli 1990) weiterhin Entscheidungsgrundlage nicht nur für vor dem 3. Oktober 1990 entstandene Rechtsfragen, sondern hauptsächlich für das durch das Einigungsvertragsgesetz in das EGBGB eingefügte Übergangsrecht (6.Teil §§ 230–236).

Erforderlich gewordene Angleichungen des DDR-Wirtschaftsrechts an das der Bundesrepublik vollzog ein besonderes, unter der Regierung de Maizière geschaffenes Transformationsrecht: z.B. Privatisierung und Umwandlung des volkseigenen Vermögens (VE Betriebe) in Kapitalgesellschaften (Treuhandgesetz v. 17. Juni 1990) sowie Umwandlung bzw. Auflösung der Landwirtschaftlichen (bis Ende 1991) und Produktionsgenossenschaften des Handwerks (bis Ende 1992) in eingetragene Genossenschaften, Kapital- oder Personengesellschaften (Landwirtschaftsanpassungsgesetz v. 29. Juni 1990 und Verordnung v. 8. März 1990). Das Arbeitsrecht in der zuletzt 1977 umfassend novellierten Fassung des Arbeitsgesetzbuchs wurde durch den von den beiden deutschen Staaten abgeschlossenen Vertrag vom 18. Mai 1990 über die Schaffung einer Währungs-, Wirtschafts- und

Sozialunion an die Grundordnung der Arbeitsverfassung der Bundesrepublik angepasst. Das Familienrecht musste in den Bereichen des Ehegüterrechts (Errungenschaftsgemeinschaft als gesetzlicher Güterstand), des Unterhalts- und Nichtehelichenrechts angeglichen werden (Art. 234, 235 EGBGB).

Schrifttum: *G. Brunner*, Was bleibt übrig vom DDR-Recht nach der Wiedervereinigung, JuS 1991, 353 ff. – *U. Magnus*, Deutsche Rechtseinheit im Zivilrecht – die Übergangsregelungen, JuS 1992, 456 ff. – *K. Westen*, Das „sozialistische Zivilrecht" und die Kontinuität europäischer Zivilrechtsentwicklung, JZ 1993, 8 ff. – *N. Horn*, Die Rolle des Zivilrechts im Prozess der Wiedervereinigung Deutschlands, AcP 194 (1994), 190 ff. – *J. Eckert/H. Hattenhauer* (Hg.), Das Zivilgesetzbuch der DDR (1995) – *T. Ramm*, Das Zivilgesetzbuch der DDR – damals und heute, JZ 1996, 456 ff. – *O. Jauernig*, „Übergestülptes Recht?". Zur Rechts- und Bewusstseinslage nach dem Einigungsvertrag, NJW 1997, 2705 ff. – *R. Will*, Die Eigentumsordnung der DDR, in: Recht im Sozialismus I, hg. v. G. Bender/U. Falk (1999), 117 ff. – *K.A. Mollnau*, Sozialistische Gesetzlichkeit in der DDR, in: Recht im Sozialismus III hg. v. G. Bender/U. Falk (1999), 59 ff. – *B. Rüthers*, Recht und Juristen in der Diktatur des Proletariats, JZ 1999, 1009 ff. (1012 ff.) – *M. Flinder*, Die Entstehungsgeschichte des Zivilgesetzbuches der DDR (1999).

§ 9 Das angloamerikanische Rechtssystem

I. Common Law und stilbildende Elemente

Zum angloamerikanischen Rechtskreis gehören die Rechtsordnungen Großbritanniens und der Vereinigten Staaten von Amerika sowie der überseeischen Gebiete des einst weltgrößten britischen Kolonialreichs. Die gemeinsame Basis dieser Rechtssysteme bildet das „Common Law". Im Gegensatz zu den lokalen und regionalen Rechtsgewohnheiten galt es seiner historischen Genese nach in ganz England und kam vor den königlichen Gerichten zur Anwendung. Mit seiner kontinentalen Parallele des „gemeinen Rechts" ist es nur bedingt vergleichbar. Common Law besteht im Wesentlichen aus Richterrecht. Verbindungen zur Rechtsentwicklung auf dem Kontinent bestanden während des Mittelalters nicht. Auch die wenigen im 18. Jahrhundert erfolgten Berührungen blieben für das englische Recht ebenfalls folgenlos. Gerade die geschichtlich gewachsene Eigenständigkeit der Rechtsentwicklung unterscheidet den angloamerikanischen Rechtskreis grundlegend vom kontinentalen Gesetzesrecht.

Für kontinentaleuropäisches, modernes Rechtsdenken überraschend ist der zu keinem Zeitpunkt unterbrochene Traditionszusammenhang des heute geltenden Common Law mit dem historischen, mittelalterlichen englischen Recht. In formeller Hinsicht sind die Bindung an Präzedenzfälle (Vorentscheidungen, Präjudizien – *rule of precedent*) sowie das Rechtsprechungsrecht Gegenpositionen zum kodifizierten kontinentalen Gesetzesrecht. Das eigentlich stiltypische, unterscheidende Kriterium besteht jedoch in der besonderen Methode der Rechtsanwendung und Rechtsfortbildung. Diese Art des juristischen Denkens ist praktisch-empirisch orientiert. Nicht die Subsumtion eines Sachverhalts unter die Begrifflichkeit und Systematik einer Rechtsnorm interessiert, sondern das wirklichkeits- und lebensnahe Problem und seine praktische rechtliche Lösung. Diese Rechtsgewinnungstechnik geht induktiv vom konkreten Einzelfall aus, argumentiert mit Präjudizien und denkt in Fallgruppen (*reasoning from case to case*).

II. Englisches Recht

1. Entstehung der Common-Law-Gerichte

Das Common Law als Fallrecht (*case law*) und Richterrecht (*judge made law*) bestimmt den typischen Rechtsstil des geltenden englischen Rechts. Das hat historische Gründe.

Die Geschichte des englischen Rechts beginnt 1066 mit der Eroberung des angelsächsischen Königreichs durch die Normannen in der Schlacht von Hastings. Unter Herzog Wilhelm von der Normandie, dem späteren *Wilhelm I. d. Eroberer* (1066–1087), wurde das im (späteren französischen) Herzogtum Normandie geltende Lehenswesen fränkischer Prägung in England eingeführt. Damit waren die Vorbedingungen für einen zentralistischen Aufbau eines Staatswesens auf englischem Boden geschaffen. Die Französisch sprechenden Normannen übernahmen zwar die angelsächsischen Rechts- und Verwaltungsstrukturen, begannen jedoch mit der Feudalisierung vor allem des Justizwesens. Der dadurch bewirkte Bruch mit der angelsächsischen Rechtstradition führte zur Entstehung eines eigenständigen Rechts.

Für die Formierung eines neuen, „englischen" Rechts wurde die Erhebung der königlichen Gerichtshöfe zu ordentlichen Gerichten entscheidend. Vor ihnen als Eingangs- oder Gerichten Erster Instanz kam nicht mehr das lokale, sondern eine Art allgemeines, für ganz England geltendes Common Law zur Anwendung. Gleichzeitig entstand ein neuer Typus des Juristen und Richters. Im Zuge der durch König *Henry II* (1154–1189) veranlassten Rechtsreform wurden vom königlichen Gerichtshof (*curia regis*) Juristen abgeordnet, die als „Reiserichter" (*itinerant justices, on circuit*) an den lokalen Provinzgerichten nach dem Common Law Recht sprachen und Rechtsfragen entschieden. Die neue Justizpolitik hat auch bereits bestehende Ansätze zu einer Professionalisierung der Juristenschaft entscheidend gefördert. Zu ersten, festen berufsständischen Korporationen fanden sich im 14. und 15. Jahrhundert die an den königlichen, sog. Westminster-Gerichten tätigen Juristen zusammen. Traditionsbewusst behaupteten sie sich in London in vier zunfteigenen, „inns of court" genannten Rechtsschulen gegenüber allen Einflüssen des römischen Rechts und seiner Doktrin. Dort erhielten die jungen Juristen auch ihre praktische anwaltliche und richterliche Berufsausbildung ausschließlich im Common Law.

Mit der konsequent betriebenen Erweiterung des Geltungsgebietes des Common Law vor den weltlichen Provinzgerichten (*county courts*) wurde diese Rechtsordnung zur alleinigen und allgemeinen Rechtsquelle der Gerichtspraxis und zum bedeutendsten Bestandteil des englischen Rechts. Dabei blieb es trotz verschiedener, schon früher Anläufe, römisch-kanonisches Recht als Ius commune einzuführen. Bekannt ist die in diesem Zusammenhang bereits 1236 auf einem Landtag gegebene Antwort des englischen Adels „*nolumus leges Angliae mutare*" (wir wollen das Recht Englands nicht ändern), mit der allen Versuchen der Kirche, Grundsätze des kanonischen Rechts (im konkreten Falle das Rechtsinstitut der *legitimatio per subsequens matrimonium*) einzuführen, eine in die Zukunft wirkende Absage erteilt wurde. Die Pflege des Common Law oblag fortan einer exklusiven, auf Tradition und bewährter Rechtskultur beharrenden Gruppe professioneller Justizjuristen. Sie verliehen dem Richterrecht in Form und Inhalt jenes besondere Gepräge, das dem Rechtsstil des Common Law als Rechtsprechungs- und Fallrecht bis in die Gegenwart eigen ist.

Die richterlichen Mitglieder der sog. „Common-Law-Gerichte" wurden üblicherweise aus einem Kreis qualifizierter älterer Advokaten berufen. Der Anwaltstand (*serjeants-at-law*) rekrutierte sich anfänglich aus einer relativ großen Gruppe praktizierender, ursprünglich „apprentices" und ab dem 16. Jahrhundert „barristers" genannter Juristen. Später wurden für die englische Anwaltschaft die Bezeichnungen „attorney" und „solicitor" (nur für den an dem „Chancery court" tätigen Advokaten) üblich. Beide waren zuständig für die Durchführung des Verfahrens und das Zusammenwirken zwischen dem barrister sowie der prozessführenden Partei. Erst im letzten Viertel des 19. Jahrhunderts, als die Common-Law-Gerichte mit den „Equity courts" verschmolzen waren, setzte sich der Name solicitor als allgemeine Funktionsbezeichnung für den rechtsberatend-forensisch tätigen Anwalt durch.

Die rechtserfahrenen weltlichen Spezialisten haben seit dem 13. Jahrhundert immer stärker die Klerikerjuristen verdrängt. Diese hatten an den Universitäten römisches Recht (*civil law*) studiert, nannten sich „civilians", traten vor den geistlichen Gerichten auf und verfügten über eingehende Kenntnisse des gelehrten Rechts. Das für das 12. Jahrhundert überlieferte königliche Verbot, an den englischen Universitäten römisches Recht zu studieren, scheint wirkungslos geblieben zu sein. Im Übrigen hat sich an der für das englische Recht charakteristischen praktischen Vorbereitung auf den künftigen juristischen Beruf bis heute kaum etwas Grundlegendes geändert. Die Universitäten – Oxford und Cambridge als zentrale Ausbildungsstätten einst für die insbesondere an den kirchlichen Gerichten (*ecclesiastical courts*) tätigen Juristen – übernehmen lediglich die Vermittlung einer gewissen juristischen Allgemeinbildung in den zugrundeliegenden historischen und philosophischen Fächern, die ihrerseits die Erlernung einer rein theoretischen, allgemeinen Rechtslehre begünstigen. Dagegen erfolgt die praktische Schulung im Recht ausschließlich durch die Berufskorporationen der Inns of court (für barristers) und die Law society (für solicitors).

Schrifttum: *David/Grasmann*, Einführung, 480ff. – *Zweigert/Kötz*, Rechtsvergleichung, 177ff. – *S.F.C. Milson*, Historical foundations of the Common Law (1969) – *W.C. Richardson*, A history of the inns of court (1975) – *R.C. van Caenegem*, The birth of the English Common Law (1973), 29ff., 85ff. – *ders.*, The English Common Law, a divergence from the European pattern, TRG 47 (1979), 1ff. – *W. Prest* (Ed.), Lawyers in early modern Europe and America (1981), 65ff. – *P. Brand*, The making of the Common Law (1992), 77ff.

2. Gerichtsorganisation und Prozessrecht

Das englische Common Law war ganz wesentlich ein Produkt und Ergebnis der Rechtsprechung der königlichen Westminster-Gerichte. Deshalb wurde es in seiner Fortentwicklung stets maßgeblich durch das Verfahrensrecht bestimmt. Die Einheitlichkeit von Judikatur, Rechtsschöpfung und Rechtsfortbildung garantierte ein zentralistischer Justizaufbau.

An der Spitze der Gerichtsverfassung stand das (neben legislatorischen) über Jurisdiktionsbefugnisse verfügende „Parliament“ als höchster Spruchkörper, das spätere „House of Lords“. Der „Court of King’s (Queen’s) Bench“ als anfänglich mit dem König reisendes Gericht wurde im 13. Jahrhundert zum ordentlichen Gerichtshof. Seit dem 14. Jahrhundert trat er ständig in Westminster Hall zusammen und war für Prozesse des Königs und seiner Verwaltung (Strafsachen und Appellationen) zuständig. Im 14. Jahrhundert wurde auch der „Court of Common Pleas“ (auch „Common Bench“) zum zentralen und ständigen Gericht mit festem Sitz in Westminster für allgemeine Klagen zwischen Privatpersonen erhoben. Der im 12. Jahrhundert errichtete „Court of Exchequer“ war oberstes Finanz- und Verwaltungsgericht, auch zuständig für Klagen gegen königliche Beamte.

Später kamen weitere, für Sondergegenstände kompetente Spruchkörper hinzu. Dazu zählten vor allem der für das Seerecht ab 1357 zuständige „Court of Admirality“ und die für das Ehe- und Testamentsrecht vorgesehenen geistlichen „Ecclesiastical Courts“. Erst durch die Judicature Acts 1873/75 wurden sie zu einem einzigen, dem obersten weltlichen „Supreme Court of Judicature“ zusammengefasst (*Probate, Divorce and Admiralty Division* mit den Zuständigkeiten: „wills, wives and wrecks“).

In der Zeit der Rechtsreform des Königs Henry II wurde der „writ“ zum wichtigen Instrument bei der Fortbildung des Common-Law-Prozessrechts. Dabei handelte es sich um formelhafte Anweisungen des Königs („official written document“, lat. *breve*), ein Gerichtsverfahren durchzuführen. Insoweit sind „writs“ mit den Klageformeln des römischen Rechts (*actiones*) vergleichbar und das Common Law durchaus dem römischen „Aktionensystem“ ähnlich. Ursprünglich wurde nach englischem Recht die Klageerhebung als ein Privileg, die Rechtsgewährung durch das Gericht als Akt freier Gnade des königlichen Gerichtsherrn verstanden. Der Kläger begann den Prozess mit der Bitte um Genehmigung der Rechtsdurchsetzung und wurde durch die königliche Verwaltung mit der Erteilung eines sog. writ beschieden. Sein Inhalt war ein königlicher Befehl an das zuständige Gericht, den Beklagten vorzuladen und in der Sache zu verhandeln. Die Zahl der writs als stereotype, auf allgemeine Lebenssachverhalte zugeschnittene, automatisch gewährte Klageformulare wuchs und wurde in den „registers of writs“ zusammengefasst. Die Folge dieser Rechtspraxis war aber auch eine Beschränkung der freien Rechtsfortbildung. Nach einer Phase durchaus fruchtbarer Rechtsschöpfungen auf der Grundlage der writs erstarrte das Common Law im 14. Jahrhundert in einer Vielzahl von Prozessformalismen. Es war nur eingeschränkt in der Lage, den sich wandelnden Bedürfnissen des Rechtslebens gerecht zu werden. Die Suche nach einer Erweiterung des „writ-Systems“ als Rechtsschutz wurde unabweislich.

3. Billigkeitsrechtsprechung (equity)

Maßgeblichen Anteil an der Überwindung der Stagnation des Common Law hatte die korrigierende Rechtsprechung des königlichen

Kanzlers nach Billigkeitsgesichtspunkten (ex aequo et bono – aequitas/*equity*, Treu und Glauben) im Court of Chancery. Dieser Justiznebenzweig hat sich aus der Zuständigkeit des Königs als letzte Instanz und Quelle allen Rechts bei der Rechtsgewährung im Gnadenwege entwickelt. Entsprechende Ansuchen der Parteien wurden in der Regel dem Kanzler vorgelegt und von ihm, dem „keeper of the king's conscience“, im königlichen Auftrag entschieden, wenn eine Klage nach den strengen Regeln der writs vor den königlichen Westminster-Gerichten nicht zulässig war oder die Anwendung eines Grundsatzes des Common Law zu unbilligen Härten führte.

Der Chancery Court als Kanzleigericht half aufgrund der equity aber nicht nur bei Unzulänglichkeiten des Common Law-Rechtsschutzes. Seinen entscheidenden Einfluss entwickelte der Gerichtshof auf dem Gebiet der Rechtsfortbildung. Die equity erlaubte eine elastische Rechtsanwendung und Rechtsergänzung. Historisch geht sie auf Einflüsse des kanonischen Rechts zurück und ermöglichte bei der Rechtsfindung auch die Berücksichtigung römisch-kanonischer Rechtsgrundsätze. Mit der Kanonisierung der „maxims of equity“ durch Judikatur und Literatur im 17. Jahrhundert bildete sich ein besonderes Rechtssystem heraus. Es trat neben das Common Law, jedoch niemals zu ihm in Widerspruch (*equity follows the law*) und verschmolz schließlich mit ihm im letzten Viertel des 19. Jahrhunderts. Die Folge war der strukturelle Dualismus des englischen Rechts der Gegenwart. Unter Common Law in einem weiteren Sinne versteht man heute auch die „rules of equity“, die das Common Law als Rechtsprechungsrecht ergänzen und korrigieren.

Schrifttum: *David/Grasmann*, Einführung, 448ff., 460ff. – *A.B. Schwarz*, Rechtsgeschichte und Gegenwart (1960), 206ff. – *J.S. Critchley*, The early history of the writ of judicial protection, Bulletin of the Institute of Historical Research 45 (1972), 196ff. – *A. Harding*, The law courts of medieval England (1973) – *W. Teubner*, Kodifikation und Rechtsreform in England (1974), 24ff. – *R.M. Jackson*, The machinery of justice in England (^{7}1977), 24ff. – *P. Brand*, The making of the Common Law (1992), 135ff.

4. Präjudizien – „stare decisis“

Die Praxis der Rechtsfindung und Rechtsanwendung bestimmte maßgeblich die Kompetenz des einzelnen Gerichts. Diese beruhte nicht auf dem Grundsatz der Gewaltenteilung. Deshalb spielte auch die Unterscheidung zwischen öffentlichem und Privatrecht kaum eine

Rolle. Entscheidend war vielmehr der Zuständigkeitsbereich des betreffenden Gerichts und die vor ihm geltende Spruchpraxis (materielles und Verfahrensrecht).

Diese besondere historische Rolle des Rechtsprechungsrechts verpflichtet heute konsequenterweise die Richter, bei der Konkretisierung des Common Law im Einzelfall früher gefällte Gerichtsentscheidungen als bindende Präjudizien zu berücksichtigen (*rule of precedents*). Der Grundsatz des sog. *„stare decisis"* (lat. „stare decisis et non quieta movere" – bei dem einmal Entschiedenen bleiben und Beruhigtes nicht weiter bewegen) wurde erst seit dem 19. Jahrhundert streng beachtet. Die Regel trägt dem Bedürfnis nach Vorhersehbarkeit und Rechtssicherheit Rechnung. Allerdings haben nur die tragenden Gründe der Entscheidung (*rationes decidendi*) die Qualität einer bindenden Rechtsprechungsnorm. Das trifft vor allem für precedents der Obergerichte zu, die für die Untergerichte verpflichtend sind (*binding precedent*, im Gegensatz zu der nur *persuasive authority* eines precedent). Keine Geltungskraft besitzen dagegen die für die Rechtsgewinnung nicht maßgebenden, für den eigentlichen juristischen Gedankengang nur beiläufig getroffenen Ausführungen (*obiter dicta*). Allerdings wird in der Praxis durch die fein ausgebildete Technik des Differenzierens (*distinguishing*) zwischen einschlägigen und unangemessenen, nicht zu berücksichtigenden Präzedenzfällen das Prinzip des stare decisis erheblich eingeschränkt.

Zwingend bindende Präjudizien stellen die Vorentscheidungen des „Supreme Court of Judicature", des als Berufungsgericht fungierenden „Court of Appeal" sowie die Urteile des „House of Lords" dar. Allerdings hat gerade dieser Gerichtshof mit einer Einschränkung der absoluten Bindung an eigene Vorentscheidungen begonnen (Practice statement von 1966). Dadurch wurde eine wichtige Wandlung in der „doctrine of stare decisis" eingeleitet, die zu weiteren Lockerungen des einstigen Rigorismus führen dürfte. Die Rechtsprechung der unteren Gerichte ist dagegen grundsätzlich nicht oder höchstens so lange maßgebend, als sie nicht durch die Entscheidung eines höheren Gerichts überholt wird (*overruling*).

Das für die Geltung des richterlichen Fallrechts und die Kenntnis der Präjudizien wichtige Entscheidungsmaterial wurde ursprünglich in den sog. „Year Books" gesammelt. Diese Jahrbücher sind seit Ende des 13. bis Anfang des 16. Jahrhunderts überliefert und in dem sog. „Law French" (Rechtsfranzösisch) abgefasst. Sie enthalten Verhandlungsnotizen, Plädoyers der serjeants und Kurzprotokolle (*Law Reports*) über Prozesse, die vor den königlichen Gerichtshöfen geführt wurden. Die Bücher sind anonym, gelegentlich knapp kommentiert und dienten als Lehrmaterial der praktischen Ausbildung der Juristen im Common Law an den Rechtsschulen der Inns of court.

Seit 1865 ersetzen die heutigen „Law Reports" die mittelalterlichen Year Books. Die dort gesammelten, in einer altertümlichen, von technischen Begriffen und Abkürzungen durchsetzten Sprache abgefassten Berichte über Gerichtsentscheidungen sind nicht offizielle Verlautbarungen des Gerichts, sondern häufig verkürzte Wiedergaben der in der mündlichen Verkündung vorgetragenen Gründe, die durch einen barrister redigiert wurden. Vielfach geben sie lediglich sog. „obiter dicta" wieder, die eine Entscheidung als solche nicht tragen und für die Rechtsbildung nur „persuasive authority" genießen. Vereinzelt werden abweichende Stellungnahmen einzelner Mitglieder eines Kollegialgerichts mitgeteilt (*dissenting votes*, *concurring opinions*). Im Gegensatz zur kontinentaleuropäischen Praxis ergehen die Urteile nicht anonym. Vielmehr beruht das Gewicht einer Entscheidung maßgeblich auf der Autorität des erkennenden Richters. Nur vor diesem Hintergrund einer extensiven Verfahrensöffentlichkeit wird die Befugnis des Richters, bei Gerichtsbeleidigungen im weitesten Sinne (*contempt of court*) Haft und Geldstrafen in unbeschränkter Höhe zu verhängen, nach kontinentalem Rechtsempfinden verständlich.

Schrifttum: *David/Grasmann*, Einführung, 489ff. – *W. Fikentscher*, Methoden des Rechts II (1975), 58ff., 81ff. – *D. Blumenwitz*, Einführung in das anglo-amerikanische Recht (^{6}1998), 24ff. – *G.R. Dolezalek*, „Stare Decisis": Persuasive Force of Precedent and Old Authority (12th-20th Century), University of Cape Town New Series No.156 (1989)

5. Statute Law und Law Commission

Eine weitere Besonderheit des englischen Rechts ist das von der Legislative geschaffene Gesetz im engeren Sinne (*statute*, *Act of Parliament*). Dazu gehören auch die auf besonderer Ermächtigungsgrundlage erlassenen, nicht parlamentarischen, delegierten oder subsidiären Verordnungen (*delegated legislation*). Das „statute law" ist nur nach der klassischen Theorie eine zweitrangige Rechtsquelle. Es hat die Aufgabe, die Rechtsgrundsätze des case law den Bedürfnissen des Rechtsverkehrs anzupassen, sie zu berichtigen, zu präzisieren oder zu ergänzen.

Indessen wächst die Bedeutung des Gesetzesrechts im englischen Rechtssystem in zunehmendem Maße. Wichtige Instrumente dieser Gesetzgebung sind die „Consolidation" und „Codification Acts". Durch sie wird das materielle Recht grundlegend neu geordnet. Die Consolidation Acts stellen seit dem 19. Jahrhundert einzelne Rechtsmaterien des Common Law verbindlich und systematisch fest. Da sie nur das statute law vereinheitlichen oder bereinigen und kein neues Recht setzen, ist bei der Auslegung stets der Rückgriff auf das case law möglich. Im Gegensatz dazu fassen die Codification Acts ganze Rechtsgebiete durch Erlass neuer Normen, unter Einbeziehung des statute law und der Regeln des älteren Richterrechts (*Common Law, equity*) zusammen. Auf ihren Teilgebieten entsprechen sie deshalb weitgehend dem kontinentalen Gesetzesrecht. Da jedoch in England eine Gesamtkodifikation des Privatrechts fehlt, beschränkt sich der Gesetzgeber dabei auf die Vorgabe leitender Rechtsprinzipien, die durch die Rechtsprechung konkretisiert werden. Mit diesen Korrekturen des teilweise erstarrten Common Law vollzieht das englische Rechtssystem eine Annäherung an die Dogmatik und Praxis des Kontinents.

Der wachsenden Bedeutung des Gesetzesrechts trägt eine seit 1965 offiziell durch den „Law Commission Act" eingesetzte ständige „Law Commission" (*Law Reform Commitee*) Rechnung. Sie ist hauptamtlich mit einer umfassenden gesetzgeberischen Reform (*Law Reform*) befasst, arbeitet in zwei Sektionen (für England und Wales sowie für Schottland) und berichtet jährlich dem Parlament. Viele der Vorschläge zu Teilreformen wurden inzwischen verabschiedet, so z.B. die von der englischen Kommission vorgelegte gesellschafts- und rechtspolitisch wichtige Ehescheidungsreform (*Divorce Reform Act 1969*), die am 1. Januar 1971 in Kraft trat. Vom Arbeitsplan abgesetzt wurde allerdings eine umfassende Kodifizierung des Vertragsrechts.

Schrifttum: Handbuch III 2, 2217ff. (*Cornish*)- *N.S. Marsh*, Rechtsreform in England und Rechtsvergleichung (1967) – *J.F. Farrar*, Law reform and the law commission (1974) – *W. Teubner*, Kodifikation und Rechtsreform in England (1974), 86ff. – *O.R. McGregor*, Social history and law reform (1981) – *J.H. Baker*, An introduction to english legal history (^{3}1990), 234ff.

6. Englische Rechtswissenschaft

Im Gegensatz zum Kontinent hat sich in den angelsächsischen Ländern eine wissenschaftliche Rechtsliteratur erst relativ spät entwickelt. Hauptursächlich dafür waren die Besonderheiten von case law und Präjudizienrecht. Die frühen, *Ranulf de Glanville* († 1190) und *Henry de Bracton* († 1268) zugeschriebenen Bearbeitungen des englischen Rechts in deren bekannten „Tractatus de legibus et consuetudinibus regni Angliae" waren zwar verbreitete, jedoch überwiegend praxisorientierte Rechtsdarstellungen. Von ihnen unterschieden sich die ersten theoretisch argumentierenden und umfassend rechtspolitisch reflektierenden Abhandlungen zum englischen Recht, deren Verfasser zu den berühmtesten englischen Juristen gehören: *Sir John Fortescue* (um 1394–1476/79), Oberrichter (*Chief Justice of the King's Bench*) unter Henry VI, ferner *Sir Thomas Littleton* (um 1415–1481), Richter am Court of Common Pleas, sowie *Sir Edward Coke* (1552–1634), als Kronanwalt, Oberrichter und Staatsmann eine der herausragenden Persönlichkeiten seiner Zeit.

Fortescues Dialog „De laudibus legum Angliae" (um 1470) beschäftigte sich in der Form eines Lehrgesprächs mit der Geschichte und Überlegenheit des englischen Fallrechts im Vergleich zu den Rechten Frankreichs. In seiner Schrift „De natura legis naturae" (im 1461/63) analysierte er kritisch die Unterschiede zwischen Naturrecht und positivem Recht. Littleton behandelte in den „New Tenures" in allen Einzelheiten das gesamte Grundbesitz- und Lehensrecht und schuf damit eine Darstellung von überragender Bedeutung. Cokes materialreiche Kommentierung zu Littletons Tenures im ersten der vier Bücher seines Werks „Institutes of the Laws of England" (*Coke upon Littleton*, 1628) gab eine Zusammenfassung des gesamten mittelalterlichen englischen Rechts und wurde für seine Weiterentwicklung richtungweisend. Den Werken dieser Juristen wurde bis zum Ende des 18. Jahrhunderts allgemein der Rang einer Rechtsquelle zuerkannt (*Books of Authority*). Als solche blieben sie Jahrhunderte lang grundlegende und unverzichtbare Hand- und Lehrbücher für Studium und Praxis.

Im 18. Jahrhundert ergänzte *Sir William Blackstone* (1723–1780), Inhaber des ersten Lehrstuhls für englisches Recht in Oxford und Kronanwalt der Königin, die Traditionsreihe der älteren Books of Authority um seine vierbändigen „Commentaries on the Laws of England" (1765–1770). Beeinflusst bereits vom Naturrechtsdenken beschrieb er die Gesamtheit des Common Law auf dem Höhepunkt seiner Entwicklung und brachte es in ein klares, durchsichtiges System. Die Commentaries blieben als Einführungen in und Überblicke über das englische Recht für alle künftigen systematischen Darstellungen in England vorbildlich und erleichterten die Aufnahme des Common Law insbesondere in Nordamerika.

Allerdings behinderte die herausgehobene Bedeutung der Books of Authority als Rechtsquelle in gewisser Weise auch die unverzichtbare wissenschaftliche Fortbildung des judge made law. Einer der ersten, der dies erkannt und zu einer publizistischen Offensive genutzt hat, war *Jeremy Bentham* (1748–1832), der wohl einflussreichste Rechtstheoretiker und Rechtsphilosoph der neueren englischen Rechtswissenschaft. Bentham kritisierte Blackstone und warf ihm Unfähigkeit zu wirklichen Rechtsreformen vor. Bekannt und berühmt wurde er indessen als Begründer des klassischen englischen Utilitarismus und Gegner des Common Law, dem er Unwirklichkeit attestierte („*as a system of general rules, the Common Law is a thing merely imaginary*", A Comment on the Commentaries, 1776, 119). Nach seinem utilitaristischen Rechtsverständnis ist ein „Gesetz" nur dann gerecht, wenn es allein zum Glück der größten Zahl von Menschen beiträgt, wenn „Recht" sich als Mittel zur Verwirklichung des größten Glücks der größten Zahl darstellt. Bei der Beurteilung der Vorzugswürdigkeit einer „Handlung" verlangt Bentham Abwägung, ob das Handeln den größtmöglichen Nutzen für den Betroffenen bringt. Gegen das kasuistische, historisch befrachtete Common Law setzte er konsequent ausschließlich unhistorische Nützlichkeits- und Zweckmäßigkeitserwägungen. Von dieser sozialreformerischen Rechtsbetrachtung ausgehend entwickelte er folgerichtig den Begriff der „Kodifikation" als der einzig denkbaren und möglichen Form einer materiell vollständigen, rationalen Gesetzgebung für eine nach den utilitaristischen Richtigkeitskriterien der „Gemeinnützigkeit" oder des „Gesamtnutzens" verfasste Gesellschaft. Eine „Allgemeine Rechtslehre" (*universal jurisprudence*) sollte nach naturrechtlichem Vorbild durch Analyse der Terminologien, im Wege der Abstraktion und logischen Deduktion das rechtshistorische Fundament für die fällige Rechts- und Gesellschaftsreform schaffen. Benthams radikale Forderung nach einer umfassenden Rechtskodifikation blieb zwar unbeachtet, gab aber dennoch in der zweiten Hälfte des 19. Jahrhunderts Anstöße zu Reformen des englischen Rechts (z.B. Zivilprozess, Gerichtsverfassung).

Größten Einfluss hatten Benthams Schriften auf die sog. „Analytical Jurisprudence". Ihr Begründer war *John Austin* (1790–1859), ein

Schüler Benthams, Professor in London und führender Vertreter des englischen Utilitarismus. Benthams Lehre vom Gesamtnutzen als Kriterium und Maßstab des gerechten Rechts vertiefte er. Im Mittelpunkt seiner einflussreichen formalen, auf inhaltliche Fragen des Rechts nicht eingehenden Theorie stand der Begriff „Souveränität". Davon ausgehend definierte Austin objektives Recht als Gebot und Befehl des Souveräns an seine Untertanen (*Imperativtheorie*). Die auf der analytischen Methode beruhende positivistische Rechtslehre der Analytical Jurisprudence war aus der Kritik am englischen case law entstanden, dem Austin zum Vorwurf machte, die Rechtsordnung in ein monströses Chaos juristischer Haltlosigkeiten und Leerformeln verwandelt zu haben. Folgerichtig setzte er gegen die Systemlosigkeit und Unsicherheit des Richterrechts die Forderung nach einem aus der Autorität des höchsten Machtträgers abgeleiteten, begrifflich perfekt ausgebildeten positivistischen Rechtssystem. Dabei unterschied er eine „particular jurisprudence", die ein bestimmtes historisches Rechtssystem zum Gegenstand hatte, von der „general jurisprudence", deren Aufgabe es war, die allen Rechtssystemen gemeinsamen allgemeinen Lehren, Grundbegriffe und Grundprinzipien zu formulieren. Bei diesen Arbeiten wurden die Rechtsbegriffe „analytisch", d.h. in ihrer wechselseitigen logischen Verschränkung untersucht. Das Streben nach Begrifflichkeit und Systematisierung lässt die Abhängigkeit von der deutschen Pandektenwissenschaft erkennen, deren Lehren Austin in Deutschland studiert hatte. Die von ihm begründete Denkrichtung bezweckte – im Gegensatz zu Bentham – primär nicht den Ersatz des Common Law durch eine Kodifikation. Das Ziel war vielmehr, mit Hilfe eines Systems allgemeiner Lehren des Rechts das Richterrecht zu ordnen, um ihm Berechenbarkeit und Geltungskraft zu verleihen. Konsequenterweise mündete die „Analytical School" in einen rein konstruktiven Positivismus ein, dessen rechtspolitischer Zweck im Wesentlichen in der Rechtssystematik als Garant höchster Rechtssicherheit bestand. Unmittelbar beeinflusst hatte sie auch die österreichische (H. Kelsen) und deutsche positivistische Rechtsphilosophie (K. Bergbohm).

Die Analytical Jurisprudence wurde zum Ausgangspunkt neuer (rechtspositivistischer) Theorien. Eine der einflussreichsten hat für den angelsächsischen Sprachraum *Herbert L.A. Hart* begründet. In seiner Philosophie (The Concept of Law, 1961) „analysiert" er mittels Logik und der – von *Ludwig Wittgenstein* (1889–1951) maßgeblich beeinflussten – modernen Sprachtheorie kritisch rechtliche Begriffe und Erscheinungsformen, um sie für eine neue Theorie des Rechts nutzbar zu machen. Auch die gegenwärtig weltweit wohl am meisten beachtete „Theory of Justice" (1971) von *John Rawls* hat sich aus ursprünglich utilitaristischen Wurzeln zu einer „modernen Form des Vernunftrechts" (B. Rüthers) entwickelt und steht in der Nähe zum analytischen Rechtsdenken.

Schrifttum: *Stolleis*, 48ff., 79ff., 87ff., 132ff. – *A.B. Schwarz*, John Austin und die deutsche Rechtswissenschaft seiner Zeit, in: Rechtsgeschichte und Gegenwart – Gesammelte Schriften – (1960), 73ff. (47ff.) – *P. Koschaker,* Europa und das römische Recht ([4]1966), 218ff. – *W. Teubner*, Kodifikation und Rechtsreform in England (1974), 132ff. – *W. Löwenhaupt*, Politischer Utilitarismus und bürgerliches Rechtsdenken (1972), 97ff. – *J. Beauté*, Un grand juriste anglais: Sir Edward Coke 1552–1634 (1975) – *W. Fikentscher,* Methoden des Rechts II (1975), 42ff. – *W.E. Rumble*, The thougt of John Austin (1985), 60ff. – *B. Simpson*, The Common Law and legal theory, in: Legal theory and Common Law, hg. v. W. Twining (1986), 8ff. – *D. Lieberman*, The province of legislation determined. Legal theory in eighteenth-century Britain (1989), 31ff., 219ff. – *W. Ott*, Der Rechtpositivismus ([2]1992), 33ff., 89ff. – *B. Rüthers*, Rechtstheorie (1999), 214ff., 269ff. – *M. Reimann*, Who is afraid of the Civil Law? Kontinentaleuropäisches Recht und Common Law im Spiegel englischer Literatur seit 1500, ZNR 1999, 357ff.

7. Common Law und Commonwealth

Nicht auf der ganzen britischen Insel und nicht in allen Mitgliedstaaten des heutigen Commonwealth ist das Common Law Grundlage des geltenden Rechts. Zahlreiche Länder haben sich aufgrund ihrer besonderen politischen Geschichte eine eigene, vom Common Law ganz oder in Teilbereichen abweichende Rechtsordnung bewahren können (sog. *mixed jurisdictions*). Diese steht entweder in Konkurrenz zum Common Law oder kommt ergänzend zu ihm zur Anwendung.

In Großbritannien hatten Irland und Schottland im Mittelalter Kontakte mit dem kontinentalen Rechtsdenken. Die historischen Rechte beider Länder waren vom römisch-kanonischen Recht beeinflusst, das irische Recht allerdings in geringerem Umfang als das schottische. Schottland war im 13. Jahrhundert zur Abwehr englischer Hegemonialansprüche eine Allianz mit Frankreich eingegangen (*Old Alliance*) und hat sich auf dem Gebiet des Kultur- und Rechtswesens dem Kontinent geöffnet. Für die eigene Rechtsentwicklung blieb diese Hinwendung zum kontinentalen Rechtsdenken nicht folgenlos.

Schottische Juristen studierten im Mittelalter römisch-kanonisches Recht an französischen und holländischen Universitäten. Heute besitzt Schottland ein Rechtssystem, das sich sehr stark vom Common Law unterscheidet.

Die Isle of Man und die Schottland vorgelagerten Inseln besitzen ein ebenfalls vom Common Law abweichendes, dem älteren skandinavischen gleichendes Recht. Die Kanalinseln Guernsey und Jersey, einst Teile des Herzogtums der Normandie, haben sich das altnormannische Gewohnheitsrecht als Grundlage ihres heutigen Privatrechts bewahrt. Die übrigen Länder, soweit früher oder gegenwärtig Mitglieder des Commonwealth, folgen überwiegend dem englischen Recht. Jedoch bildet z.B. in Südafrika, Zimbabwe (Rhodesien), Südwestafrika (Namibia) und Sri Lanka (Ceylon) aufgrund ihrer Geschichte als einstige holländische Kolonien eine Kombination von Common Law und römisch-holländischem Recht (*Roman-Dutch Law*), in Mauritius und dem kanadischen Québec eine am Code Napoléon orientierte Kodifikation die Grundlage des geltenden Rechts. In den zum ehemaligen spanischen Kolonialreich gehörenden Gebieten gilt partiell noch altspanisches Recht. In Indien, das 1947 in die volle Unabhängigkeit entlassen wurde, war das englische Recht örtlich gegen Ende des 19. Jahrhunderts kodifiziert worden (*Indian Contracts* [Vertragsgesetz] und *Evidence Act 1872* [Beweisgesetz], *Transfer of Property Act 1882* [Gesetz über Eigentumsübertragung]).

Schrifttum: Handbuch III 2, 501ff. (*Luig*) – *David/Grasmann*, Einführung, 589ff. – *Zweigert/Kötz*, Rechtsvergleichung, 198ff., 214ff. – *H.R. Hahlo/E. Kahn*, The South African legal system and its background (^{3}1979), 578ff. – *R.H. Grimes/P.T. Horgan*, Introduction to law in the Republic of Ireland (1981), 16ff.

III. Das Recht der Vereinigten Staaten von Amerika

1. Bundesrecht und Einzelstaatsrecht

Das Recht der Vereinigten Staaten von Amerika gehört seiner historischen Entwicklung und Struktur nach zur Rechtsgruppe des Common Law. Trotz grundsätzlicher Übereinstimmungen mit dem englischen Recht weichen jedoch beide Rechtsordnungen in zentralen Punkten voneinander ab. Vom englischen Recht unterscheidet sich das amerikanische grundlegend durch einen doppelten Gerichtsaufbau sowie durch die Gliederung der Rechtsordnung in eine bundes- und einzelstaatliche. Alle fünfzig Einzelstaaten verfügen über eine eigene Gerichtsorganisation, Gesetzgebung und eine besondere Rechtsordnung, die in vielem vom Recht des Bundesstaates abweicht.

Charakteristisch für das U.S.-amerikanische Recht ist das Nebeneinander von Bundesrecht und Recht der Einzelstaaten. Die sich daraus ergebenden Probleme sind vielschichtig. Allgemeinere Grundsätze für die nähere Bestimmung des Verhältnisses beider Rechtsordnungen zueinander werden durch eine Vielzahl von Ausnahmen modifiziert. Die Gerichte des Bundes besitzen Zuständigkeit für alle ihnen nach Bundesrecht besonders übertragenen Gegenstände. In die Kompetenz der Einzelstaatsgerichtsbarkeit fallen alle übrigen sowie die nach Staatenrecht ihnen zugewiesenen Materien. Rechtsmittelverfahren und Rechtszug vom Einzelstaatsgericht zum Obersten Bundesgerichtshof (*U.S.-Supreme Court*) sind im Allgemeinen nur möglich, wenn die Verletzung einer Norm der Bundesverfassung durch ein Gesetz oder durch eine Gerichtsentscheidung eines Einzelstaats behauptet wird.

Heftig umstritten war die für eine Kompetenzabgrenzung ebenfalls wichtige Frage, ob das Common Law als allgemeine Rechtsordnung des Bundes (*federal general Common Law*) aufzufassen war oder nur in der Form des parlamentarischen bzw. Rechtsprechungsrechts der Einzelstaaten bestand. Nach längeren Auseinandersetzungen wurde sie 1938 zugunsten eines Gliedstaaten-Common Law entschieden. Dieses für die Schließung von Gesetzes- und Rechtslücken eminent wichtige Prinzip haben allerdings neuere Entscheidungen wieder eingeschränkt.

Schrifttum: *David/Grasmann*, Einführung, 501 ff. – *L.M. Friedman/H.N. Scheiber* (Hg.), American law and the constitutional order (1978) – *F.G. Kempin, Jr.*, Historical introduction to anglo-american law (^{3}1990) – *J. Annaheim*, Die Gliedstaaten im amerikanischen Bundesstaat (1992) – *P. Hay*, Einführung in das amerikanische Recht (^{4}1995), 44 ff..

2. Common Law und Uniform Acts

Die Grundlage der Rechtsordnung der Einzelstaaten bildet das durch Rechtsprechung entwickelte und durch Akte der Legislative (*State Legislation*) zu Einzelproblemen präzisierte Common Law. Die Entscheidung für die Übernahme des englischen Rechts und gegen eine Kodifikation nach kontinentaleuropäischem Vorbild fiel erst Mitte des 19. Jahrhunderts.

Der Gedanke der Einführung eines eigenständigen amerikanischen Rechts wurde schon kurz nach der Erklärung der amerikanischen Unabhängigkeit (1776) populär. Im Streit zwischen Befürwortern und Gegnern einer Kodifikation spielte die 1771/72 in den Vereinigten Staaten erfolgte Veröffentlichung der „Commentaries on the Laws of England" von *William Blackstone* 1723–1780) eine große Rolle. Die Commentaries galten lange Zeit als wesentliche Quelle des Common Law und haben auch in Amerika entscheidend zu seiner Kenntnis und Verbreitung beigetragen. Von England aus trat für eine Kodifikation im Jahre 1811 auch *Jeremy Bentham* (1748–1832) ein und erbot sich, selbst ein amerikanisches Gesetzbuch zu entwerfen. Zu den engagiertesten Verfechtern einer amerikanischen Kodifikation gehörte in New York der Rechtsanwalt *David Dudley Field* (1805–1894), Verfasser einer zwischen 1848–1850 im Staat New York verabschiedeten Zivilprozessordnung. Bereits 1865 veröffentlichte er, beeinflusst durch die europäischen Kodifikationen, in New York auch den Entwurf eines Zivilgesetzbuches, der die geltenden uneinheitlichen und unübersichtlichen Regeln des Common Law zusammenzufassen, zu bereinigen und zu verdeutlichen suchte. Der „Field Code" wurde zwar nicht im Staat New York angenommen, diente jedoch in Kalifornien, Nord- und Süddakota, Idaho und Montana als Vorlage für die heute bestehenden Zivilgesetzbücher. Die grundsätzliche Frage der Kodifikation wurde jedoch durch die Vereinigten Staaten nicht zuletzt im Hinblick auf die ursprünglich überwiegend englische Bevölkerung negativ beantwortet und zugunsten der Beibehaltung des Common Law entschieden.

Eine Ausnahme davon machte der heutige Bundesstaat Louisiana. Als französisches Territorium 1803 von Napoleon für 15 Millionen Dollar verkauft und 1812 in die Union aufgenommen, hat es den Code Napoléon beibehalten. Eine Sonderstellung haben ferner die ehemals mexikanischen Landesteile des amerikanischen Südwestens (Texas, Neumexiko, Arizona) sowie das mit den Vereinigten Staaten verbundene Commonwealth of Puerto Rico. Sie besitzen ein Mischrecht, das Elemente des altspanischen Kolonialrechts mit solchen des Common Law vereinigt. Vom Common Law ausgenommen sind vielfach besondere Rechtsinstitute (z.B. Immobiliarsachenrecht, Ehegüterrecht).

Einzelstaatliche Rechtsverschiedenheit und die Zunahme von Gesetzen, die auch in den Vereinigten Staaten zur Fortbildung des Rechtsprechungsrechts erlassen werden, haben in der Praxis Probleme sichtbar werden lassen, deren Ursachen in einer fortschreitenden Erosion und Desintegration des Common Law gesehen werden. Die Gefahr einer schleichenden Auflösung der inneren Einheit des amerikanischen Rechts wurde schon zu Ausgang des 19. Jahrhunderts erkannt. Sie wuchs mit zunehmender Gesetzesproduktion, Differenzierung und Komplizierung der sozialen wie ökonomischen Lebensbedingungen. Seitdem bemühte sich die amerikanische Rechtswissenschaft um die Erhaltung und Wiederherstellung dieser inneren Geschlossenheit des Common Law. Zwei Organisationen haben sich dabei hervorgetan.

Im Jahre 1892 wurde auf Initiative der „American Bar Association" die „National Conference of Commissioners on Uniform State Laws" gegründet. Diese Vereinigung hat bis 1962 insgesamt 68 Einheitsgesetze (*Uniform Acts*) und 18 Mustergesetze (*Model Laws*) ausgearbeitet und der einzelstaatlichen Gesetzgebung zur Verabschiedung empfohlen. Das erste Modellgesetz regelte das Wechsel- und Scheckrecht (*Uniform Negotiable Instruments Act*) und wurde bis 1920 von jedem Einzelstaat angenommen. Zu den wichtigsten Einheitsgesetzen zählt der 1952 vorgelegte, 1956 in Kraft gesetzte und inzwischen mehrfach novellierte „Uniform Commercial Code". Dieses Handelsgesetzbuch hat in sämtlichen Staaten Gesetzeskraft erhalten.

Parallel dazu ist das von Anwälten, Richtern und Rechtsprofessoren im Jahre 1923 gegründete „American Law Institute" als private Institution laufend um eine Systematisierung und damit Vereinfachung der Normen des Common Law bemüht. In dem „Restatement of the Law" wird der Zustand der klassischen Rechtsgebiete in den Einzelstaaten, wie er durch Rechtsprechung oder Gesetzgebung konkretisiert und ständig fortgebildet wird, umfassend dokumentiert. Das Restatement ist kein Gesetz im technischen Sinne. Es bemüht sich – vergleichbar den Lehrbüchern der Pandektistik des 19. Jahrhunderts – nur um die systematisierende Erfassung des Fallrechts in seiner jeweils gegenwärtig geltenden Form. Als reine private Publikation besitzt es lediglich Erklärungscharakter, ist aber praktisch für die Rechtsprechung richtungweisend.

Bei den Bemühungen um Rechtsvereinheitlichung durch kritische Rechtsvergleichung leisten auch die amerikanischen „Law Schools" (z.B. Yale, Harvard, Columbia, Berkeley, Michigan, Chicago) einen bedeutenden Beitrag. Mit der Vermittlung juristischer Elementarkenntnisse und Argumentationstechniken schaffen sie die Voraussetzungen für eine Harmonisierung der einzelstaatlichen Rechtsordnungen und damit für die Grundlegung eines gemeinamerikanischen Rechts, das allerdings bislang in keinem der Staaten gilt.

Schrifttum: *David/Grasmann*, Einführung, 501ff., 520ff. – *Zweigert/Kötz*, Rechtsvergleichung, 244ff. – *S. Sobotka*, David Dudley Field und die Kodifikationsbestrebungen im Staat New York im 19. Jahrhundert, Diss. jur. Köln (1973), 49ff. – *L.M. Friedman*, A history of American law (1973), 340ff. – *G. Gilmore*, The ages of American law (1977) – *C.M. Cook*, The American codification movement: a study of antebellum legal reform (1981), 185ff. – *D. Blumenwitz*, Einführung in das angloamerikanische Recht (^{6}1998), 45ff.

3. Amerikanische und kontinentale Rechtswissenschaft

Das Verhältnis der angloamerikanischen zur kontinentalen Rechtswissenschaft kennzeichnet, ungeachtet fortbestehender Unterschiede und Gegensätze, eine zunehmende gegenseitige Annäherung. Gegenwärtig erfolgt eine fruchtbare Übernahme von Rechtsinstituten des amerikanischen Rechts in die Privatrechtsordnungen Kontinentaleuropas. Dieser Vorgang weist überraschende Ähnlichkeiten zur europaweiten Aufnahme des römisch-kanonischen Rechts während des Mittelalters auf. Eine Vielzahl neuer Geschäftstypen (z.B. Leasing, Factoring, Franchising) ist voll in die Dogmatik des deutschen Kauf-, Miet-, Abtretungs- oder Kreditgeschäfterechts eingegliedert. Neue Rechtsfiguren (z.B. trust-Treuhand) und methodisch-theoretische Konzepte (z.B. Deregulierung, ökonomische Analyse des Rechts, Richtersoziologie) haben ihren festen Platz in der Doktrin der nationalen Rechtssysteme gefunden. Dies rechtfertigt die Einschätzung, die Rezeption des amerikanischen Rechts sei zu einem irreversiblen und weitgehend unaufhaltsamen Prozess geworden (W. Wiegand).

Schrifttum: *R.H. Helmholz*, Continental law and Common Law: historical strangers or companions?, Duke Law Journal 1990, 1207ff. – *R. Zimmermann*, Der europäische Charakter des englischen Rechts, Zeitschrift für Europäisches Privatrecht 1 (1993), 4ff. – *P.D. Carrington*, Der Einfluss kontinentalen Rechts auf Juristen und Rechtskultur der USA 1776–1933, JZ 1995, 529ff. – *W. Wiegand*, Die Rezeption amerikanischen Rechts, Zeitschrift des Bernischen Juristenvereins, Sonderband 124bis (1988), 229ff. – *R. Stürner*, Die Rezeption U.S.-amerikanischen Rechts in der Bundesrepublik Deutschland, in: FS K. Rebmann (1989), 839ff.

4. Juristische Soziologie und Legal Realism

Den Prozess der gegenseitigen Annäherung begünstigte und beschleunigte die Tatsache, dass bereits in den ersten Jahrzehnten des 20. Jahrhunderts zwischen deutschen und amerikanischen Juristen über die Rechtsvergleichung als Brücke ein intensiver wissenschaftlicher Austausch und wechselseitiger Ideentransfer stattgefunden hatte. Diese Kontakte wurden durch die NS-Rassenpolitik brutal unterbrochen. Eine Vielzahl zur Elite der deutschen Rechtswissenschaft zählender Juristen jüdischer Herkunft wurde in Konzentrationslager verschleppt und ermordet. Nur wenige konnten sich ins – bevorzugt englische oder amerikanische – Exil retten. An diese alten Verbindungen konnte erst nach dem Zweiten Weltkrieg behutsam wieder angeknüpft werden. Eine Vorreiterrolle übernahmen dabei die Fachdisziplinen Rechtsvergleichung, Rechtstheorie und Methodenlehre.

Die amerikanische Rechtslehre hat schon früh die Vorzüge einer Einbeziehung und Nutzbarmachung der Sozialwissenschaften für eine zeit- und interessengemäße Fortentwicklung des Rechts erkannt. Ihr Bemühen galt primär der Herstellung eines verstärkten Wirklichkeitsbezuges des Rechts (*Realismus*). Erst von ihm ausgehend erschien eine grundlegende Revidierung des traditionellen Richterbildes sowie des Rechtsfindungsprozesses möglich. Mit diesem Anspruch verfolgte sie im Prinzip vergleichbare Ziele, wie sie in Deutschland fast zeitgleich im ersten Drittel des 20. Jahrhunderts von Freirechtsschule, Interessenjurisprudenz und Rechtstatsachenforschung formuliert worden waren.

Das Programm einer juristischen Soziologie hatte die amerikanische Rechtswissenschaft bereits um die Jahrhundertwende entworfen. Es war als Alternative zu der für steril befundenen „Analytical Jurisprudence" des Utilitaristen und Rechtspositivisten *John Austin* (1790–1859) gedacht, einer englischen Methodenvariante der deutschen Begriffsjurisprudenz. Austins Rechtslehre nahm bei der Lösung von Rechtsproblemen gegenüber einer wertenden Berücksichtigung von einzelfallbezogenen Interessen und rechtstatsächlichen Voraussetzungen eine ablehnende Haltung ein. Der Richter hatte das Recht primär technisch korrekt anzuwenden (*mechanical jurisprudence*). Erst in zweiter Linie sollte er auch rechtsschöpferisch tätig werden.

Die Umsetzung des soziologischen Programms erfolgte im Wesentlichen in den ersten drei Jahrzehnten des 20. Jahrhunderts. Die neuen amerikanischen Lehren wurden als Reaktion auf die Erstarrung des Common Law in Tradition und Formalismus zu einem geschlossenen System der Zusammenhänge zwischen Recht und Gesellschaft entwickelt. *Oliver Wendell Holmes jr.* (1841–1935), Rechtsprofessor und Richter am U.S. Supreme Court, und *Roscoe Pound* (1870–1964), Richter und Rechtsprofessor in Harvard, waren die Begründer einer Soziologischen Rechtsschule (*sociological jurisprudence*). Die Ergebnisse dieser neuen Jurisprudenz wurden von *Benjamin Nathan Cardozo* (1870–1938), Richter am U.S. Supreme Court, und *Karl Nickerson Llewellyn* (1893–1962), Rechtsprofessor in Chicago, aufgegriffen und für eine rechtsschöpferische, sozialgestaltende richterliche Entscheidungsmacht praktisch nutzbar gemacht. Llewellyn, von 1937–1952 „Chief Reporter" für den Uniform Commercial Code, gehörte zum Kreis der bedeutenden Vertreter des „Juristischen Realismus" (*legal realism*). Später wurde ihm eine Überbetonung des Realen, Faktischen vorgeworfen.

Ziel der Erneuerungsbewegung war, das amerikanische Rechtsdenken aus seiner Stagnation mit Hilfe einer Rechtsanwendungslehre zu befreien, die große Ähnlichkeiten mit der deutschen Interessenjurisprudenz hatte. Die Realisten bedienten sich dabei der Soziologie, die sie zu ihren eigentlichen Aufgaben in der Wirklichkeit der Rechts-, insbesondere der Gerichtspraxis hinführen wollten. Eines der Ergebnisse war die Lehre von der sozialpsychologischen Rechtsgeltung durch die Entscheidungen der Gerichte (*law in action*). Diese Theorie verstand Recht als *„social engineering"*. Rechtsnormen und Rechtsprinzipien waren niemals vom wirklichen Geschehen abgehoben. Recht war vielmehr ein Instrument, geeignet, die unterschiedlichsten „Interessen" möglichst harmonisch miteinander in Einklang zu bringen. Recht war Mittel zum Zweck. Als solches setzte es voraus, dass Gesetzgeber wie Richter bei der Rechtsschöpfung oder Rechtsanwendung stets die sozialen und ökonomischen Folgen ihres Handelns berücksichtigten. In dieser Funktion der Rechts als Steuerungsinstrument der sozialen Prozesse wurden die praktischen Möglichkeiten einer Verbindung der normativen Rechtswissenschaft mit den empirischen Sozialwissenschaften überzeugend unter Beweis gestellt.

Die überwiegend positivistisch orientierte deutsche Privatrechtswissenschaft hat die Lehren des amerikanischen Legal Realism erst relativ spät zur Kenntnis genommen. Eine vorübergehende Hinwendung zu den gesellschaftlichen Realitäten, angeregt durch die soziologisierenden Tendenzen von Interessenjurisprudenz und Freirechtslehre, wurde abrupt durch den Nationalsozialismus unterbrochen. Ein für „völkische“ Zwecke missbrauchtes Recht bedurfte keiner rationalen Diskussion seiner Methoden und Grundlagen. Impulse zur Weiterentwicklung der Rechtstheorie oder neue, nach empirischen Methoden getroffene Analysen der den Prozess der richterlichen Rechtsfortbildung bestimmenden Faktoren sind nahezu ausnahmslos von den amerikanischen Spitzenuniversitäten ausgegangen. Dies änderte sich erst nach dem Zweiten Weltkrieg. Die deutsche Rechtswissenschaft begann zögernd und vorsichtig über das Medium der juristischen Soziologie nach den zwischen Rechtsdogmatik, Gerichtspraxis, Gesellschaftswirklichkeit und Politik bestehenden Abhängigkeiten zu fragen und die Ergebnisse unter dem Aspekt ihrer Verwendbarkeit für die Praxis zu prüfen. Allerdings behinderte anfangs eine politisch bemäntelte Voreingenommenheit, vielfach sogar Borniertheit die Effizienz und Sachlichkeit dieser Diskussion.

Gegenwärtig scheinen die vormaligen Tabus überwunden zu sein. Allerdings stellt ein im Medienzeitalter neugewandeter, extremindividualistischer „Raubtierkapitalismus“, gepaart mit der Theologie des Marktes, mit den bereits zu Leerformeln verkommenen Gemeinplätzen von „Globalisierung“, „High-Tech-Offensive“ oder „new economy“, auch die Rechtswissenschaft zunehmend vor so bislang nicht gekannte Aufgaben. Deren Lösung ausschließlich durch technische Maximierung der Systemperfektion des positiven Rechts, unter Verzicht auf die philosophischen, sozialethischen, soziologischen, die Würde des Menschen und seine historische Identität wieder stärker achtenden Grundbedingungen des Rechts, erscheint fraglich.

Schrifttum: *Stolleis*, Juristen, 114f., 288ff., 384f., 501f. – *N. Reich*, Sociological Jurisprudence und Legal Realism im Rechtsdenken Amerikas (1967), 44ff., 82ff. – *W.E. Rumble*, American legal realism (1968) – *H. Schelsky*, Nutzen und Gefahren der sozialwissenschaftlichen Ausbildung von Juristen, JZ 1974, 410ff. – *W. Fikentscher*, Methoden des Rechts II (1975), 151ff., 223ff., 273ff. – *M. Rehbinder* (Hg.), Recht, Rechtsleben und Gesellschaft von K.N. LLewellyn (1977), 9ff. – *H. Geddert*, Zur Einführung: Der amerikanische Rechtsrealismus (legal realism), JuS 1979, 393ff. – *W. Twining*, Karl Llewellyn and the realist movement (1985), 170ff., 375ff., 488ff. – *A. Heldrich*, Die Bedeutung der Rechtssoziologie für das Zivilrecht, AcP 186 (1986), 74 ff – *M. Reimann*, Historische Schule und Common Law (1993) – *B. Rüthers*, Rechtstheorie (1999), 171ff.

§ 10 Rechtsgeschichte und Zivilrechtswissenschaft im 20. Jahrhundert

I. Krise der Spätpandektistik und Zerfall der Kodifikation

1. Problematische Zivilrechtseinheit

Vor der Beendigung der Kodifizierung des bürgerlichen Rechts war die deutsche Zivilrechtswissenschaft identisch mit der Pandektenwissenschaft, wie sie aus der Historischen Rechtsschule hervorgegangen war und ihre Prägung vor allem durch Puchta, Jhering, Bekker, Windscheid oder Dernburg erhalten hatte. Ihre Gegenstände waren die Dogmatik und Doktrin des Gemeinen Rechts als Ius commune. Die Partikularrechte spielten dabei eine eher nachgeordnete Rolle.

Dies änderte sich mit dem In-Kraft-Treten des BGB. Fortan bestimmte das Arbeitsfeld der Zivilistik ein Gesetzbuch, das den Anspruch erhob, die bürgerliche Rechtsordnung vollständig, lückenlos und bleibend zu kodifizieren. Doch zeigte die Praxis schon bald, dass mit dem spätpandektistischen Instrumentarium allein das neue Gesetz systemgerecht nicht beherrschbar war. Das BGB hatte nämlich die bürgerliche Rechtsordnung keineswegs dauerhaft und erschöpfend fixiert. Mit immer größer werdender Entfernung vom Zeitpunkt der Entstehung wuchsen vor allem die Auslegungsprobleme. Der Bedeutungswandel verschiedener Rechtsnormen erforderte eine Inhaltsbestimmung, die aus dem Regelungswillen des historischen Gesetzgebers (sog. subjektiv-teleologische Auslegung) allein nicht getroffen werden konnte. Die technische Klarheit und monolithische Geschlossenheit des im Gesetzbuch vereinigten Privatrechts erwiesen sich als Illusion.

An sich war dies kein überraschender Befund. Schon während der Gesetzgebungsarbeiten hatten die Redaktoren das Postulat der Vollständigkeit aufgegeben. Wichtige Teilbereiche der ursprünglich als Einheit konzipierten bürgerlichen Rechtsordnung wurden von ihnen als sog. besonderes Privatrecht in Neben- und Sondergesetze abgedrängt. Dazu gehörten beispielsweise das Abzahlungsgesetz von 1894 und die Viehmängelverordnung von 1899, beide wichtige Ergänzungen des Kaufrechts, oder das Gesetz gegen den unlauteren

Wettbewerb von 1896. Von Anbeginn außerhalb der BGB-Kodifikation blieben ferner das Literatururheber- und Verlagsgesetz von 1901, das Kunsturhebergesetz von 1907 sowie das Versicherungsvertragsgesetz von 1908. Für andere rechtspolitisch zentrale und brisante Rechtsgebiete, wie Arbeits-, Wirtschafts- und Sozialrecht, hielt das Gesetzbuch allenfalls allgemeine Grundregeln bereit.

Diese anfänglich bewusst betriebene Desintegration des Privatrechts hat sich in den ersten drei Jahrzehnten, vor allem nach dem Ersten Weltkrieg und mit der fortschreitenden wirtschaftlichen Entwicklung eines ursprünglich überwiegend agrarisch strukturierten Landes zu einem Industriestaat beschleunigt. Noch in den ersten Jahren seiner Geltung war das BGB unmittelbar nur zurückhaltend novelliert worden: z.B. 1908 Korrektur der unbedingten Tierhalter-Gefährdungshaftung durch Einräumung einer Exkulpationsmöglichkeit bei Schädigung durch Haustiere (§ 833 Satz 2 BGB). Tiefer gehende Eingriffe wurden notwendig, als angesichts der katastrophalen Wohnungsnot als Weltkriegsfolge das Versagen des BGB offenkundig wurde. Eine umfangreiche Spezialgesetzgebung versuchte rasche Abhilfe zu schaffen: 1919 wurden die Erbbaurechtsverordnung, 1920 das Reichsheimstättengesetz, 1922 das Reichsmietengesetz und 1923–1924 die Mieterschutzgesetze erlassen.

Die Folgen dieser fortschreitenden Ausgliederung „sonderprivatrechtlicher" Materien wurden im Blick auf die Funktionsfähigkeit der Kodifikation von der Zivilistik unter den verschiedensten Fragestellungen diskutiert. Die eine Meinung vertrat die Überzeugung, dass die Idee der Geschlossenheit und Einheit der Privatrechtsordnung der gesellschaftlichen Realität nicht mehr entspräche und deshalb preiszugeben sei. Demgegenüber rechtfertigten die Befürworter einer Restaurierung der Eigenständigkeit des Privatrechts nach pandektistischem Vorbild ihre Forderungen mit dem Hinweis auf folgenschwere Funktionsverluste und die Denaturierung privatrechtlicher Institutionen, die eine Überflutung durch Öffentlichkeitsgehalte (Sozialpflichtigkeit) auslösen musste (F. Wieacker). Die Vertreter des gegenteiligen Standpunktes waren sich lediglich im Reformziel einer grundsätzlichen Neustrukturierung des bürgerlichen Rechts, nicht jedoch in den Wegen zu seiner Verwirklichung einig. Die Bandbreite der Vorschläge reichte von der Konzeption eines „differenzierten Gemeinrechts", das die Dichotomie „Privatrecht-Öffentliches Recht" aufhebt (M. Bullinger), oder von dem Postulat der Gliederung nach Funktionsbereichen, wobei der Grad der Privatheit oder Öffentlichkeit über das Ausmaß einer entsprechenden Anreicherung oder Verdichtung zu entscheiden hatte (L. Raiser), bis schließlich zur Neuordnung bzw. Konkretisierung des Privatrechts durch Einbeziehung der sonderprivatrechtlichen Dogmatik und Regelungstechnik (H.P. Westermann).

Diese Preisgabe der Einheit auf dem Gebiet des materiellen Zivilrechts hatte auch Folgen für die bislang herrschende begriffjuristisch orientierte Rechtsanwendungslehre. Ausgelöst wurde die Entwicklung durch Kritik am Gesetzespositivismus, den das BGB geradezu mustergültig repräsentierte. Nach positivistischem Verständnis bestand Recht ausschließlich aus verfassungsmäßig zustande gekommenen, den Willen des Staates als Rechtsquelle umsetzenden Normen, die keiner gleichwie gearteten Inhalts- oder Gerechtigkeitskontrolle unterlagen. Nachdem die Rechtspraxis auf die Unvollkommenheit des BGB aufmerksam gemacht hatte, geriet folgerichtig auch das begrenzte Wirkungsfeld der Begriffjurisprudenz in den Sog der Kritik. Ein Ausweg wurde in Auslegungsmustern gefunden, die an die Stelle der „Subsumtion" und alle Rechtsfragen beantwortendenden „Begriffe" nunmehr die „Interessen" der Beteiligten setzten. Damit war der bislang verlässlichste Auslegungsgrundsatz der pandektistischen Zivilrechtslehre ernsthaft in Frage gestellt.

Schrifttum: *E. Zitelmann*, Die Gefahren des bürgerlichen Gesetzbuches für die Rechtswissenschaft (1896) – *M. Bullinger*, Öffentliches Recht und Privatrecht (1968), 75ff. (81) – *F. Wieacker*, Industriegesellschaft und Privatrechtsordnung (1974), 9ff. – *L. Raiser*, Die Aufgabe des Privatrechts (1977), 208ff. – *J. Esser*, Möglichkeiten und Grenzen des dogmatischen Denkens im modernen Zivilrecht, AcP 172 (1972), 97ff. – *H.P. Westermann*, Sonderprivatrechtliche Sozialmodelle und das allgemeine Privatrecht, AcP 178 (1978), 150ff. – *R. Damm*, Verbraucherrechtliche Sondergesetzgebung und Privatrechtssystem, JZ 1978, 173ff. – *K.H. Biedenkopf*, Die Wiederentdeckung des Privatrechts, in: FS H. Coing II (1982), 21ff. – *W. Zöllner*, Zivilrechtswissenschaft und Zivilrecht im ausgehenden 20. Jahrhundert, AcP 188 (1988), 85ff. – *K. Kroeschell*, Rechtsgeschichte Deutschlands im 20. Jahrhundert (1992), 210ff.

2. Dekodifikation

Gegenwärtig geht die Zivilrechtwissenschaft vom Bestehen einer „zweiten", sonderprivatrechtlichen Rechtsordnung neben der des BGB als Tatsache aus. Gelegentlich preist die Literatur die unterlassene Inkorporierung des Sonderprivatrechts als „weise Selbstbeschränkung", weil sie den Gesetzgeber nicht als der Vergangenheit zugewendet erscheinen lässt (R. Stürner). Dabei sind die Anzeichen für einen Zerfall der Privatrechtseinheit unübersehbar und seine Folgen derzeit kaum einschätzbar. Eine Industriegesellschaft, die ihre Probleme nicht mehr durch eine kodifikationskonforme Rechtsfortbildung bewältigt, sie vielmehr in Sondergesetze abschiebt, die zum kodifizierten Recht in Konkurrenz treten, muss sich deshalb den Vorwurf gefallen lassen, sie beschleunige den Niedergang der Kodifikation und sei deshalb für diesen, in der Gesetzgebungswirklichkeit so bislang unbekannten Zustand der sog. „Dekodifikation" (N. Irti) verantwortlich. Da der Mehrzahl dieser Ausnahme- bzw. Sondergesetze ein „rechtssystematischer Brennpunkt" (K. Schmidt) als Wesensprinzip jeder echten umfassenden Gesetzgebung fehlt, ist die vollständige Auflösung der Privatrechtseinheit nur eine Frage der Zeit. Die Rechtsordnung läuft Gefahr, in ein „polyzentrisches System" ohne eindeutige Wert- und Rangordnung auseinander zu brechen. Durch die zunehmende Aufwertung des Richterrechts wird dieser Prozess zusätzlich beschleunigt.

Ob die Zurückhaltung der Zivilrechtswissenschaft gegenüber der Flut sonderprivatrechtlicher Gesetzgebungsaktivitäten „weise" oder schlicht bequem ist, lässt sich so lange nicht eindeutig beantworten, als nicht alle Faktoren erfasst und analysiert sind, die dekodifikatorische Folgen auslösen. Jedenfalls ist das zögerliche Angehen dieser Problematik ein unübersehbares Anzeichen für das Bestehen einer großen Ratlosigkeit. In dieser Situation relativer Orientierungslosigkeit wurde am 2. Februar 1984 durch den Bundesminister der Justiz eine „Kommission zur Überarbeitung des Schuldrechts" eingesetzt, eines Rechtsgebietes, das durch die vermehrte Zunahme von Nebengesetzen und des Richterrechts zu einem für die Praxis ohne eingehende Kommentierungen schwer beherrschbaren Feld geworden ist. Die Reformen erstreben Korrekturen offensichtlicher Unklarheiten und Widersprüche der gesetzlichen Regelungen (Antinomien – Normwidersprüche) sowie die Anpassung der Grundlagen des Schuldrechts an die veränderten Verhältnisse (Europäisches Gemeinschaftsrecht, EU-Richtlinien). Im Vordergrund der Umarbeitung stehen das allgemeine Leistungsstörungsrecht sowie das besondere Gewährleistungsrecht bei Kauf- und Werkvertrag. Ein sog. Schuldrechtsmodernisierungsgesetz soll zum 1. Januar 2002 in Kraft treten.

Schrifttum: *N. Irti*, L'età della decodificazione (³1989) – *K. Zweigert/H.-J. Puttfarken*, Allgemeines und Besonderes zur Kodifikation, in: FS I. Zajtay (1982), 569ff. – *R. Sacco*, Codificare: Modo superato di legiferare?, Rivista di diritto civile 29/I (1983), 117ff. – *K. Schmidt*, Die Zukunft der Kodifikationsidee (1985) – *P. Caroni*, „Privatrecht" (1988), 96ff. – *ders.*, Das entzauberte Gesetzbuch, Schweizerische Zeitschrift für Geschichte 41 (1991), 249ff. – *J. Braun*, Vom Beruf unserer Zeit zur Überarbeitung des Schuldrechts, JZ 1993, 1ff. – *W. Ernst*, Kernfragen der Schuldrechtsreform, JZ 1994, 801ff. – *R. Stürner*, Der hundertste Geburtstag des BGB – nationale Kodifikation im Greisenalter?, JZ 1996, 741ff. (743) – *A. Schwarze*, Die künftige Sachmängelgewährleistung in Europa – Die Verbrauchsgüterkauf-Richtlinie vor ihrer Umsetzung, ZEuP 2000, 394ff. – *R. Zimmermann*, Schuldrechtsmodernisierung, JZ 2001, 171ff.

II. Emanzipation der Rechtsgeschichte von der Zivilrechtsdogmatik

Mit dem In-Kraft-Treten des BGB am 1. Januar 1900 wurde nicht nur die territoriale Rechtszersplitterung beseitigt. Das Gesetzbuch hat vor allem der wissenschaftlichen Präsenz und praktischen Geltung des Pandektenrechts in Deutschland ein Ende gesetzt. Entscheidenden Anteil an der Beseitigung der Vorherrschaft der Pandektenwissenschaft hatten seine akademischen Vertreter an den Universitäten selbst. Eine im Jahre 1896 nach Eisenach einberufene Konferenz deutscher Zivilrechtslehrer beschloss, der Vorlesung über das BGB im Rechtsstudium eine herausgehobene Rolle zuzuweisen. In den Studienordnungen der Rechtsfakultäten sollte das römische Recht künftig, wenn überhaupt, dann nur noch die Aufgaben eines „pädagogischen Bildungsmittels" wahrnehmen.

Damit war der endgültige Bruch mit der Pandektenwissenschaft vollzogen, die Trennung der Rechtsgeschichte vom geltenden Recht besiegelt. *Ernst Immanuel Bekker* (1827–1916), einer der letzten bedeutenden Pandektisten, hatte diesen Prozess des Auseinandergehens noch selbstbewusst und überheblich „Emanzipation" der Rechtsgeschichte genannt. Dass damit das Ende ihrer Attraktivität als Grundlagen- und Hauptfach im akademischen Rechtsunterricht eingeleitet worden war, hat er offensichtlich nicht bedacht. Anschaulich spiegelt das führende (erstmals 1862/70 erschienene) dreibändige „Lehrbuch des Pandektenrechts" von *Bernhard Windscheid* (1817–1892) die realitätsabgehobene Reaktion der Pandektistik auf den Verlust ihrer Zentralität und Aktualität wieder. In der 1906 noch in 9. Auflage erschienenen, einstigen „zentralen Sammelstelle des Pandektenrechts" brachte der letzte Bearbeiter *Theodor Kipp* (1862–1931) das Recht des Bürgerlichen Gesetzbuches lediglich in Form von „Zusätzen" zur Darstellung.

Die neue, ausschließlich am BGB orientierte Zivilrechtswissenschaft war an rechtshistorischen Zusammenhängen, wenn überhaupt, dann nur mäßig interessiert. An dieser Grundhaltung hat sich bis heute nur Unwesentliches geändert. Sie arbeitete überwiegend exegetisch und beschäftigte sich primär mit der Auslegung des Wortlauts der Rechtssätze sowie mit ihrer Aufbereitung für eine problemlose, mechanische Anwendung in der Praxis. Dabei übernahm sie vom pandektistischen Positivismus den Begriff des „Rechts" und setzte ihn mit dem verfassungsmäßig erlassenen „Gesetz" (im materiellen Sinne) gleich. Der wissenschaftliche Positivismus war erfolgreich zum Gesetzespositivismus mutiert.

1. Romanistik

Das aus seinem Dienst für das geltende Recht entlassene römische Recht der Pandektistik wurde zum Gegenstand ausschließlich historischer Forschungen. Im juristischen Universitätsunterricht auf eine fragwürdige propädeutisch-dogmatische Funktion reduziert, kämpfte es seitdem um seine Existenzberechtigung. Für die auf das geschichtliche Recht verengte, historisierte Fachwissenschaft vom römischen Recht (Romanistik) begann eine neue Epoche. Ihre Aufgaben hatte bereits zu Ausgang des 19. Jahrhunderts der Jurist, Historiker und Philologe *Theodor Mommsen* (1817–1903) programmatisch formuliert. Seine textkritischen Editionen und Forschungen nahm als einer der ersten der zuletzt in Freiburg i. Br. lehrende Romanist *Otto Lenel* (1849–1935) zum Vorbild für eigene, umfassende Rekonstruktionen klassischer Juristentexte. Das Ziel war, durch Eliminierung von Interpolationen eine Absorbierung des klassischen „reinen" römischen Rechts aus dem justinianischen Corpus iuris zu erreichen. Für die nun wieder im Mittelpunkt stehende Interpolationenforschung wurden die Arbeiten des Philologen und Romanisten *Otto Gradenwitz* (1860–1935) wegweisend.

Der Graben zwischen der historisierten Romanistik und der Zivilistik wurde zusätzlich durch neue romanistische Forschungsgebiete vertieft. Für sie konnte der mit dem geltenden Recht befasste Jurist allenfalls ein ästhetisches Interesse aufbringen. Dazu gehörte insbesondere die juristische Papyruskunde, als deren Begründer der in Leipzig lehrende Romanist *Ludwig Mitteis* (1859–1921) gilt. Seine Forschungen zur Rezeption des römischen Rechts in den östlichen Provinzen des Reichs hatten den Blick auf Quellen gelenkt, die bislang außerhalb des Interesses lagen: Griechisch-hellenistisches Provinzialrecht, das syrisch-römische Rechtsbuch, gräko-ägyptische Papyri und mesopotamische Keilschrifturkunden. Unter seinem Schüler *Leopold Wenger* (1874–1953), Romanist in Graz, Wien, Heidelberg und München, den die Nationalsozialisten in Wien 1938 zwangsemeritierten, wurde München zu einem Zentrum der deutschen Papyrologie. Die Römische Rechtsgeschichte weitete sich zu einer umfassenden Antiken Rechtsgeschichte aus. Sie umfasste nun auch die sog. Keilschriftrechte (Babyloniens), mit deren systematischen Erforschung *Paul Koschaker* (1879–1951), ein Schüler von Mitteis, als Erster begonnen hatte.

Die Erträge dieser vom geltenden Recht abgelösten, absolut geltungsfreien Beschäftigung mit dem geschichtlichen Recht bestanden in einer philologisch ebenso wie historisch beeindruckenden Forschungsleistung. Das ohne Rücksicht auf praktische Verwendbarkeit angesammelte Detailwissen zu Genese, Entwicklung, Struktur und Dogmatik eines unverfälschten römischen Rechts bildete fortan ein enormes Reservoir für weitergehendes rechtsantiquarisches Arbeiten. Diese Art „puristischer" Rechtsgeschichtsforschung hat die Romanistik zu einer Exklusivwissenschaft verkümmern lassen, die fortan in der Verantwortung nur einiger weniger eingeweihter Fachgelehrter stand.

Schrifttum: *E. Picker*, Zum Gegenwartswert des römischen Rechts, in: Das antike Rom in Europa, hg. v. H. Bungert (1985), 289ff. – *W. Selb*, Antike Rechte im Mittelmeerraum (1993), 47ff., 105ff. – *K. W. Nörr*, Das römische Recht zwischen Technik und Substanz: Bemerkungen zu seiner Rolle am Ende des 20. Jahrhunderts, Zeitschrift für Europäisches Privatrecht 2 (1994), 67ff. – *L. Breunung*, Romanistik in der Weimarer Republik, SZRom 116 (1999), 279ff. – *R. Zimmermann*, Heutiges Recht, Römisches Recht und heutiges Römisches Recht, in: Rechtsgeschichte und Privatrechtsdogmatik, hg. v. R. Zimmermann u. a. (1999), 13ff. (17ff.) – *H. Schröder/D. Simon* (Hg.), Rechtsgeschichtswissenschaft in Deutschland 1945–1952 (2001).

2. Germanistik und Kanonistik

Die Ablösung der positivistischen Pandektenwissenschaft durch die neue, am BGB orientierte gesetzespositivistische Privatrechtslehre hatte weitreichende Folgen auch für die Wissenschaft vom germanisch-deutschen Recht (Germanistik). Die mit einem großen intellektuellen Aufwand betriebenen Versuche, ein „System des gemeinen deutschen Privatrechts" aus den germanischen Rechtskulturelementen zu konstruieren, waren fehlgeschlagen. Mit dem BGB fand der alte Streit um die Revitalisierung und praktische Geltung eines deutschen Privatrechts seine endgültige Erledigung.

Auch die Germanistik suchte in dieser Situation ihre Zukunft in der vollen Historisierung. Der dogmatischen und rechtspolitischen Bedeutungslosigkeit einer antiquarisierenden deutschen Rechtsgeschichte versuchten ihre Vertreter durch die Betonung des Entwicklungsgedankens im deutschen Recht in seiner propädeutischen Funktion zu begegnen. Auch entdeckten sie als neues Forschungsgebiet die Verfassungsgeschichte wieder und erhofften sich von ihr für ihre Fachdisziplin eine zusätzliche politische Legitimation. Das auf diesen Grundlagen beispielsweise von dem Germanisten *Rudolf Hübner* (1864–1945) entwickelte Programm erklärte die Pflege des historischen germanisch-deutschen Rechts als „Vorstufe" des geltenden Rechts zur vorrangigen Aufgabe. Das Echo darauf war ebenso wie das Interesse mäßig.

Unter dem Einfluss kruder NS-Ideologie kam es dann noch einmal zu einer fragwürdigen, teilweise groteske Züge annehmenden Renaissance der Germanistik. Ihr war eine führende Rolle bei der sog. „völkischen Rechtserneuerung" zugedacht. Die Germanisten sollten vorzugsweise aus den germanischen Quellen „die geistigen und sittlichen Grundlagen des germanischen und des deutschen Rechts" (Cl. v. Schwerin) oder die typisch germanisch-deutsche „Rechtsgesinnung" (W. Merk) herauspräparieren. Protagonisten dieser allgermanischen Bewegung waren z.B. die Germanophilen *Claudius v. Schwerin* (1880–1944) und *Hans Planitz* (1882–1954). Zu ihnen zählte auch der Germanenrechteforscher *Karl August Eckhardt* (1901–1979), der als Urheber einer NS-Primitivitäten konsequent umsetzenden absurden, allgemein verbindlich gewordenen juristischen Studienordnung von 1935 zu zweifelhaftem Ansehen gekommen war. Mit kosmopolitischer Anmaßung wurde germanisch-deutsches Recht zu einem „germanischen Weltrecht" stilisiert, das in dieser Überhöhung Modellcharakter für das zu schaffende „völkische Recht" haben sollte (*Hans Schreuer, Karl Haff*).

Der (vorerst) letzte Versuch einer Aktualisierung des historischen sog. gemeinen deutschen Privatrechts stammt von dem Münchener

Germanisten *Heinrich Mitteis* (1889–1952). Er verstand das geschichtlich gewachsene deutsche Recht als Medium einer aktuellen universellen deutschen Rechtslehre, die u.a. als Prophylaxe gegenüber einer blinden Begriffsjurisprudenz ihre Aufgaben neu zu formulieren hatte. Anklang fanden diese Postulate in der neueren Germanistik nicht mehr.
Mit der Verabschiedung der Rechtsgeschichte vom geltenden Recht wurde auch der ursprüngliche Gegensatz zwischen Romanisten und Germanisten gegenstandslos. Dazu hat wesentlich der dritte, der römischen und deutschen Rechtsgeschichte ebenbürtige Zweig beigetragen: die kirchliche Rechtsgeschichte oder historische Kanonistik. Sie erhielt ihre maßgebende Formung durch den schweizerischen, zuletzt in Berlin lehrenden Rechtshistoriker *Ulrich Stutz* (1868–1938), der bereits 1905 in einer programmatischen Rede für die „Erhebung der kirchlichen Rechtsgeschichte zu einem eigenen Gegenstand der Forschung und des Wissens" eingetreten war.

Schrifttum: *H. Schlosser*, Das „wissenschaftliche Prinzip" der germanistischen Privatrechtssysteme, in: Gedächtnisschrift H. Conrad (1979), 491 ff. (507 ff.) – *N. Grass*, Ulrich Stutz und die österreichische Kirchenrechtswissenschaft, SZKan 74 (1988), 27 ff. – *W. Simon*, Claudius Frhr. v. Schwerin (1991) – *K.O. Scherner*, Heinrich Mitteis' privatrechtsgeschichtliche Forschungen und seine Konzeption des Deutschen Privatrechts, in: Heinrich Mitteis nach hundert Jahren (1889–1989), hg. v. P. Landau u.a. (1991), 71 ff. – *J. Rückert/D. Willoweit* (Hg.), Die Deutsche Rechtsgeschichte in der NS-Zeit (1995) – *D. Schwab*, Zum Selbstverständnis der historischen Rechtswissenschaft im Dritten Reich, in: Geschichtliches Recht und moderne Zeiten. Ausgewählte rechtshistorische Aufsätze (1995), 27 ff. – *R. Frassek*, Steter Tropfen höhlt den Stein – Juristenausbildung im Nationalsozialismus und danach, SZGerm 117 (2000), 294 ff.

3. Historisch-vergleichende Rechtswissenschaft und Rechtsethnologie

Die durch die Kodifikation des bürgerlichen Rechts in ihrem Selbstverständnis sich neu definierende geschichtliche Rechtswissenschaft hatte aber auch positive Nebenwirkungen. Das gilt insbesondere für die in ihren Anfängen betont historisch orientierte vergleichende Rechtswissenschaft. Die neue vergleichende Rechtslehre beschränkte sich nicht mehr allein auf die Registrierung geschichtlicher Parallelen im Rahmen und als Teil einer allgemeinen Weltkultur- und Universalrechtsgeschichte. Vielmehr versuchte sie eine Analyse der Erscheinungsformen des Rechts aus ihren konkreten gesamtgesellschaftlichen Zusammenhängen heraus.

Die mit der Rechtsvergleichung verwandte ethnologische Rechtsforschung wurde durch den Bremer Landgerichtsrat *Albert Hermann Post* (1839–1895) in seinem „Grundriss der ethnologischen Jurisprudenz“ (1894/1895) wissenschaftstheoretisch gegenüber der Völkerkunde abgegrenzt und als Teildisziplin der Rechtswissenschaft reklamiert. In dieser Funktion widmete sie sich den durch Tabus sowie magisch-religiöse Vorstellungen bestimmten Rechten der sog. primitiven Kulturen und bemühte sich um die Rekonstruktion eines „Urrechts“. In Deutschland wurde diese (evolutionistische) Richtung durch die in den vormaligen Schutzgebieten betriebene Kolonialpolitik entscheidend gefördert. *Josef Kohler* (1849–1919), Professor in Würzburg und Berlin, brachte die ethnologische Jurisprudenz zu ihrer großen Entfaltung. Veröffentlichungsorgan für rechtsethnologische Forschungen wurde die von Kohler, der als der größte Jurist der wilhelminischen Zeit galt (Kleinheyer/Schröder), 1878 (neben *Bernhöft* und *Cohn*) mitbegründete „Zeitschrift für vergleichende Rechtswissenschaft“. Die Arbeiten von Post und Kohler sind heute kaum noch von Bedeutung (U. Wesel).

Nach dem Ersten Weltkrieg ließ das Interesse an ethnologischen Fragen nach. In den Vordergrund traten wieder die im Wesentlichen auf Kontinentaleuropa konzentrierten, vergleichenden Untersuchungen der Kulturrechte. Begründer dieser modernen Rechtsvergleichung war *Ernst Rabel* (1874–1955), Romanist, Zivilrechtler und Rechtsvergleicher. Er wurde 1937 wegen seiner jüdischen Herkunft zur Emigration in die USA gezwungen und entfaltete dort (u.a. an den Law Schools von Harward und Ann Arbor) eine international vielbeachtete Lehr- und Forschungstätigkeit. Das Ziel seiner Arbeiten war, durch Rechtsvergleichung eine supranationale Rechtsvereinheitlichung vorzubereiten, ein Thema, das gegenwärtig vor dem Hintergrund eines „Gemeineuropäischen Privatrechts“ wieder hochaktuell ist. Forschungszentren waren das 1926 gegründete „Kaiser-Wilhelm-Institut für vergleichendes und internationales Privatrecht“ (heute Max-Planck-Institut) in Berlin unter seinem ersten Direktor Rabel sowie das Münchener Institut für Rechtsvergleichung. Der Nationalsozialismus unterbrach allerdings gewaltsam diese fruchtbare Forschungsphase. Anschluss an die internationale Forschung konnte die deutsche Rechtsvergleichung erst wieder nach dem Zweiten Weltkrieg bekommen.

Schrifttum: *H. Mohnhaupt*, HRG (Rechtsvergleichung), 403ff. – *David/Grasmann*, Einführung, 19ff., 31ff. – *Kleinheyer/Schröder*, Juristen, 490 – *S. Roberts*,

Ordnung und Konflikt (1981), 204ff. – *B. Großfeld*, Vom Beitrag der Rechtsvergleichung zum deutschen Recht, AcP 184 (1984), 289ff. – *H.G. Leser*, Ernst Rabel – Begründer der modernen Rechtsvergleichung, JuS 1987, 852ff. – *R. Schulze*, Das Recht fremder Kulturen. Vom Nutzen der Rechtsethnologie für die Rechtsgeschichte, Historisches Jahrbuch 110 (1990), 446ff. – *G. Kegel*, Ernst Rabel. Vorkämpfer des Weltkaufrechts, in: Deutsche Juristen jüdischer Herkunft, hg. v. H. Heinrichs u. a. (1993), 571ff. – *U. Wesel*, Geschichte des Rechts (^{2}2001).

4. Methodendiskussion der neueren Rechtsgeschichtswissenschaft

Ein zentrales Problem jeder rechtsgeschichtlichen Fragestellung ist, wie sich der Rechtshistoriker der Geschichte zu nähern hat, wenn er die über Vergangenes berichtenden Quellen in ihren spezifisch rechtlichen Inhalten zu verstehen und ihre Bedeutung aus der Sicht der Gegenwart zu bestimmen versucht. Die Rechtsgeschichtsforschung hat sich mit wechselnder Intensität um die Formulierung methodischer Leitgrundsätze und Kriterien für eine wirklichkeitsgetreue Interpretation des geschichtlichen Rechts bemüht. Ihr Ziel war, mit Hilfe eines allgemein akzeptierten methodischen Instrumentariums den konkreten rechtshistorischen Forschungsprozess einheitlich festzulegen, Problemstellungen (Thematisierungen) wissenschaftlich exakt zu artikulieren und auf diese Weise eine rationale Nachprüfbarkeit der erzielten Ergebnisse zu garantieren. Ein breiterer Konsens über grundlegende, für die rechtsgeschichtliche Forschung verbindliche methodische Richtlinien gelang nicht, konnte möglicherweise wegen der Vielschichtigkeit der Gegenstände des Erkenntnisinteresses auch nicht hergestellt werden.

Eine Ausgang der 60er Jahre des vergangenen Jahrhunderts begonnene, interdisziplinär geführte Diskussion rechtsgeschichtlicher Methodenfragen verebbte nach einer Phase engagierter wissenschaftlicher Auseinandersetzungen. Gegenwärtig ist das Thema zwar weiterhin präsent, besitzt aber offenkundig nicht mehr die Attraktivität von einst. Eine gewisse Sättigung und Behäbigkeit zugleich scheint inzwischen wieder eingetreten zu sein. Aus der Fülle unterschiedlicher Positionen zur adäquaten Methode der Rechtsgeschichte sind viele interessante Denkmodelle präsentiert worden. So wurde beispielsweise als Alternative zu einer schlicht auf die praktische Nutzanwendung abhebenden „applikativen Hermeneutik“ (*Hermeneutik* als Kunstlehre vom Verstehen, Erklären und Auslegen) die „kontemplative Methode“ entwickelt, die bei der Interpretation der Quellen ständig bewusst die bestehende historische Distanz reflektiert (F. Wieacker gegen K. Kroeschell). Eine andere methodische Richtungsvariante forderte als Ersatz der „idealistischen" eine „materialistische Methode" (U. Wesel) oder propagierte die Konzipierung der Rechtsgeschichte nicht als Rechtswissenschaft, sondern methodisch korrekter als rechtlich geprägter Zweig der Geschichtswissenschaften (D. Simon).

Der vorwiegend mit dem geltenden Recht beschäftigte Jurist ist geneigt, dem applikativen Modell den Vorzug zu geben. Kennzeichen dieser Methode ist ihre Nähe zum modernen Recht. Sie begreift das historische Recht (Rechtssätze, Institutionen, Rechtsetzungsakte, Rechtsfiguren und Denkmuster) in erster Linie als Medium oder Mittel zum besseren Verständnis der geltenden Rechtsordnung. Rechtshistorisch gewonnenen Erfahrungen wird die Fähigkeit beigemessen, Dogmatik und Rechtspolitik unmittelbar beeinflussen zu können. Von einer so verstandenen Rechtsgeschichte erwartet man sich die Vermeidung von Fehllösungen oder die Falsifizierung ungeprüft verwendeter, stereotyper Argumentationsfiguren.

Die Vorstellung von einer ausschließlich nach ihrem Wert für das moderne positive Recht definierten, diesem „dienenden" historischen Rechtswissenschaft ist problematisch, weil dadurch die tatsächliche Breite ihres Funktions- und Forschungsspektrums einschneidend verkürzt wird. Das hat die Methodendiskussion der letzten Jahre verdeutlicht. Gleichwohl ist nicht zu übersehen, dass gerade die applikative Methode reiches historisches Erfahrungsmaterial für konkrete rechtsdogmatische und rechtspolitische Ordnungsprobleme des geltenden Rechts bereithält und erschließt, das sofort genutzt werden kann. Unter diesem Blickwinkel erscheint dann auch die Notwendigkeit einer Beschäftigung mit der Rechtsgeschichte als „Grundlagenfach" im europäischen Kontext während des Rechtsstudiums gerechtfertigt. Als solches könnte sie gerade während der universitären juristischen Ausbildung entscheidend zur Schärfung und Profilierung eines das historische Recht kritisch reflektierenden Bewusstseins beitragen, ohne das ein verantwortungsvoller, gestaltender Umgang mit dem geltenden Recht nicht denkbar ist.

Schrifttum: *F. Wieacker*, HRG (Methode der Rechtsgeschichte), 518ff. – *K. Kroeschell*, Haus und Herrschaft im frühen deutschen Recht (1968), 48ff., 55ff. – *U. Wesel*, Zur Methode der Rechtsgeschichte, Kritische Justiz 7 (1974), 337ff. – *J. Rückert*, Zur Erkenntnisproblematik materialistischer Positionen in der rechtshistorischen Methodendiskussion, ZHF 5 (1978), 257ff. – *ders*, Die Rechtswerte der germanistischen Rechtsgeschichte im Wandel der Forschung, SZGerm 111 (1994), 275ff. – *G. Dilcher*, Vom Beitrag der Rechtsgeschichte zu einer zeitgemäßen Zivilrechtswissenschaft, AcP 184 (1984), 247ff. – *D. Simon*, Vom Segen historischer Betrachtungen für die Rechtsanwendung, Rechtshistorisches Journal 4 (1985), 271ff. – *M. Senn*, Stand und Zweck der neueren Grundlagendiskussion in der Rechtsgeschichtswissenschaft, ZNR 1993, 66ff.

III. Rechts- und Gesetzespositivismus

Der Begriff „Positivismus" bezeichnet eine wissenschaftstheoretische Lehre, nach der Quelle aller wissenschaftlichen Erkenntnis allein das durch Erfahrung Gegebene, d.h. empirisch „Positive" ist. Mit entsprechender Bedeutung wurde der Begriff von der Rechtswissenschaft übernommen. Die Wurzeln des rechtspositivistischen Denkens sind vielschichtig. Sie gehen bereits zurück auf den scholastischen Voluntarismus (*Wilhelm von Occam*) und führen über die englischen Empiristen des 17. Jahrhunderts und deren vernunftrechtliche Legitimation der Autorität des positiven Gesetzes („autoritas non veritas facit legem", *Thomas Hobbes*, Leviathan [1651], cap. 26) schließlich zum Positivismus der älteren französischen soziologischen Schule von *Auguste Comte*.

1. Soziologie und Positivismus

Der französische Philosoph *Auguste Comte* (1798–1857) entwickelte Mitte des 19. Jahrhunderts („Discours sur l'esprit positif", 1844) das Programm einer wissenschaftlichen Weltanschauung, die er – bereits in der Tradition von *Claude Henri de Saint-Simon* (1760–1825) – „Positive Philosophie" (*philosophie positive*) nannte. Diese moderne, auf empirisch beweisbare Tatsachen gegründete, selbständige Gesellschaftslehre wurde europaweit von den Geisteswissenschaften aufgegriffen. Sie sollte Antworten geben auf die veränderten Rahmenbedingungen einer Gesellschaft, deren Entwicklung maßgebend durch den rasanten Fortschritt der exakten Naturwissenschaften bestimmt wurde.

Entwicklungsgeschichtlich wurden die Grundgedanken der „nouvelle philosophie" den Begriffen wie der Sache nach (z.B. Tatsachen, Beobachtung, Erfahrung, Verifizierbarkeit) bereits von den englischen Empiristen, wie z.B. *John Locke* (1632–1704), *David Hume* (1711–1776), *Jeremy Bentham* (1748–1832), *Charles Darwin* (1809–1882), oder von den utilitaristischen Sozialwissenschaftlern *John Stuart Mill* (1806–1873) und *Herbert Spencer* (1820–1903) diskutiert. Comtes positivistisches Konzept stand in Widerspruch zu der deutschen idealistischen Philosophie, wie sie etwa *Georg Wilhelm Friedrich Hegel* (1770–1831), *Johann Gottlieb Fichte* (1762–1814) oder *Friedrich Wilhelm Schelling* (1775–1854) lehrten. Seine „Positive Philosophie" blieb streng antimetaphysisch und erteilte jeder Form einer spekulativen Theorie eine entschiedene Absage. Die neue Gesellschaftstheorie war eine Erfahrungswissenschaft, als „Soziologie" eine Wissenschaft von der Gesamtheit sozialer Beziehungen und Gebilde. Sie basierte auf der Übernahme des naturwissenschaftlichen Kausalitätsprinzips, insbesondere auf der Annahme, dass die natürlichen Gesetzmäßigkeiten des menschlichen Zusammenlebens aus der Verschränkung mit dem durch Beobachtung Erfahrbaren (Empirie) – d.h. dem tatsächlich „Gegebenen, Wirklichen" und deshalb „Positiven" – ableitbar waren. Ihnen wurde die Eignung beigemessen, der gewünschten Steuerung, Entwicklung und Verbesserung der Lebensbedingungen als sichere Vorhersagen dienen zu können (*savoir pour prévoir, prévoir pour prévenir*).

Vorbereitet bereits durch die Positivierung des säkularisierten Naturrechts und die der Pandektistik eigene formalistische Grundeinstellung gegenüber dem Recht, stand die Rechtswissenschaft der allgemeinen positivistischen Geisteshaltung deshalb nahe. Sie konnte ohne Preisgabe von Grundpositionen an das Lehrgebäude des philosophischen Positivismus anknüpfen. Der Begriff „Rechtspositivismus" beschreibt eine besondere Vorstellung von der Geltungsweise des Rechts. Danach besteht Recht allein aus gesetzten („positiven") Normen, die formal ordnungsgemäß, nach einer geschriebenen oder ungeschriebenen Verfassung des Staats zustande gekommen und als allgemein verpflichtend erlassen wurden. Ein derart der staatlichen Regelungsmacht entstammendes Recht bedarf keiner zusätzlichen Begründung. Es wird streng von der Moral getrennt und unterliegt keiner Inhalts- oder Gerechtigkeitskontrolle. Demgegenüber besitzen vor- oder überpositive, z.B. naturrechtliche Rechtsnormen keine Verbindlichkeit.

Mitte des 19. Jahrhunderts entstand zum Teil in Konkurrenz zum Glauben an die rechtsgestaltenden Fähigkeiten der (positiven) Rechtswissenschaft und beeinflusst durch die vernunftrechtlichen Kodifikationen der sog. „Gesetzespositivismus". Darunter wurde die vollkommene Gleichsetzung des „Rechts" mit dem „Gesetz" verstanden. Alleinige Rechtsquelle war der staatliche Regelungswille. Eng verwandt mit dieser „Vulgärform des Rechtspositivismus" (G. Otte) ist der „wissenschaftliche Positivismus". Dieser Begriff wurde zur Kennzeichnung des formal-begrifflichen Rechtsdenkens der Pandektistik von Savigny bis Windscheid verwendet. Ihm lag die Vorstellung zugrunde, dass Recht allein durch die Rechtswissenschaft, ihre Begriffe, Lehrgebäude und Rechtssätze definiert würde. Es sollte ausschließlich aus den historischen, wissenschaftlich erschlossenen und deshalb „positiven" Quellen des gemeinen römischen Rechts abgeleitet werden können und war dann, unabhängig von den Inhalten, in eine vollständige und systematische Gesamtordnung zu bringen.

Schrifttum: *H. Kelsen*, Was ist juristischer Positivismus?, JZ 1965, 465 ff. – *G. Dilcher*, Der rechtswissenschaftliche Positivismus, ARSP 61 (1975), 497 ff. – *K. Opalek*, Der Begriff des positiven Rechts, ARSP 68 (1982), 448 ff. – *D. Tripp*, Der Einfluß des naturwissenschaftlichen, philosophischen und historischen Positivismus auf die deutsche Rechtslehre im 19. Jahrhundert (1983), 50 ff., 77 ff., 120 ff. – *D. Wyduckel*, Recht und Rechtswissenschaft im nachpositivistischen Rechtsrealismus, Rechtstheorie, Beiheft 9 (1986), 349 ff. – *G. Otte*, Rechtspositivismus, Staatslexikon, hg. v. d. Görres-Gesellschaft, 4 (1988), 723 ff. – *N. Hoerster*, Verteidigung des Rechtspositivismus (1989) – *R. Grawert*, Rechtspositivismus, HWPh VIII (1992), 235 ff. – *B. Rüthers*, Rechtstheorie (1999), 271 ff.

2. Gesetzespositivismus und das unvollständige Gesetz

Die Hinwendung des Rechtsdenkens zum Positivismus war bereits durch das säkularisierte Naturrecht im 17. Jahrhundert eingeleitet worden. Nach der Gleichsetzung des göttlichen Rechts mit dem auf Vernunft gegründeten Naturrecht verblieb dem Gesetzgeber als Aufgabe, das Vernünftige „positiv" als Recht festzustellen und zu kodifizieren. Auch das liberale Rechtsdenken des 19. Jahrhunderts war unter dem Einfluss der Gewaltenteilungslehre gesetzespositivistisch. Indem scharf zwischen der Tätigkeit des Gesetzgebers (Rechtspolitik) und des Richters (Rechtsdogmatik) unterschieden wurde, musste dem Richter jede rechtsbildende Tätigkeit versagt und er durch Verfassung und Gerichtsverfassung an das ordnungsgemäß zustande gekommene Gesetz gebunden werden. Rechtsanwendung erschöpfte sich in der erkennenden, deduktiven Reproduktion der in der Rechtsnorm vorgegebenen Konfliktlösung. Folgerichtig verbot deshalb auch der französische Code civil (art. 5) dem Richter ausdrücklich, sich allgemein und regelnd über die zur Entscheidung anstehenden Sachen auszusprechen. Die strikte Trennung zwischen richterlicher und gesetzgebender Gewalt verwies den Rechtsanwender auf den bloßen Vollzug des Gesetzeswortlauts. Als anonymer Funktionsträger und „bouche de la loi" (Montesquieu), der das Gesetz als Inbegriff der Rechtsvernunft zum Sprechen zu bringen hatte, war er Garant höchster Rechtssicherheit, Berechenbarkeit und Gesetzlichkeit. Seine strikte Bindung an den Gesetzestext hatten das Josephinische Gesetzbuch von 1787 (§§ 24–27) und das Preußische ALR von 1794 (Einleitung §§ 47–52) ausdrücklich statuiert. Bei angeblicher Lückenhaftigkeit des Gesetzes war der Richter verpflichtet, bei der gesetzgebenden Gewalt (Hof, Gesetzeskommission) anzufragen (*référé législatif*). Jedoch musste diese Vorlagepflicht bald aufgegeben werden, da sie in der Praxis zu unerträglichen Konsequenzen führte.

Die Gewaltenteilungslehre, die den Richter an den Wortlaut des Gesetzes band, hatte denknotwendig die Vollständigkeit bzw. Lückenlosigkeit des Gesetzes zur Voraussetzung. Nur dann war nämlich bei methodisch korrekter Normanwendung und Subsumtion die Lösung eines jeden Sachverhaltes möglich. Mit dem technologischen Fortschritt und der Differenzierung der Lebensverhältnisse erwies sich dieses Prinzip jedoch alsbald als eine Fiktion. Dies zwang den Richter, auch für nicht geregelte Rechtsfragen eine Entscheidung in Anlehnung an Grundgedanken des Gesetzes (Analogie) zu finden. Er durfte bei Unklarheit, Widersprüchlichkeit oder Lückenhaftigkeit des Gesetzes sein Urteil nicht einfach verweigern. Der Code civil (art. 4) hatte dieses sog. „Rechtsverweigerungsverbot" zu einem Grundprinzip der Rechtsfindung erhoben. Die Pflicht zur Ergänzung und Fortbildung des Rechts durch den Richter ist heute durch Artikel 1 Abs. 2 und 3 des geltenden Schweizerischen ZGB positivrechtlich festgeschrieben. Nach dieser Vorschrift wird der Richter nur noch soweit an das Gesetz gebunden, als dieses „nach Wortlaut oder Auslegung eine Bestimmung enthält" (Abs. 1). Er ist jedoch im Falle einer Rechtslücke ermächtigt, „nach der Regel (zu) entscheiden, die er als Gesetzgeber aufstellen würde, und folgt dabei bewährter Lehre und Überlieferung" (Abs. 2, 3). Dieser Grundsatz ist heute Bestandteil der deutschen Rechtsanwendungslehre.

Schrifttum: *A. Meier-Hayoz*, Der Richter als Gesetzgeber (1951), 220ff. – *ders.*, Strategische und taktische Aspekte der Fortbildung des Rechts, JZ 1981, 417ff. – *E. Schumann*, Das Rechtsverweigerungsverbot, Zeitschrift für Zivilprozeß 81

(1968), 79ff. – *C. Schott*, „Rechtsgrundsätze" und Gesetzeskorrektur (1975) – *W. Hassemer*, Rechtssystem und Kodifikation: Die Bindung des Richters an das Gesetz, in: *Kaufmann/Hassemer*, Einführung, 248ff. – *H. Hübner*, Kodifikation und Entscheidungsfreiheit des Richters in der Geschichte des Privatrechts (1980), 33ff. – *R. Ogorek*, De l'esprit des légendes, Rechtshistorisches Journal 2 (1983), 277ff. – *dies.*, Richterkönig oder Subsumtionsautomat? (1986) – *B. Rüthers*, Rechtstheorie (1999), 177f., 457ff.

IV. Soziologischer Positivismus

Dass die Lückenhaftigkeit einer Kodifikation nicht die Ausnahme, vielmehr die ständige Ergänzungsbedürftigkeit des Gesetzes den Regelfall darstellte, hatte die Praxis schon bald nach dem In-Kraft-Treten des BGB gezeigt. Zur Überwindung dieses Dilemmas wurden deshalb im Interesse einer effektiven Rechtspflege verschiedene Modelle der Rechtsanwendung diskutiert. Sie alle hatten ein gemeinsames Ziel. Die Rechts- und Gesetzeslücken sollten nicht ausschließlich einzelfallbezogen, d.h. dezisionistisch geschlossen werden. Vielmehr wurden besondere Lehren entwickelt, die eine gesellschafts- und interessenkonforme, systemgerechte Fortbildung des gesamten positiven Rechts ermöglichten. Die Lockerung der strengen (legalen) Bindung des Richters an den Gesetzeswortlaut im Interesse lebens- und sachbezogener Entscheidungen von Einzelfällen erschien dazu als der richtige Weg. Die wichtigsten, vom Ansatz antipositivistischen Theorien wurden durch die Freirechtslehre und Interessenjurisprudenz formuliert.

1. Freirechtslehre

Nach dem In-Kraft-Treten des BGB hatten sich die Gegensätze zwischen der pandektistischen Begriffsjurisprudenz und der neuen Zivilistik verschärft. Immer häufiger wurden Forderungen laut, der Unvollkommenheit des Gesetzbuchs durch eine Erweiterung der Befugnisse des rechtsanwendenden Richters zu einer freieren Rechtsschöpfung zu begegnen. Noch 1885 hatte der Leipziger Rechtsprofessor *Oscar Bülow* in einer aufsehenerregenden Schrift „Gesetz und Richteramt" vergeblich die Priorität der richterlichen Rechtsschöpfung durch Entscheidung und Rechtskraft vor dem geltenden positiven Gesetz eingefordert. Aber erst im Jahre 1903 gab schließlich ein Vortrag über „Freie Rechtsfindung und freie Rechtswissenschaft" des Österreichers *Eugen Ehrlich* (1862–1922) vor der Juristischen Gesellschaft in Wien das überfällige Signal zur Sammlung der antipositivistischen Gegenkräfte in einer fest sich organisierenden Bewegung. Sie sollte zu einer der einflussreichsten rechtstheoretischen Schulrichtungen ihrer Zeit werden.

Ehrlich war Professor für römisches Recht an der Universität Czernowitz (österr. Bukowina) und einer der frühesten Vertreter der Rechtssoziologie, die sich zu einer Rechtsdisziplin zu formieren begann. In seinem Hauptwerk „Grundlegung der Soziologie des Rechts" (1913) propagierte er die Bedeutungslosigkeit des staatlichen gegenüber dem spontan entstehenden „gesellschaftlichen" Recht. In seinem Wiener Vortrag hatte er sich gegen die Auffassung gewandt, das Recht sei etwas Gegebenes und das Gesetz die einzige Form des Rechts. Er plädierte für die Freiheit des Richters, das unvollkommene Gesetz durch Konkretisierung in der richterlichen Entscheidung gesellschaftskonform zu ergänzen und auf diese Weise das Recht als Ganzes fortzubilden. Sein Hauptinteresse galt der Feststellung des „lebenden Rechts" als eigene Gattung innerhalb der Rechtsordnung. Er fand es in dem „gesellschaftlichen Recht", das sich grundsätzlich von den durch Gesetzgebung (staatliches Recht) und Rechtswissenschaft (Juristenrecht) erzeugten Normen unterschied. Daraus schloss er, dass allein die Persönlichkeit des Richters die Anwendung eines den Interessen der Beteiligten ebenso wie der Gesellschaft entsprechenden Rechts gewährleisten könnte.

Ehrlichs Grundsatzprogramm wurde von seinen Anhängern aufgegriffen. Sie alle einte der Kampf gegen die „Gemeinschädlichkeit" einer auf Scheinlogik und Konstruktion gegründeten, rein technischen richterlichen Entscheidungskunst, die bewusst oder unbewusst einer rechtsschöpferischen Tätigkeit keinen Raum ließ. Der Karlsruher Rechtsanwalt *Ernst Fuchs* (1859–1929) und der in englischer Emigration (Cambridge) verstorbene Rechtstheoretiker, Rechtshistoriker und Strafrechtsdogmatiker *Hermann Ulrich Kantorowicz* (1877–1940) führten die Freirechtsbewegung zu ihrem Höhepunkt. Beide traten für eine an Einzelfallbedürfnissen wie an Rechtstatsachen orientierte schöpferische, eigenverantwortliche und insoweit „freie" bzw. „soziologische" richterliche Rechtsfindung ein. In polemischer Weise wurde der Schule (vor allem Kantorowicz) daraus zum Vorwurf gemacht, sie propagierte die Preisgabe der Bindung des Richterspruches an das Gesetz. In Wahrheit hatte die Freirechtslehre das Prinzip des Gesetzesgehorsams niemals aufgegeben. Sie wollte lediglich einen durch Rechtstechnik gebundenen, in Begriffen und

Konstruktionen erstarrten Normenvollzug durch eine sozialgestaltend wertende Rechtsfindung unter strikter Berücksichtigung des gesetzgeberischen Gesamtprogramms ersetzen.

Die Blütezeit der Schule lag im ersten Drittel des vergangenen Jahrhunderts. Ihre Lehren fanden jedoch nur mäßige Beachtung. In der nationalsozialistischen Zeit wurden sie geradezu geächtet. Weiterhin aktuell geblieben ist ihr Plädoyer für ein enges „Zusammenwirken der Jurisprudenz mit Psychologie einerseits, Sozialwissenschaft andererseits" (H.U. Kantorowicz). Viele ihrer Lehren sind in die heutige Doktrin und Praxis eingegangen, so z.B. die Grunderkenntnis, dass jeder Rechtsanwendung Subsumtion *und* rechtsschöpferisch-eigenverantwortliche Interessenwertung im Rahmen des Gesamtplanes des Gesetzgebers zugrunde liegen. Dass die Freirechtslehre gegenwärtig weitgehend vergessen ist, liegt jedenfalls nicht an ihrem in vielen Bereichen weiterhin aktuellen Programm.

Schrifttum: *Kleinheyer/Schröder*, Juristen, 115ff., 138ff., 227ff. – *A. Kaufmann*, Freirechtsbewegung – lebendig oder tot?, JuS 1965, 1ff. (auch in: *A. Kaufmann*, Rechtsphilosophie im Wandel (^{2}1984), 231ff.) – *K. Riebschläger*, Die Freirechtsbewegung (1968) – *H. Thieme*, Was bleibt von der Freirechtsschule?, in: Die Entwicklung des Zivilrechts in Mitteleuropa (1848–1944), hg. v. A. Csizmadia/K. Kovacs (1970), 71ff. – *D. Moench*, Die methodologischen Bestrebungen der Freirechtsbewegung auf dem Wege zur Methodenlehre der Gegenwart (1971) – *L. Lombardi Vallauri*, Geschichte des Freirechts (1971), 37ff., 131ff. – *W. Krawietz*, Freirechtslehre, HWPh II (1972), 1098ff. – *J. Schröder*, Savignys Spezialistendogma und die „soziologische" Jurisprudenz, Rechtstheorie 7 (1976), 23ff. (38ff.) – *K. Müscheler*, Hermann U. Kantorowicz (1984) – *A. Heldrich*, Eugen Ehrlich. Begründer der Rechtssoziologie, in: Deutsche Juristen jüdischer Herkunft, hg. v. H. Heinrichs u.a. (1993), 469ff.

2. Interessenjurisprudenz und ihre Fortbildung zur Wertjurisprudenz

Die Fortsetzung des Programms der Freirechtslehre übernahm eine rechtstheoretische Richtung, die sich nach dem Hauptziel ihrer Lehre von der Gesetzesauslegung „Interessenjurisprudenz" nannte. Sie verdankte ihre Entstehung nicht zuletzt der Resonanz, die Eugen Ehrlichs soziologische Jurisprudenz gefunden hatte. Mit der Freirechtsbewegung teilte sie die Ablehnung der deduktiven, konstruktivistischen, formalen Rechtsfindung der Begriffsjurisprudenz. Von ihr unterschied sie sich durch eine differenziertere, näher am Gesetz argumentierende Rechtsanwendungsmethode.

Die Grundgedanken dieser herrschend werdenden Schulrichtung der juristischen Methodenlehre gehen auf (den späten) *Rudolph von Jhering* (1818–1892) und seine Lehre von der philosophisch-anthropologischen Begründung des Rechts in seiner Schrift „Der Zweck im Recht" zurück. Der eigentliche Begründer der Interessenjurisprudenz war der Tübinger Zivilrechtslehrer *Philipp Heck* (1858–1943). Zu ihren Hauptvertretern zählten die in der sog. „Tübinger Schule" zusammengeschlossenen Zivilisten *Max Rümelin* (1861–1931), *Heinrich Stoll* (1891–1937) und der Göttinger *Rudolf Müller-Erzbach* (1874–1959).

Der Protagonist Heck wandte sich primär gegen die „technische Begriffsjurisprudenz" und ihre konstruktiv begriffliche, vom Gesetzestext praktisch nicht gedeckte Rechtsgewinnungsmethode. Von diesem Ausgangspunkt versuchte er die Rechtswissenschaft auf die „Interessenforschung", d.h. auf die „Untersuchung des Zusammenhanges zwischen den Rechtssätzen und den Interessenlagen" als Hauptaufgabe festzulegen. Seinen theoretischen Überlegungen liegt die Erkenntnis zugrunde, dass jede Rechtsnorm auf einem Gegeneinanderwirken entgegenstehender „Interessen" beruht und einen Interessenkonflikt entscheidet. Das Gesetz als „Kraftdiagonale ringender Faktoren" (G. Ellscheid) ist Mittel des Interessenschutzes und dient der Lösung sozialer Konfliktfälle. Der Richter hat bei der Anwendung des Gesetzes auf den konkreten Lebenssachverhalt den Konflikt „interessengliedernd" herauszuarbeiten. Er muss die widerstreitenden Interessen der Beteiligten erkennen, gegeneinander abwägen und nach den vorzugsweise zu berücksichtigenden, höher bewerteten entscheiden. Dabei verfährt er jedoch keinesfalls nach freiem Belieben, sondern bei prinzipieller Gebundenheit an das Gesetz im Geiste der vom Gesetzgeber in der Rechtsnorm bereits interessenwertend getroffenen Konfliktentscheidung.

Dieser im Prinzip positivistische Denkvorgang erfordert eine gründliche Erforschung und Feststellung derjenigen Interessen, die der Gesetzgeber für eine Bevorzugung oder Mitberücksichtigung als „kausal" erachtet hatte (sog. kausales Rechtsdenken). Der Richter konkretisiert somit die im Gesetz enthaltene allgemeine Konfliktlösungsregel (das Interesse als Kausalfaktor der Rechtsnorm). Lediglich bei Fehlen einer gesetzlich getroffenen Wertung (Gesetzeslücke), ist er ausnahmsweise zur rechtsschöpferischen sinngemäßen „Gebotsergänzung" befugt. Von der Begriffsjurisprudenz unterscheidet sich die

Rechtsanwendungsmethode der Interessenjurisprudenz dadurch, dass sie den Richter vom begrifflich-buchstäblichen Gesetzesgehorsam befreit und ihn statt dessen zu einem „denkenden Gehorsam" anhält. Dabei sinken die Begriffe zu bloßen Ordnungsfaktoren ab. In der NS-Zeit wurde versucht, Philipp Heck und seine Lehre für die Rechtserneuerung im „völkischen" Sinne nutzbar zu machen. Heck wurde in dem 1933 entbrannten Methodenstreit schließlich von Karl Larenz, Ernst Forsthoff und Carl Schmitt ausgegrenzt. Die wissenschaftliche Aufarbeitung der heute vergessenen, für die weitere Rechtsentwicklung aber aufschlussreichen Auseinandersetzung ist ein Desiderat der Forschung (B. Rüthers).

Die rechtstheoretischen Grundfragen der Interessenjurisprudenz setzten notwendigerweise eine genaue Kenntnis der dem Recht zugrunde liegenden tatsächlichen Interessen voraus. In diesen Erkenntniszielen berührten sie sich mit der von *Arthur Nußbaum* (1877–1964) begründeten „Rechtstatsachenforschung". Als Zweig der Rechtssoziologie setzte sie sich zur Aufgabe, die den einzelnen Fällen zugrunde liegenden sozialen und politischen Bedingungen sowie tatsächlich beobachteten Rechtsübungen darauf zu untersuchen, ob sie noch den vom Gesetzgeber unterstellten Interessenlagen entsprachen. Dieses Verfahren gewährleistete die Feststellung der Anteile des toten Rechts am gesamten Normenvorrat. Im Sinne Nußbaums sind Rechtstatsachen diejenigen Tatsachen, deren Kenntnis für ein volles Verständnis und eine sachgemäße Anwendung der Normen erforderlich ist.

Die gegenwärtige Zivilrechtswissenschaft versteht sich als zeitgemäße Fortbildung der Interessenjurisprudenz. Sie nennt sich „Wert-" oder „Wertungsjurisprudenz" und bringt damit zum Ausdruck, dass zum Wesen der Rechtswissenschaft ein Denken in Werten gehört und die Entscheidungen von Interessenkonflikten prinzipiell nur durch ein Werte realisierendes Erkennen, Gewinnen und Anwenden von Rechtsnormen möglich ist. Als Verlängerung der Interessenjurisprudenz rückt sie dezidiert von der positivistischen Einseitigkeit und Dominanz der Rechtstechnik ab, die sie als Erblast der Spätpandektistik identifiziert. Sie distanziert sich insbesondere vom Subsumtionsdogma und dem damit verbundenen blinden Vertrauen in die Lückenlosigkeit des Gesetzes, das auf alle Rechtsfragen die maßgeblichen Rechtsentscheidungen bereithält, die vom Rechtsanwender durch formal-begriffliche Ableitung abgerufen werden können (Schlussmodell des sog. Syllogismus).

Rechtstheoretisch-methodisch beginnt die Wertungsjurisprudenz dort, wo die Leistungsfähigkeit der Interessenjurisprudenz endete. Deren Ausgangspunkt war das (insoweit unvollständige) Gesetz, das auf bestimmte Fragen keine vom Gesetzgeber vorbereitete Konfliktlösungsregel vorsah, weil z.B. planwidrige Rechts- und Gesetzeslücken aufgetreten (Wertungslosigkeit) oder die Voraussetzungen für die Wertvorstellungen des historischen Normgebers entfallen waren (Wertewandel). Nach ihrem Grundverständnis hatte die Interessenjurisprudenz konsequent die in der Rechtsnorm enthaltene allgemeine Regel als Ergebnis einer abschließend kodifizierten Werterfahrung des historischen Gesetzgebers begriffen. Sie legte den Richter auf die gesetzesgetreue Reproduktion sowie Vollstreckung einer fremden, zur Zeit der Kodifikation gültigen Wertentscheidung fest. Wertende Gesetzesanwendung bestand im Wesentlichen in einer statischen, historischen Interessenerforschung.

Dagegen ist Grundvoraussetzung einer „Interessenbewertung" (H. Westermann) die Existenz eines der Gesamtrechtsordnung immanenten, hierarchisch gegliederten Wertsystems (Werthierarchie). Jedoch hat bereits die Auseinandersetzung mit der philosophischen materialen Wertlehre, wie sie von *Max Scheler* (1874–1928) und *Nicolai Hartmann* (1882–1950) vertreten wurde, die Fragwürdigkeit einer nach Rang- und Stufenfolge differenzierenden Wertbegründung des Rechts deutlich gemacht. Die Wertungsjurisprudenz musste deshalb nach einem Ausweg zwischen den beiden extremen Positionen Wertabsolutismus und Wertnihilismus suchen. In der Anerkennung eines gemäßigten Wertrelativismus als Entsprechung zur pluralistischen demokratischen Gesellschaft mit grundsätzlich begrenzbaren und im Einzelfall objektivierbaren Werthorizonten wurde er gefunden. Das Bemühen der modernen Wertungsjurisprudenz gilt der Konkretisierung und rationalen Begründung von Aussagen über das Wertungsverfahren in einer freiheitlich-demokratischen Rechtsordnung. Ihre Aufgabe ist Wertableitung durch rationale Folgendiskussionen.

Schrifttum: *Stolleis*, Juristen, 275 – *H. Westermann*, Wesen und Grenzen der richterlichen Streitentscheidung im Zivilrecht (1955) – *K. Knauthe*, Kausales Rechtsdenken und Rechtssoziologie (1968) – *A. Nußbaum*, Die Rechtstatsachenforschung, hg. v. M. Rehbinder (1968) – *M. Rehbinder*, Die Rechtstatsachenforschung im Schnittpunkt von Rechtssoziologie und soziologischer Jurisprudenz, Jahrbuch f. Rechtssoziologie u. Rechtstheorie I (1970), 333 ff. – *W. Kallfass*, Die Tübinger Schule der Interessenjurisprudenz (1972) – *G. Ellscheid/W. Hassemer* (Hg.), Interessenjurisprudenz (1974), 1 ff. – *K.F. Röhl*, Das Dilemma der Rechtstatsachenforschung (1974), 5ff., 252ff. – *O. Hartwieg*, Rechtstatsachenforschung im Übergang (1975), 21ff. – *K. Larenz*, Grundformen wertorientierten Denkens in der Jurisprudenz, in: FS W. Wilburg (1975), 217ff. – *C. Starck*, Notwendigkeit einer Wertbegründung des Rechts, ARSP Beiheft 37 (1990), 47ff. – *Larenz-Canaris*, Methodenlehre der Rechtswissenschaft (^{3}1995), 137ff. – *Chr. Nunn*, Rudolf Müller-Erzbach (1998) – *B. Rüthers,* Rechtstheorie, 315 – *H. Schoppmeyer,* Juristische Methode als Lebensaufgabe (2001), 183ff.

V. Rechtsphilosophische Erneuerungsversuche

Interessenjurisprudenz und Freirechtslehre haben die begriffsjuristisch-technische Verengung der Rechtswissenschaft bekämpft. Dabei wurde die Erkenntnis herrschend, dass bei der Rechtsanwendung die Realbedingungen des Rechts Berücksichtigung finden müssten. Damit traten die Naturrechtslehren ein weiteres Mal in den Vordergrund. Fragen, wie etwa nach welchen Kriterien das Recht zu bilden sei, ob wissenschaftlich verbindliche Aussagen über materiale Grundgehalte der Normen oder über eine inhaltliche Wertbestimmung und Rangordnung des Rechts gemacht werden könnten, bekamen so neue Aktualität. Begleitet wurde diese Umorientierung durch eine Rückbesinnung auf die Rechtslehren von *Immanuel Kant* (1724–1804) im sog. „Neu-Kantianismus".

Mit der Aufdeckung der Realitätsdefizite des Rechts verlor auch die Vorstellung vom unwandelbaren, „absoluten" Naturrecht an Überzeugungskraft. Das Postulat des Vorrangs der überpositiven Rechtsordnung vor dem gesetzten (positiven) Recht war gerade wegen dieses mangelnden Wirklichkeitsbezuges des absoluten Naturrechts fragwürdig geworden und wissenschaftlich schwer zu halten. An seine Stelle trat die Suche nach Elementen der Realität eines zeitgemäßen und sachgerechten, aus der historischen Erfahrung heraus wandelbaren und damit „konkreten" Naturrechts.

1. Gerechtigkeitslehre des „richtigen Rechts" (R. Stammler)

Rudolf Stammler (1856–1938), Professor in Halle und Berlin, Rechtsphilosoph, Neukantianer und „der letzte Pandektist" (A. Erler), bemühte sich in seiner programmatischen Schrift „Die Lehre von dem richtigen Rechte" (1902) um ein derart inhaltlich wechselndes Naturrecht. Dort kennzeichnet er richtiges Recht als ein „besonders geartetes wirkliches Recht“ und versteht darunter diejenigen positiven Rechtssätze, „welche die formale Eigenschaft der ‚Richtigkeit' besitzen“. Über sie verfügt eine Norm dann, „wenn deren bedingter Inhalt dem allgemeinen Gedanken der menschlichen Gemeinschaft – dem sozialen Ideal – entspricht“. Der Begriff des sozialen Ideals wird als formale Gesetzmäßigkeit, als höchster methodischer Gesichtspunkt und damit als Kriterium für die Frage der rechtlichen Richtigkeit verwendet. Daraus ergeben sich für Stammler die materialen Kriterien des richtigen Rechts: Grundsätze des Achtens („a. Es darf nicht der Inhalt eines Wollens der Willkür eines anderen anheimfallen. b. Jede rechtliche Anforderung darf nur in dem Sinne bestehen, dass der Verpflichtete sich noch der Nächste sein kann“, Wesen des Rechts, LI) sowie Grundsätze des Teilnehmens („a. Es darf nicht ein rechtlich Verbundener nach Willkür von der Gemeinschaft ausgeschlossen sein. b. Jede rechtlich verliehene Verfügungsmacht darf nur in dem Sinne ausschließend sein, dass der Ausgeschlossene sich noch der Nächste sein kann“, Wesen des Rechts, LI). Im Zuge der Harmonisierung der eigentümlichen Wechselwirkungen zwischen der formalen Eigenschaft eines konkreten, geschichtlich bedingten Rechtsinhaltes und dem Ideal einer „Gemeinschaft frei wollender Menschen“ kommt die Lehre vom richtigen Recht schließlich zu einem materialen „Naturrecht mit wechselndem Inhalt“ („ ... mehr eine Methode wertender Rechtsbetrachtung als ein System von Werturteilen über das Recht“, *G. Radbruch* – Gesamtausgabe, hg. v. A. Kaufmann, Bd. 16 [1988], 53).

Stammlers Theorie war Teil eines komplexeren Vorhabens, die Rechtsphilosophie, der ein rigoroser Gesetzespositivismus die Existenzberechtigung bestritt, im Sinne des „neukantischen“ Verständnisses der Marburger Schule (einer formalistischen, an Logik und Methodik orientierten neukantianischen Richtung) grundlegend zu erneuern. Bleibender Erfolg war ihr nicht beschieden. Das gleiche gilt von seiner neukantianischen Kritik an der materialistischen Geschichtsauffassung von Karl Marx.

Schrifttum: *A. Erler*, HRG (Stammler, R.), 1897 ff. – *Kleinheyer/Schröder*, Juristen, 269 ff. (Stammler) – *G. Ellscheid*, Das Naturrechtsproblem, in: *Kaufmann/Hassemer*, Einführung, 179 ff. – *R. Stammler*, Wesen des Rechts und der Rechtswissenschaft, in: Systematische Rechtswissenschaft, hg. v. R. Stammler u. a. (1906), I ff. – *G. Boehmer*, Grundlagen der bürgerlichen Rechtsordnung II 1 (1951), 140 ff. – *H. Henkel*, Einführung in die Rechtsphilosophie (^{2}1977), 505 ff. (513 ff.) – *K. Larenz*, Methodenlehre der Rechtswissenschaft (^{6}1991), 85 ff.

2. Renaissance des Naturrechtsdenkens

Die Impulse, die von Stammlers Gerechtigkeitslehre ausgingen, waren geeignet, eine Restauration des Naturrechts einzuleiten. Dabei spielten die rigide Ablehnung des traditionellen juristischen Positivismusverständnisses als Normativismus und die Unterdrückung des religiösen Denkens durch den Nationalsozialismus eine entscheidende Rolle. Eine verstärkten Wiederbesinnung auf überpositive, sittlich-ethische Maßstäbe und Werte war die Folge.

Dem Nachweis der Kontinuität des Naturrechtsgedankens diente das Buch des deutschamerikanischen Rechtsphilosophen *Heinrich Rommen* (1897–1967) „Die ewige Wiederkehr des Naturrechts" (1936). Diese Schrift eröffnete die erste Phase einer modernen Naturrechtsdiskussion. Ausgehend von der katholischen Moralphilosophie und der scholastisch-thomistischen Sozialethik erhob Rommen konkrete Forderungen für die Gesellschafts- und Rechtsordnung der modernen Industriegesellschaft. Gegen den positivistischen Naturalismus und ein auf Zweckmäßigkeit und Vernünftigkeit abstellendes Naturrecht propagierte er seine zeitgemäße Erneuerung. Sein Ziel war eine christliche, metaphysische Naturrechtslehre im Sinne einer sozialethischen Verantwortung. Weitere Vertreter dieser religiös geprägten, christlichen Rechtslehre (*Neuscholastik, Neuthomismus*) waren *Victor Cathrein* (1845–1931), *Josef Mausbach* (1861–1931), *René Marcic* (1919–1971) und *Alfred Verdross* (1890–1980).

Eine zweite Naturrechtsrenaissance begann nach dem Zweiten Weltkrieg. Als Reaktion auf die durch den Nationalsozialismus zerstörte Rechts- und Werteordnung sowie angesichts des gesetzlichen Unrechts des NS-Regimes hatte die Neuauflage des Naturrechtsgedankens in der Rechtsnot der Nachkriegsjahre ihre vitale Berechtigung. Gleichwohl musste sich bereits die naturrechtlich an die christlich-abendländische Tradition anknüpfende Rechtsprechung des Bundesgerichtshofes „unkritisches", häufig widerspruchsvolles Naturrechtsbewusstsein vorwerfen lassen. Gegenwärtig werden die Ergebnisse dieser zweiten Wiederkehr des Naturrechts von Rechtsphilosophen zurückhaltend, eher skeptisch beurteilt (A. Kaufmann), von Philosophen sogar als nur von mäßigem Niveau abqualifiziert (J. Habermas). Für eine abschließende Bilanzierung dürfte es noch zu früh sein.

Möglicherweise steht die Rechtswissenschaft gegenwärtig vor einer dritten Auflage der Naturrechtsdiskussion. Jedenfalls ähneln viele

Argumente in den Urteilen zu den sog. „Mauerschützen" (z.B. BGH NJW 1991, 2654, BGH JZ 1993, 199, BGH NJW 1994, 2708, BVerfG JZ 1997, 142), mit welchen die demokratische Bundesrepublik eine strafrechtliche Aufarbeitung des im Namen der DDR begangenen Unrechts versucht, auffallend jenen des Bundesgerichtshofs, mit welchen dieses höchste Gericht in der Nachkriegszeit die Verbrechen des Nationalsozialismus ahndete. Eine Wiedergeburt feiert u.a. die berühmte, von dem Strafrechtler, Rechtsphilosophen und Politiker *Gustav Radbruch* (1878–1949) stammende, nach ihm benannte sog. „Radbruchsche Formel". Mit ihr hatte der Autor unter dem Eindruck des gesetzlichen Unrechts im Nationalsozialismus die berühmt gewordene Unterscheidung zwischen „gesetzlichem Unrecht" und „übergesetzlichem Recht" getroffen. Sie wird nach wie vor kontrovers diskutiert und ist jedenfalls ungeeignet, mit zwingender und letzter Sicherheit das „gerechte" vom „ungerechten" Gesetz zu trennen.

Schrifttum: *H. Weinkauff*, Der Naturrechtsgedanke in der Rechtsprechung des BGH, NJW 1960, 1689ff. – *F. Wieacker*, Zum heutigen Stand der Naturrechtsdiskussion (1965) – *M. Kriele*, Rechtspositivismus und Naturrecht – politisch beleuchtet, JuS 1969, 149ff. – *K. Kühl*, Rückblick auf die Renaissance des Naturrechts nach dem 2. Weltkrieg, in: Geschichtliche Rechtswissenschaft, hg. v. G. Köbler u.a. (1990), 331ff. – *A. Kaufmann*, Problemgeschichte der Rechtsphilosophie, in: *Kaufmann/Hassemer*, Einführung, 98ff. – *ders.*, Die Naturrechtsrenaissance der ersten Nachkriegsjahre – und was daraus geworden ist, in: FS S. Gagnér (1991), 105ff. – *ders.*, Die Radbruchsche Formel vom gesetzlichen Unrecht und vom übergesetzlichen Recht in der Diskussion um das im Namen der DDR begangene Unrecht, NJW 1995, 81ff. – J. *Hruschka*, Vorpositives Recht als Gegenstand und Aufgabe der Rechtswissenschaft, JZ 1992, 429ff. – *R. Schröder*, Rechtsgeschichte der Nachkriegzeit, JuS 1993, 617ff. – *H. Wullweber*, Die Mauerschützen-Urteile, Kritische Justiz 1993, 49ff. – *H. Dreier*, Gustav Radbruch und die Mauerschützen, JZ 1997, 421ff.

3. Rechtspositivismus der Reinen Rechtslehre (H. Kelsen)

Der Wiener Professor für Staats- und Verwaltungsrecht sowie Richter am österreichischen Verfassungsgerichtshof *Hans Kelsen* (1881–1973), der bereits 1920 als Mitgestalter der „unpolitischen" Verfassung Österreichs in Erscheinung getreten war, begründete die positivistische, sog. „Reine Rechtslehre". Nach seiner Auffassung verdiente „Recht" die Bezeichnung „positiv" (gesetzt) nur, wenn es von allen Einflüssen der Politik, Soziologie, Psychologie, Ethik oder Religion gereinigt war. Davon ausgehend entwickelte er die von „unjuristischen" philosophischen Methoden oder sonstigen Elementen (z.B. Nützlichkeit, Gerechtigkeit) befreite, ausschließlich intellektuelle, unpolitische, Sein und Sollen streng trennende Rechtslehre, die deshalb mit dem Attribut „rein" versehen wurde. Ihr Grundkonzept hatte Kelsen bereits 1911 in seinem Buch „Hauptprobleme der Staatsrechtslehre" dargelegt. Das in seiner Schrift „Reine Rechtslehre" im Jahre 1934 veröffentlichte und von seiner „Wiener Rechtstheoretischen Schule" weiterentwickelte Lehrgebäude hatte zum Ziel, in Anlehnung an die englische „Analytical Jurisprudence" (J. Bentham, J. Austin) hauptsächlich für das Staatsrecht wertfreie, von einer inhaltlichen Diskussion abgelöste, allgemeine Aussagen über das Recht vorwiegend formal-technischer Art zu treffen (z.B. Identität der Begriffe Recht und Staat).

Das Hauptanliegen der Reinen Rechtslehre galt dem Geltungsgrund einer gesetzlichen Vorschrift, d.h. der Begründung der Wirksamkeit bzw. Verbindlichkeit einer positiven Rechtsnorm. Exemplarisch konkretisierte sich das Kernproblem in der beim Kaufvertrag elementaren Frage, warum das Gesetz (z.B. nach § 433 Abs. 2 BGB) den Käufer nach Abschluss des Kaufvertrages über einen Gegenstand oder ein Recht zur Zahlung des Kaufpreises verpflichtet? Die Antwort darauf wurde aus der legitimierenden Funktion eines besonderen, hierarchisch gedachten Normerzeugungsprozesses abgeleitet.

Als Begründer dieses rechtstheoretischen Modells gilt *Adolf Julius Merkl* (1890–1970), Kelsens Schüler und nach dessen (wegen seiner jüdischen Herkunft) Emigration in die USA sein Nachfolger in Wien. Er hatte die Lehre vom „Stufenbau der Rechtsordnung" entwickelt, die von Kelsen in sein System übernommen und herrschend wurde. Ausgangspunkt der Theorie ist, dass sämtliche Normen eines als Einheit gedachten Rechtssystems zueinander im Verhältnis einer geltungsbedingenden Über- und Nachordnung stehen. Kein Rechtssatz gilt aus sich selbst. Jede Norm bezieht ihren Geltungsgrund aus einer anderen, höherrangigen, mit derogatorischer Kraft ausgestatteten Norm der Rechtsordnung. Stehen zwei Normen zueinander in Widerspruch (sog. Normkollision, Wertungswiderspruch, Antinomie), gilt der Grundsatz des *„Lex superior derogat legi inferiori"* (das höhere Gesetz hebt das nachgeordnete auf). Der die Normgeltung rechtfertigende Delegationszusammenhang kann allerdings nicht ad infinitum fortgesetzt werden. Er wird deshalb durch eine als ranghöchste und axiomatisch gedachte (Fiktion) sog. „Grundnorm" als den letzten

Geltungsgrund des positiven Rechts begrenzt. Die Bedeutung der durch einen Kunstgriff kreierten Grundnorm erschöpft sich ausschließlich darin, die objektive Geltung einer bzw. jeder positiven Rechtsordnung zu begründen. Eine inhaltliche Einflussnahme der Grundnorm auf die ihr nachgeordneten Rechtsnormen findet nicht statt, weil dies dem normlogischen reinen Grundtenor der Lehre widersprechen würde („In der Voraussetzung der Grundnorm wird kein dem positiven Recht transzendenter Wert bejaht“, Reine Rechtslehre, 2. Aufl. 1960, 204). In der Theorie der hypothetischen Grundnorm kommt die konsequente Absage an jede Rechtsmetaphysik und Seinswissenschaft am reinsten zum Ausdruck.

Kelsens streng logische, formale Analyse des Rechts war zwar geeignet, das Differenzierungsvermögen zwischen Sollensaussagen und nichtnormativen, metajuristischen Grundbedingungen der Normen entscheidend zu fördern. Sie ist jedoch in der Fiktion einer gedachten, „virtuellen“ Grundnorm auch deshalb nicht unproblematisch, weil danach jeder beliebige Inhalt Recht sein kann. Die reine Rechtslehre ist bis heute heftig umstritten. Gleichwohl hat sie die Rechtstheorie außerordentlich beeinflusst; sie ist gegenwärtig eine internationale juristische Richtung. Zu ihren bedeutenden aktuellen Fortbildungen gehören die moderne „Rechtslogik“ sowie die vor allem mit dem Instrument der Sprachtheorie arbeitende, „Analytische Rechtstheorie“, wie sie z.B. von H.L.A. Hart entwickelt wurde.

Schrifttum: *N. Achterberg*, HRG (Reine Rechtslehre), 829ff. – *Stolleis*, Juristen, 344ff. – *Brauneder*, Juristen, 290ff., 300ff. – *J. Behrend*, Untersuchungen zur Stufenbaulehre Adolf Merkls und Hans Kelsens (1977) – *W. Schild*, Theorie und Praxis bei Hans Kelsen, Rechtstheorie 10 (1979), 199ff. – *K. Larenz*, Methodenlehre der Rechtswissenschaft ([6]1991), 69ff. – *H. Dreier*, Rechtslehre, Staatssoziologie und Demokratietheorie bei Hans Kelsen ([2]1990) – *ders.*, Hans Kelsen. „Jurist des Jahrhunderts“?, in: Deutsche Juristen jüdischer Herkunft, hg. v. H. Heinrichs u. a. (1993), 705ff. – *K. Seelmann*, Rechtsphilosophie (1994), 40ff. – *W. Naucke*, Rechtsphilosophische Grundbegriffe ([3]1996), 114ff. – *B. Rüthers*, Rechtstheorie (1999), 274ff.

VI. Institutionelle Rechtslehren

Interessenjurisprudenz und Freirechtslehre hatten in ihrer Auseinandersetzung mit dem Rechtspositivismus die Gegensätze sichtbar gemacht, die für den Zustand der Rechtswissenschaft zu Beginn des 20. Jahrhunderts charakteristisch waren. Dem Rechtsdenken neue Impulse zu seiner Fortentwicklung zu geben, galt deshalb das Bestreben der in jüngerer Vergangenheit aktuell gewordenen sog. „Institutionellen Rechtsauffassung". Ziel dieser Lehre war es, den Inhalt und Sinn einer Rechtsregel aus der besonderen juristischen Substanz sowie Gesetzlichkeit abzuleiten, die den „Instituten" des Rechts sowie den „institutionellen" Gebilden des Soziallebens eigen ist. Nach der „Lehre von den institutionellen Garantien" (Carl Schmitt) dienen die Rechtsnormen der Erhaltung, Ausgestaltung oder Veränderung von Institutionen, wie Ehe und Familie, Eigentum und Erbrecht, Berufsbeamtentum oder Selbstverwaltung. Der Staat ist befugt, bestimmten öffentlichen oder privaten Einrichtungen zum Zwecke der Bestandssicherung die Schutzwürdigkeit verfassungsrechtlicher Institute zu verleihen.

Das institutionelle Rechtsdenken geht von der Annahme aus, dass die positiven „Rechtsnormen" in einem immanenten Sinnzusammenhang mit den „Institutionen" stehen, die ihrerseits wiederum im Gesamtgefüge der Rechtsordnung ganz bestimmte Funktionen besitzen und Werte verkörpern. Diese besondere Interdependenz zwischen Norm und Institution, verknüpft mit dem vorausgesetzten Primat des Institutionellen (Norm als bloßes Mittel der Ordnung), soll die tragenden Ideen und Inhalte des Rechts erschließen. Die Theorie will auch eine zuverlässige Feststellung des sozial Realen und Relevanten, d.h. des angewendeten und geltenden Rechts ermöglichen, weil die „Institution" über ihren vergeistigten Rechtsinhalt hinaus ein wahres Abbild der gesellschaftlichen Wirklichkeit darstellt. Nach juristischem Verständnis werden die inneren Strukturen der Institutionen primär als Auslegungshilfen verwendet. In extensiver Begriffsdeutung haben sie sogar den Rang einer Rechtsquelle.

Ansätze zum institutionellen Rechtsdenken finden sich bereits in der Lehre vom „Rechtsinstitut" der Historischen Rechtsschule. In gewisser Weise vorweggenommen hatte dieses Denken auch der von Savigny beeinflusste Rechtsphilosoph *Friedrich Julius Stahl* (1802–1862), der für das Privatrechtssystem die Orientierung an der sozialen Lebenswelt forderte, die sich in den „Rechtsinstitutionen" manifestierte. Savigny verstand die Rechtsinstitute als Einheiten, die in ihrer Gesamtheit zu einer natürlichen Ordnung verbunden waren. In diesem System nahm jedes Rechtsinstitut einen ganz bestimmten Stellenwert ein und ließ sich wiederum nur aus dem Gesamtzusammenhang und der Wechselwirkung mit anderen Instituten in seinem

Sinngehalt sowie seiner „organischen Natur" erschließen. Rechtsverständnis und Rechtsanwendung bedeuteten demnach Abstrahierung des Rechtssatzes aus den eigentümlichen juristischen Sinngehalten der Rechtsinstitute in ihrer Totalität.

Schrifttum: *W. Sellert*, HRG (Stahl), 1882ff. – *W. Wilhelm*, Zur juristischen Methodenlehre im 19. Jahrhundert (1958), 46ff., 63ff. – *L. Raiser*, Rechtsschutz und Institutionenschutz im Privatrecht, in: Summum ius summa iniuria (1963), 145ff. – *B. Rüthers*, Institutionelles Rechtsdenken im Wandel der Verfassungsepochen (1970) – *W. Fikentscher*, Methoden des Rechts I (1975), 522ff. – *W. Krawietz*, Ansätze zu einem Neuen Institutionalismus in der modernen Rechtstheorie der Gegenwart, JZ 1985, 706ff.

1. Rechtsphilosophische Institutionentheorie (M.E. Hauriou)

Der französische Verwaltungs- und Verfassungsrechtler *Maurice Eugène Hauriou* (1856–1929) gilt als Begründer und Hauptvertreter einer rechtsphilosophischen Theorie der Institutionen. Sein Hauptwerk „La théorie de l'institution et de la fondation" (1925) ist stark vom angloamerikanischen Pragmatismus und Empirismus geprägt. Es beschäftigt sich mit der Wirklichkeit des Rechts, die sich ihrerseits in den sozialen Tatbeständen der „Institutionen" abspiegelt. Hauriou versteht das Recht als Mittler im dualen Verhältnis zwischen personalem, auf den menschlichen Willen bezogenen „Subjektivismus" (Rechtsbewusstsein, Ideen der Gerechtigkeit) und sozial-kausalem „Objektivismus" (soziale Ordnung, Institutionen). Seinem „objektiven Idealismus" entspringt die Vorstellung von der Verwirklichung der subjektiven Leitideen in den objektiven, rechtlich verfassten Gebilden der sozialen Ordnung und des sozialen Lebens. Er unterscheidet dabei zwei Grundtypen: die körperschaftlichen oder Personeninstitutionen (*institutions-personnes/corps* – Familie, Gewerkschaften, Staat) sowie die dinglichen Institutionen (*institutions-choses* – Eigentum, Grundstücke, Vertragsverhältnisse u.ä.). Letztgenannte stehen in Diensten der Ersteren. Die Institution erscheint dabei als Idee eines sozialen Werks oder Unternehmens (*idée directrice*), die sich in einem sozialen Verband oder Milieu objektiv verwirklicht. Diese in ständiger Veränderung und Anpassung befindlichen dynamischen Institutionen schaffen Rechtsnormen und bilden das Recht fort. Die Lehre erstrebt die Überwindung des bestehenden Dualismus zwischen der Subjektivität und Objektivität, allerdings im Wege einer wohl überzogenen Abhängigkeit des Normativen von der Realität der Institutionen. Ihre Ausstrahlung war außerordentlich.

Schrifttum: *P. Häberle*, Die Wesensgehaltsgarantie des Art. 19 Abs. 2 Grundgesetz ([3]1983), 73 ff. – *R. Schnur* (Hg.), Die Theorie der Institution (1965) – *ders.* (Hg.), Institution und Recht (1968) – *H. Schelsky*, Das Jhering-Modell des sozialen Wandels durch Recht, Jahrbuch f. Rechtssoziologie u. Rechtstheorie III (1972), 77 ff. – *W. Fikentscher*, Methoden des Rechts I (1975), 504 ff. – *C. B. Gray*, A forgotten link in legal sociology, Rechtstheorie 15 (1984), 256 ff.

2. Soziologische Institutionentheorie (Santi Romano)

Die Institutionentheorie Haurious hat der italienische Staatsrechtler und Rechtstheoretiker *Santi Romano* (1875–1947) fortgesetzt und im Völkerrecht vertieft. Sein Buch „L'ordinamento giuridico" (1918) enthält eine kritische Revision der Grundlagen der Rechtsordnung. Orientiert am Modell der Völkergemeinschaft und des Völkerrechts als seiner rechtlichen Grundordnung gelangte Romano zur Identität von Institution und Rechtsordnung. Nach seiner Lehre stellt der Begriff des Rechts die soziologisch notwendige Ergänzung zum Begriff der Gesellschaft dar. Damit wird das jeweilige Erscheinungsbild der menschlichen Gemeinschaften als soziales Phänomen zur Quelle der geltenden Rechtsgrundsätze, deren Ableitung auf empirischem Wege erfolgt. Romanos Ordinamento-Rechtsdenken ist als „soziologischer Positivismus" (W. Fikentscher) noch heute in der italienischen Rechtstheorie gegenwärtig.

Schrifttum: *Stolleis*, Juristen, 524 – *R. Schnur* (Hg.), Die Rechtsordnung von Santi Romano (1975) – *W. Fikentscher*, Methoden des Rechts I (1975), 520 ff. – *N. Bobbio*, Teoria e ideologia nella dottrina di Santi Romano, und *G. Tarello*, La dottrina dell'ordinamento e la figura pubblica di Santi Romano, beide in: Le dottrine giuridiche di oggi e l'insegnamento di Santi Romano, a cura di P. Biscaretti di Ruffia (1977), 25 ff., 245 ff. – *M. Fuchs*, Die Allgemeine Rechtstheorie Santi Romanos (1979) – *M. Fioravanti*, Per l'interpretazione dell'opera giuridica di Santi Romano: Nuove prospettive della ricerca, Quaderni Fiorentini 10 (1981), 169 ff.

3. „Völkischer" Institutionenglaube – „Konkretes Ordnungsdenken" (C. Schmitt)

Nach 1933 bemächtigte sich in Deutschland die „völkische Rechtserneuerungsbewegung" der Nationalsozialisten der Modelle des institutionellen Denkens. Haurious Theorie von der Realität des Rechts erfuhr durch den in Berlin lehrenden Staatsrechtler *Carl Schmitt* (1888–1985) in der „Rechtslehre vom konkreten Ordnungs- und Gestaltungsdenken" eine berüchtigte Verlängerung. Anstelle der „Institutionen" dienten nun „konkrete Ordnungen" der ideologischen

Rechtfertigung des nationalsozialistischen Führerstaates und seiner „völkischen Rechtsordnung". In der programmatischen rechtstheoretischen Schrift „Über die drei Arten des rechtswissenschaftlichen Denkens" (1934) hatte sich Schmitt gegen die Methode des reinen juristischen Positivismus gewendet, soweit dieser die Eignung für sich in Anspruch nahm, jede rechtliche Entscheidung wertneutral im Wege begrifflich-logischer Operationen aus dem Gesetz abzuleiten. An die Stelle des weltanschaulich abstinenten, abstrakten Regel- oder Gesetzesdenkens (Recht als Regel – „Normativismus") und neben den Typus des autoritär-souveränen, machtbestimmten Entscheidungsdenkens (Recht als Entscheidung – „Dezisionismus") setzte er als einzige, den politischen Gegebenheiten nach der Machtergreifung gemäße juristische Denkform des Rechts die „konkrete Ordnung", eine Synthese zwischen normativistischer und dezisionistischer Rechtstheorie. Der neue nationalsozialistische Gesetzgeber wurde verpflichtet, die aus „konkreten inneren Ordnungen" ermittelten Wertungen in Rechtsnormen zu fassen.

Der Schlüsselbegriff der „konkreten Ordnung" in seiner Zuordnung zum Recht basiert auf der Annahme, dass jedes Gesetz und jede Rechtsnorm ausschließlich und erst auf dem Boden und im Rahmen einer vorgegebenen realen Lebensordnung eine ganz bestimmte Geltung entfaltet und dabei (rechts-)politisch eindeutige Werte realisiert. Recht wird nicht durch einen rationalen, methodisch korrekten Ableitungsprozess erkannt, sondern durch die konkrete Beobachtung der Lebenswirklichkeit in ihren Ordnungen (den früheren „Institutionen") festgemacht. Aus ihnen bezieht das Recht seinen letzten Geltungsgrund und hat die Aufgabe, die vorgegebenen Ordnungen zu schützen (institutionelle Garantie). Damit stellte sich die entscheidende Frage nach der inhaltlich-deskriptiven Bestimmung des Begriffs der Ordnung und ihrer methodischen Gestaltungskraft in Bezug auf das Recht. Schmitts Programmschrift blieb hierzu eindeutige Antworten schuldig. Anstelle rationaler begrifflicher Festlegungen wurden vielmehr modellhaft sog. Teilgemeinschaften, wie z.B. die mythisch verklärte Gefolgschaft, Familiengemeinschaft, Ehe, der Sippenverband, Staat u.Ä. als konkrete Ordnungen vorgestellt. Ihnen wurde die Fähigkeit beigemessen, kraft ihrer ureigenen „immanenten Lebensprinzipien" organisch stetig Sonderordnungen hervorzubringen, die ganz spezifische juristische Substanzen und Rechtswesenheiten in sich bargen. Die Gesamtheit der Lebensordnungen war in die

Wertewelt der nationalsozialistischen „Volksgemeinschaft" eingebunden und unterlag der totalen Verfügung des absoluten Führerstaates. Der mit dem Regime identische faschistische Usurpator wurde zum beherrschenden obersten Ordnungsfaktor. Sein Wille befand letztlich über die ideologisch richtige innere Verfassung einer jeden völkischen Lebensordnung. Diese politisch vollständige Ausrichtung der konkreten Ordnungen auf den Diktator als Personifizierung des „Völkischen" reduzierte das Recht auf eine schlichte Funktion der unbeschränkten und unkontrollierbaren Macht. Es war Derivat des Führerwillens, der seinerseits rationaler Fassbarkeit oder gerichtlicher Nachprüfung entzogen blieb. Alle den konkreten Ordnungen oder dem „gesunden Volksempfinden" widersprechenden Rechtsnormen waren nicht bindend und mussten gebrochen werden. In dem zu einem Entwurf gediehenen Volksgesetzbuch von 1942 sollte ein Redaktionsstab führender nationalsozialistischer Juristen (Rechtslehrer) diese in den verschiedenen völkischen Ordnungen beschlossenen Eigenrechte und Rechtswesenheiten kodifizieren.

Bei der Suche nach einem Ersatz für das „reaktionäre, innerlich bankerotte", normativistische bürgerliche Recht (C. Schmitt) durch konkrete Ordnungen erfuhr Schmitts Institutionenglaube eine zusätzliche Vertiefung durch Rückgriffe auf Naturrechtsgedanken. Als „junges deutsches nationalsozialistisches Naturrecht" kamen sie zu einer in der Geschichte des deutschen rechtsphilosophischen Denkens fragwürdigen Berühmtheit (Hans-Helmut Dietze, Naturrecht in der Gegenwart, 1936). Ein nationalsozialistisches Naturrecht „aus Blut und Boden" konnte nur „dynamisches" Recht sein. Es durfte weder den Führer noch den Gesetzgeber binden. Allein die Partei sollte es schaffen können. Die Ergänzung des mit Hilfe einer irrationalen Legitimation kreierten Ordnungsdenkens um naturrechtliche, imaginäre ideologische Programme lag in der Tat nahe, obwohl Schmitt anfänglich das Naturrecht als potenziell staatsuntergrabende Kraft abgelehnt hatte. Die nationalsozialistische Rechtstheorie hat deshalb eine Identifizierung beider Denkansätze versucht: „Natur-Recht in der deutschen Volksgemeinschaft, germanisches Lebensrecht".

Die Erhebung der Gemeinschaft art- und rassegleicher Volksgenossen zum unverfügbaren und unwandelbaren Naturrechtsprinzip erlaubte eine ungehemmte Positivierung abgeleiteter Fundamentalsätze, wie z. B. „Recht ist das, was arische Menschen für Recht befinden, Unrecht ist das, was sie verwerfen". Diese Form naturrechtlicher „Überhöhung" der totalitären Machtideologie gipfelte in der fundamentalen, pervertierten Erkenntnis, dass „reines Recht nur aus einem rassereinen Volk entstehen" kann (Helmut Nicolai, Rassengesetzliche Rechtslehre – Grundzüge einer nationalsozialistischen Rechtsphilosophie, 1932). In Wahrheit wurde auf diese Weise das Recht planmäßig zu einem naturhaften nationalistischen, elitären Rasserecht des Stärkeren missbraucht. Ein derartiger auf eine ausschließlich durch den Führerwillen legitimierte Gesetzgebung gestützter Rechtsnihilismus hatte tatsächlich mit Naturrecht nichts mehr gemeinsam. Der NS-Jurismus zeigt gerade an seinem Naturrechtsexzess, dass die gelegentliche Einordnung des NS-Staates als immerhin noch formaler Gesetzesstaat mit dem traditionellen, rechtsstaatlichen Gesetzesbegriff überhaupt nicht in Verbindung gebracht werden kann.

Schrifttum: *J. Gernhuber*, Das völkische Recht, in: Tübinger FS E. Kern (1968), 193 ff. – *E. Wolf*, Kritik der institutionellen Rechtsauffassung, in: Zur Theorie der Institutionen, Interdisziplinäre Studien I, hg. v. H. Schelsky (1970), 78 ff. (84 ff.) – *E. Fraenkel*, Der Doppelstaat (1974), 164 ff. (171 ff.) – *K. Anderbrügge*, Völkisches Rechtsdenken (1978), 106 ff., 179 ff. – *W. Fikentscher*, Methoden des Rechts I (1975), 532 f.; III (1976), 313 ff. – *I. Maus*, Bürgerliche Rechtstheorie und Faschismus (^{2}1980) – *A. Kaufmann*, Rechtsphilosophie und Nationalsozialismus, in: Beiträge zur Juristischen Hermeneutik (1984), 173 ff. (179, 184) – *J. Zischka*, Die NS-Rassenideologie (1986), 23 ff. – *B. Rüthers*, Entartetes Recht (^{2}1989), 26 f., 59 ff.

VII. Ökonomische Analyse des Rechts

Zu einem kritischen Überdenken des Gegenstandes ihrer Beschäftigung wurde die jüngere Privatrechtswissenschaft durch die „ökonomische Analyse des Rechts" angeregt. Die vor rund zwei Jahrzehnten in den Vereinigten Staaten von Amerika von *Ronald H. Coase, Guido Calabresi* und *Richard A. Posner* entwickelte sozialwissenschaftlich orientierte Rechtstheorie („Economic Analysis of Law") fand rasche Verbreitung und wurde auch in Westeuropa rezipiert. Sie ist nur vordergründig eine weitere Variante jenes altbekannten Denkens, das Konsequenzen aus den Wechselwirkungen von Recht und politischer Ökonomie zu ziehen versucht. Das Anliegen der ökonomischen Analyse des Rechts geht weiter. Erstrebt wird eine Veränderung sowohl der Grundlagen der Rechtsordnung, wie auch der Methoden bei der Setzung, Gewinnung und Anwendung von Recht mit Hilfe eines „ökonomischen Ansatzes". Wie in der Wirtschaft das Kosten-Nutzen-Kalkül Steuerungsfunktionen besitzt, muss aus Gründen der Gerechtigkeit auch das Recht solche Abwägungen vornehmen, um auf diesem Wege seine zeit- und interessengerechte Anpassung zu bewirken.

Die Umformung der rechtlichen Bedingungen aller Lebensverhältnisse erfolgt nach den ökonomischen Prinzipien der effizienten Rationalität: Effizienz als „Politik des Gesetzes“ (J. Taupitz). Die Wirklichkeit wird nach wirtschaftlichen Kriterien umfassend analysiert und bewertet. Das Recht erscheint als eine Funktion im Kranz ökonomischer Daten, die als sichere Maßstäbe für eine „vernünftige“ Gestaltung der Gesellschaftsordnung gelten. Die Folgenberücksichtigung rechtlicher Entscheidungen im Bereich der Rechtspolitik durch den Gesetzgeber sowie bei der Rechtsanwendung durch den Richter erlaubt die Herstellung größtmöglicher Gerechtigkeit im Kampf der widerstreitenden gesellschaftlichen Interessen.

Ausgangspunkt der ökonomischen Analyse ist die wirtschaftlich begründete Notwendigkeit einer optimalen Verwendung (begrenzt vorhandener) volkswirtschaftlicher Ressourcen angesichts naturgemäß grenzenloser individueller Bedürfnisse. Der Einsatzort von Ressourcen („Allokation“) muss deshalb so gewählt werden, dass ein maximaler Nutzen für die Allgemeinheit – bei Minimierung der gesamtgesellschaftlichen Kosten – möglich wird. Das Recht hat dabei die Aufgabe, das Steuerungsinstrumentarium zu entwickeln, das bei Knappheit der Ressourcen die ökonomisch optimale Ausgewogenheit zwischen allgemeiner Wohlfahrt sowie Individualnutzen sicherstellt und zu ökonomisch erwünschten Ergebnissen führt („Allokationseffizienz“). Der wichtigste Faktor im Prozess der Transformation des Rechts nach ökonomischen Prinzipien ist der „Markt“. Die Analyse des Geflechts von Rechtsbeziehungen der Privatrechtssubjekte innerhalb einer Güterordnung im Marktgeschehen erlaubt unmittelbare Aussagen über die Effizienz von Rechtsnormen (*property rights theory* – Theorie der Eigentums- bzw. Handlungsrechte).

Die ökonomische Analyse des Rechts trifft in der Rechtswissenschaft auf unterschiedliche Resonanz. Zweifelsohne ist sie keine universale Methode zur Erfassung und Bewertung des Rechts. Auch gibt es bisher keine einzige Entscheidung eines Gerichtes, die ihr Ergebnis mit der ökonomischen Analyse des Rechts begründet hätte. Sie als „Irrweg“ zu bezeichnen, „den zu beschreiten das Recht sich hüten sollte“ (K.-H. Fezer), dürfte ebenfalls überzogen sein. Realistischerweise ist sie gegenwärtig nicht mehr als „ein Angebot an die Rechtswissenschaft" (G. Kirchgässner), das zu weiterem kritischen Nachdenken anregt und neue Erkenntnisse erwarten lässt. Die derzeitige Diskussion scheint diese Einschätzung zu bestätigen.

Schrifttum: *R.A. Posner*, Economic Analysis of Law ([1]1972, [4]1992) – *N. Horn*, Zur ökonomischen Rationalität des Privatrechts. – Die privatrechtstheoretische Verwertbarkeit der „Economic Analysis of Law", AcP 176 (1976), 307ff. – *K.-H. Fezer*, Aspekte einer Rechtskritik an der economic analysis of law und am property rights approach, JZ 1986, 817ff. – *C. Ott/H.-B. Schäfer*, Die ökonomische Analyse des Rechts – Irrweg oder Chance wissenschaftlicher Rechtserkenntnis?, JZ 1988, 213ff. – *G. Kirchgässner*, Führt der homo oeconomicus das Recht in die Irre?, JZ 1991, 104ff. – *H.-D. Assmann/C. Kirchner/E. Schanze*, Ökonomische Analyse des Rechts (1993) – *P. Burow*, Einführung in die ökonomische Analyse des Rechts, JuS 1993, 8ff. – *H.-B. Schäfer/C. Ott*, Lehrbuch der ökonomischen Analyse des Zivilrechts ([2]1995) – *J. Taupitz*, Ökonomische Analyse und Haftungsrecht, AcP 196 (1996), 114ff. – *C. Kirchner*, Ökonomische Theorie (1997) – *H.-P., Schwintkowski*, Ökonomische Theorie des Rechts, JZ 1998, 561ff. – *H. Eidenmüller*, Effizienz als Rechtsprinzip ([2]1998).

VIII. Gemeineuropäisches Privatrecht und „Juristische Zeitgeschichte"

Der im Mai 1989 gefasste Beschluss des Europäischen Parlaments, die das Zusammenwachsen Europas in der Europäischen Union (EU) begleitende, unerlässliche Normenflut in einer Gesamtkodifikation des europäischen Privatrechts zu vereinigen, bedeutet für jede vornehmlich dem geltenden nationalen Recht dienende Rechtswissenschaft eine Herausforderung besonderer Art. Die Diskussion über Form und Wege zu einem solchen einheitlichen Gemeinschaftsrecht, das die nationalstaatlichen Kodifikationen gegenstandslos werden ließe, hat erst begonnen. Ein vorläufiger erster, grundsätzlicher Konsens besteht bezüglich des Vorgehens. Nach einer langen Zeit punktueller Vereinheitlichungen auf dem Gebiet des Privatrechts (z.B. durch EU-Richtlinien und Verordnungen) soll das einheitliche europäische Gesetzbuch durch umfassende rechtsvergleichende Analysen der nationalstaatlichen Rechtsordnungen vorbereitet werden.

Naturgemäß trägt bei einem derartigen Jahrhundertwerk die Hauptlast der Gesetzgebungsarbeiten die Zivilrechtswissenschaft. Eine der vielen Schwierigkeiten, vor die Redaktoren einer solchen Totalkodifikation gestellt werden, ist die Zusammenführung von kontinentalem Gesetzesrecht und Rechtsdenken mit der Rechtstradition des angelsächsischen bzw. angloamerikanischen Fall-Regelrechts des Common Law. Bei der systemgerechten Angleichung oder Verbindung beider Rechtssysteme könnte einer Rechtsdisziplin eine besondere Rolle zukommen: der Rechtsgeschichte. Sie erscheint bereits aufgrund der Verflechtung der nationalen Rechtsentwicklung mit der vom Ius commune getragenen, gesamteuropäischen und vermöge der traditionell internationalen, europäischen Gegenstände ihrer Beschäftigung für diese Aufgabe bestens vorbereitet. Allerdings ist ihre Nutzbarmachung für das Großprojekt methodisch nicht unproblematisch. In der Abfolge wechselnder, das jeweilige Selbstverständnis und die Funktionen unterschiedlich definierender Positionsbestimmungen überwiegt gegenwärtig (noch) die Vorstellung, die Rechtsgeschichte sei ein rechtlich geprägter Zweig der Geschichtswissenschaften und müsse deshalb ohne rechtsdogmatische Einengungen sowie frei von einer unmittelbaren Nutzanwendung für das geltende Recht betrieben und gelehrt werden.

Einen Ausweg aus diesem Dilemma methodisch begründeter Abstinenz gegenüber den Gegenwartsaufgaben versucht derzeit eine neue Rechtsdisziplin. Sie nennt sich „Juristische Zeitgeschichte“ und gleicht der „Zeitgeschichte“, die als eigenes Wissenschaftsfach der politischen und Geschichtswissenschaft seit langem vertraut ist. Mitte der 80er Jahre des vergangenen Jahrhunderts wurde die Rückbesinnung auf die „Zeitgeschichte“ von Rechtshistorikern (z. B. B. Diestelkamp) als neues Arbeitsfeld der geschichtlichen Rechtswissenschaft – etwa im Dienst der aktuellen Gesetzgebung und Zivilrechtswissenschaft (D. Klippel) – angemahnt. Der Rechtgeschichte wurde vorgeworfen, sie habe es versäumt, die zeitlichen Obergrenzen ihres Forschungsgebietes inhaltlich klar zu markieren. Aber eigentlich erst nach der Beseitigung der politischen Teilung Europas sowie der beiden deutschen Staaten wurden deutlicher „Rückstände“ beklagt, die der eigenen Zunft bei ihrer Auseinandersetzung mit dem 20. Jahrhundert, ganz im Gegensatz etwa zu den historischen Fächern, anzulasten waren (z. B. R. Schulze). Es wurde die Notwendigkeit einer sofortigen Aufnahme entsprechender, noch genau zu bestimmender Arbeiten betont, nunmehr jedoch durch eine auf die neuen Aufgaben methodisch und inhaltlich besser vorbereitete, neugewandete Rechtsgeschichte. Einmal als lehrstuhlwürdiges Fach anerkannt, werden gegenwärtig der Zuschnitt der „Juristischen Zeitgeschichte“, sei es als eigene Disziplin oder nur als Teilgebiet innerhalb der „Rechtsgeschichte“ sowie die Umrisse ihres Arbeitsfeldes diskutiert.

Die von Rechtshistorikern als überfällig etikettierte „zeitgeschichtliche“ Grundsatzdebatte überrascht nicht zuletzt deshalb, weil bereits 1970 der in Gießen lehrende Zivilrechtler *Thilo Ramm* die Neuentwicklung einer sog. „Rechtszeitgeschichte“ als dringliche, aktuelle Aufgabe der Zivilrechtswissenschaft eingefordert hatte. Gleichwohl sind heute schon Konturen ihrer realistisch möglichen Forschungsgegenstände erkennbar. Das neu zu schaffende Gemeinrecht der EU soll durch eine dezidiert „geltungsbezogene Rechtsgeschichte“ vorbereitet werden (B. Schmidlin). Der Zugang zu dem System eines gesamteuropäischen Privatrechts muss über die nationalen Kodifikationen gesucht werden, in denen die historisch gewachsenen Elemente und Grundwerte eines europäischen Rechts weiterleben. Die eine Säule der neuen Rechtsordnung wird deshalb in der Lehrtradition und Universalität des Ius commune einschließlich seiner doktrinären Fortentwicklung durch juristischen Humanismus, Usus modernus, das Vernunftrecht und die auf das Ausland ausstrahlende deutsche Pandektenlehre gefunden. Daneben unverzichtbar erscheint als weiteres Fundament das Common Law. Dissens besteht allerdings in der Bestimmung des konkreten historischen Modells, an dem sich das neue Gemeinschaftsrecht zu orientieren hätte. Die „Herausarbeitung der systematischen, begrifflichen, dogmatischen und ideengeschichtlichen Grundlagen (des) europäischen Rechts“ als primäres Hauptziel, „die unter dem Geröll von zweihundert Jahren jeweils nationaler Rechtsfortbildung“ als bislang verborgen identifiziert werden (R. Zimmermann), stößt auf Widerspruch. Gerügt wird, dass der Gegenstand propagierter Rückgriffe vage bleibt und sich die Vorwürfe letztlich in einer unbewiesenen Disqualifizierung der nationalstaatlichen Kodifikationen und Denunzierung angeblicher nationaler Rechtsdeformationen, die es zu beseitigen gelte, erschöpfen. Zu unbestimmt sei das Postulat der Vorbildlichkeit einer gleichwie auch immer geläuterten Rechtstradition des Usus modernus oder eines irgendwie revitalisierten Ius commune. Nicht ohne Grund wird eine Renaissance neo-pandektistischen Rechtsdenkens als Gefahr beschworen und die ungerechtfertigte Privilegierung einer romanistischen Rechtswissenschaft bei der Erarbeitung des gemeineuropäischen Rechts beanstandet (P. Caroni, W. Wiegand).

Ohne der Diskussion vorzugreifen dürfte gegenwärtig bereits feststehen, dass die Rechtsgeschichte ohne Rücksicht auf die Frage der unmittelbaren Anwendungsrelevanz ihrer Methoden, Forschungsergebnisse und -erkenntnisse bei der Kodifikation eines gemeineuropäischen Privatrechts eine bedeutsame Rolle spielen könnte. Dabei ist es von eher untergeordneten Bedeutung, ob sie dabei im traditionellen Gewand der „allgemeinen" Rechtsgeschichte oder neu gekleidet als selbständige „Juristische Zeitgeschichte" agiert und ihre Wirkungen entfaltet. Dass über eine mögliche Relevanz der Rechtsgeschichte für die aktuelle Rechtspolitik überhaupt wieder diskutiert wird, erscheint angesichts der Abschiedsorakel, die noch vor wenigen Jahrzehnten das Zukunftsbild dieser Rechtsdisziplin begleitet hatten, als Fortschritt. Zu hoffen ist dabei nur, dass die neu entdeckte Aktualität dieses Grundlagenfaches der Rechtswissenschaft auch in den Studienordnungen der Rechtsfakultäten ihren Niederschlag findet. Nicht nur in der Bundesrepublik Deutschland sind die Aussichten dafür keineswegs positiv.

Schrifttum: *M. Stolleis*, HRG (Zeitgeschichte, jur.), 1642ff. – *B. Diestelkamp*, Rechtsgeschichte als Zeitgeschichte, ZNR 1985, 181ff. – *D. Klippel*, Juristische Zeitgeschichte (1985) – *P. Hommelhoff*, Zivilrecht unter dem Einfluß europäischer Rechtsangleichung, AcP 192 (1992), 71ff. – *R. Zimmermann*, „Heard melodies are sweet, but those unheard are sweeter…", AcP 193 (1993) 121ff. – *ders*., Savignys Vermächtnis, Juristische Blätter 1998, 273ff. – *W. Wiegand*, Back to the future?, Rechtshistorisches Journal 12 (1993), 277ff. – *U. Blaurock*, Europäisches Privatrecht, JZ 1994, 270ff. – *R. Schulze*, Die Entstehung des Europäischen Gemeinschaftsrechts, ZNR 1994, 297ff. – *B. Schmidlin*, Gibt es ein gemeineuropäisches System des Privatrechts?, Beiheft zur Zeitschrift für Schweizerisches Recht 16 (1994), 33ff. – *P. Caroni*, Der Schiffbruch der Geschichtlichkeit. Anmerkungen zum Neo-Pandektismus, ZNR 1994, 85ff. – *J. Rückert*, Zeitgeschichte des Rechts, SZGerm 115 (1998) 1ff. – *T. Ramm*, Rechtszeitgeschichte – eine neue Disziplin?, JuS 1998, 587ff. – *H. Mohnhaupt*, Europäische Rechtsgeschichte als Zeitgeschichte, in: Recht im Sozialismus III, hg. v. G. Bender/U. Falk (1999), 197ff. – *J. Basedow*, Das BGB im künftigen europäischen Privatrecht: Der hybride Kodex, AcP 200 (2000), 445ff. – *S. Hofer*, Drittschutz und Zeitgeist, SZGerm 117 (2000), 377ff.

Anhang:
Rechtskarte der Privatrechtsordnungen um 1870

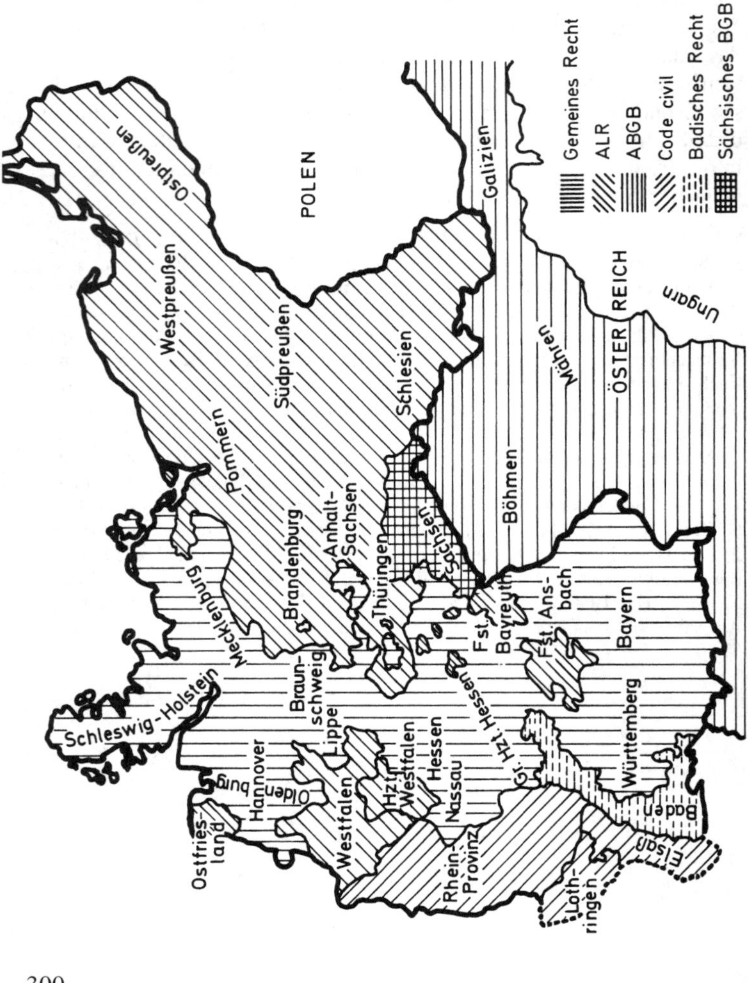

Personenregister

Sachregister